"十三五"普通高等教育规划教材

金　融　学

主　编　陈　颖

中国财经出版传媒集团
中国财政经济出版社

图书在版编目（CIP）数据

金融学／陈颖主编.—北京：中国财政经济出版社，2019.8
"十三五"普通高等教育规划教材
ISBN 978－7－5095－7939－8

Ⅰ.①金… Ⅱ.①陈… Ⅲ.①金融学－高等学校－教材 Ⅳ.①F830

中国版本图书馆 CIP 数据核字（2017）第 313694 号

责任编辑：李　媛　　　　　　　责任校对：张　凡
封面设计：陈宇琰

中国财政经济出版社 出版
URL：http：//www.cfeph.cn
E－mail：cfeph@cfeph.cn
（版权所有　翻印必究）
社址：北京市海淀区阜成路甲 28 号　邮政编码：100142
营销中心电话：010－88191537
北京富生印刷厂印刷　各地新华书店经销
787×1092 毫米　16 开　24.25 印张　564 000 字
2019 年 8 月第 1 版　2019 年 8 月北京第 1 次印刷
定价：49.00 元
ISBN 978－7－5095－7939－8
（图书出现印装问题，本社负责调换）
本社质量投诉电话：010－88190744
打击盗版举报热线：010－88191661　QQ：2242791300

前　言

　　金融是现代经济的核心。金融是货币资金的融通，是经济社会中各类行为主体之间融通资金的行为或活动。金融涵盖的范围非常广泛，不仅包括微观主体的各种投融资行为及其方法，也包括宏观经济运行过程中相关的市场及其运行机制、制度、政策等的确立。研究金融活动，既需要分析研究居民个人、家庭、企业、金融机构甚至是政府的投融资行为、方式以及相应的资金运行过程和规律，也需要分析金融系统的整体行为及其与其他经济系统的相互关系，研究宏观金融运行的规律、政策和各种问题，如：金融制度、金融体系、金融市场、金融机构及完整的金融运行机构，货币供求均衡、金融经济关系、通货膨胀与通货紧缩、金融危机，金融制度、货币政策与金融宏观调控、国际金融体系等。

　　金融学科目前已经成为社会科学中最具魅力和吸引力的学科之一。翻开很多经济学的教科书，会发现很多章节是在阐述金融学科的相关理论或知识。现代金融学实际上已经发展成为一门交叉性的学科，是融合了金融、数学、统计、工程甚至法学、心理学等多门学科知识体系的学科。不同学科背景的人在学习金融学，并在金融行业或金融机构从事不同类型的相关工作。金融行业、金融机构的工作成为求职者所羡慕、追求的理想工作。

　　但是，基于各种原因，关于"金融学"课程的研究范围和基本方法，国内外却有着较为显著的区别。

　　我国国内学术界的传统观念认为，金融学是从经济学中分化出来的应用经济学科，是以融通货币以及货币资金的经济活动为研究对象，是具体研究个人、机构和政府如何获取、支出、管理资金以及其他金融资产的学科。所以，国内传统的金融学理论的内涵，主要包括货币、信用、银行、货币供求与货币政策、国际收支等研究内容，研究主线是"货币银行学"和"国际金融"，并且非常注重对于宏观层面的影响研究。而对于金融市场运营、金融工具定价及其微观金融活动主体的投资、融资决策分析等方面的分析研究相对较弱。这种金融学研究范式的形成，与我国经济、金融发展的历史环境是分不开的。

　　与此对应、有意思的现象是：西方学术界对于金融学所强调的内容，与我国传统金融学的侧重点完全不同。美国的著名学者兹维·博迪（Zvi Bodie）如此描述金融学："作为一门学科，金融学是针对不确定条件下怎样跨期配置稀缺资源的研究。它存在三项分析支柱：跨期最优化、资产估值和风险管理。""金融理论由一组概念以及一系列数量化模型构成。这组概念集合帮助你理清怎样跨期配置资源，而数量化模型则帮助你评估选择、做出决策并且实施决策"。西方学者普遍认为：金融学主要包括两个部分：一是以公司财务、公司融资、公司治理为核心内容的公司金融；二是以资产定价为核心内容的投资学。纵观历年来金融学科领域的诺贝尔奖获得者，几乎全部都是在微观金融理论方面做出过重大贡献的学者。显然，西方学者更在意金融对于微观经济领域方面的影响和贡献。

基于上述情况，学术界有一种观点认为：金融学科可以分为宏观金融学和微观金融学两个分支。宏观金融学，主要研究在一个以货币为媒介的交换经济中如何获得高就业、低通货膨胀、国际收支平衡以及经济增长。微观金融学则是仿照微观经济学，建立的一套研究如何在不确定环境下、通过金融市场对资源进行跨期最优配置的理论体系；其核心内容是个人、企业或经济组织（市场和中介）等如何在这一体系中达到最优或发挥作用，主要研究金融资产定价和公司金融问题，强调从科学角度认识人类金融活动中的客观规律。

改革开放至今四十年来、特别是加入 WTO 以来，我国金融业发生了"天翻地覆"的变化，金融机构、金融市场、金融工具、金融监管、金融体系与制度等都呈现出与以往传统状况显著不同的特征。金融市场、微观经济主体的投、融资行为、决策方式等也越来越引起公众的关注。我国金融学科研究的内容范围和方式方法、金融课程的教学内容、教学方法等，也随着金融体系的整体改变以及与国外的快速接轨而变得与以往"显著"不同，宏观金融学和微观金融学呈现出了日益融合的趋势。

基于我国的传统和目前的现实情况，结合近些年来金融学科发展的实际，本教材尝试构建"金融学"的新课程体系，沿着金融体系、重要的金融机构如中央银行、商业银行、投资银行等、金融市场、金融市场上投资者的资产组合与资产定价、融资者的融资决策以及国际收支、外汇市场和国际资本流动的基本框架和脉络，将微观金融学和宏观金融学的有关内容进行了一定程度的融合，对"金融学"涉及的基本内容进行描述，对金融学最为基本的研究方法进行阐述，试图为读者提供一个兼顾宏观、侧重微观、通识性的"金融学"课程体系框架。基于这种考虑，本教材对于以往我国"货币银行学"或"金融学"课程或教材中涉及的宏观经济分析框架及其相关内容的涉及较少。

本教材具有三个主要特点：第一，将微观金融学与宏观金融学进行了一定程度的融合，但是更加偏重于微观金融的内容。第二，由于"金融学"是金融学科各门课程的"统领课程"，包括的内容十分宽泛，限于篇幅，本教材无法将所有"金融学"的内容涵盖其中，只能"择其重要"列入。并且，为了让读者容易理解其中的内容，本教材尽量做到能够深入浅出地描述相关的专业词语和理论。第三，安排了大量的"专栏"介绍，以此来丰富、诠释有关内容，加强读者对其的理解。其中，很多专栏内容是依据目前最新的数据和资料，对相关发展变化、特别是我国相关法律法规、现实环境的发展及其金融业的变化等进行了描述、分析和总结。本教材可以作为经济类、管理类本科生的基础性教材，也为对金融学感兴趣的读者提供了一个可供参考的资料。

本教材课后习题、习题答案、电子课件等教学资源可扫描封底"中财资源库"二维码获取。

本教材由中央财经大学金融学院陈颖教授主编，中央财经大学金融学院的汤斌斌、臧怡宏、孙谊、俞惠参与了资料收集等部分相关工作。全书由陈颖修改、总纂并最终定稿。

在写作过程中，我们参考、借鉴了国内外公开出版的有关教材、著作以及相关研究资料等，并在每章后列出了主要参考文献。在此，向所有作者表示衷心的感谢。同时，也敬请读者对于本教材中存在的问题、疏漏甚或是错误加以批评指正，以利于我们今后的修改和完善。

编者
2019 年 7 月

目　录

第一章　金融学导论 ··· 1
　　第一节　金融与金融活动 ··· 1
　　第二节　金融学的基本范畴 ·· 6
　　第三节　学习金融学的意义和方法 ··· 34
　　本章小结 ·· 35
　　关键术语 ·· 36
　　复习思考题 ··· 36
　　主要参考文献 ·· 37

第二章　金融体系 ··· 38
　　第一节　金融体系的框架与类型 ··· 38
　　第二节　金融中介机构 ··· 47
　　第三节　金融市场及金融工具 ·· 63
　　第四节　金融监管 ··· 68
　　本章小结 ·· 76
　　关键术语 ·· 78
　　复习思考题 ··· 78
　　主要参考文献 ·· 79

第三章　中央银行与货币政策 ··· 80
　　第一节　中央银行的含义和作用 ··· 80
　　第二节　中央银行的产生、发展与基本类型 ································· 84
　　第三节　中央银行的主要业务 ·· 92
　　第四节　中央银行的货币政策与货币政策工具 ······························ 101
　　本章小结 ·· 116
　　关键术语 ·· 117
　　复习思考题 ··· 117
　　主要参考文献 ·· 117

第四章 商业银行 ... 119

第一节 商业银行的产生及其基本职能 ... 119
第二节 商业银行的设立及经营目标 ... 124
第三节 商业银行的主要业务 ... 132
第四节 商业银行的发展趋势 ... 150
本章小结 ... 156
关键术语 ... 157
复习思考题 ... 158
主要参考文献 ... 158

第五章 投资银行 ... 159

第一节 投资银行概述 ... 159
第二节 证券的发行与承销 ... 164
第三节 证券交易 ... 171
第四节 资产管理与融资融券业务 ... 178
第五节 企业收购业务 ... 182
第六节 风险投资 ... 187
第七节 资产证券化 ... 192
本章小结 ... 196
关键术语 ... 197
复习思考题 ... 198
主要参考文献 ... 198

第六章 金融市场 ... 199

第一节 货币市场 ... 199
第二节 资本市场 ... 215
第三节 金融衍生工具市场 ... 226
本章小结 ... 239
关键术语 ... 239
复习思考题 ... 240
主要参考文献 ... 240

第七章 投资组合与资产定价 ... 241

第一节 证券投资组合管理 ... 241
第二节 证券投资组合分析 ... 246
第三节 资本资产定价模型 ... 261

第四节　套利定价模型 …………………………………………………… 268
　　第五节　资产配置管理 …………………………………………………… 271
　　本章小结 …………………………………………………………………… 278
　　关键术语 …………………………………………………………………… 278
　　复习思考题 ………………………………………………………………… 279
　　主要参考文献 ……………………………………………………………… 279

第八章　企业资本结构与融资 ………………………………………………… 280
　　第一节　资本预算与投资分析 …………………………………………… 280
　　第二节　资本成本 ………………………………………………………… 288
　　第三节　资本结构与资本结构理论 ……………………………………… 290
　　第四节　企业融资 ………………………………………………………… 299
　　本章小结 …………………………………………………………………… 303
　　关键术语 …………………………………………………………………… 304
　　复习思考题 ………………………………………………………………… 304
　　主要参考文献 ……………………………………………………………… 305

第九章　国际收支与国际储备 ………………………………………………… 307
　　第一节　国际收支的基本内容 …………………………………………… 307
　　第二节　国际收支失衡 …………………………………………………… 322
　　第三节　国际收支调节 …………………………………………………… 328
　　第四节　我国的国际收支 ………………………………………………… 331
　　第五节　国际储备 ………………………………………………………… 336
　　本章小结 …………………………………………………………………… 344
　　关键术语 …………………………………………………………………… 345
　　复习思考题 ………………………………………………………………… 345
　　主要参考文献 ……………………………………………………………… 345

第十章　外汇市场与国际资本流动 …………………………………………… 347
　　第一节　外汇与汇率 ……………………………………………………… 347
　　第二节　外汇市场与外汇交易 …………………………………………… 358
　　第三节　国际资本流动与金融危机 ……………………………………… 367
　　本章小结 …………………………………………………………………… 377
　　关键术语 …………………………………………………………………… 378
　　复习思考题 ………………………………………………………………… 378
　　主要参考文献 ……………………………………………………………… 379

第一章 金融学导论

> 【学习目标】
> 本章主要介绍金融活动的产生发展，金融学的基本概念等。通过学习：
> 1. 了解金融活动的产生原因、基本含义等。
> 2. 掌握金融学的基本概念，如：货币、信用、利率、金融资产等。
> 3. 了解学习金融学的基本方法。

如今，人们经常在网络、微信、电视、报纸、杂志等媒体上看到诸如中央银行调整存款准备金率、商业银行转型与业务变化、人民币纳入特别提款权（SDR）金融科技等各类金融话题；很多人关注着股票市场及其房地产市场的价格波动，关注着理财产品和国债的发行情况等。我们生活在充斥"金融"涵义的世界中，金融学已经成为了社会科学中最具魅力的学科之一。

所有这一切，都激发了人们对于金融学以及金融行业的兴趣。金融是什么？包含什么内容？金融是怎样影响着我们的经济和生活的？这些疑问成为引导我们探究金融行业的源头。

本章将对金融学的基本概念、基本范畴等做概略性的介绍，为读者了解金融学奠定基础。

第一节 金融与金融活动

一、金融的概念

（一）"金融"的基本含义

从字面意义上简单理解，金融是指货币资金的融通，也即经济社会中各类行为主体之间融通资金的行为或活动。

任何一个社会经济体系中，总是会存在一些人手中有暂时闲置、没有明确使用意愿的货币，也总是会有一些人有投资或消费意愿、但是没有满足相应需要的货币。货币盈余与货币短缺的同时存在，导致出现货币资金的流动，进而出现资金融通行为。金融就是资金盈余方与资金短缺方之间的资金调剂行为或过程。

（二）"金融"一词的由来

关于"金融"一词起源于何时，并没有确切的考证。我国最早将"金融"条目列入工具书的是 1915 年商务印书馆出版的《辞源》，其将金融解释为"今谓金钱之融曰金融，旧称银根。各种银行、票号、钱庄曰金融机关。"1979 年出版的《辞海》对于"金融条"的解释是："货币资金的融通。一般指与货币流通和银行信用有关的一切活动，主要通过银行的各种业务来实现。如货币的发行、流通和回笼，存款的吸取和提取，贷款的发放和收回，国内外汇兑的往来，以及资本主义制度下贴现市场和证券市场的活动等，均属于金融的范畴。"

我国正式使用"金融"一词来表达事物是在近代银行兴起之后。1912 年的北京政府财政部文件中曾有"自去秋以来，金融机关一切停滞"之语，那时"金融"这个词的含义仍然不明确，也没有在社会上广泛使用。1920 年北洋政府发行"整理金融公债"用以解决中国银行、交通银行停止兑换的风潮，之后"金融"一词就与银行业务活动结合在一起，形成一个与"财政"相区别的概念，并被广泛地运用。

（三）对于金融定义"范围"的界定

关于"金融"定义范围方面的争论很多，用法各异。

界定"金融"的概念范围，首先涉及的问题是由汉字"金"和"融"组成的"金融"与英语"Finance"语义区别与选择问题。"金融"一词对应的英文单词是"Finance"。通常人们会把"Finance"翻译为"金融"，其实"Finance"的本义是"货币资财及其管理"。由于"货币资财及其管理"具有不同的主体，因而有政府的货币资财及其管理、企业的货币资财及其管理及个人的货币资财及其管理之分，对此我们可以将其延伸翻译为政府金融、企业金融和家庭金融等等。

【专栏 1-1】

国内金融学界著名学者——黄达教授对于金融的解释

国内金融学界著名学者——中国人民大学黄达教授对于金融的概念曾经有过精辟的解释[①]。他认为：国外学者对于 Finance 的解释主要包括几个方面：①将金融定义为凡是与钱有关系的事情均可以用 Finance 这个词。如：Oxford、Webster's 一类字典以及一些百科全书对 Finance 的解释为：monetary affairs, management of money; pecuniary resources; ……前面加 public，是指财政；前面如果加 company 或 corporation，business 等是指公司财务。②将金融定义为金融市场。如 Palgrave 新经济学辞典对 Finance 的定义是：The primary focus of finance is the working of the capital market and the supply and pricing of capital assets。③将金融理解为介于上述两者之间的口径，如：The system that includes the circulation of money, the granting of credit, the making of investments and the provision of banking facilities (Webster's Third New international Dictionary, 1986)。如：联合统计署关于 Financial and related service 的统计口径认为：金融中介服务，包括中央银行的服务，存贷业务和银行中介业务的服务；投资银行服务；非强制性的保险和养老基金服务、再保险服务；房地产、租借、租赁等服务；为以上各项服务的种种金融中介的服务。

---

① 黄达. 金融：词义、学科、形式、方法及其他 [M]. 北京：中国金融出版社. 2001.

因此，黄达教授对于金融定义范围的基本结论是：汉语的"金融"有宽、窄两个口径。宽口径的"金融"，泛指银行、保险、证券、信托及相关活动。窄口径则把"金融"界定在资本市场运作与金融资产供给与价格形成的领域。而英语中的"Finance"则有宽、中、窄三个口径。宽口径是指，一切与钱有关的活动。不仅包含了汉语的"金融"，而且还包括了"政府财政""公司财务""家庭理财"等与汉语"金融"泾渭分明的概念。窄口径则专指资本市场，尤其是股票市场。中口径是指银行、证券公司、保险公司、储蓄协会、住宅贷款协会，以及经纪人等中介服务等。可见汉语"金融"的宽、窄口径分别相当于"Finance"的中、窄口径，而宽口径的"Finance"则是我国"政府财政"、"公司财务"、"家庭理财"和"金融"的总称[①]。

从理论研究的角度进一步考察"金融"的定义范围，我们可以发现，国内以往关于"金融"的研究，大致可分为"资金融通论""金融资源论""金融产业论""金融工具论""金融媒介论"等几种类型。其中，"资金融通论"的历史最为久远，影响最为深刻，词典、教科书中的金融定义基本来自于此；其他观点主要集中在近些年的学术研究中，另外一些则基本上是在"资金融通论"基础上的延伸或扩展或有所侧重。

1. 资金融通论

资金融通论认为，"金融就是货币资金的融通，指通过货币流通和信用渠道以融通资金的经济活动"。1915 年的《辞源》这样表述："今谓金钱之融通曰金融，旧称银根"。1920 年北洋政府"整理金融公债"中的"金融"专指通过信用中介的货币资金融通。可见，"资金融通论"历史最为久远并居主流地位，但深入分析发现，这一定义虽然比较准确地概括了金融的活动过程，但是却把金融的本质属性隐藏在背后，似乎有"金融"就是金融的同义反复之嫌。

2. 金融资源论

其主要观点是：金融是人类社会财富的索取权，是货币化的社会资财；是以货币形态表现的，是具有"存量"形态、既联系现在与过去、也联系现在与未来的金融存量投入、消耗过程及相应的体制转变。如，著名学者白钦先教授认为，金融是一种资源，是有限的或稀缺的资源，是社会战略性资源。该定义为金融资源的配置奠定了理论基础，但只注意到了金融的静态意义，而忽视了金融的过程和功能。

3. 金融产业论

其主要观点是：金融是资金融通的行为及机制的总称，是与国民经济其他产业部门平等的产业；金融产业是指以经营金融商品和服务为手段，追求利润为目标，市场运作为基础的金融组织体系及运行机制的总称。"金融产业论"对金融的界定，更多涉及金融在市场经济条件下的运行机制和内在属性，强调金融是经济系统的一个平等的组成部分，但其主要侧重于从产业角度进行论证，其作用机制更多地隐含在产业的概念之中。

---

① 黄达. 金融：词义、学科、形式、方法及其他 [M]. 北京：中国金融出版社，2001 年.

4. 金融工具论

主要观点是：计划经济中，金融是计划工具；市场经济条件下，金融是宏观调控手段。"金融工具论"比较强调金融的功能，却忽视了其作用的主动性和先导性。

5. 金融媒介论

其认为，金融是媒介经济运行的虚拟系统。金融媒介论同样是注重金融的功能，却忽视了金融自身的独立性。

终上所述，人们对于"金融"界定的范围、内容十分广泛，各有侧重。

基于上述，我们认为可以从两个方面来理解"金融"的含义：从狭义上看，金融可以是指以存贷、信用、资本、证券、外汇等金融工具为载体，以银行、证券和保险公司等各种金融机构为中心的各种借贷、资本交易、债权与债务转移等经济活动，也即金融业务活动。而从广义上看，金融是指包含一个国家内所有经济单位、个人、政府等与货币、资本、信用、证券等有关的各类经济活动、经济行为及其体现的各种关系；包含了各种金融资产、金融工具、金融市场与金融组织所具有的形式、结构、与其他经济活动及经济部门的关系和相互作用。

二、金融活动的含义与研究范围

（一）金融活动的含义

简单地讲，金融活动是指与货币、货币流通、信用等直接相关的经济活动。

金融活动是自货币出现而开始的。货币的初始作用是商品交换媒介，货币最主要的功能是价值尺度与支付手段，因而金融活动最为初级的形式，是以收支为形式的资金转移，这同货币的支付手段性质是相一致的。收支是金融活动的最初形式，也是最基本的形式，直到今天依然如此，只不过收支转移的形式及其工具更加丰富、复杂了。

随着货币形式的变迁：由实物货币、金属货币到纸制货币，再到电子货币，甚至虚拟货币、概念货币的不断发展，收与支出现了分离的可能性。特别是随着社会经济活动的日益复杂，出现了存款、贷款等借贷活动，并逐渐形成了诸如资本、信用、证券、外汇等一系列金融工具和概念，产生了诸如资本交易、资金流动、债权债务转移、信用、信托、外汇交易等金融活动，并建立了同这些金融工具、金融活动有关的金融市场与金融机构组织。如果说，货币支付与转移仅仅是金融活动的最初级形式，那么随着资本、信用、证券等金融工具的出现、金融机构组织与金融市场的建立等，金融活动日益丰富和复杂起来，并日益多样化。

既然是经济活动，必然就需要有一定的经济活动主体。金融活动的主体，是从事各种经济活动的企业、单位、居民个人和政府部门等。随着金融成为现代经济活动中心，现代经济社会中，各类经济活动主体无不被卷入各种金融活动之中，日益熟练和频繁地参与金融活动。金融活动对于现代经济发展的推动作用巨大，并且十分重要。

（二）金融活动的研究范围

如前所述，"金融"的含义丰富，金融活动的涵盖范围非常广。其不仅包括微观主体的各种投、融资行为及方法，也包括宏观经济运行过程中相关的市场建立、运行机制、制度、政策等的确立。因此，研究金融活动，既需要分析、研究居民个人、家庭、公司或者金融机构的投、融资行为方式或资金运行过程，也需要分析金融系统的整体行为以及与其他经济系统的相互关系，研究宏观金融运行的规律、政策和各种理论问题，如：金融制度、金融体系、金融市场、金融机构及完整的金融运行机构，货币供求均衡、金融经济关系、通货膨胀与通货紧缩、金融危机，金融制度、货币政策与金融宏观调控、国际金融体系等。

需要说明的是：基于各种原因，关于金融学的研究范围和基本方法，国内外有着较为显著的差距[①]。

国内学术界的传统观念认为，金融学是从经济学中分化出来的应用经济学科，以融通货币和货币资金的经济活动为研究对象，是具体研究个人、机构和政府如何获取、支出、管理资金和其他金融资产的学科。国内传统的金融学理论的内涵，通常主要包括货币、信用、银行、货币供求与货币政策、国际收支等研究内容，研究主线是货币银行学和国际金融，比较注重宏观层面的研究。而对于资本市场的运营、金融工具定价及其微观主体的投资、融资决策分析等方面的研究相对较弱。这种传统金融学研究范式的形成，与我国经济、金融发展的历史环境是分不开的。

与此对应有意思的现象是，西方学术界对于金融学强调的内容，集中反映在与我国完全不同的两个方面：一是以公司财务、公司融资、公司治理为核心内容的 Corporate Finance，也即公司金融。二是以资产定价为核心内容的 Investment，也即投资学。如，由斯蒂芬·A. 罗斯为《新帕尔格雷夫经济学大辞典》[②]撰写的"金融"词条，认为"金融"的基本内容包含：有效率的市场、风险与收益、期权定价、公司金融等；现代"金融"内容的核心点是：资本市场的运营、资本资产的供给与定价等。1997 年获得诺贝尔经济学奖的经济学家罗伯特·C. 默顿（Robert C. Merton）则认为：金融学研究的是如何在不确定条件下对稀缺资源进行跨时期分配。西方学者认为：金融理论是由一系列概念和数量化模型构成的。纵观历年来金融学领域的诺贝尔奖获得者，几乎全部都是在微观金融理论方面做出突出贡献的学者。如，现代资产组合理论之父：哈里·马克维茨；资本资产定价模型（CAPM）的创始者：威廉·夏普；MM 定理的缔造者：莫迪利阿尼、默顿·米勒；布莱克.斯科尔斯期权定价模型（B-S 公式）的发现者，罗伯特·C. 默顿、迈伦·斯科尔斯以及费希尔·布莱克等。显然，西方学者更在意金融在微观领域方面的贡献。

基于上述，目前学术界有一种观点认为，金融学科可以分为宏观金融学和微观金融学两个分支。所谓宏观金融学（Macro Finance），主要研究在一个以货币为媒介的交换经济中如何获得高就业、低通货膨胀、国际收支平衡以及经济增长。而微观金融学（Finance）是仿照微观经济学建立起来的一套研究如何在不确定的环境下，通过资本市场、对资源进行跨期最优配置的理论体系；其核心内容是个人、企业或经济组织（市场和中介）等在这一体系中如何达到最优或发挥作用，主要研究金融资产定价和公司金融问题，强调从科学角度认识

---

① 丁志国等. 金融学 [M]. 北京：机械工业出版社. 2011.
② 新帕尔格雷夫经济学大辞典（第 2 卷，E-J）[M]. 北京：经济科学出版社. 1922.

人类金融活动中的客观规律。

不论学术界如何表述"金融"的含义,现代金融学科是一门交叉性学科,是融合了金融、数学、统计、工程甚至是法学、心理学等多门学科知识的科学,这是人们已经达成共识的观点。

基于我国传统和现实情况,结合近年来金融学科发展以及我国金融发展的实际,本书将沿着金融体系、金融机构、金融市场、资产组合与定价、资本结构与融资、国际收支、外汇市场与国际资本流动的基本脉络,将宏观金融学和微观金融学的内容有机结合起来,以对金融学科的基本内容进行描述。

第二节　金融学的基本范畴

如前所述,作为一个学科,金融学科涉及众多领域,范围宽泛。限于篇幅,以下仅从货币与货币制度、信用与信用体系、利率与利率体系、金融资产价格的角度,介绍金融学所包含的基本概念和基本范畴。

一、货币与货币制度

生活中,人们几乎天天会接触货币。无处不在的货币,给人一种货币具有无边能量和主宰命运的能力。"有钱能使鬼推磨""钱是万恶之源"等说法的存在,使得我们对于货币是什么?货币的起源和本质是什么?货币具有哪些职能?这些问题带着好奇和探究的心理。而这也正是我们了解金融学的起点。

(一) 货币的起源与形式

货币自产生至今已有数千年的历史。人类使用货币的历史产生于物物交换的时代。原始社会的人们使用以物易物的方式,交换并获得自己所需要的物资,如:用一只羊换一把石斧,用一匹布换一件农具等。渐渐地,受到用于交换的物资种类的限制,人们开始寻找一种被交换双方都能够接受的物品,这实际上就是最原始的货币。牲畜、盐、稀有的贝壳、珍稀鸟类羽毛、宝石、沙金、石头等不容易被大量获取的物品都曾经被作为"货币"使用过。随着时间推移和历史变换,上述物品逐渐被金属替代,诸如数量稀少的金、银、冶炼困难的铜、铁等。其中,金、银被作为货币材料使用的时间最长,范围也最广。

20世纪30年代以后,随着金本位制度的崩溃及其现代科学技术的突飞猛进,纸币、信用货币、电子货币等货币类型逐一出现。货币形式也由最初的实物货币,发展到金属货币,再发展到代用货币(纸币为其主要形式)、信用货币、电子货币等多种形式。随着互联网技术的快速发展,支付形式发生了巨大变化。基于网络空间、电子商务等而产生的数字货币,对现实经济、金融发展所产生的影响日益显著,日益受到人们包括各国政府的重视。但是关于其是否为真实意义的货币,目前依然存在较大的争议。纸币目前依然是世界各国最为广泛的货币实现形式。

显然，货币材料的变化过程，反映出经济发展的内在需求及其变化。

【专栏1-2】

数字货币的含义与发展

关于数字货币（Digital Currency，DIGICCY），目前并没有一个十分准确的界定或表述。人们一般认为，数字货币是电子货币形式的替代货币，具有支付和流通属性。数字货币的出现，与网络技术发展紧密相关。

2014年6月，反洗钱金融行动特别工作组（Financial Action Task Force on Money Laundering——FATF）发布了《关于虚拟货币关键定义及潜在的反洗钱/反恐怖融资风险的报告》。报告中对虚拟货币的定义是：它是一种价值的数据表现形式，能通过数据交易并发挥交易媒介、记账单位及价值储存的功能，但现有的数字货币并不是任何国家和地区的法定货币，没有任何当局为它提供担保。2015年2月，欧洲央行发布的一份关于数字货币的报告中，将数字货币定义为一种并非由货币当局发行的价值的数据表现形式。在某种情况下，它可被当作货币的替代品。报告同时也指出，目前仅很小一部分数字货币被用作交易媒介，且因其价格波动太大，很难发挥价值储存和记账单位的作用。

尽管定义并不明确，但是并不妨碍数字货币的快速发展。据有关报道，截至2016年3月，全球共有656种数字货币。其中比特币、以太坊、瑞波币、莱特币是其中的四大数字货币①。随着数字货币的深入推广，欧洲部分国家在大部分交易中使用数字货币，以替代现金交易。目前，挪威的替代程度最高。2016年1月22日，挪威最大的银行DNB呼吁该国彻底停止使用现钞。挪威已有数家银行关闭了部分支行的现金业务，DNB只有3家分行还有柜台现金业务②。目前，已有包括美、英等在内的多国政府表示正在研究是否由央行发行数字货币。

2018年2月20日，委内瑞拉政府发行了首批1亿个以石油为背书的加密数字货币——石油币，1枚石油币由委内瑞拉的1桶原油作为实物抵押。这是世界上第一个由主权国家发行并具有自然资源作为支撑的加密数字货币③，目的是缓解委内瑞拉国内严重的通货膨胀问题，减少对美元的依赖。此外，有媒体报道说，"到目前为止，全球已经有超过十五个国家的央行已发行或正在考虑发行央行数字货币"④。

2016年1月，中国人民银行在"数字货币研讨会"上讨论数字货币的总体框架及其相关技术问题，提出将在前期工作的基础上继续推进，争取早日推出央行发行的数字货币。2017年1月下旬，由人民银行推动的基于区块链的数字票据交易平台测试成功，央行发行的法定数字货币也在该平台试运行。这一举动被媒体认为"意味着在全球范围内，中国央

---

① 张伟，钱佳琪. 数字货币的前世今生：全世界已经有了656种数字货币［J］. 澎湃新闻网2016-6-10.
② 孙杰，宋玉山，崔贵兴. 数字货币对基础货币的影响研究［N］. 金融时报2016-10-10.
③ 委内瑞拉将发行1亿个石油币，每个都有1桶原油作为实物抵押. 2018.01.06，澎湃新闻网，财经：https：//www.thepaper.cn/newsDetail_forward_1938574.
④ 超15个国家将发行央行数字货币，一文揭开央行数字货币现状和前景，2018.10.14，搜狐财经，http：//www.sohu.com/a/259419718_100112552.

行将成为首个发行数字货币并开展真实应用的中央银行。"

显然,数字货币的出现,对货币定义及其形式变化、支付行为方式改变、货币政策框架调整、商业银行业务运行甚至整个金融业态发展等方面都提出了重大挑战。

自货币产生之后,人们对货币起源进行了多方面的分析和探究,产生了不同的观点。如:

1. 我国古代的货币起源说

一种观点是盛行于先秦时代的"先王制币说"。这种观点认为货币是圣王先贤们为了解决民间交换困难而创造出来的。传说周景王二十一年(公元前524年)欲废小钱铸大钱,单穆公劝谏景王:"古者天灾降戾,于是乎量资币,权轻重,以振(赈)救民。"(《国语·周语》)意思是说,古时天灾降临,先王为拯救百姓,便造出了货币来解决百姓交换中的困难。

另一种观点是司马迁的"货币起源观"。司马迁认为,货币是用来进行产品交换的手段,是为适应商品交换的需要而自然产生的。《史记·平准书》说:"农工商交易之路通,而龟币金钱刀布兴焉。"意思是指:随着农、工、商三业的交换和流通渠道的畅通,货币和货币流通应运而生,并随之兴盛起来。

2. 西方的货币起源说

主要有以下几种观点:

(1)创造发明说。这种观点认为,货币是由国家或先哲创造出来的。例如,早期的古罗马法学家鲍鲁斯认为,买卖源于物物交换。早年并没有货币,但是,能够满足双方需求的物物交换的情况不可能经常出现,国家为解决物物交换的困难而创造了货币。

(2)便于交换说。这种观点认为,货币是为解决直接物物交换的困难而产生的。如英国经济学家亚当·斯密认为,货币是随着商品交换的发展逐渐从各种商品中分离出来的,是为解决直接的物物交换的不便而产生的。

(3)保存财富说。这种观点从货币与财富的关系说明货币产生的必要性,认为货币是为了保存财富而产生的。比如法国经济学家西蒙斯认为,货币本身不是财富,但是随着财富的增加,人们为了保存财富、交换财富、计算财富的量,便产生了对货币的需要,货币也就因此成为了保存财富的一种手段和工具。

3. 马克思的货币起源说

马克思在劳动价值理论的基础上,运用历史和逻辑的方法,科学地阐明了货币产生的客观必然性。马克思认为,货币是商品生产和商品交换发展的必然产物,是商品经济内在矛盾发展的必然结果,是固定地充当一般等价物的特殊商品,是价值形式发展的必然产物。

(二)货币的本质

货币是商品经济的产物,货币是用作交易媒介、储藏价值和记账单位的一种工具,是专门在物资与服务交换中充当等价物的特殊商品。

关于货币的本质,在西方货币学说史上曾存在两种不同的观点:一是货币金属论,其从货币的价值尺度、储藏手段和世界货币的职能出发,认为货币与贵金属等同,货币必须具有金属内容和实质价值,货币的价值取决于贵金属的价值。二是货币名目论,其从货币的流通手段、支付手段等职能出发,否定货币的实质价值,认为货币只是一种符号,一种名目上的存在。

从历史发展来看,货币金属论是货币金、银本位制的产物,随着20世纪初金本位制度的崩溃,其影响力日益削弱。目前,在西方货币学说中占统治地位的是货币名目论,这从西方经济学教科书对货币的定义中可见一斑。如:美国著名经济学家弗雷德里克·米什金(Frederic. Mishkin)在其《货币金融学》中将货币定义为:"货币或货币供给是任何在商品或劳务的支付或在偿还债务时被普遍接受的东西。"

(三)货币的职能

货币职能是货币本质的具体表现形式,并随着商品经济的发展而逐渐完备起来。人们通常认为,在发达的商品经济中,货币具有价值尺度、流通手段、贮藏手段、支付手段和世界货币五种职能,其中最为基本的职能是价值尺度和流通手段。

1. 价值尺度

价值尺度是用来衡量和表现商品价值的一种职能,是货币的最基本、最重要的职能。正如衡量长度的尺子本身有长度,称东西的砝码本身有重量一样,衡量商品价值的货币本身也是商品,具有价值。

2. 流通手段

流通手段是指货币充当商品交换媒介的职能。在商品交换过程中,商品出卖者把商品转化为货币,然后再用货币去购买商品。在这里,货币发挥交换媒介的作用,执行流通手段的职能。货币充当价值尺度的职能是它作为流通手段职能的前提,而货币的流通手段职能是价值尺度职能的进一步发展。

3. 贮藏手段

贮藏手段是指货币退出流通领域充当独立的价值形式和作为社会财富的一般代表而储存起来的一种职能。货币能够执行贮藏手段的职能,是因为它是一般等价物,可以用来购买一切商品。

4. 支付手段

支付手段是指货币作为独立的价值形式进行单方面运动(如清偿债务、缴纳税款、支付工资和租金等)时所执行的职能。

5. 世界货币

世界货币是指货币在世界市场上执行一般等价物的职能。货币是随着商品经济发展,商品交换由国内市场逐步走向国际市场,而具有世界货币的职能的。这种职能是货币其他四个职能在世界范围内的展现。当货币执行世界货币职能时,可以充当世界货币的必须是有价值的货币商品,如黄金、白银。但随着货币的发展,一些经济实力强大的国家的纸币也具有某种世界货币的职能,如:美元、欧元、英镑、日元等。

(四) 货币层次划分与货币计量

1. 货币层次划分

货币层次,是指货币的构成范围,是根据货币定义确定的货币外延。货币供给层次的划分,是指将流通中的各种货币形式、按不同的统计口径划分为不同的层次。对不同形式、不同特性的货币划分不同的层次,是各国科学计量货币数量、客观分析货币流通情况、正确制定和实施货币政策、及时有效地进行宏观调控的必要措施。

尽管世界各国中央银行都有自己的货币统计口径,但是在划分货币层次时,一般都是以流动性作为划分的依据和标准。所谓流动性,通常是指金融资产能够及时变现并且使持有人不蒙受损失的能力。货币的流动性程度较高,流通中周转较便利,相应形成购买力的能力也就较强;反之,货币的流动性程度较低,流动中周转不方便,相应形成的购买力的能力就比较弱。因此,以流动性为标准划分货币层次,便于中央银行确定货币供给的统计口径,对于考察市场均衡,实施宏观调节有重要意义。

(1) 西方国家货币层次的划分。

在大部分西方经济学家眼里,货币的流动性实质上就是货币的变现能力。根据西方经济学家对货币层次的归纳,一般将货币分为以下几个层次:

M_1 = 现金 + 活期存款;

$M_2 = M_1$ + 在银行的储蓄存款 + 在银行的定期存款;

$M_3 = M_2$ + 各种非银行金融机构的存款;

$M_4 = M_3$ + 金融机构以外的所有短期金融工具

以上只是一般情况,具体到每个国家是不完全相同的。例如,有些国家只是很简单地划分 M_1 和 M_2;但某些大的经济体,如美国、欧盟和日本等,对货币的划分却复杂很多。

(2) 我国货币层次的划分。

中国人民银行于 1994 年第三季度开始,正式确定并按季公布货币供应量指标。目前我国将货币划分为以下三个层次:

M_0 = 流通中的现金

M_1(货币)= M_0 + 活期存款

$M_2 = M_1$ + 准货币(企业单位定期存款 + 城乡居民储蓄存款 + 其他存款 + 证券公司的客户保证金存款)

2. 货币的计量

如前所述,进行货币层次划分的目的是进行货币计量。进行货币计量,需要明确以下几个概念:

(1) 货币供应量。货币供应量有狭义和广义之分。狭义的货币供应量,是指货币层次中的现金加银行活期存款,也即 M_1。狭义的货币供应量反映了整个社会对商品和劳务的直接购买能力,其增减变化会对商品和劳务产生直接影响,因此,狭义的货币供应量是中央银行制定和实施货币政策时监测和调控的主要目标。广义的货币供应量,是指狭义的货币供应量加上准货币,也即 M_2。所谓准货币是指可以随时转化为货币的金融资产或信用工具,其流动性相对较差，但是却反映了社会潜在的购买力。因此，广义的货币供应量更能够反映全面反映整个社会的货币流通情况。

近些年来，西方国家出现了把货币供应量调控的重点由 M_1 转向 M_2 的趋势。在我国，M_1 是通常所说的狭义货币供应量，M_2 是广义货币供应量。当然，随着金融体制改革、金融创新的深化以及社会经济生活的进一步发展，我国的货币层次的划分，也会因适应新形势而发生变化。

（2）货币存量与货币流量。货币存量，是指某一时点上各经济主体所持有的货币余额。货币流量，是指某一时期内各经济主体所持有的现金、存款货币的总量，表现为一定时期（一般为一年）内的货币流通速度和现金、存款货币的乘积。

（3）货币总量与货币增量。货币总量是指货币数量的总额，其可以是某一时点的存量，也可以是某一时期的流量。货币增量是指不同时点上的货币总量的差额。

上述货币计量的不同概念，实际上也是货币计量的不同统计口径。由于各自对于货币流通的观察角度不同，因而提供了不同结论。显然，将上述指标综合考虑，可以得到比较全面的货币流通状况。

（五）货币制度的构成和发展

1. 货币制度的构成

一般来说，货币制度是国家对货币的有关要素、货币流通的组织与管理等加以规定所形成的制度。完善的货币制度，能够保证货币和货币流通的稳定，保障货币正常发挥各项职能。货币制度的主要内容包括：

（1）规定货币材料。

规定币材的性质，确定不同的货币材料，就形成了不同的货币制度。至于哪种物品可以作为货币材料，并非由国家随心所欲地指定，而是对已经形成的客观现实在法律上加以肯定。目前，世界各国都实行不兑现的信用货币制度，对货币材料不作明确规定。

（2）规定货币单位。

货币单位是货币本身的计量单位，规定货币单位包括两方面内容：一是规定货币单位的名称；二是规定货币单位的值，即币值。在金属货币制度条件下，货币单位的值是每个货币单位包含的货币金属重量和成色。在信用货币尚未脱离金属货币制度条件下，货币单位的值是每个货币单位的含金量；在黄金非货币化后，确定货币单位的值表现为确定或维持本币的汇率。

（3）规定流通中货币的种类。

主要是指规定主币和辅币。主币是一国的基本通货和法定价格标准，辅币是主币的等分，是小面额货币，主要用于小额交易支付。金属货币制度下，主币是用国家规定的货币材料、按照国家规定的货币单位铸造的货币，辅币则是用贱金属制造。铸币权由国家垄断。信用货币制度下，主币和辅币的发行权都集中于中央银行或由政府指定机构。

（4）规定货币法定支付偿还能力。

货币法定支付偿还能力分为无限法偿和有限法偿。无限法偿是指不论用于何种性质的支付，不论支付数额有多大，对方均不得拒绝接受；有限法偿是指在一次支付中有法定支付限额的限制，若超过限额，对方可以拒绝接受。

一般而言，金属货币制度下，主币具有无限法偿能力，辅币则是有限法偿。信用货币制度条件下，国家对各种货币形式支付能力的规定，不是十分明确和绝对。

（5）规定货币铸造发行的流通程序。

货币铸造发行的流通程序，主要分为金属货币的自由铸造与限制铸造、信用货币的分散发行与集中垄断发行。金融货币的自由铸造与限制铸造，是指公民是否有权用国家规定的货币材料，按照国家规定的货币单位在国家造币厂铸造铸币。信用货币的分散发行和集中垄断发行，是指各商业银行是否可以自主发行货币。早期信用货币是分散发行，目前各国信用货币的发行权大都集中于中央银行或指定机构。

（6）规定货币发行准备制度。

货币发行准备制度是为约束货币发行规模、维护货币信用而制定的，要求货币发行者在发行货币时以金属或资产作为发行准备。在金属货币制度下，货币发行以法律规定的贵金属作为发行准备，在现代信用货币制度下，各国货币发行准备制度的内容比较复杂，一般包括现金准备和证券准备两大类。

2. 货币制度的演变与发展

货币制度自产生以来，从其存在的形态看，经历了银本位制、金本位制、金银复本位制、金本位制、不兑现的信用货币制度几大类型的变迁，具体如图 1-1 所示：

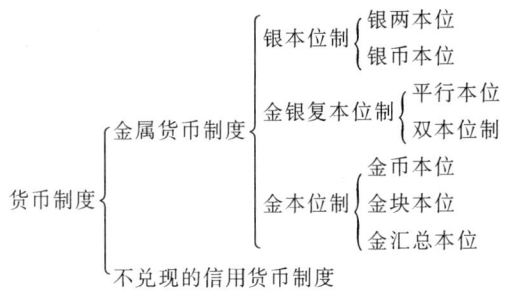

图 1-1 货币制度的演变阶段

（1）银本位制。

银本位制是以白银为本位货币的货币制度，是最早实行的货币制度之一。其持续的时间比较长。从 16 世纪到 19 世纪，银本位制在世界许多国家盛行。

银本位制的基本内容是：规定以白银为货币币材，规定银铸币的重量、成色、形状及货币单位，银铸币可以自由铸造和熔化，并具有无限法偿能力，白银或银币可以自由输出输入等。银本位制分为银两本位和银币本位。银两本位是以白银重量"两"为价格标准，实行银块流通的货币制度。银币本位则是以一定重量和成色的白银，铸成一定形状。

19 世纪末，随着白银采铸业劳动生产率的提高，白银产量猛增、价值不断降低。白银价格起伏不稳，既不利于国内货币的流通，也不利于国际收支的平衡，影响了经济的发展，许多国家因此放弃了银本位制。

（2）金银复本位制。

金银复本位制下，黄金与白银同时作为本位币的制作材料，金币与银币都具有无限法偿的能力，都可以自由铸造、流通、输出与输入。16世纪至19世纪，银复本位制被新兴资本主义国家长期采用。

金银复本位制分为两种形式：平行本位制和双本位制。平行本位制，即金币、银币按自己的价值流通互不干扰，国家不规定两种货币之间的比价。这时，一件商品同时拥有金币价格和银币两种价格，而金币价格与银币价格之间又会发生波动，不利于经济发展。双本位制，即金币与银币之间的比价是由政府通过立法的形式确立。这是金银复本位制的主要形式。但是，用法律规定金银比价与价值规律的自发作用相矛盾，并出现了"劣币驱逐良币"的现象，也称"格雷欣法则"。

【专栏1-3】

"劣币驱逐良币"

所谓"劣币驱逐良币"，是指当一个国家同时流通两种实际价值不同、而法定比价不变的货币时，实际价值高的货币（良币）必然要被熔化、收藏或输出，而退出流通领域；而实际价值低的货币（劣币）反而充斥市场。如，假定金银的法定比价是1:14，而市场上金银的实际比价是1:16，此时，人们会把金币熔化、收藏，用银币去兑换金币，再把金币熔化成金块贮藏。如此反复，就会获得可观的利润，直到金币绝迹而隐蔽充斥市场。最终，流通中实际就只有一种铸币在流通，也即价值低的金属铸币在市场流通；而价值较高的金属铸币就被驱逐出市场。

实践证明，尽管在复本位制下，金币和银币均为法定本位货币，但在实际流通中起主要作用的往往总是一种货币：银的价值低则银充斥市场，金的价值低则金充斥市场。随着社会的发展，金银复本位制已经不能适应商品经济的要求。自19世纪起，英国及各主要资本主义国家先后放弃了这种货币制度。

（3）金本位制。

金本位制就是以黄金为本位币的货币制度。历史上，曾有过3种形式的金本位制：金币本位制、金块本位制和金汇兑本位制。其中，金币本位制是最典型的形式，或者就狭义来说，金本位制也是指该种货币制度。

金币本位制，是以黄金为货币金属的一种典型的金本位制。其主要特点是：金币可以自由铸造、自由熔化；流通中的辅币和价值符号（如银行券）可以自由兑换金币；黄金可以自由输出输入。该制度下，各国政府以法律形式规定货币的含金量，两国货币含金量的对比即为决定汇率基础的铸币平价。1914年第一次世界大战爆发后，各国纷纷发行不兑现的纸币，禁止黄金自由输出，金币本位制随之告终。

金块本位制，是指由中央银行发行以金块为准备的纸币流通的货币制度。其与金币本位制的区别在于：一是，金块本位制以纸币或银行券作为流通货币，不再铸造、流通金币，但规定纸币或银行券的含金量，纸币或银行券可以兑换为黄金；二是，规定政府集中黄金储备，允许居民当持有本位币的含金量达到一定数额后兑换金块。可见，这种货币制度实际上是一种附有限制条件的金本位制。

金汇兑本位制,又称"虚金本位制"。其特点是:国内不能流通金币,而只能流通有法定含量的纸币;纸币不能直接兑换黄金,只能兑换外汇。实行这种制度的国家的货币,同另一个实行金块本位制的国家的货币保持固定比价,并在该国存放外汇和黄金作为准备金,体现了小国对大国的依附关系,因而大多被殖民地、半殖民地国家使用。

1973年以后,金块本位制和金汇兑本位制这两种货币制度基本消失。

(4) 不兑现的信用货币制度。

20世纪70年代,布雷顿森林体系崩溃后,世界各国普遍开始采用不兑现的信用货币制度,又称不兑现本位制或不兑现的纸币流通制度,这是一种不能兑现黄金、取消黄金保证、凭借国家信用、通过信用渠道发行和流通的货币制度。基本特点是:①不兑现的信用货币,一般是由中央银行发行的,并由国家法律赋予无限清偿的能力。②货币不与任何金属保持等价关系,不能兑换黄金,货币发行一般不以金银为保证,也不受金银的数量控制。③货币是通过信用程序投入流通领域,货币流通通过银行的信用活动进行调节,而不像金属货币制度下由金属货币进行自发地调节。银行的信用扩张,意味着货币流通量增加;银行的信用紧缩,意味着货币流通的减少。④货币流通调节构成了国家对宏观经济调控的一个重要手段。当国家通过信用程序所投放的货币超过了货币需要量,就会引起通货膨胀,这是不兑现的信用货币流通所特有的经济现象。⑤流通中的货币不仅指现钞,银行活期存款也是通货。

不兑现的信用货币制度,突破了货币商品形态对经济发展的制约,提供了一个政府调控经济的手段,是货币发展历程中的重大飞跃。

(六) 国际货币体系的演变

1. 国际货币体系的主要内容

国际货币体系也被称为国际货币制度,是指支配各国货币关系的规则,以及国际间进行各种交易、支付所依据的一套安排和惯例。其主要功能是:建立和稳定国际货币秩序,保证货币在国家间顺利地发挥世界货币的作用,促进世界经济的发展。国际货币体系一般包括以下四方面的内容:

(1) 国际储备资产的确定。

各国用什么来充当国际储备,不但取决于各国本身的经济情况,而且也取决于国际间的协调。国际储备资产的种类、数量和构成等,都需要有国际性的规则和制度来做妥善安排。

(2) 汇率制度的安排。

即一国与其他国货币之间的汇率的决定,能否成为自由兑换货币,采取固定的还是浮动的汇率制度安排[①]。

(3) 国际收支调节机制。

国际收支不平衡时,各国政府应采取什么方式进行弥补,各国间的政策措施如何协调[②]。

[①] 关于汇率和汇率制度,详见本书第十章。
[②] 关于国际收支、国际储备等内容,详见本书第九章。

(4) 国际货币事务的协调和管理。因为国际收支调节机制、国际汇率制度、国际储备制度等问题涉及各个国家的经济利益和货币主权，而这些国家又有着不同的社会经济条件和特定的政策目标，所以在国际货币体系中，产生了国际货币事务的协调和管理问题。国际货币事务的管理，通常要通过国际货币机构和组织进行，通过制定若干被各成员国所认同和遵守的规则、制度和惯例，协调各国与国际货币活动有关的经济政策。

2. 国际货币体系的演变

从历史发展的角度看，迄今为止，国际货币体系经历了以下3个发展阶段：

（1）国际金本位制。国际金本位制是金本位制的国际化，是在世界主要资本主义国家普遍实行金本位制的一种国际货币制度。国际金本位制度，具有金币自由铸造、自由兑换和黄金自由输出入的"三自由"特征：①金币可以自由铸造、自由熔化；②各国政府都规定以黄金作为本位货币，确定本国铸币的货币单位及含金量。金币具有无限法偿的权利，并能与银行券自由兑换；③黄金可以在各国之间自由地输出和输入。国际金本位制对当时的世界经济发展起了巨大的推动作用。不仅维持了各国汇率的稳定，而起调节了国际收支，协调了各国的经济政策。

随着世界经济的发展，破坏国际金本位制稳定性的因素也日益增长。1929年爆发的世界性经济危机及其不断深化，导致各国政府越来越不愿遵守金本位自动调节的基本规则，使得维持国际金本位制的一些必要条件遭到破坏，国际金本位制宣告结束。

（2）布雷顿森林体系。（Bretton Woods System）布雷顿森林体系，是指第二次世界大战后建立的以美元为中心的国际货币体系，是1944年7月由西方主要国家的代表在联合国国际货币金融会议上确立的。由于此次会议是在美国新罕布什尔州布雷顿森林举行的，因此也被人们称之为"布雷顿森林体系"。

布雷顿森林体系被以作为国际协议的《国际货币基金协定》（以下简称《协定》）的法律形式固定下来，主要内容大致包括：①黄金和美元并重的储备体制。《协定》规定了以美元作为最主要的国际储备货币，美元直接与黄金挂钩，同时其他货币与美元挂钩。国际货币基金组织（IMF）的会员国政府必须确认1934年美国政府规定的1盎司黄金=35美元的官价，也即1美元的金平价为0.888671克黄金，并且各国政府和中央银行可随时向美国政府按官价兑换黄金。②实行固定汇率制。各国货币均与美元保持固定比价关系，汇率波动界限不得超出货币平价的上下1%，各国政府有义务通过干预外汇市场来实现汇率的稳定；会员国只有在国际收支出现"基本失衡"时，经IMF批准才可以进行汇率调整。③确立国际收支调节机制。弥补国际收支逆差，向会员国融通弥补逆差所需资金，是国际货币体系顺利运转的必要条件。为此，《协定》规定，设立普通贷款账户，向国际收支发生暂时困难的会员国提供贷款，以弥补逆差。但贷款数量与会员国缴纳份额是相联系的，国际货币基金组织会员国份额的25%、以黄金或可兑换成黄金的货币缴纳，另外的75%则以本国货币缴纳会员国借用普通贷款的累计最高限额为其缴纳份额的125%。④建立一个永久性国际金融机构——国际货币基金组织（International Monetary Fund，IMF）。

布雷顿森林体系的运行，对第二次世界大战后世界经济的发展起到了重要的推动作用。其促进了国际贸易的发展，弥补了国际清偿能力的不足，促进了国际货币合作。但是，该制度本身也存在缺陷：一方面，以美元作为国际支付手段与国际储备手段，要求美元币值稳定；另一方面，全世界要获得充足的外汇储备，又要求美元的国际收支保持大量逆差，美元就会不断贬值。加之美元危机与美国经济危机的频繁爆发，最终导致布雷顿森林体系在1973年崩溃。

（3）牙买加体系。

1976年1月，国际货币基金组织（IMF）理事会的"国际货币制度临时委员会"在牙买加首都金斯敦举行会议，讨论国际货币基金协定的条款。经过激烈争论与协商，最终签订达成了"牙买加协议"。同年4月，国际货币基金组织理事会通过了《IMF协定第二修正案》，从而形成了新的国际货币体系。

牙买加体系的主要内容包括：①浮动汇率合法化。牙买加协议正式确认了浮动汇率制的合法化，承认固定汇率制与浮动汇率制并存的局面，成员国可自由选择汇率制度。同时，IMF继续对各国货币汇率政策实行严格监督，并协调成员国的经济政策，促进金融稳定，缩小汇率波动范围。②货币非黄金化。黄金不再作为各国货币定值标准；废除黄金条款，取消黄金官价，成员国中央银行可按市价自由进行黄金交易；取消成员国相互之间以及成员国与IMF之间须用黄金清算债权债务的规定，IMF逐步处理其持有的黄金。③将特别提款权作为主要国际储备资产。提高了特别提款权的国际储备地位，扩大其在IMF一般业务中的使用范围，并适时修订特别提款权的有关条款。④增加国际货币基金组织（IMF）成员国的基金份额，从原来的292亿特别提款权增加至390亿特别提款权，增幅达33.6%。⑤扩大信贷额度，以增加对发展中国家的融资。

牙买加体系，对维持国际经济运转和推动世界经济发展起到了积极地推动作用：储备货币多元化，缓解了清偿能力不足；灵活的汇率体系有助于世界经济的发展；促进了国际收支的调节等。但是牙买加体系也有缺陷：导致汇率体系不稳定；国际货币缺乏统一的货币标准；国际收支调节机制仍不完善等。随着世界经济的发展，这些缺陷日益引起世界各国的关注，并通过各种途径进行国际协调。因此，建立更加合理、稳定的国际货币新秩序，也被提到议事日程上来。

二、信用与信用体系

（一）信用的概念与构成要素

1. 信用的含义与构成

在我国，信用这个名词自古就有。如，《左传·宣公十二年》中就有"其君能下人，必能信用其民矣，庸可几乎？"。但这个"信用"，与本书所要探讨的"信用"并非一个概念。

从经济的角度理解"信用"，实际上是指"借"和"贷"的关系。某人借得一笔钱或一批货物（赊购），实际上相当于得到交易对方的一个有期限的信用额度；之所以能够得到这个"有期限的信用额度"，大部分原因是因为对方的信任，当然也可能是因为战略考虑或其他因素。《新帕格雷夫经济大辞典》中对信用的解释是：提供信贷意味着把对某物（如一笔钱）的财产权给以让度，以交换在将来的某一特定时刻对另外的物品（如另外一部分钱）的所有权。

从金融学的角度来看，信用的本质是一种借贷行为，是以还本付息为条件的、单方面的价值转移，体现一定的债权债务关系。一般来说，信用应具备以下五个本质特征：信用是以还本和付息为基本特征的借贷行为；信用价值是单方面转移、特殊的运动形式；信用关系以相互信任为基础；信用的标的是一种所有权和使用权相分离的资金；信用以收益最大化为目标。

从构成上来看，信用有以下几个方面的构成要素：

（1）信用的主体。

信用的主体是指信用行为发生的当事双方，也即具有各种民事行为能力的经济主体（包括自然人和法人）。其中，转移资产一方也即贷方（债权人或授信者）将商品和货币借出；作为债权人，也就是借出者，具有要求将来偿付商品和货币的权利。而借方（债务人或受信者）接受商品和货币；作为债务人，也就是受信者，他有在将来偿还商品和货币的义务。

（2）信用的客体。

信用是通过一定的交易行为来发生和实现的，与此对应就应当有被交易的对象，这就是信用的客体。被交易的对象，既可以是实物，也可以是货币。如，商业信用中，交易的对象是实物；银行信用中，交易的对象就是货币。没有交易对象，就不会有经济交易行为的发生，也不会有信用行为的发生。

（3）信用的内容。

信用活动中，授信人以自身的财务为依据授予对方信用，受信人以自身的承诺为保证取得信用。债权人承担的是信任风险和到期收回本息的权利，债务人承担的是还本付息的责任与义务。信用内容主要包含三个部分：信用关系：也即债权债务关系；信用条件：包括期限、利率、利息支付方式与本金偿还方式等；信用载体：是载明债权债务关系的合法凭证。

2. 信用的主要类型

（1）商业信用。

商业信用是指工商企业相互之间在买卖商品时提供的与商品交易直接相关的信用。典型形式是由商品销售企业对商品购买企业以赊销或分期付款等方式提供的信用。其具有几个重要特点：商业信用的主体是工商企业，无论债权人还是债务人都是工商企业；商业信用的客体是商品，所提供的不是货币资金而是商品资金；商业信用供求关系的变动与经济周期的波动，具有比较明显的一致性；商业信用的载体是商业票据。

商业信用在商品经济中发挥着润滑生产和流通的作用。现实中生产出来的商品，需要通过销售环节进行销售。在销售环节里，购买者可以采取赊销的方式，减少了生产企业的产品积压，从而保证生产源源不断地进行。对购买企业来讲，在生产过程中，如果没有资金直接购买原料时，可以用赊购的方式获得原料的供给，进而保证了生产的正常进行。

与此同时，商业信用也存在着自身的局限性：①因为受到企业资金数量的限制，商业信用在规模和金额上存在局限性。一般来说，采取赊购、赊销方式的额度或规模通常都不大，难以解决企业生产规模扩大或者信用对生产规模的需求，导致产生矛盾。②商业信用在方向上受到限制。商业信用一般只能是由商品的生产者向商品的需求者提供,并且要求这一商品正好是另外一个企业需要的商品。这种局限性导致了商业信用不能完全适应现代经济发展的需要。③商业信用在期限上具有局限性。商业信用提供的赊购赊销或者分期付款的信用形式,从期限上来看都较短,不适合长期资金的融通。

(2) 银行信用。

银行信用是指银行或其他金融机构以货币形态向企业或者个人提供的信用,是现代信用的主要形式。银行信用中,银行充当了信用的媒介。

一般来说,银行信用具有以下几个重要特点:银行信用的债权人是银行自身,债务人是工商企业和公众;银行信用的客体是货币资金,因此其使用在时间上和方向上不受任何限制;银行信用与经济周期呈现顺循环的关系;银行信用规模巨大,通过资金的积聚,使其可以提供远远超过自有资金的信用。

商业信用和银行信用两者之间存在密切的关系,突出表现在以下4个方面:①银行信用是在商业信用发展的基础上产生的,商业信用是现代信用制度的基础。如,银行业务中的票据贴现、票据抵押等,均是以商业信用为基础的。②银行信用克服了商业信用在信用规模、信用方向、信用期限上的局限;因此,银行信用无论在规模、范围、还是在期限上都大大超过了商业信用,成为现代经济生活中最基本的、占主导地位的信用形式。③虽然银行信用克服了商业信用的局限性,但银行信用并不能取代商业信用,商业信用仍然是整个信用制度的基础。④银行信用和商业信用之间具有相互融合、相互促进的关系。银行信用是在商业信用的基础上产生和发展起来的;而银行信用的出现,又使商业信用进一步得到发展。

(3) 国家信用。

国家信用是指以国家为主体进行的一种信用活动。按照信用原则,国家可以以发行债券等方式,从国内外货币持有者手中借入货币资金,所以国家信用是一种国家负债。其可以包括国内信用和国际信用。国内信用,是指国家以债务人身份,向国内居民、企业、团体取得的信用,形成国家的"内债"。国际信用,是指国家以债务人身份向国外居民、企业、团体和政府取得的信用,形成国家的"外债"。

(4) 消费信用。

消费信用是由企业、银行或其他消费信用机构向消费者个人提供的信用。根据提供商的不同,消费信用可以分为:企业提供的消费信用和银行提供的消费信用等种类。其中,由企业提供的消费信用,主要有赊销和分期付款两种形式。赊销主要是对那些没有现款或现款不足的消费者采用的一种信用出售的方式;而分期付款则更多地被运用于某些价值较高的耐用消费品的购买行为中。银行提供的消费信用,包括直接贷款给个人用以购买耐用消费品、住房等及对个人提供的信用卡。

3. 信用活动的基础

实现现代信用所要求的基础,主要包括4个方面:①经济生活中多种信用形式的全面规范。各经济主体都可以通过相应的信用形式授受信用,信用关系成为全社会最普遍、最基本的经济关系。②全社会成员在经常性的信用活动中,具有明确的信用价值理念和是非价值评判。由于整个社会普遍具有良好的守信习惯与自觉意愿,宏观信用氛围良好。③各种信用活动都被纳入具有强大约束力和制衡力的信用规则下运行，信用秩序井然，信用自动维护机制严密、先进。④社会信用体系齐备并规范运作，高效运作，覆盖面宽，富有权威性，各系统之间紧密相连，有机结合，相互支持，运转正常。

只有在这样的信用背景下，现代社会才会具有完备的信用体系。

4. 信用在市场经济中的作用

市场经济是以自由缔约和自由交易为基础的经济，信用活动是市场经济的重要组成部分。信用活动在市场经济中的作用如下：

（1）促进市场交易方式的改变。

随着市场经济的不断发展和信用制度的逐步完善，市场交易方式逐步发生变化，由实物交易阶段、货币交易阶段发展到信用交易阶段。因此，信用交易是市场经济高度发达和完善的表现。目前，西方国家交易方式有90%都是采用信用交易。交易方式的改变，提高了效率，降低了成本。但是，如果进行信用交易时一方不守信用，交换关系和市场秩序就会遭到破坏，不仅信用交易无法进行，实物交易与货币交易也会受到影响，经济活动就难以健康发展。

（2）促进资金再分配，提高资金使用效率。

信用是促进资金再分配的最灵活的方式。借助于信用，可以把闲置的资金和社会上分散的货币集中起来转化为借贷资本，并在市场规律的作用下，使资金得到充分利用。信用活动中，价值规律的作用可以得到充分发挥，那些具有发展和增长潜力的产业往往容易获得信用的支持。通过竞争机制，信用还会使资金从利润率较低的部门向利润率较高的部门转移，在促使各部门实现利润平均化的过程中，提高了整个国民经济的资金效率。

（3）节约流通费用。

利用各种信用形式，可以节约大量的流通费用，增加生产资金投入。这是因为：①利用信用工具代替现金，节省了与现金流通有关的费用。②在发达的信用制度下，资金集中于银行和其他金融机构，可以减少整个社会的现金保管、现金出纳以及簿记登录等流通费用；各种债权债务关系可以利用非现金结算方式来处理，不仅节约了流通费用，还可以缩短流通时间，增加资金在生产领域发挥作用的时间，有利于扩大生产和增加利润。③信用能够加速商品价值的实现，这有助于减少商品储存和保管费用的支出。

（4）有利于资本集中。

信用是资本集中的有力杠杆。借助于信用，可以不断扩大资本积聚的规模。因为信用可以使零星资本合并为规模庞大的资本，也可以使个别资本通过合并其他资本来增加资本规模。如，很多兼并收购活动都是利用信用方式来进行并完成资本集中的。而资本的集中与积聚，有利于大工业的发展和生产社会化程度的提高，推动经济增长。

（5）调节经济结构。

信用调节经济的功能，主要表现为国家利用货币和信用制度来制定各项金融政策和金融法规，利用各种信用杠杆来改变信用的规模及其运动趋势等。如，国家借助信用的调节功能，既能抑制通货膨胀，也能防止经济衰退和通货紧缩，刺激有效需求，促进资本市场平稳发展。国家利用信用杠杆还能引导资金的流向，通过资金流向的变化来实现经济结构的调整,使国民经济结构更合理,经济发展更具持续性。

5. 社会信用体系

社会信用体系,也被称为国家信用管理体系或国家信用体系。其是一种社会机制,具体作用于一国的市场规范,旨在建立一个适合信用交易发展的市场环境,保证一国的市场经济向信用经济方向转变,也即从以原始支付手段为主流的市场交易方式向以信用交易为主流的市场交易方式的健康转变。这种机制,利于建立一种新的市场规则,使社会资本得以形成,促进一国的市场经济走向成熟。完善的社会信用体系是信用发挥作用的前提,因为其能够保证授信人和受信人遵循社会信用体系确定的规则来达成交易,从而保证经济运行的公平和效率。

社会信用体系的主要功能包括:①记忆功能,保存失信者的纪录并传播给授信机构;②预警功能,能对经济失信行为进行跟踪监督和事前提;③过滤功能,通过信用评级筛选出合格的信用工具和合格使用者;④调节功能,能直接以经济方式惩戒失信,奖励守信;⑤服务功能,对在信用交易中出现问题的交易双方提供解决方案。

完善的社会信用体系,一般主要由下列部分构成:

(1) 公共信用体系。

公共信用体系,也即政府信用体系。从社会信用体系的全局来看,公共信用体系是影响社会全局的信用体系。建立公众对政府的信任,是建立企业和个人信用的前提条件。公共信用体系的作用在于:规范政府的行政行为和经济行为,避免政府朝令夕改、倒债等失信行为,提高政府行政和司法的公信力。

(2) 企业信用体系。

企业是市场经济活动的主体,企业信用体系是社会信用体系的重要组成部分。企业信用体系的作用在于:约束企业的失信行为,督促企业在市场上进行公平竞争。建立企业信用体系的关键环节,是建立完善的企业信用数据库,因为其动态地记录了企业在经济交往中的信用信息。

(3) 个人信用体系。

个人是社会的基本单位,也是信用的提供者和接受者,因此个人信用体系也是社会信用体系的必不可少的组成部分。个人信用体系至少可以从两个方面对社会信用体系发挥作用:一是,为个人授信提供信用信息;二是,弥补公共信用体系和企业信用体系的疏漏。个人信用体系的关键环节是个人信用数据库的建立和完善。个人数据库的信息采集与营运模式和企业数据库基本相同,但个人信用信息采集和查询应受到更多的法律保护。

【专栏 1-4】

我国社会信用体系建设取得重要进展[①]

近几年来,我国社会信用体系建设在很多基础领域和关键环节取得重要进展。从国家层

[①] 韩家平. 我国社会信用体系建设的现状与展望 [J/OL] 2018.07.18,半月谈,http://www.banyuetan.org/ssjt/detail/20180718/1000200033135841531882950257496296_1.html.

面看,主要包括以下几个部分:

一是社会信用体系顶层设计基本完成,组织机制完善等基础工作取得突破性进展。以《社会信用体系建设规划纲要(2014—2020年)》和《关于建立完善守信联合激励和失信联合惩戒制度加快推进社会诚信建设的指导意见》等文件正式发布为标志,我国社会信用体系建设顶层设计基本完成。社会信用体系建设的范畴涵盖政务诚信、商务诚信、社会诚信和司法公信等四大领域。

二是建立了统一社会信用代码制度。截至2018年3月底,全国法人和非法人组织存量代码转换率为99.8%,存量证照换发率为82%;个体工商户存量换码率为95%,为社会信用信息归集共享奠定重要基础,为商事制度改革和"放管服"改革提供重要支撑。

三是实现了全国范围内的社会信用信息归集共享。截至2018年6月,全国信用信息共享平台已联通44个部委和所有省区市,归集各类信用信息175亿条,并与国家人口库建立了信息核查与叠加机制,完善了自然人基础数据,推动消除政府部门间"信息孤岛",加强协同监管。同时,"信用中国"网站等平台向社会提供公共信用信息查询服务,日访问量达千万人次级。

四是建立了部际联动的联合奖惩制度。目前,已签署信用联合奖惩合作备忘录37个,制定联合奖惩措施100多项,初步建立起"发起—响应—反馈"机制。

五是发布实施了《企业信息公示暂行条例》。确立企业信息公示制度,改企业年检制度为年报制度,建立行政许可和行政处罚信息7个工作日内双公示制度。

六是推出了首批社会信用体系建设示范城市。国家相关部门于2015年、2016年组织两批共43个城市创建社会信用体系建设示范城市。此外,批复同意长三角地区创建国家社会信用体系建设区域合作示范区,试点探索形成了一系列可复制、可推广的经验做法。

七是信用法规和标准研究加快推进。信用法、公共信用信息管理条例、统一社会信用代码管理办法已形成初稿;截至2017年6月,企业信用评价指标、企业诚信管理体系等28项信用领域国家标准发布。

八是市场化社会信用服务体系建设日趋完善。截至2017年6月,共有约130家企业征信机构和约100家信用评级机构在央行系统备案并开展业务。2018年1月,百行征信有限公司获得首张个人征信牌照。

三、利率与利率体系

现代市场经济中,利率是一个重要的经济杠杆,其对宏观经济运作和微观经济活动都具有重要的作用。

(一) 货币的时间价值与利率

要想真正理解利率,首先必须理解货币的时间价值。所谓货币的时间价值,是指当前所持有的一定量的货币比未来持有等量的货币具有更高的价值,或者说,货币的价值会随着时间的推移而有所下降。通俗的讲就是:今天的1元钱比一年以后的1元钱价值更高,而一年以后的1元钱比两年以后的1元钱价值更高,依此类推。

为什么货币会具有时间价值？主要是由于以下几个方面的原因：①当前持有的货币可以用来投资，通过投资获取一定的收益。②由于通货膨胀的影响，货币的购买力会随着时间向后推移而发生改变。当物价总水平上涨时，货币购买力会下降，在这种情况下，未来的1元钱就不如现在的1元钱值钱。③一般来说，未来的预期收入具有较大的不确定性。④从经济学的角度来看，要在现在节省一单位货币不消费，而是在未来的某个时间消费，那么在未来消费时就必须有一个增量来弥补延迟消费所付出的成本。

(二) 利率的概念和分类

利率，是表示货币时间价值的一种标尺，是借贷关系中资金借入方为使用货币资金而支付给资金贷出方的价格。具体而言，利率通常表示为一定时期内的利息量与本金的比率，用百分比表示。西方的经济著述中，也将其称之为"到期回报率、报酬率"等。

利率类型多种多样。按照不同的标准和方法，可以将利率分为以下几类：

1. 按照利率对实际经济运行的影响划分，可分为名义利率与实际利率

实际利率是指物价不变，从而货币购买力不变条件下的利率。名义利率是指包括补偿通货膨胀风险的利率。通货膨胀条件下，市场上的各种利率都是名义利率，而实际利率却不易直接观察到。通常是利用公式：$r = i + p$（其中，r 为名义利率，i 为实际利率，p 为通胀率）推算，也即根据已知的名义利率和通货膨胀率推算出实际利率。

2. 根据利率在借贷期内是否调整划分，可分为固定利率与浮动利率

固定利率是指在借贷期内不作调整的利率。实行固定利率，对于借贷双方准确计算成本与收益十分方便，是传统采用的方式。但是如果存在通货膨胀，实行固定利率对债权人、尤其是长期放款的债权人会带来较大的损失。浮动利率是指在借贷期内可定期调整的利率。根据借贷双方的协定，一方可在规定的时间依据某种市场利率进行调整，一般调整期为半年。实行浮动利率，手续比较繁杂，计算依据多样，多用于3年以上的借贷及国际金融市场。

3. 根据利率在金融运行中发挥的作用划分，可分为市场利率与管理利率

市场利率，是指由资金借贷双方通过相互竞争而形成的利率，包括借贷直接融资时商定的利率和在金融市场上买卖有价证券时所采用的利率，其随着借贷资金供求状况的变化而变化。管理利率，是指由政府、中央银行或者非政府部门的金融组织确定的利率，包括官定利率和公定利率。所谓官定利率，是指一国政府通过中央银行确定和公布，各金融机构以此为参照或必须执行的，也称法定利率。所谓公定利率，是指由非政府部门的金融组织、如银行公会所确定的利率。

4. 按照借贷的期限长短划分，可分为短期利率与长期利率

短期利率一般是指资金使用期限在一年以内（含一年）的利率，而长期利率则是指一年以上期限的利率。长期利率通常高于短期利率。

5. 按照借贷资金交付给债务人时间划分，可分为即期利率与远期利率

资金借贷合约按照是否立即进行交易，可以分为即期交易和远期交易，相对应的利率分别被称为即期利率和远期利率。如果借款合约一经签订，资金立即从一方转入另一方，借款将在未来某一特定时间连本带利还清，这时的利率就是即期利率。如果在合约中确定一个利率条件，但是在未来某一时期进行实际交割，则约定的利率就是远期利率。

6. 按照对利息的计算方法划分，可分为单利和复利

单利，是指在计算利息时仅以本金的金额作为计算基准，并不计入其他应计利息，也即通常所说的"本生利"。复利，是指将本金与到期利息累加作为计算下期利息的基础，也即通常所说的"利滚利"。

假设，某人去银行存入 1 000 元，存期两年，利率为 10% 且在未来两年内保持不变。利用单利计算出来的结果是：两年以后这笔存款的本息总额是 1 200 元（也即：1 200 = 1 000 + 1 000 × 10% + 1 000 × 10%）。而利用复利计算得到的结果则是：两年该笔存款的本息总额是 1 210 元。相对于单利多出的部分，是第一年结束时收到的 100 元利息在第二年获得的 10 元利息。也即：1 200 = 1 000 + 1 000 × 10% + （1 000 + 100）× 10%。

（三）影响利率变动的基本因素

在复杂的社会经济关系中，众多因素都对利率的变化产生影响。人们需要根据这些因素来合理确定利率水平。决定和影响利率变化的因素主要包括：

1. 平均利润率

平均利润率是决定利率高低的最基本因素。利息是平均利润的一部分，利率取决于利润率、并受平均利润率的制约。一般情况下，利率以平均利润率为最高界限，以零为最低界限（利率最低也不会等于零，否则就不会有借贷行为），也即利率是在零到平均利润率之间摆动，并且利率水平的变化与平均利润率水平的变化成正相关。当平均利润率提高，利率一般也相应有所提高；当平均利润率降低，利率也相应有所降低。

2. 借贷资金的供求状况

在平均利润率一定的情况下，利息率的高低决定于金融市场上借贷资金的供求情况。这是因为，同其他资金一样，借贷资金是在激烈的竞争中运动，这种竞争归根到底是由资金的供求关系决定的。一般情况下，当资金供不应求时，利率上升；当资金供过于求时，利率下降。与此同时，利率也反作用于资金供求：利率上升，资金的需求起抑制作用，有利于资金来源的增加；利率下降，会使资金需求增加。所以，资金供求关系是确定利率水平的一个基本因素。

3. 国家经济政策

利率对社会再生产具有调节作用，因此国家把利率作为调节经济的一种重要工具。利率不能完全随借贷资金的供应状况而自由波动，一些代表国家意向的经济政策会对利率产生直接的干预和影响。现实表明，世界各国政府都根据本国的经济状况和经济政策目标，通过中央银行制定的金融政策影响市场利率，进而达到调节经济、实现经济发展目标的目的。

4. 物价水平

利率的变动与物价的变化密切相关。一方面，物价的高低影响银行吸收社会资金的成本大小，从而影响银行信贷资金的来源。另一方面，物价上涨往往同货币贬值互为因果。在货币贬值的情况下，银行吸收存款和发放贷款就必须考虑保持货币的实际价值，而信用关系的另一方也有货币保值的问题。因此，为保证信用双方都不因物价变化而受到损失，必须合理调整利率水平。

5. 国际利率水平

国际利率水平对国内利率的变化具有一定的影响作用。这是因为：国内利率水平的高低，直接影响本国资金在国际间的移动，进而对本国的国际收支状况产生影响。当国际利率水平较低而国内利率水平较高时，会使外国货币资本流入国内，从而有利于国际收支状况的改善。反之，当国际利率水平较高，而国内利率水平较低时，会使本国的资金外流，不利于本国的国际的收支平衡。如果国际利率水平与国内利率水平之间悬殊太大，不仅会对国际收支产生影响，而且还会影响本国通货的对外价值，直接影响本国的对外贸易。所以，为了平衡国际的收支，一国往往会参照国际利率水平来调整国内利率水平，以减少国际收支逆差或顺差。

（四）利率的基本功能与影响

一般来说，利率具有以下功能：①联系国家、企业和个人、沟通金融市场与实物市场、连接宏观经济与微观经济的中介功能；②对国民收入进行分配与再分配的分配功能；③协调国家、企业和个人三者利益的调节功能；④推动社会经济发展的动力功能；⑤把重大经济活动控制在平衡、协调、发展所要求的范围之内的控制功能。

利率之所以具有上述宏观方面的功能，是因为其可以直接影响市场和经济，主要表现为以下几方面：

1. 利率变动对资金供求的影响

在市场经济中，利率是一种重要的经济杠杆。这种杠杆作用首先表现在对资金供求的影响上。如，当利率提高时，意味着人们借款的成本增大，此时即使资金供应充足，但却由于负担重而使资金短缺者的借款需求受到制约。

2. 利率变动对储蓄和投资的影响

例如，从居民角度看，居民的全部收入可分为消费和储蓄两个部分，两者的基本关系是：储蓄＝收入－消费。因此，在收入水平一定的情况下，储蓄的多少取决于消费倾向。若居民的消费倾向高，则新增收入中用于消费的部分大，储蓄就少。而居民的消费倾向除了与目前收入水平、未来收入预期、物价水平及消费观念等有关外，还受到利率水平的影响。因为如果利率上升，会制约人们的消费欲望。又如，从厂商投资的角度看，投资代表着社会资金需要。提高利率，会使厂商的投资成本增加。因此，当利率水平提高时，一方面会减少消费、增加储蓄，促使社会资金供给扩大并有可能使社会产出扩大；另一方面，又可能使投资受到抑制，从而使社会产出减少。

3. 利率变动对国际收支的影响

当发生严重的国际收支逆差时，通过提高本国短期利率以吸引外国的短期资本流入，减少或消除逆差；当发生过大的国际收支顺差时，可将本国利率水平调低，以限制外国资本流入，减少或消除顺差。

显然，上述利率的功能和影响是从宏观角度来理解的。利率对于微观经济的影响主要反映在资产的价格上。

(五) 利率体系

利率体系是指一国内各类利率之间及其各类利率内部按照一定规则所构成的互相依存、互相制约的系统，主要包括利率结构、利率间的传导机制和利率监管体系。

按照不同的标准，利率体系有不同的分类方式。例如，按照利率所依附的经济关系划分，利率体系可分为存款利率和贷款利率。按照借贷主体划分，利率体系分为：银行利率、非银行金融机构利率、债券利率和市场利率等。

利率体系的内容，一般主要包括以下几个方面：

1. 中央银行再贴现率与商业银行存贷利率

中央银行再贴现率，是中央银行对商业银行和其他金融机构进行短期资金融通的基准利率，在利率体系中占据特殊的地位，发挥着核心和主导作用；其反映了全社会的一般利率水平，体现了一个国家在一定时期内的经济政策目标和货币政策方向。商业银行存贷利率，是商业银行及其他金融机构吸收存款和发放贷款时所使用的利率，其在利率体系中发挥基础性的作用。

2. 拆借利率与国债利率

拆借利率是银行及金融机构之间的短期资金借贷利率，主要用于弥补自身临时性的头寸不足，期限通常较短。拆借利率是短期金融市场中具有代表性的利率。国债利率是指一年期以上的政府债券利率，是长期金融市场中具有代表性的利率。

3. 一级市场利率与二级市场利率

一级市场利率是发行市场的利率，二级市场利率是流通转让市场的利率。如，债券的一级市场利率是指债券发行时的收益率或利率，其既是衡量债券收益的基础，又是计算债券发行价格的依据。二级市场利率是指债券流通转让时的收益率，真实地反映了市场中金融资产的损益状况。

【专栏 1-5】

我国的利率体系

自 1996 年开始，我国的利率市场化改革坚持渐进式改革策略，遵循"先外币、后本币；先贷款、后存款；先长期、后短期；先大额、后小额"的基本原则和步骤有序推进。经过多年的努力，目前我国的利率管制已基本放开，利率市场化已基本完成。与此同时，我国逐步建立起较为合理、完备的利率体系。目前，我国的利率体系主要分为 4 个层次：

1. 中央银行基准利率：包括存款准备金率、中央银行再贷款利率、再贴现率等；
2. 银行间市场利率：包括银行间拆借市场利率、银行间债券市场利率等；
3. 商业银行等金融机构的存款利率、贷款利率；
4. 市场利率：深、沪证券交易所的债券市场利率、民间借贷利率等。

随着金融市场发展和金融机构体系改革，我国的利率体系逐步向多元化、多层次的方向发展。我国利率体系的未来发展目标，是形成一套以中央银行基准利率为核心、中央银行可以有效控制的、多层次的、有弹性的、能够充分反映市场资金供求的利率体系。

四、金融资产与价格

资产是指具有交换价值的商品，能够为所有者带来收益，一般具有市场价值。

资产可以被分为有形资产和无形资产。有形资产是指具有一定的物理形状，可以看得到或接触得到的资产；如房屋、汽车、计算机等。无形资产是指没有一定的物理性状，无法触摸，但具有价值或权益的资产，是一种抽象的资产；如商标权、技术专利、普通股股票、高速公路的收费权等。

资产也可以被分为实物资产和金融资产。实物资产是以物质形式表现的资产，如：房屋等建筑物、土地、植物、设备等。金融资产是金融市场中的交易工具，也是资金融通的载体，如股票、贷款、债券等。

（一）金融资产的含义与特征

1. 金融资产的含义

一般来说，金融资产是对某种未来收益的合法索取权。其主要构成要素是：期限性、合法性以及收益的索取权。金融资产可以在金融市场上进行交易，最大特征是能够在交易中为持有者提供即期或远期的现金流，也即能够"变现"。

与实物资产一样，金融资产在经济运行中发挥着重要的作用，两者既有联系、又有区别。首先，金融资产与实物资产具有重要的共同特征：都能为所有者带来预期的未来现金流。其次，金融资产与实物资产是相互联系的。通过发行或出售金融资产，可以购买实物资产；通过出售实物资产，可以得到现金或金融资产。再次，金融资产与实物资产相比有很大的不同。金融资产在形式上表现"虚无"，通常看不见有形实体，而仅是一纸凭证甚或是电子信息；常表现为价值符号，而不具有实用价值。

在此特别需要区分：金融资产、金融产品与金融工具3个容易混淆的概念。金融产品是金融资产的一部分，是由金融机构设计和开发的、用于交易的金融资产。而以标准化的合约文件出现在金融市场上、被普遍接受的金融产品，被称为金融工具；金融工具的最主要特点是具有较强的流动性。

2. 金融资产的基本特征

（1）偿还性。

除了所有权凭证（股票）无明确的偿还期限外，其他各种债务凭证都有明确的偿还期限，债务人有到期必须无条件偿还债务的法定义务。

（2）流动性。

流动性是指金融工具能够以较低的成本即时转换为现金的能力。如果金融工具变现时成本很高或时间很长，就被认为流动性差。一般来说，金融资产比实物资产流动性好，如价值

1 000万元的国债与价值1 000万元的房产相比,国债的流动性好,因为其可以到市场上变现或者流通转让。当然,不同的金融资产变现能力不同,流动性强弱也有区别。一般而言,期限短、信誉高的金融资产(如国库券)流动性强;而期限长、信誉低的金融资产(如企业长期债券),流动性较弱。

(3) 风险性。

风险性一般是指金融资产的未来收益低于投资者预期的可能性,或者是金融资产具有使投资者遭受损失的可能性。金融资产的风险性使投资者面临未来现金流减少甚至中断的可能性。如,发行债券的公司破产,债券持有者得不到偿还的风险;发行股票的公司经营恶化或股市低迷,股票持有者面临价格下跌的风险等。

一般来说,风险性与流动性反方向变化。流动性强的资产风险小,流动性弱的资产风险大。如,与债券相比,活期存款的流动性强,投资风险较小。

(4) 收益性。

各种有价证券都会定期或不定期的给持有者带来收益。如,债券持有者可获得利息,股票持有者(股东)可获得股息和红利等。

一般来说,收益性和风险性是成正比的,风险大的资产预期收益高,风险小的资产预期收益低。因此,预期收益高的金融资产面临的风险大,预期收益低的金融资产面临的风险小。如,高新技术企业的股票收益预期较高,其面临的投资风险也大。

(二) 金融资产的种类

金融资产的种类是随着市场的发展逐渐扩展的。不同类型的金融资产具有不同的特性。一般来说,金融资产包括如下类型:

(1) 按照偿还期限的长短,金融资产可以分为货币市场金融资产和资本市场金融资产。

货币市场金融资产,主要是指1年期以内的短期金融工具,如商业票据和银行票据、短期政府债券、回购协议、大额可转让定期存单等。这类资产的基本特征是:期限短、风险小、流动性强、可随时变现。现金是货币市场金融资产的特殊形式,其交易成本低、交易活跃且持续。

资本市场金融资产,主要是指偿还期限在1年期以上(含1年)、甚至是无限期的金融资产。如,5年期国债、10年期公司债券、普通股股票等。这类资产的基本特征是:期限长,风险大,流动性较弱,不能随时变现,交易成本较高。

(2) 按照未来要求权的不同,金融资产可以分为债务类金融资产和权益类金融资产。

(3) 按是否衍生来划分,金融资产可以分为基本金融资产和衍生金融资产。债务类、权益类金融资产通常被称为基本(也称"基础"或"原生")金融资产(产品),而金融衍生品则属于衍生金融资产。

由于本书对金融资产的定价是采用此种分类方法,故而以下对这几类资产进行详细分析。

1. 债务类金融资产

债务类金融资产,是指有一定期限、债务人有按约定条件按期还本付息义务的金融资产。主要包括两类:债券和贷款。

(1) 债券。

债券是由债务人签发的、债权人有权按约定条件取得一定利息和收回本金的、标准化的债权债务凭证，是常用的融资工具。由于利息的支付时间、支付方式事先确定，债券又被称为固定收益证券。

债券的类型很多。按照发债主体来划分，可以分为政府债券、公司债券和金融债券；按偿还期限划分，有短期债券、中期债券、长期债券和永久债券；按利率是否浮动划分，有固定利率债券、浮动利率债券；按有无抵押担保分，有信用债券、担保债券；按债务形态分，有真实债券、凭证式债券、记账式债券。按是否有息票分，有附息票债券、无息票（贴现）债券等。

债券的构成要素包括期限、面值与利息、抵押与担保、限制性条款等，一般可以流通转让。

(2) 贷款。

贷款是指银行或非银行金融机构将资金贷放出去后所拥有的到期还本付息的索取权，是借出方的金融资产。贷款的一般过程是：银行或非银行金融机构（也称授信方、贷款方）与其他法人或个人（也称受信方、借款方）两者之间签订资金借贷合同，将资金借给借款方使用；借款方签发票据，并保证按期还本付息。贷款是商业银行、政策性银行等金融机构的最大资产项目。

贷款的类型很多。按贷款对象划分，可分为工业贷款、商业贷款、个人贷款等；按贷款期限划分，可分为1年以内的短期贷款和1年以上的中长期贷款；按照贷款用途划分，可分为固定资产贷款、流动资金贷款等。由于牵涉借贷双方的债权债务关系，根据合同法的基本要求，贷款本身一般不能转让，不具有流动性。但在一定条件下，如合同规定可以转让债权的贷款，可以转让。贷款资产的可流动性，是未来金融创新的方向。

2. 权益类金融资产

权益类资产是指不用偿还本金但有权益要求权的金融资产，这类资产的持有者拥有发行公司的所有权。

典型的权益类资产是股票，特别是普通股股票。股票是股份公司发给股东以证明其投资入股并拥有取得股息收入等股东权利的凭证。股票是一种长期投资的信用工具，股份公司发行股票来筹集长期运营的资本金。股票是所有权凭证，不具有偿还性，也即投资者不能要求公司购回股票和退回资金。但是股票依法可以转让，上市的股票具有很强的流动性。股票的收益一般表现在两方面：一是分红收入，包括股息、红利等；二是持有期间的价差收入，也即因股价变动带来的资本利得。股票的预期收益水平比其他信用工具（如债券）高，但收益的波动性也即风险较大。此外，股份公司解散或破产清算时，股东在其他债务之后取得剩余索取权，最后分得的现金可能很少甚至没有。因此，股东承担了较大的投资风险。不过，法律也赋予了股东所有者的地位和权力，股东有权选择管理者，有权决定公司的大政方针等。现代企业制度有一套有效监督制约机制，以充分体现和保护股东的权益。

3. 衍生品类金融资产

金融衍生品是依附于基本金融资产、如货币、债券、股票等而产生的金融资产，其价值变化主要取决于股票、债券的价值变化。常见的金融衍生品有远期合约、期货合约、互换和期权等。金融衍生品交易既可以在交易所内进行标准化的场内交易，也可以在场外交易。虽然具有基本金融资产的投资特性，但金融衍生品起初的用途却是对冲基本金融资产的投资风险。

（三）金融资产估价的一般方法

金融资产的价值是根据金融资产的预期现金流，使用合适的利率贴现后的现值。一般来说，需要通过估计现金流、选取现金流贴现的合适利率、计算金融资产价值等3个步骤来进行金融资产的估值。

1. 估计现金流

金融资产的现金流，是指投资金融资产预计每个时期得到的现金收入。无论是债务工具还是权益工具，金融资产的种类和发行人的特征决定了预期现金流的确定程度。对于大多数金融资产来说，现金流是不确定的。如，固定收益类金融资产的债务人可能因违约导致现金流减少甚至中断。某些收益不确定的金融资产，如浮动利率债券、普通股股票等，其现金流本身就是变化的。所以，在计算金融资产价值时，需要对其未来现金流做出估计。

2. 选取现金流贴现的合适利率

估计出现金流后，还需要确定计算现值时所使用的合适的贴现利率。对此，投资者要考虑两个问题：

（1）投资者应该要求达到多大的最低利率？

一般来说，投资者要求的最低利率，是金融市场上可获得的同期限的、无违约的风险利率。如，在我国，就是财政部发行的同期限国债的市场利率。

（2）在最低利率的基础上，投资者应该再要求附加多高的利率，才能够满足要求？

一般来说，投资者要求获得的高于最低利率部分的利率报酬，应当能够反映与预期现金流相关的风险。如果投资者察觉到预期现金流的风险大，就会要求高的风险报酬。当然，每一个投资者的风险态度不同，所以不同投资者对同一风险的期望报酬并不相同，要求的附加利率也不一样。

3. 计算金融资产的合理价格

计算金融资产的价格，所应用的基本估价方法是收入资本化定价方法，也称现值法，也即资产的合理价格或内在价值应等于持有者在资产持有期间内预期获得的所有现金流的贴现值，用公式表示为：

$$V = \frac{CF_1}{(1+k)^1} + \frac{CF_2}{(1+k)^2} + \frac{CF_3}{(1+k)^3} + \cdots + \sum_{t=1}^{n} \frac{CF_t}{(1+k)^t}$$

其中，V 表示金融资产的合理价格或内在价值；CF_t 表示在 t（$t=1,\cdots,n$）年的现金流量；n 表示金融资产的到期年数；k 表示适当的年贴现率。

金融资产的估价问题是金融学面临的难题之一。从理论角度看，只要知道金融资产未来的现金流和投资者适当的贴现率，就可以计算出金融资产的合理价格或内在价值。但是，有些金融资产（如股票）的现金流很难预测。而相应贴现率的选取，需要体现现金流的不确定性、也即风险的大小,因此,贴现率的选取就会有困难。

(四) 影响金融资产价格的因素

由于贷款和金融衍生品的影响因素比较复杂,因而以下仅以股票和债券为例说明金融资产价格的影响因素。

1. 股票市场价格的影响因素

(1) 宏观经济因素。

股票是市场经济的产物,股票的价格变化与国家宏观经济的发展有密切的关系。一方面,股票行情是国家宏观经济的晴雨表,股票价格的整体波动反映着国家整体经济的运行情况,预示着未来宏观经济的发展趋势;另一方面,股票价格受到宏观经济因素变动的影响,宏观经济因素从不同方面直接或间接影响公司经营状况、投入股市的资金、投资者的心理等,从而对股票供求和价格产生很大的影响。

①经济周期对股票价格的影响。根据经济周期理论,经济周期包括衰退、萧条、复苏、繁荣等4个阶段,随着经济周期4个阶段的交替出现,股票市场也随之进行周期性的波动。经济周期是决定股票价格长期走势的重要因素。当经济从低谷开始回升,投资者预期经济将进入复苏阶段,社会投资逐渐增加,购买力日趋旺盛,各行业销售收入和利润将普遍提高,投资者对未来充满信心,股票价格降普遍上涨,这种上涨局面会一直持续到经济繁荣阶段的中期。而当经济景气由高峰开始下降之前,投资者预期经济开始收缩,企业利润下降,投资资金减少,投资者争相抛出手中股票,造成股票价格整体下跌。当经济处于萧条时期,社会需求减少,生产过剩,经济前景渺茫,大多数投资者持观望态度,股市低迷,股票价格呈小幅波动状态。如,有实证研究表明,我国股票市场波动比宏观经济周期的波动超前大约4～6个月。

②通货变动对股票价格的影响。通货变动主要包括通货膨胀和通货紧缩。

通货膨胀对股票价格的影响比较复杂。在通货膨胀的初始阶段即温和通货膨胀阶段,企业可以利用人们的"货币幻觉"提高其产品价格,在一定程度上可以刺激生产和消费,同时,原材料等成本的提高还有一个延时过程,企业因此能增加盈利,促进股票价格的上扬。但是在通货膨胀严重阶段,企业生产费用不断提高且无法通过提价或内部消化时,必然导致企业经营业绩的恶化,投资者会失去信心,股票行情随之下滑。也就是说,在适度范围内,股价波动与通货膨胀正相关;但通货膨胀严重时,股价变动与之负相关。

通货紧缩对股价的上升始终起抑制作用。这是因为,通货紧缩期间,物价呈现低水平甚至负增长,这将导致:企业收入下降,利润水平下降;愿意进入股市的资金规模变小;资金的实际利率提高,提高了进入股市资金的成本,会使部分股市资金向银行储蓄等渠道分流。

③市场利率对股票价格的影响。虽然市场利率对股价的影响变动途径不如债券那么清晰,但事实表明,股票价格和市场利率的变动也存在相反关系。一般来说,市场利率主要通过以下3个途径影响股票价格:一是利率提高,企业债务利息负担加重,利润和股息相应减少,股价下降;反之,股价上升。二是利率提高,其他低风险投资工具如储蓄债券等收益相应增加,一部分游资会流向它们,股票需求减少,股价下降;如果利率下降,资金会流向股

票市场，股票需求增加，股价上升。三是利率提高，一部分投资者要以较高利息负担才能借到所需资金来投资股票，投资者因此会减少融资和股票需求，股价下降；反之，股价上升。

④货币政策对股票价格的影响。货币政策是一国中央银行控制货币供应量、从而调控宏观经济的重要手段。货币政策对股票价格的影响主要通过两个途径：一是调控货币量。当增加货币供应量时，社会资金较为宽余，进入股市的资金增多，股票需求便增加，股价上升；反之，减少货币供应量时，股票需求减少，股价下降。二是调控利率。当利率上升时，上市公司的借款成本增加，企业的利润水平下降，股票的投资价值降低；同时，资金的机会成本上升，投资股市的一部分资金会转向借贷市场，股票的总需求下降，股票价格下跌。当利率下降时，上市公司的借款成本降低，企业的利润水平上升，股票投资价值提高；同时，资金的机会成本下降，股票的总需求上升，股票价格上升。

⑤财政政策对股票价格的影响。财政政策对股票价格的影响主要体现在税收和政府支出方面。

从税收方面看：一是税率的高低直接影响企业的盈利水平，导致股票价格的上升或下降。如，享受税率优惠的高技术企业，其股票价格就较高。二是税收的结构调整会对纳税对象产生不同的影响，导致不同行业股票价格的变化。三是股票交易印花税的降低，会降低股票的交易成本，有助于股票价格的上涨。

从政府支出方面看：实行扩张性财政政策，如发行国债增加政府赤字和政府支出，可以扩大潜在资金供应量，减轻企业负担，推动股价上扬。反之，实行紧缩性财政政策，将会减少潜在资金的供应量，增加企业负担，对股票价格起抑制作用。

⑥产业政策对股票价格的影响。产业政策是国家对不同行业采取的鼓励、限制甚至取缔的政策措施，是国家宏观经济政策的重要组成部分。一般来说，其对股票市场价格的影响是局部性的。当产业政策向某一行业倾斜时，该行业往往会获得政府在投资、税收、信贷、进出口等方面的优惠，该行业的利润水平会上升，股票价格会随之上扬。相反，如果产业政策限制某个行业的发展，政府会动用相应的经济手段约束其发展，该行业的成本将上升，利润会下降，股票价格将会下降。

⑦监管政策对股票价格的影响。监管政策的工具，如规范市场主体行为的法律法规、信息披露制度和舆论导向等，对股票市场价格的变动或走势等，都会产生影响。

除此以外，国际收支、汇率变化等因素，也会影响股票市场价格的变动。

（2）微观经济因素与股票价格波动。

①上市公司业绩对股票价格的影响。上市公司业绩主要通过公司的年销售收入及增长率、产品市场占有率、公司的营利能力等财务指标来反映。公司业绩越好，可分配的利润越多，股票价格就会越高；公司业绩越差，可分配的利润越少，股票价格就会越低。

另外，反映公司未来发展前景的成长性预期，会对股价的长期走势发挥影响。一般来说，成长性预期主要是通过对企业近几年财务状况的变化、企业的竞争力比较等综合分析得出。

②行业生命周期对股票价格的影响。行业的生命周期是指一个行业由产生、成长、成熟到衰落的发展过程。行业发展的不同时期，股票价格状况是不同的。如，行业初创期，由于

技术的相对不成熟，产品品种单一，质量低且不稳定，市场需求也较少，因此，企业的营利少甚至发生亏损，股价较低。行业成长期内，新产品逐渐得到市场的认可，产品的销售量在市场旺盛的需求下迅速增加，行业内企业的利润剧增，行业总体股价水平上升。行业成熟期内，产品的生产技术已经成熟，借助于规模效益，行业能以较低的成本进行大批量生产，在价格降低的同时保持稳定的利润水平，股价平稳。而在行业的衰退期，社会需求下降，营利水平普遍减少，股价呈下跌之势。

③主力交易者行为对股票价格的影响。所谓"主力交易者"，是相对于普通散户交易者而言，一般是指拥有雄厚资金以及一些额外不对称信息的、少量的"机构交易者"。由于对资金和信息的占有，使得他们能够在一定程度上有力量影响股票价格的波动，并在短时间内制造股价的异常波动，以获取超额收益。

④投资者心理预期对股票价格的影响。行为金融理论认为，心理作用对投资者的行为模式有一定的影响，对投资者的决策结果起作用。如，当股市中的大多数投资者对股市抱乐观态度时，投资者就会忽视一些潜在的不利因素而纷纷买入股票，从而促使股价上涨；反之，当大多数投资者抱悲观态度时，争相抛出股票，会促使股价下跌。而当大多数投资者对股市发展无法判断时，就会持观望态度，则市场冷落，股价盘整。

另外，一些非经济因素如战争、政治时局变动、自然灾害、突发事件等的发生，也会影响股价波动。

2. 债券市场价格的影响因素

（1）影响债券价格变化的外部因素，主要是指影响债券价格变化的各种市场环境因素，包括：

①债券市场的供求关系和发行数量。债券的供求关系直接影响债券价格。当债券供过于求时，价格下跌；当供不应求时，价格上涨。如果债券发行量过大、发行条件不利时，投资者可能选择其他金融资产，从而影响债券价格的行情。如果债券的发行数量适中，条件适中，则会被投资者顺利吸收，而不会对市场构成压力。

②市场利率的变化。市场利率的变化，可以影响债券的价格。若市场利率上升、甚至超过债券票面利率，债券持有者会出售债券并将资金投向利率较高的金融资产，债券需求减少，债券价格下降。反之，市场利率下降，债券利率相对较高，资金会流向债券市场，债券价格将上升。此外，市场利率上升，投资者要求的收益率必然上升，债券价格下降；反之，市场利率下降，债券价格将上升。

③中央银行的货币政策。当中央银行提高法定存款准备金率时，银行和企业资金趋紧，债券发行增加，债券价格下降；反之，债券价格将上升。当中央银行提高再贴现率时，市场利率提高；由于价格与市场利率的反向关系，债券价格将下降；反之，债券价格将上升。另外，中央银行的公开市场业务也会直接影响债券供求状况。如，中央银行在金融市场上抛售债券，将引起债券价格下跌；反之，中央银行大量买入债券，会引起债券行情上升。

④经济发展状况。当经济处于景气阶段，企业会减少持有的各种债券而将其变成现金投入生产，银行等各类金融机构因企业贷款需求增加而减少债券投资。因此，在经济繁荣阶段，债券需求减少而供给增加，债券价格会下降。相反，在经济衰退阶段，资金需求相应减

少，企业和金融机构会把闲置资金投向债券，债券需求增加而供给减少，债券价格上升。

⑤国内市场的对外开放程度。国内市场开放程度较高时，国际资金会更多参与国内债券市场，当然每个阶段的情况不尽相同。如，债券市场对外开放初期，债券需求上升，价格上升；债券市场完全放开以后，债券价格水平保持在一个合理的水平。当债券价格水平低于国际水平时，国外资金会向国内债券市场流动，从而引起债券价格上升；反之，当国内债券水平高于国际水平时，不仅外国资金要流出，而且本国资金也会流出，这样会改变债券市场上的资金供求状况，从而债券价格将下降。

此外，其他一些因素如：财政收支状况、国际间利差等因素也会影响债券市场的价格变化。

（2）影响债券价格的内部因素。

内部因素也即债券属性，会对债券价格变化产生影响。这些内部因素主要包括：

①距离到期日的时间长短。距离债券到期时间越长，债券价格的波动幅度就越大。如果债券收益率在整个生命期内不变，则债券折扣或溢价的大小将随到期日的临近而逐渐减少。

②票面利率。一般来说，收益率变化对不同期限、不同票面利率的债券的影响程度不同。如，债券的票面利率越高，由其收益率变化而引起的债券价格变化的百分比越小（1年期债券和无限期债券除外）。相反，票面利率越低，由其收益率引起的价格的波动幅度越大。

③早赎条款。许多债券在发行时含有可赎回条款，也即在一定时间内发行人有权提前赎回债券。提前收回债券的价格被称为早赎价格，其与债券面值之间的差额被称为早赎溢价。虽然有早赎溢价的存在，但可赎条款还是降低了投资者的实际收益率。一般而言，票面利率越高，发行人行使赎回权的概率越大，也即投资债券的实际收益率与债券承诺的收益率之间的差额越大。

④税收待遇。不同国家的不同债券可能享受不同的税收待遇，同种债券也可能享受不同的税收待遇。由于利息收入纳税与否直接影响投资的实际收益率，因此投资者更愿意投资免所得税的债券。因而，税收待遇也就成为影响债券市场价格和收益率的一个重要因素。一般来说，享受税收优惠待遇的债券（如，1992年至今，我国的国债利息收入享受免收所得税的待遇）收益率比较低，无税收优惠待遇的债券的收益率比较高，享受免税待遇的债券价格一般略高于没有该待遇的债券。

⑤流动性。债券的流动性是指债券的即时变现能力。如果债券变现速度很快，且没有遭受变现带来的损失，则这种债券的流动性比较高；反之，流动性就比较差。若其他条件不变时，流动性较高的债券，其到期收益率较低，价格较高。

⑥违约风险。违约风险是指债券的发行人未履行契约规定支付债券本金和利息而给债券投资者带来损失的可能性。虽然债券承诺一定的收益率，但是发行者可能会违约，投资者未必能收到这笔收入。一般来说，政府债券的违约风险很低，常被假定为无风险债券。而公司债券的风险较大，债券能否偿还取决于公司最终财务状况的好坏。债券违约风险的测定，一般应由专业的信用评级机构负责。

为了补偿可能发生的违约，公司债券必须提供违约溢价。违约溢价，是指风险债券承诺的到期收益率与预期收益率之间的差额。债券的违约风险使得投资者会要求相应的风险补偿，也即要求较高的收益率。违约风险越高，债券的收益率也应该越高，价格应该越低。如果公司的偿还是有保障且实际兑现了，投资者就得到比政府债券更高的到期收益率。如果公司破产，公司债券的收益率就比政府债券更低。所以，公司债券与无违约风险的国债相比，存在两种潜在的可能性——更好或更坏的收益率。

第三节 学习金融学的意义和方法

一、学习金融学的意义

学习金融学，对于每个人的意义不同。

如，从个人资产管理的角度看。在充斥着金融行为的现代市场经济中，学习金融有助于个人更好地管理自己的财产，有助于深入了解金融产品、金融工具、金融市场以及市场上相关投、融资主体的特性，为自身的资产配置和优化、实现财产保值增值打下坚实的基础。

又如，从对宏观经济的理解角度看。金融是现代经济的核心，是经济发展中的先导性产业，其对整个宏观经济发挥着"核心指挥"和"大脑支配"的功能。作为金融经济，现代经济中资产和财富的形式、交易方式、经济关系等无一不体现着鲜明的金融特征：一切经济活动都要借助货币信用形式来完成，一切经济政策和调控措施都要通过货币金融手段来发挥作用。显然，要想全面理解和把握宏观经济，必须对金融学科的相关知识与内容有比较充分的了解和认识。

如此，不胜枚举。

二、学习金融学的基本方法

（一）金融学科与人们实际生活的结合十分紧密

人们几乎每天都在接触金融，例如商场购物付款时可以选择刷卡消费；手头有闲余资金的时候会选择去银行存款或是去购买国债、股票、基金等金融产品；买车或买房时资金不够，可以去银行申请不同形式的消费贷款；打开网络、报刊、电视，每天都有最新的股票行情、外汇牌价、借贷利率等各种金融信息。金融学科就存在于我们的日常生活中。带着因问题或疑问而引发的兴趣学习，关注现实、注重理论和现实的连结，是在学习中需要特别注意的。

（二）金融学科的专业性较强，需要相对比较系统的学习过程

由于金融学科是一门多学科交叉的科学，很多经济学类的课程中也会涉及金融学的基本概念、基本知识和基本原理，例如财务管理学、会计学等，因此，注重相关知识和学科之间的连结和融会贯通是十分必要的。另外，由于现代金融学科更偏向于使用各种数学工具进行

分析特别是微观分析，因此学习相关的数学、统计知识，掌握相关的分析工具也是十分必要的。

（三）金融学是一门博大精深的学科

要想真正理解，需要大量的阅读，以掌握最新的金融知识，学习研究金融问题的方式方法。以下专栏中推荐了部分国外经典的金融学著作，供读者参考。

【专栏 1-5】

国外关于金融学的一些经典著作

1. 萨缪尔森，诺德豪斯．宏观经济学．华夏出版社，1999．
2. 萨缪尔森，诺德豪斯．微观经济学．华夏出版社，1999．
3. F·S·米什金．货币金融学．北京：中国人民大学出版社，2011．
4. 兹维·搏迪，L·C·莫顿．金融学．北京：中国人民大学出版社，2000．
5. Frederic S. Mishkin, Stanley G Eakins. Financial Markets and Institutions (Third Edition) ．北京：清华大学出版社，2006．
6. 本杰明·M·弗里德曼，弗兰克·H·哈恩主编，陈雨露、曾刚、王芳等译．货币经济学手册．北京：经济科学出版社，2002．
7. 约翰·伊特韦尔，默里·米尔盖特，彼得·纽曼．新帕尔格雷夫经济学大辞典（1-4册）．北京：经济科学出版社，1992．
8. 彼得·纽曼，默里·米尔盖特，约翰·伊特韦尔．新帕尔格雷夫货币金融大辞典（1-3册）．北京：经济科学出版社，2000．

本章小结

金融是指货币资金的融通，也即经济社会中各类行为主体之间融通资金的行为或活动。金融活动一般是指与货币、货币流通、信用等直接相关的经济活动。对于金融的研究范围，国内外学者的观点并不太相同。

金融学涉及众多领域，范围宽泛，概念众多。限于篇幅，本章仅介绍了货币与货币制度、信用与信用体系、利率与利率体系、金融资产与价格等基本概念。

货币是商品经济的产物，是用作交易媒介、储藏价值和记账单位的一种工具，是专门在物资与服务交换中充当等价物的特殊商品。货币具有价值尺度、流通手段、贮藏手段、支付手段和世界货币等五种职能。其中最基本的职能是价值尺度和流通手段。货币层次是根据货币定义确定的货币外延，货币计量有多种口径。货币制度的构成内容包括：规定货币材料、规定流通中货币的种类、规定货币法定支付偿还能力、规定货币铸造发行的流通程序、规定货币发行准备制度。货币制度主要经历了银本位制、金本位制、金银复本位制、金本位制、不兑现的信用货币制度等四大类型的变迁。国际货币体系的基本内容包括：国际储备资产的确定、汇率制度的安排、国际收支调节机制、国际货币事务的协调和管理。迄今为止，国际货币体系经历了国际金本位制、布雷顿森林体系和牙买加货币体系三个发展阶段。

信用的本质是一种借贷行为，是以还本和付息为条件的单方面的价值转移，并且体现一定的债权债务关系。信用的类型主要包括：商业信用、银行信用、国家信用、消费信用。信用的主要职能包括：流通职能、中介职能、分配职能、调节职能。

货币的时间价值是指当前所持有的一定量的货币比未来持有的等量的货币具有更高的价值，货币的价值会随着时间的推移而有所下降。利率是表示货币时间价值的一种标尺，是借贷关系中资金借入方为使用货币资金而支付给资金贷出方的价格。影响利率变动的因素有很多，包括：平均利润率、借贷资金的供求状况、国家经济政策、物价水平、国际利率水平。利率变动的影响主要表现为：对资金供求的影响、对社会产出的影响、对国际收支的影响。利率体系主要包括：中央银行贴现率与商业银行存贷利率、拆借利率与国债利率、一级市场利率与二级市场利率。

金融资产是对某种未来收益的合法索取权。其主要构成要素包括：期限性、合法性和收益的索取权。其特征主要表现为：偿还性、流动性、风险性、收益性。金融资产的种类和品种很多，有不同的划分方法。

金融资产的价值是根据金融资产的预期现金流使用合适的利率贴现后的现值。金融资产的估价一般包括：估计现金流、选取合适的现金流贴现率、计算金融资产的合理价格等3个步骤。影响金融资产价格的因素很多。影响股票市场价格的因素主要包括：宏观经济因素（经济周期、通货变动、市场利率、货币政策、财政政策、产业政策、监管政策）、微观经济因素（上市公司业绩、行业生命周期、主力交易者行为、投资者心理预期）。而债券市场价格的影响因素主要包括：外部因素（债券市场的供求关系、国内市场的利率变化、中央银行的货币政策、国家经济发展状况、债券市场对外开放程度）、内部因素（距离到期日的时间长短、票面利率、早赎条款、税收待遇、流动性、违约风险）。

关键术语

金融	金融活动	货币	价值尺度	流通手段
贮藏手段	支付手段	世界货币	货币层次	货币供应量
货币制度	国际货币体系	单利	复利	官定利率
管理利率	市场利率	固定利率	浮动利率	实际利率
信用	商业信用	银行信用	国家信用	消费信用
社会信用体系	金融资产	股票	债券	金融衍生品

复习思考题

1. 请结合自己的实际情况，谈谈你对学习金融学的认识。
2. 货币的本质和职能是什么？

3. 货币层次是如何划分的？
4. 概述货币制度的演变过程。
5. 概述国际货币体系的发展情况。
6. 信用包括哪几种类型？
7. 实现现代信用所要求的基础主要包括哪几个方面？
8. 根据你的生活经验，谈谈你对货币时间价值的认识。
9. 影响利率变动的基本因素有哪些？
10. 金融资产的估价原则和一般方法是什么？
11. 金融资产的类型有哪些？
12、影响股票价格的因素有哪些？
13、影响债券市场价格的因素有哪些？

主要参考文献

1. 易纲，吴有昌．货币银行学［M］．上海：上海人民出版社，2007.
2. 黄达．金融学（第2版）［M］．北京：中国人民大学出版社，2009.
3. 彭兴韵．金融学原理（第4版）［M］．上海：上海人民出版社，2010.
4. 王松奇．金融学（第3版）［M］．北京：中国金融出版社，2012.
5. 张亦春．现代金融市场学［M］．北京：中国金融出版社，2009.
6. 黄济生．资产组合分析与管理［M］．上海：立信会计出版社，2009.
7. 戴国强．商业银行经营学［M］．北京：高等教育出版社，2009.
8. 吴晓求．证券投资学［M］．北京：中国人民大学出版社，2009.
9. 郑振龙，陈蓉．金融工程［M］．北京：高等教育出版社，2012.
10. 李健．金融学［M］．北京：高等教育出版社，2010.
11. 丁志国．金融学［M］．北京：机械工业出版社，2011.

第二章 金融体系

> 【学习目标】
> 本章主要介绍金融体系的基本框架和类型，金融中介机构、金融市场的基本类型，金融监管的基本内容等。通过学习：
> 1. 了解金融体系的概念、构成要素和基本类型，掌握金融体系的基本功能；了解和掌握我国金融体系的基本情况。
> 2. 了解金融中介的概念、分类和功能，掌握国际金融机构体系的构成和作用。
> 3. 了解西方国家金融中介体系及其发展趋势，掌握我国金融中介机构体系的框架。
> 4. 掌握金融市场的基本概念、分类、功能及其构成要素，了解我国金融市场的发展历史，掌握金融工具及其分类。
> 5. 了解金融监管的基本含义，了解金融监管制度体系，掌握金融监管的发展趋势。

在市场经济快速发展的今天，对于个人而言，金钱是人们生存和发展的重要媒介和支撑；对于国家而言，金融是维持经济运行的血液。所谓金融体系，实际上是金融市场、金融中介以及其他一切帮助实现金融决策的机构总括。此外，由于金融活动涉及一国经济发展的所有领域，经济与金融密不可分，两者的不确定性会相互传递并影响，因而建立科学的金融监管体系，也是金融体系健康发展的必要条件和前提。本章主要介绍金融体系的基本构成与功能、各类金融中介概况、金融市场及金融工具的分类、金融监管体系的基本要求等内容，使读者对金融体系的整体框架能够有所了解。

第一节 金融体系的框架与类型

一、金融体系的概念与构成要素

（一）金融体系的基本含义

金融，是资金盈余方与资金短缺方的资金调剂行为或过程。

从一般意义讲，金融体系是一个经济体中资金流动的基本框架，是由保证资金流动的市场参与者、金融工具、中介机构以及交易市场等各种金融要素构成的综合体。通过各种金融要素的共同作用，资金从盈余者（支出小于收入者）手中流入到短缺者（支出大于收入者）手中，完成整个社会资金的运作过程。金融体系中的资金流动情况如图 2-1 所示。

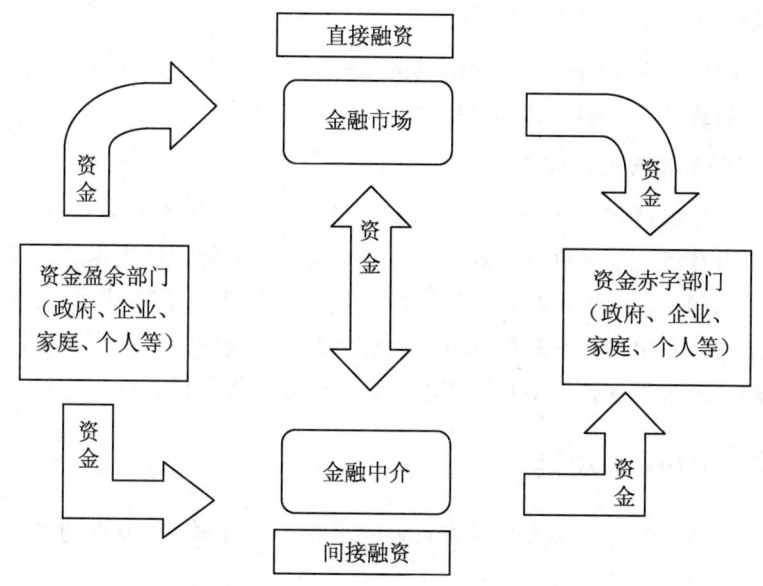

图 2-1 金融体系中的资金流动

金融源自于社会经济活动,服务于社会经济活动。一方面,社会经济活动需要通过金融活动、金融体系的运作来实现;另一方面,金融在服务社会经济的过程中逐步发展成为一个完整、有机的体系。现代金融体系已经演变成为现代市场经济的核心,成为经济社会发展的基础。

(二)金融体系的构成要素

一个健全完善的金融体系,需要由以下五个要素构成:

1. 由货币制度所规范的货币流通

货币制度主要涉及货币材料、货币单位、流通中货币种类的确定,对不同种类货币的铸造和发行的管理以及对不同种类货币支付能力的规定等。货币流通是指货币作为流通手段和支付手段在经济活动中所形成的连续不断的收支运动。在一个经济体中,假如不存在作为计量单位和支付手段统一体的货币,也就没有金融体系的存在。因此,由货币制度所规范的货币流通是金融体系赖以展开的基础。

2. 金融中介机构

金融中介机构也称金融机构,是指专门从事货币信用活动的中介组织。其分类方法很多,最常见的是分为银行类金融机构和非银行类金融机构。

3. 金融市场

金融市场是指为资金供应者和资金需求者提供的、通过金融工具进行交易、融通资金的市场。其构成十分复杂,是由许多不同的市场组成的一个庞大体系。通常谈论较多的金融市场是:资本市场、货币市场、外汇市场、保险市场和衍生金融工具市场等。

4. 金融工具

金融工具是指以标准化的合约文件出现在金融市场上、并被普遍接受的金融产品，是金融市场进行交易的载体。金融工具有多种类型。

5. 金融监管制度和宏观调控机制

市场经济体系是以遵守市场规律为前提的。为了避免市场因自发性和盲目性带来的问题，一国政府会对经济、金融进行宏观调控。这是由金融的特殊性决定的，因为金融活动与社会公众利益息息相关，金融产品在一定程度上是"准公共产品"。因此，有关金融监管的框架及制度是金融体系中不可或缺的部分。而对金融的宏观调控，则需要通过货币政策、财政政策等政策的实施来实现，以实现经济增长、币值稳定等总体目标。

二、金融体系的基本功能

金融体系对于整个社会经济发展具有重要的影响。金融体系的基本功能主要表现为以下几个方面：

（一）资源转移和配置功能

在时间和空间上转移资源，实现资源的合理配置，是现代金融体系最为基本的功能。也即，通过金融市场和金融中介，以金融工具为载体，资金从盈余部门流入到赤字部门，完成资金的融通过程，实现资源在社会经济的重新配置。

在此，需要特别注意的是：

1. 关于资金盈余部门和资金赤字部门

参与金融体系资金融通的各类经济主体，既可以是盈余部门，也可以是赤字部门。如，把当前收入存起来以备日后使用的家庭和个人，是资金盈余部门；而需要贷款购买房屋的家庭和个人是资金赤字部门。又如，获取的利润超过其新投资需求的企业是资金盈余部门，而需要融资来扩大生产的企业是资金赤字部门。同理，政府既可能是资金盈余部门，也可能是资金赤字部门。因此，金融体系中的资金融通是双向的甚至是多向的；参与资金融通的主体，承担的角色也是多重的。

2. 关于资金流动的途径

一般来说，资金从盈余部门流向赤字部门有两种途径或方式：一是通过金融市场进行直接融资；二是通过金融机构进行间接融资。

所谓直接融资，是指没有金融中介机构介入的资金融通方式，是资金供求双方通过一定的金融工具直接形成债权债务关系或所有权关系的融资形式。股票、债券以及证券市场上的投融资活动，一般被视为直接融资的典型代表。所谓间接融资，是指有金融中介机构介入的资金融通方式，也即资金供求双方通过金融中介机构间接实现资金融通的过程。典型的间接融资，是银行的存贷款业务。两种融资方式各有优缺点。

（二）风险管理功能

金融体系能够将风险合理地配置到有承受能力且愿意承担的部门，因而具有管理风险的能力。如，在保险市场中，客户付出保费而将风险转移给保险公司，保险公司运用大数法则、通过经营风险获取收益。这个过程中，风险从投保客户转移到了愿意且能够承受风险的保险公司。

（三）清算和支付结算功能

金融体系的支付结算功能，是指金融体系为企业、居民等各类经济主体提供商品交易清算、支付结算服务的方式或途径，以帮助其完成商品或劳务交易过程的功能。这是金融体系最为初始的和最基本的功能。商品经济条件下，所有商品、服务及各种资产的交易都需要通过货币支付完成，但又常常面临不能亲自收付、需要延期支付等问题，这就需要有相应的金融工具来解决。各类金融机构提供了多样化的金融工具，使支付结算日益便捷，从而节约了经济发展的社会成本。

（四）储备资源和分割股份功能

金融体系提供了有关的解决机制，可以将无法分割的大型投资项目划分为小额股份，以便中小投资者能够参与这些大型项目进行的投资，从而实现储备资金、购买无法分割的大型企业或者是在很多所有者之间分割一个大型企业的股份的功能。而股份公司、银行、投资基金等，都是集中小额资金或短期资金来解决巨额资本需求的形式。

（五）价格信息提供功能

金融体系所提供的价格信息，如利率、汇率、股市行情等，能够通过包括大众媒体在内的各种渠道传送给需要的经济部门，以便其做出决策。如，企业经理在选择投资项目和安排融资时，资产价格和利率的变化，将为其项目和融资方式的选择提供关键的信息。

（六）解决信息不对称的功能

在社会政治、经济活动中，一些成员可能拥有其他成员无法拥有的信息，而出现信息不对称（Information Asymmetry）问题。一般来说，掌握信息比较充分的成员会处于比较有利的地位，而信息贫乏的成员则会处于比较不利的地位，最终导致出现"道德风险"和"逆向选择（Adverse Selection）"，从而产生交易关系和契约安排的不公平或者市场效率的降低问题。金融体系的有关制度提供了一些解决信息不对称的方法。如，贷款抵押机制的存在，可以减少因信息不对称而加大的贷款者对借款者的监督成本。因为有了抵押物，贷款者就可以只关注抵押物的市值，只要抵押物的价值高于贷款的本息和，就基本可以保证贷款的安全。

 专栏 2-1

"柠檬"原理

"柠檬"（Lemons）一词在美国俚语中表示"次品"，"柠檬"原理是信息不对称理论的重要组成部分。"柠檬"原理的概念，是经济学家乔治·阿克尔洛夫（George A. Akerlof）于1970年提出来的。对信息不对称理论同样做出重要贡献的还有斯蒂格利茨和斯宾塞，这3位美国经济学家同时成为2001年度诺贝尔经济学奖的得主。"柠檬"原理包括以下3个基本观点：

1. 在次品市场上，交易双方对质量信息的获得是不对称的，卖者知道产品确切的真实质量，而买者却不知道产品的确切质量。

2. 交易活动的参与人（这里指卖方）可以利用这种信息的不对称性，对买方进行欺骗，导致出现"隐藏信息"和"隐藏行动"。

3. 隐藏信息将会导致"逆向选择"。逆向选择的含义有二：一是在交易中隐藏信息的一方对交易另一方的利益产生损害；二是市场的优胜劣汰机制发生扭曲，质量好的产品被挤出市场，而质量差的产品却留在市场；极端的情况是市场会逐步萎缩直到消失。这是因为买者只愿意根据他所知道的平均质量来决定支付的价格，这个价格将使质量低的卖者愿意成交，而质量高的卖者由于不能得到同质量相称的价格而退出市场。

三、金融体系的基本类型

（一）金融体系的产生

最早的金融系统产生于美索不达米亚（Mesopotamia）。公元前700年到公元前500年，这个金融系统逐渐成熟。经过十几个世纪的发展，现代金融体系在欧洲大陆出现。1719年至1720年，是世界金融发展史上具有重要意义的年代。期间发生了两个相互关联的事件：法国的"密西西比泡沫事件"和英国的"南海泡沫事件"。虽然是基于不同的原因而导致股价暴跌，但是英国与法国对事件的不同反应，却导致最终形成了两种各具特点的金融体系模式：以市场为主导的英美模式（也称"盎格鲁—撒克逊模式，Anglo—Saxon"）和以银行为主导的欧洲大陆模式。

专栏 2-2

南海泡沫事件①

南海泡沫事件（South Sea Bubble）是英国在1720年春天到秋天之间发生的一次经济泡沫，其与"密西西比泡沫事件""郁金香狂热"并称为欧洲早期的三大经济泡沫。南海泡沫事件中的南海股价，如泡沫快上快落的情况，更被后人发展出"泡沫经济"一词，用来形容经济过热而收缩的现象。

18世纪初期，长期的经济繁荣使得英国私人资本不断集聚，社会储蓄不断膨胀，投资机会却相应不足，大量暂时闲置的资金迫切寻找出路，而当时股票的发行量极少，拥有股票是一种特权。这种情形下，一家名为"南海"的股份有限公司于1711年宣告成立。该公司表面上是一家专营英国与南美洲等地贸易的特许公司，实际上是一所协助政府融资的私人机构，分担政府因战争而欠下的债务。南海公司在夸大业务前景的情况下被外界看好。1720年，通过贿赂政府，南海公司向国会推出以南海股票换取国债的计划，促使南海公司的股票大受追捧，其股价在6个月的时间里从120英镑急升至1000英镑以上，引发全民疯狂炒股。市场上随即出现不少"泡沫公司"混水摸鱼，试图趁南海股价上升的同时分一杯羹。为了

---

① 孙晓骥. 致穷：1720年南海金融泡沫[M]. 北京：中国商业出版社, 2012.

控制这种现象，英国国会在该年6月通过《泡沫法案》，炒股热潮随之减退，连带触发南海公司股价急挫，至同年9月暴跌回190镑以下，不少人血本无归。著名物理学家牛顿爵士也蚀本离场：牛顿在第一次进场买入南海股票时曾小赚7 000镑，但第二次买进时已是股价高峰，结果亏损2万镑离场。牛顿因而叹谓："我能算准天体的运行，却无法预测人类的疯狂。"

1750年以后，南海公司中止在南美洲进行的贸易业务，并最终维持到1853年正式结业。但是，南海泡沫事件却使英国政府诚信破产，执政政党更替，给英国经济带来很大震荡，英国人因而对股份公司留有阴影。而在南海事件中制定的《泡沫法案》直到1825年才被予以废除。这说明，英国国民经过较长时间，才慢慢对股份公司重拾信心。

泡沫事件发生以后，英、法两国都制定了相应的法律以对股票市场进行严格的监管。但是，英国在19世纪初就废除了该法，并于1802年建立了伦敦交易所。19世纪以后，资本市场逐渐成为企业融资的重要渠道，不从事企业长期贷款的英国银行传统，也促进了直接融资方式的繁荣，英国因而逐渐建立起了"股票市场导向型"的金融系统。而法国直到20世纪80年代才开始放松对资本市场的管制，基于向产业提供信贷的银行传统，法国的企业一直比较依赖于银行资金的支持。

与英、法两国相比，德国的工业化起步较晚。19世纪，德国的股份制企业数量很少，资本市场主要是为政府债券以及王室的贷款服务。企业一般都与某个特定的银行建立长期关系，银行也会相应地为企业提供全方位的金融服务。此外，德国的银行家很多是从企业家转变而来，因此，德国的银行与工业企业相互持股、相互渗透的现象非常普遍。19世纪晚期，德国银行的全能体系得到了迅速的发展，并逐渐形成银行主导型的金融系统。

（二）"市场主导型"金融体系与"银行主导型"金融体系

目前学术界一般认为，世界各国的金融体系存在两种基本类型：一是以英美为代表的"市场主导型"的金融体系，二是以法、德、日为代表的"银行主导型"金融体系。

所谓市场主导型（Market-based）金融体系，是指以直接融资市场为主导的金融体系，政府是保证金融体系健康运作的基本要素。这种金融体系中，资本市场比较发达，企业融资特别是长期融资以资本市场为主，银行更专注于提供短期融资和结算服务。所谓银行主导型（Bank-based）金融体系，是指以银行间接融资方式配置金融资源为基础的金融体系。这种金融体系中，银行体系比较发达，企业外部资金来源主要通过间接融资，银行在动员储蓄、配置资金、监督公司管理者的投资决策以及提供风险管理手段等方面发挥着主要作用。

上述两种金融体系各具特点，并没有绝对的好坏之分。实际上，每个国家具体的金融体系，都是依据这个国家所处的社会、经济制度、体制以及发展阶段的特点等形成的。

表2-1对两种金融体系进行了一些比较。

表 2-1　　　"市场主导型"金融体系与"银行主导型"金融体系的比较

	市场主导型	银行主导型
银行控制地位	弱；金融机构多元化	强；银行控制庞大的金融资产，基本可以满足本国企业外源融资需要
市场竞争情况	强，不稳定	相对稳定
银企关系	不紧密；企业对市场有一定依赖，外部因素对企业有较大的影响	紧密；企业内部自治能力较强
市场融资占比	较大	较小
信息	容易扩散	相对集中

【专栏 2-3】

我国目前的金融体系

基于历史发展的原因以及经济、金融的现实状况，目前，我国的金融体系依然具有比较典型的银行主导和政府主导的特征。从各项主要的金融指标看，银行业在我国金融格局中处于主导地位，如，2012 年，我国银行资产占金融资产的比重超过 90%，社会融资结构中，通过银行渠道的融资达到 86%[①]。银行业既是金融服务实体经济的主力军，也是宏观调控的主渠道。

我国金融体系对经济的积极贡献，突出表现在两个方面：一是金融体系承担了许多本应由财政承担的改革成本；二是银行主导的金融体系，能够通过货币化推动储蓄资源的迅速积累，特别是在政府干预下，更能将少量资源集中用于某些关键项目，从而优于强调竞争和风险分散的市场主导型金融体系。但是与此同时，这种金融体系也存在着比较明显的问题。如，银行放贷压力过大；银行风险过于集中；资本市场比较薄弱等。

近些年，我国有意识地大力发展直接融资，发展金融市场，以制约银行规模的过度扩张，减少其影响。随着金融管制的放开和金融产品的多元化，股票、债券等各种直接融资渠道的优势逐渐体现，大型企业会更多选择直接融资方式，商业银行传统的信贷业务面临着"金融脱媒"的冲击。保险、证券、信托等非银行金融机构的发展壮大，互联网金融的快速发展等，都对银行产品或业务产生强大的分流作用。据 wind 数据库的数据，截至 2014 年 6 月底，我国银行业资产占金融业总资产的比重下降到 90%。未来，这种银行主导型的金融体系将会承受更多更大的冲击。

四、金融体系的业务运营模式

金融体系的业务运作模式，是指一国根据具体的经济、金融条件以及金融监管机构的监管要求，而做出的对金融体系、特别是金融机构业务运营范围及方式的界定，也即金融机构的业务经营体制或业务发展与管理制度。由于金融体系业务运营模式的确定是由一国的金融

[①] 杨再平．深耕地方 做出特色［J/OL］．金融时报：http://www.financialnews.com.cn/dfjr/jyjl/201208/t20120827_15004.html，2012-8-27．

监管机构做出的，因而其也是金融监管的主要内容。

从总体来看，世界各国金融体系的运作模式，主要有两种形式：分业经营与混业经营。

（一）分业经营与混业经营的含义

简单来说，分业经营，是指对金融机构的业务范围进行某种程度的分离管理；混业经营（也称"综合经营"），是指允许各类金融机构的业务范围进行交叉。

对金融机构的分业经营与混业经营，一般有以下几个层面的解释：

首先，从狭义的角度看，金融机构的分业经营主要是指银行机构局限在银行业务范围内经营，证券机构限定在证券业务范围，双方不得交叉进入对方的业务领域。反之，则为混业经营。如：美国《1933年银行法》中的"格拉斯—斯蒂格尔"条款，使美国建立起以狭义的金融分业经营为基本框架的金融业务发展制度。

其次，从广义的角度看，金融机构的分业经营是指银行、证券、信托、保险机构等各类金融机构都被限定在各自的、传统的或者是一定的业务范围内从事特定业务。反之，则为混业经营。如：日本在1996年的"金融大爆炸"之前实行的分业经营制度；我国自1995年《中华人民共和国商业银行法》公布以后至今依然实行的分业经营制度等，都可以看作是广义的分业经营框架。通常所说的分业经营与混业经营指的就是这个层面的含义。

最后，从更为宽泛的角度理解，金融机构的分业经营是指金融业与非金融业的分离，也即金融机构不能经营非金融业务。反之，则为混业经营。

（二）分业经营与混业经营的特点

分业经营与混业经营各具特点如表2-2所示。

表2-2　　　　　　　　　　分业经营与混业经营的主要特点

	分业经营	混业经营
服务提供	服务项目较为单一	服务项目多样化
规模效率	低，难以形成规模经济	高，容易形成规模经济
风险防范	风险容易集中，但不易出现关联交易风险	风险分散于多种业务，但容易出现风险传递现象
监管难度	监管相对容易	监管难度较大
环境适应	较难适应环境变化	调整较为灵活，容易适应环境
金融创新	金融创新的空间较小	金融创新的空间较大

目前，关于分业经营、混业经营制度优劣方面的理论比较并没有达成共识，各国相关的法律以及制度安排也各不相同。

（三）世界各国金融体系业务运营模式的变化

综观世界各主要发达国家金融业的变迁历史，可以看到：除了德国、瑞士、奥地利等少数国家一直坚持混业经营以外，大多数国家呈现出：混业经营——分业经营——混业经营"螺旋式上升"的变化轨迹。

20世纪30年代以前，由于世界各国的证券、保险等金融业务不甚发达，金融市场不甚成熟，融资方式主要依靠间接融资方式，也即投资者主要依靠商业银行作为间接融资的中介满足其资金需求方面的要求，银行业在整个金融体系中居主导地位。美国、日本等很多国家的金融业，特别是银行业都是混业经营的。1929年，全球性的经济危机爆发。在这次危机中，美国的银行、证券混业经营对1929年华尔街股市崩盘所引致的世界性股灾起了推波助澜的作用。西方金融界的混业经营制度由此受到质疑。为了防止灾难重演，美国于1933年通过了《1933年银行法》。该法案禁止商业银行参与包销、证券买卖及集团证券业务，要求商业银行不得设立从事证券业务的分支机构、商业银行的员工不得在各种证券机构兼职等。其后，美国国会又先后颁布了《1934年证券交易法》《投资公司法》《1968年威廉斯法》等一系列法案，从而逐步形成了金融分业经营制度的基本框架。由美国在总结、分析有史以来最大的经济危机基础上实行的分业经营的金融业务制度，在第二次世界大战之后逐步传播到世界各国，很多国家开始采用分业经营的模式。

进入20世纪80年代，世界经济与金融界发生了诸多方面的深刻变化。如：经济发展由高速增长转向"滞胀"，企业对资金的需求相对减少，商业银行需要重新配置资源，寻找新的利润支撑；金融市场尤其是资本市场的日益成熟，使得企业开始大量从市场上而不是从商业银行获取资金来源，金融"脱媒"现象日益严重；其他金融机构如证券业、投资银行业、信托业、保险业等在多种创新尤其是创新金融工具的支持下，向商业银行发起"猛烈的攻击"等。在此情况下，以美国、日本、英国等国为代表的金融分业经营的业务发展模式开始发生动摇，并逐渐转向混业经营的业务发展模式。英国国会首先于1986年10月27日通过了《金融服务法》，从伦敦证券交易所的改造入手，以所谓"大爆炸（Big Bang）"式的金融改革完成了英国金融业的重新规划。日本于1993年开始实施金融体系的改革，逐步消除了对金融机构业务经营范围的限制，允许银行、信托、证券公司等以成立或收买子公司等各种方式进行业务交叉。1999年11月，美国颁布实施《金融服务现代化法》，标志着美国也完成了由分业经营到混业经营的变化。

目前，混业经营已经成为世界各国金融体系业务运作的主要模式。

我国金融机构的分业经营与混业经营

改革开放后，我国商业银行特别是国有商业银行凭借自身的资金实力和业务优势，开始把经营范围向信托、证券、投资、保险和租赁等非银行领域拓展，相继设立了一大批全资子公司，从而提高了金融服务的效率与质量，加快了金融创新的发展。但由于市场主体自我约束机制不健全、金融法律法规环境不成熟、金融监管手段和措施相对落后，自1992年下半年起，社会上出现了房地产热和证券投资热，大量银行信贷资金通过同业拆借等渠道进入证券市场，严重扰乱了金融秩序，损害投资者利益。1993年6月，我国对金融业进行了全面清理整顿。1993年11月14日，党的十四届三中全会通过《中共中央关于建立社会主义市场经济体制若干问题的决定》，明确提出"银行业与证券业分业管理"的思想。随后颁布的《关于金融体制改革的决定》中指出，我国现阶段"对保险业、证券业、信托业和银行业实行分业经营"，"国有商业银行在人、财、物等方面要与保险业、信托业和证券业脱钩，实行分业经营"。1995年7月1日实施的《中华人民共和国商业银行法》和1997年7月1日实施的《中华人民共和国证券法》，明确规定我国商业银行与证券经营机构必须进行分业经营，最终以法律形式确立了我国金融业分业经营与分业管理的格局。

近年来，随着经济金融改革的不断深入、全球金融混业经营的潮流和日趋激烈的竞争，我国商业银行开始积极探索和尝试综合化经营模式。国家与金融监管当局也鼓励金融机构在法律允许的范围内进行各种创新合作，银行、证券、保险等金融领域出现了明显的相互渗透、融合的趋势。但是，基于各种因素制约，2015年修改、并于当年10月1日实施的《商业银行法》，并未对"分业经营、分业管理"的银行业务发展与管理模式做出修订。

第二节　金融中介机构

一、金融中介机构的概念与作用

（一）金融中介机构的含义

在日常生活中，"中介"一词最初的意思是指居间介绍或作见证的人。但在经济和金融活动中，"金融中介"这个概念所涵盖的范围已大大扩展。

所谓金融中介（Financial Intermediation），是相对于经济运行过程中资金供需双方的融资行为而言的。一般来说，在资金的融通过程中，在资金供求者之间起媒介或桥梁作用的组织，被统称为金融中介。这是金融中介比较宽泛的含义。因为依据这种界定，所有为资金供给者和需求者实现资金融通和其他金融活动而提供服务的金融机构、实现资金融通和其他金融活动的场所——各类金融市场，以及融资和其他金融活动的过程安排与机制等，都应涵盖于金融中介的范畴之内。

但是，在现实的金融活动中，金融市场以及投、融资等金融活动的运作机制等与具体金融机构的运作是有着比较明确的区别的，各自具有独特之处。这里的金融中介，专指从事金融业务的各类金融中介机构，简称金融机构（Financial Institution）。

（二）金融中介机构的作用

金融中介机构的功能是多重的。从其本身的性质以及承担的经济、社会责任出发，一般可以把金融中介机构的基本功能概括为以下5个方面：

1. 支付结算服务

支付结算服务，是指金融机构通过一定的技术手段和流程设计，为客户之间完成货币收付或清偿债权债务关系所提供的转移货币资金的服务。这是金融中介机构最先发展起来的功能，这种功能也保证和促进了社会经济运行的顺畅进行。

2. 资金融通服务

资金融通服务功能，是指金融机构以债务人、投资经理人或保险人的身份，发行并推销各种金融工具，从不同部门积聚资金，集少成多、续短为长，然后再通过一定的专业化运作将资金提供给资金需求者，并最终实现资金价值的增殖。金融机构的这种功能，不但可以为融资双方可能出现的具体矛盾提供解决方案，而且也为投资者提供了不同期限、不同数量、不同方式的投资选择，为资金需求者提供了灵活的借款期限和数量选择，从而最大限度地促进了储蓄向投资的转移。

3. 交易成本管理

在融资过程中，任何融资交易的完成都需要付出一定代价，也即融资成本，其主要包括资金商品的定价（也即利率）和交易过程中的各种费用支出。金融机构可以通过利用各种专业技术手段和规模经济，使由金融机构集中进行的投资活动的单位投资成本得到控制，甚至是大大降低。所以，交易成本管理功能，是指金融中介机构通过专业化运作和规模经营，在为融资双方提供服务的同时，降低单位交易成本。这也是金融中介机构存在与发展的重要原因。

4. 风险转移与管理

风险转移与管理功能，是指金融中介机构在充当融资中介的过程中，通过各种方式、途径以及金融工具，为投资者分散风险，并提供风险管理服务。这是金融机构的一个比较独特的功能。现代经济条件下，这一功能也已成为当代金融机构发展的一个核心内容。

5. 改善信息的不对称

改善信息的不对称功能，是指金融中介机构通过自身的优势，可以搜集、获取比较真实完整的信息，并提供给融资双方特别是处于信息劣势的投资者一方，从而增强交易的透明度和公平公正性，节约信息处理成本。

二、金融中介机构的类型

（一）金融中介机构的分类

当今世界各国的市场经济体系中，所有的金融中介机构构成了一个极其庞大且多样化的系统，包括的范围十分广泛。金融中介机构类型的划分，基于不同的标准，有不同的划分方式。

1. 按金融中介机构是否具有信用创造功能来划分

美国经济学家格利和肖，将金融中介机构分成货币系统和非货币的中介系统两大类[①]。戈德史密斯把金融中介机构分成：负债是"货币"的金融机构和负债不是货币的金融机构两大类[②]。国际货币基金组织则将金融机构分为两种，即能够吸收存款并以存款作为营运资金的"存款类金融机构"，不易吸收存款为主要资金来源的"非存款类金融机构"，并将能够创造存款货币的金融机构统称为"存款货币银行"。

---

① 约翰·G·格利和爱德华·S. 肖. 金融理论中的货币 [M]. 上海：上海三联书店，1988：167-168.
② 戈德史密斯. 金融结构与金融发展 [M]. 上海：上海三联书店，1994：13.

2. 按金融中介机构所从事业务的性质、作用与运行机制等来划分

美国经济学家米什金，将金融中介机构分为存款机构（银行）、契约型储蓄机构以及投资中介机构[1]。我国著名学者王广谦教授，将金融中介机构分为以下 4 种类型：①融资类金融中介机构，是以为资金供需双方提供融资服务为主的金融机构，包括各类商业银行、储蓄银行、信用合作组织等。这类机构的主要业务是对个人和机构接受存款并发放贷款。②投资类金融中介机构，主要有投资银行、证券公司、基金管理公司等，是为企业在一级证券市场的融资和投资者在二级证券市场上的投资提供中介服务的金融机构。③保障类金融中介机构，主要是指各类保险公司。同时，由于社会保障基金如退休基金、失业保险基金、医疗保险基金等的管理机构一般都在金融市场上进行运作，所以社会保障机构也具有金融中介的性质。④信息咨询服务类金融中介机构，主要是指资信评估公司及其他以金融信息咨询服务业务为主的金融中介机构。这类金融中介机构既为企业和社会服务，也为前三类金融中介机构提供服务[2]。

3. 联合国统计署对金融中介机构的分类

主要根据下列两种不同的分类方法进行：
（1）按经济活动类型分类。
①不包含保险和养老基金的金融中介，如货币中介（中央银行、存款货币银行）、其他金融中介（金融租赁、政策性专业信贷、其他）。
②保险和养老基金（不包括强制性社会保障），生命保险、养老保险、非生命保险。
③辅助金融中介，如金融市场组织如证券交易所、投资银行、投资基金类、其他。
（2）按中心产品分类。
①金融中介服务，如中央银行服务、存贷款服务、中间业务服务、金融租赁等。
②投资银行服务：证券承销、包销、证券买卖等。
③保险和养老基金服务：生命保险和养老基金服务、意外伤害和健康保险服务、非生命保险服务等。
④再保险服务。
⑤金融中介的辅助服务：与投行有关的服务、经纪服务、证券交易的处理和结算服务；金融资产管理、信托；与金融市场有关的营运服务和管理服务。
⑥保险和养老基金辅助服务。

4. 国民收入核算体系（SNA）的分类

国民收入核算体系，也即国民经济账户体系（The System of National Accounts），是从交易主体或资金收支角度对金融业按机构进行了分类。具体划分为：①中央银行；②其他存款公司；③不是通过吸纳存款筹集资金的投资公司、金融租赁公司，以及消费信贷公司等；④金融辅助机构，如证券经纪人、贷款经纪人、债券发行公司、保险经纪公司以及经营各种套期

---

[1] 弗雷德里克 S·米什金. 货币金融学（原书第 2 版）（美国商学院版）[M]. 北京：机械工业出版社，2011：34.

[2] 王广谦. 金融中介学（第 2 版）[M]. 北京：高等教育出版社，2011：113.

保值的衍生工具的公司等；⑤保险公司和养老基金。

5. 我国的分类方法

我国以往主要有以下两种划分金融中介机构的方法：

（1）将金融机构分为存款类金融机构和非存款类金融机构。

存款类金融机构既包括管理性存款类金融机构，如货币当局（中央银行）；也包括商业性或政策性存款类金融机构，如：商业银行，政策性银行，合作性金融机构等。非存款类金融机构包括：保险机构，证券机构，金融资产管理公司、小额贷款公司和贷款公司以及诸如信托投资公司、金融租赁公司、汽车金融公司、货币经纪公司以及信用服务机构等。

（2）将金融机构分为银行性金融机构和非银行性金融机构。

银行性金融机构主要包括：货币当局（中央银行）、各类银行（包括：商业银行、政策性银行、信用合作社、外资银行等）；非银行性金融机构主要包括所有不具银行特性、不含"银行"名称的金融机构，如保险公司、证券公司、基金公司、金融资产管理公司、小额贷款公司和贷款公司、信托投资公司、金融租赁公司、汽车金融公司、货币经纪公司以及信用服务机构等。

目前，我国对于金融机构的分类，主要依据中国人民银行于2010年5月发布的《金融机构编码规范》进行。

（二）主要的金融中介机构

不论对金融中介机构如何进行分类，比较常见的、主要的金融机构包括以下几种类型：

1. 中央银行（Central Bank）

央行银行简称央行，是负责一国甚或一个区域的货币发行、制定并实施货币政策的主体。除了保证货币供给、维持货币稳定外，中央银行通常还需要履行下列主要职责：制定和执行货币政策，调节市场的流动性，参与公开市场操作；调节利率和存款准备金比率，代理国库，监管金融活动，参与国际间的金融活动等，承担着"发行的银行""银行的银行"和"政府的银行"的职能[①]。

2. 商业银行（Commercial Bank）

商业银行是各国金融中介机构体系中的关键性的机构。其历史悠久，数量庞大，具有创造信用的功能，是最为主要的"存款货币银行"；其以经营工商业存贷款为主要业务，能够为客户提供多种类型的金融服务[②]。

3. 专业银行（Specialized Bank）

专业银行是指有特定经营范围、提供专门性金融服务的银行。专业银行的出现，是社会分工发展在金融领域的体现。主要的专业银行一般包括：

（1）储蓄银行（Savings Bank）。

储蓄银行是指通过吸收储蓄存款获取资金从事金融业务的银行。储蓄银行的名称很多，

---

① 具体内容，参看本书第三章。
② 具体内容，参看本书第四章。

如：互助储蓄银行、储蓄放款协会、国民储蓄银行、信托储蓄银行、信贷协会等。作为一种比较古老的金融机构，储蓄银行大多是由互助性质的合作金融组织演变而来。这种形式的银行在美国比较普遍。美国的储蓄贷款协会和互助储蓄银行目前超过千家，主要通过储蓄存款（通常被称为"股份"）、定期存款等筹集资金，其资金主要为居民提供抵押贷款。

（2）政策性银行（Policy Bank/Non-Commercial Bank）。

政策性银行一般是指由政府设立、参股或保证的，以贯彻国家产业政策或经济发展政策为目的的，不以盈利为目标的金融机构；是通过对特定的领域、行业、地区和项目提供融资支持来体现政府意图、贯彻国家政策而设立的一种金融机构。最早的政策性金融机构产生于19世纪后期的法国。目前，作为商业性金融的补充和金融资源合理配置的一种制度安排，世界上很多国家均存在一定数量的政策性银行。

4. 信用合作社（Credit Cooperative）

信用合作社简称信用社，是一种互助合作性质的金融机构，在很多国家普遍存在。信用社的资金规模一般不大，资金主要来源于合作社成员缴纳的股金以及吸收的存款；贷款主要用于解决合作社成员的资金需要。常见的信用社类型包括：城市信用社和农村信用社。其中，城市信用社是由城市居民集资建立的，农村信用社是由农民或农村的其他个人集资建立的。

5. 保险公司（Insurance Company）

保险公司是根据合同约定、向投保人收取保险费并承担投保人出险后的风险补偿责任、拥有专业化风险管理技术的经济组织，属于非银行性金融机构。保险公司的类型很多，大致可以分为：人寿保险公司、财产保险公司、存款保险公司以及再保险公司。在市场经济发达的西方国家，保险业非常成熟。

6. 财务公司（Financial Companies）

财务公司也称金融公司，一般是指为企业技术改造、产品开发与销售等提供金融服务，以中长期金融业务为主的金融机构。世界各国的财务公司名称各异，业务也有差异，但大多数是商业银行的附属机构，可以吸收存款。与之不同的是，我国的财务公司一般是由企业集团内部集资组建的，其宗旨和任务是为本企业集团内部的各个企业筹资和融通资金，所以是隶属于大型企业集团的非银行金融机构。

7. 信托投资公司（Trust and Invertment Corporation）

信托投资公司是指以收取报酬为目的，接受他人委托、以受托人身份，专门从事信托或信托投资业务的金融机构。由于信托业的业务范围广泛，经营灵活多样，其与银行业、保险业被并称为现代金融业的"三大支柱"。

8. 投资银行（Investment bank，Corporate finance）

投资银行是主要从事证券发行、承销、交易、企业重组、兼并与收购、投资分析、风险投资、项目融资等业务的金融机构，也是资本市场上最为重要的金融机构之一。投资银行是证券市场和股份公司制度发展到特定阶段的产物，是发达的金融市场和成熟的金融体系的重要主体。在现代社会经济的发展中，发挥着沟通资金供求、构造证券市场、推动企业并购、促进产业集中和规模经济形成、优化资源配置等重要作用①。在不同国家，投资银行的名称及表现形式并不相同。目前，我国并没有冠以"投资银行"名称的银行，而主要是由证券机构甚或资产管理公司承担着投资银行的职责。

9. 证券机构（Secruities Institution）

证券机构是指依法设立、专门从事有价证券业务与服务的金融机构。有价证券业务与服务的类型广泛，主要包括：证券投资咨询；证券发行及交易的咨询、策划、财务顾问、法律顾问及其他配套服务；证券资信评估服务；证券集中保管；证券清算交割服务；证券登记过户服务；证券融资；经证券管理部门认定的其他业务等。因此，证券机构的类型众多，如证券公司，证券交易所，基金管理公司，期货公司，证券登记结算公司，证券评估公司，证券投资咨询公司，证券投资者保护基金公司等。这些机构各司其职、分工协作，共同支撑证券市场的日常运作。

10. 金融租赁公司（Financial Leasing Companies）

金融租赁公司是指以融资租赁业务为主要业务的金融机构，通常兼有融资、投资等多种功能。融资业务是租赁业务中的一种主要类型，一般是指租赁设备的出租人（如，金融租赁公司），向承租人提供租赁设备并定期收取租金。租期内，作为承租人的企业只有使用租赁物件的权利而没有设备所有权，需要按租赁合同的规定，定期向租赁公司交付租金。租期届满时，承租人可以向租赁公司交付少量费用即可办理租赁物件的产权转移手续。融资租赁实际上是提供了一种以"融物"代替"融资"的租赁方式，在发达国家的设备投资中，其已成为仅次于银行信贷的第二大融资方式。

11. 金融资产管理公司（Asset Management Corporation，AMC）

金融资产管理公司是指从事专门从事资产管理的金融机构。一般来说，金融资产管理公司分为两类：从事"优良"资产管理业务的 AMC 和"不良"资产管理业务的 AMC。前者外延较广，涵盖诸如商业银行、各类证券机构等金融机构设立的资产管理部或资产管理方面的子公司，主要面向个人、企业和机构等提供服务，内容包括：账户分立、合伙投资、单位信托等。后者是指专门处置、剥离银行不良资产的金融资产管理公司。我国目前的四家金融资产管理公司属于后者。

12. 专业投资机构或融资公司

专业投资机构或融资公司是指专门为某种投、融资业务提供服务的金融机构。这类机构类型很多，如：汽车金融公司、不动产抵押公司、典当行等。此外，还有专门为黄金投、融资业务服务的专业黄金投融资机构，如：黄金交易所、结算所、经纪公司、黄金投资机构等。

13. 信用服务机构

信用服务机构主要是指提供信息咨询以及征信服务的金融机构。主要包括：信息咨询公

---

① 具体内容，参看本书第五章。

司，投资咨询公司，金融担保公司，征信公司，信用评估机构等。另外，律师事务所、会计师事务所等也属于广义的信用服务机构。

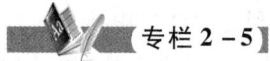【专栏 2-5】

西方国家金融中介机构的发展趋势

为了适应市场经济的发展要求，世界各国、特别是西方发达国家都建立了规模庞大的金融中介体系，形成了众多金融机构并存的格局。近年来，在竞争日趋激烈的背景下，不同类型金融机构的业务不断交叉、重叠，原有各类金融机构的差异日趋缩小，相互间的业务界限越发模糊。近年来，西方国家金融中介机构的发展趋势，主要呈现以下一些特点：

1. 金融机构在业务上不断创新，并逐步向综合化经营的方向发展，银行和非银行金融机构正不断融合，金融控股集团①发展规模不断扩大。1999 年 11 月美国通过《金融服务现代化法》之后，许多国家和地区掀起了建立金融控股公司的热潮。

2. 跨国金融机构的建立，使得金融中介机构的发展日趋国际化。这些跨国金融中介机构具有全球化的战略目标，资金实力雄厚，国际网络庞大、业务范围广泛。

3. 并购成为现代金融机构调整的重要手段。特别是 20 世纪 90 年代以来，在国际银行业竞争日趋激烈的情况下，国际金融业出现重组浪潮，收购、兼并活动频繁。追求规模经济效益、追求混业经营效益，成为几乎所有西方国家金融业关注的焦点。而各国金融管制的普遍放松，也为大规模的金融业并购提供了可能。

三、主要的国际金融机构

20 世纪 30 年代以来，为了适应世界经济发展的需要，在全球范围内先后出现了各种类型的国际金融机构。所谓国际金融机构，又称国际金融组织，一般是指由世界上多数国家的政府之间通过签署国际条约或协定而建立的、从事国际金融业务、协调国际金融关系、维系国际货币和信用体系正常运作的超国家金融机构。基本作用是：组织商讨国际经济、金融领域中的重大事务，协调各国间的相互关系；为有需要的国家提供短期资金，在一定程度上缓和国际收支危机；提供长期发展资金，促进一些国家尤其是发展中国家的经济发展；稳定汇率，保证国际货币体系的运转，促进国际贸易的发展。

世界上最早的国际金融机构，是 1930 年 5 月在瑞士巴塞尔成立的国际清算银行。第二次世界大战后，随着布雷顿森林体系的建立，相应建立了国际货币基金组织（IMF）、国际复兴开发银行（简称"世界银行"）、国际开发协会、国际金融公司等。20 世纪 50 年代以后，又陆续建立了一些区域性的国际金融机构，如欧洲投资银行、亚洲开发银行、泛美开发银行、非洲开发银行、亚洲基础设施投资银行等。以下介绍世界上几个主要的国际性金融机构。

---

① 金融控股集团，也称金融控股公司，是指主要从事金融业务，并至少明显地从事银行、证券、保险中的两个或两个以上的经营活动的企业集团。

（一）国际清算银行

国际清算银行（Bank for International Settlements，BIS），于1930年5月根据海牙国际协定，由英、法、德、意、比、日等国的中央银行以及代表美国银行界利益的摩根银行、纽约和芝加哥的花旗银行组成的银团共同组建。总部设在瑞士的巴塞尔。最初只有7个成员国，目前已发展至60个。

国际清算银行的创办目的，是为了处理第一次世界大战后德国的赔偿支付及其有关的清算等业务。第二次世界大战后，成为经济合作与发展组织成员国之间的结算机构。该行宗旨也逐渐转变为促进并扩大成员国中央银行之间的合作，为国际金融业务提供便利，接受委托或作为代理人办理国际清算业务等。其主要业务包括：处理国际清算事务；办理或代理有关银行业务；定期举办中央银行行长会议等[1]。

1996年11月，中国人民银行成为该行股东并积极参与该行的各项活动。1998年7月，国际清算银行在香港特区设立首家海外代表处。目前，世界上绝大多数国家的中央银行都与其建立了业务关系。国际清算银行已经成为除国际货币基金组织和世界银行集团之外的最重要的国际金融机构。

（二）国际货币基金组织

国际货币基金组织（International Monetary Fund，IMF），是根据1944年7月签订的《国际货币基金协定》，与世界银行同时于1945年12月27日成立。1947年3月1日开始正式运作；1947年11月15日，成为联合国的一个专门机构。IMF在经营上有其独立性，总部设在美国的首都华盛顿。

IMF的主要宗旨是确保国际货币体系，即各国（及其公民）相互交易所依赖的汇率体系及国际支付体系的稳定[2]。其核心职责是向面临实际或潜在国际收支困难的成员国提供贷款，帮助成员国重新建立国际储备、稳定本国货币、继续支付进口、恢复强劲经济增长所需的条件，同时采取政策解决所存在的根本问题。与开发银行不同，基金组织不提供具体项目贷款[3]。

IMF是以会员国入股方式组成的企业经营性质的金融机构。截至2016年3月30日，共有成员国189个[4]。IMF的资金来源主要由会员国认缴的基金份额、借入资金和出售黄金组成。会员国认缴的基金份额，是其最主要的资金来源。凡参加国际货币基金组织的会员国都要缴纳一定数额的资金，其认缴份额根据会员国的黄金和外汇储备、对外贸易量和国民收入的大小而定。成立之初，基金组织规定，会员国缴纳份额的25%为黄金，75%为本国货币。

---

[1] 国际清算银行网站：http://www.bis.org/index.htm.
[2] 国际货币基金组织一瞥，国际货币基金组织中文网站：http://www.imf.org/zh/About/Factsheets/IMF-at-a-Glance.
[3] 基金组织的贷款，国际货币基金组织中文网站：http://www.imf.org/zh/About/Factsheets/IMF-Lending.
[4] 国际货币基金组织一瞥，国际货币基金组织中文网站：http://www.imf.org/zh/About/Factsheets/IMF-at-a-Glance.

1978年4月，修改后的协议条款取消了25%缴纳黄金的规定，改为以特别提款权①或外汇缴纳。2010年11月，IMF通过了治理与份额改革方案。根据改革方案，国际货币基金组织的份额将增加1倍，成员国的份额比重也将进行调整，约6%的份额将向有活力的新兴市场和发展中国家转移。此外，还提议改革执董会，改革完成后，欧洲国家将让出两个席位，以提高新兴市场和发展中国家在执董会的代表性。目前，改革仍在进行中。

IMF的最高权力机构是理事会，由各会员国选派理事和副理事各一人组成。基金组织处理日常业务的机构是执行董事会，由24人组成，其中7人分别由美、英、德、法、日、沙特阿拉伯和中国单独指派。总裁是国际货币基金组织的首席员工，是执行董事会主席，由3位副总裁协助负责该组织的运营。历任总裁按照惯例由欧洲人担任。2011年6月28日，法国经济、财政与工业部部长克里斯蒂娜·拉加德被选为新一任总裁，并于2016年7月5日开始第二个任期，成为该组织自1944年成立以来首位女性总裁。

我国与国际货币基金组织

我国于1945年加入国际货币基金组织，是该组织的44个创始国之一。1980年4月17日，国际货币基金组织正式恢复我国的代表权。我国在该组织中的份额最初为33.852亿特别提款权，占总份额的2.34%；共拥有34 102张选票，占总投票权的2.28%。此后，在我国单独组成一个选区并派一名执行董事。1991年，该组织在北京设立常驻代表处。

2010年2月24日，国际货币基金组织总裁多米尼克·斯特劳斯·卡恩任命中国人民银行副行长朱民为其特别顾问。2010年10月9日，国际货币基金组织将中国纳入全球5大具有系统稳定重要性经济体。2010年11月5日，国际货币基金组织执行董事会通过了份额改革方案。份额改革完成后，我国的份额将从以往的3.72%升至6.39%，投票权也将从3.65%升至6.07%，超越德国、法国和英国，位列美国和日本之后。2012年6月，我国支持并决定参与国际货币基金组织增资，数额为430亿美元。2015年12月1日，IMF宣布含有人民币的新SDR货币篮子将于2016年10月1日正式启用，这也成为中国经济融入全球金融体系的重要里程碑。2016年1月27日，IMF宣布2010年份额和治理改革方案从1月26日开始正式生效。根据该方案，IMF约6%的份额将向有活力的新兴市场和发展中国家转移，中国也正式成为IMF第三大股东。2017年3月31日，IMF在其官网上更新了"官方外汇储备货币构成"数据库（COFER），第一次将人民币计价储备持有情况单独列项计算。在此之前，只有美元、欧元、英镑、日元、瑞士法郎、澳元和加元属于单独列出的货币。IMF将此举动解释为：其反映了中国通过市场化改革推进人民币国际化的努力，同时有可能提高各国在外汇储备配置过程中对人民币的接受程度。截至2016年12月底，COFER报告国的外汇储备中，人民币资产占比达到1.07%②。

---

① 特别提款权（Special Drawing Right，SDR）是国际货币基金组织于1969年创造的记账单位。具体内容参见本书第九章第五节。
② 康路，国际储备货币地位再确认！人民币资产占全球外储1.07%［J/OL］2017-03-31，腾讯财经，https://finance.qq.com/a/20170331/052004.htm.

2011年7月至2016年7月，朱民出任国际货币基金组织副总裁，成为史上首位进入IMF高层的华人。2016年8月，原中国人民银行副行长张涛接替成为新的IMF副总裁。2012年3月，中国籍雇员林建海担任该组织秘书长，成为该组织成立以来首位获任此职位的中国籍雇员。基金组织秘书部主要负责基金组织执行董事会的日常保障工作，并负责与基金组织187个成员国的日常联络事宜。

2019年3月5日，中国证监会发布公告，核准国际货币基金组织（IMF）人民币合格境外机构投资者资格。要求IMF在开展人民币合格境外机构投资者业务的过程中，应当严格遵守有关规定，依法履行职责、承担责任。

（三）世界银行

世界银行（World Bank，WBG），简称世行，与IMF同时成立。世界银行的最初使命是帮助在第二次世界大战中被破坏的国家重建，目前其主要任务是：消除极端贫困，促进共享繁荣[①]。

世界银行向发展中国家提供低息贷款、无息贷款和赠款，用于支持对教育、卫生、公共管理、基础设施、金融和私营部门发展、农业以及环境和自然资源管理等诸多领域的投资。部分世行项目由政府、其他多边机构、商业银行、出口信贷机构和私营部门投资者联合融资。世行也通过与双边和多边捐助机构合作建立的信托基金提供或调动资金。很多合作伙伴要求世行帮助管理旨在解决跨行业、跨地区需求的计划和项目。

世界银行包括以下5个机构：①国际复兴开发银行（International Bank for Reconstruction and Development，IBRD），负责向中等收入国家政府和信誉良好的低收入国家政府提供贷款。②国际开发协会（International Development Association，IDA），负责向最贫困国家的政府提供无息贷款（信贷）和赠款。③国际金融公司（International Finance Corporation，IFC），负责提供贷款、股权和技术援助，促进发展中国家的私营部门投资。④多边投资担保机构（Multilateral Investment Guarantee Agency，MIGA），负责向在发展中国家的投资者提供担保，防范非商业性风险损失。⑤国际投资争端解决中心（International Centre for Settlement to Investment Disputes，ICSID），负责提供针对国际投资争端的调解和仲裁机制。

按照规定，一个国家要想成为世行成员国，就必须首先加入IMF。加入国际复兴开发银行，是成为国际开发协会、国际金融公司和多边投资担保机构成员的前提条件。世行成员国的集体代表是理事会，理事会是世行的最终决策者。理事一般为成员国的财政部长或发展部长。理事把具体职责委任给25名执行董事，后者在世行总部办公。

世界银行按股份公司的原则建立。成立初期，其法定资本为100亿美元，全部资本为10万股，每股10万美元。凡是会员国均要认购世行的股份，认购额由申请国与世行协商并经世行董事会批准。一般来说，一国认购股份的多少，根据该国的经济实力，并参照该国在IMF缴纳的份额大小而定。世界银行行长，又称世界银行总裁（President of World Bank）是世界银行集团的最高负责人。根据传统，其由最大的股东——美国提名，每届任期5年。

---

① 世界银行集团中文官网：http://www.shihang.org/zh/who-we-are.

我国是世界银行的创始国之一。2010年4月25日，世界银行发展委员会春季会议通过了发达国家向发展中国家转移投票权的改革方案。改革后，我国在世行的投票权从2.77%提高到4.42%，成为仅次于美国和日本的世界银行第三大股东国。

（四）亚洲开发银行

亚洲开发银行（Asian Development Bank, ADB），简称"亚行"，是亚洲和太平洋地区的区域性金融机构。其不是联合国下属机构，但是联合国亚洲及太平洋经济社会委员会（联合国亚太经社会）赞助建立的机构，与联合国及其区域和专门机构有密切的联系。

亚洲开发银行成立于1966年，总部设在菲律宾首都马尼拉，有27个驻地代表处，在东京、法兰克福和华盛顿特区设有3个办事处。成立初期有31个国家参加。目前，其成员国为67个，其中，亚太地区48个，其他地区19个[①]。其管理层包括理事会、执行董事会和行长。截至2009年5月，日本和美国同为亚行最大股东，各持有15.571%的股份和拥有12.756%的投票权。

亚行的宗旨是：通过发展援助，帮助亚太地区发展中成员国家消除贫困，促进亚太地区的经济和社会发展。亚行援助主要采取四种形式：贷款、股本投资、技术援助、联合融资相担保。资金来源主要是加入亚行的国家和地区认缴的股本、借款和发行债券，以及某些国家的捐赠款和由营业收入所累积的资本[②]。

1986年2月17日，亚行理事会通过决议，接纳我国为亚行成员国。同年3月10日，我国正式成为亚行成员。目前，我国是亚行第三大股东国，持股6.429%，拥有5.442%的投票权。

（五）泛美开发银行

泛美开发银行（Inter - American Development Bank, IDB），也称美洲开发银行，主要由美洲国家组成，是世界上历史最久、规模最大的地区性政府间开发金融机构，其宗旨是促进拉美及加勒比地区经济和社会发展。1959年4月8日，20个拉丁美洲国家和美国签订了建立泛美开发银行的协定，同年12月30日生效。1960年10月1日正式开业，总行设在华盛顿。

作为美洲国家组织的专门机构，其他地区的国家可以加入泛美开发银行，但是不能利用该行资金，只可参加该行组织的项目投标。泛美开发银行的宗旨是：集中各成员国的力量，对拉丁美洲国家的经济、社会发展计划提供资金和技术援助，并协助它们单独地和集体地为加速经济发展和社会进步作出贡献。

泛美开发银行的资金来源主要是成员国认缴的股本和银行借款。泛美开发银行的贷款，主要分为普通业务贷款和特种业务基金贷款。前者贷放的对象是政府和公、私机构的经济项目，期限一般为10~25年，还款时须用所贷货币偿还；后者主要用于条件较宽、利率较低、期限较长的贷款，期限多为10~30年，可全部或部分用本国货币偿还。与此同时，社会进步信托基金的贷款，主要用于资助拉美国家的社会发展和低收入地区的住房建筑、卫生设

---

① 亚洲开发银行网站：https://www.adb.org/about/members.
② 亚洲开发银行网站：http://www.adb.org/.

施、土地和乡村开发、高等教育和训练等方面。其他基金的贷款也各有侧重。参加泛美开发银行的发达和比较发达的国家，在银行业务活动中主要是提供资金，得到的好处是通过资本输出加强对拉丁美洲各国的商品和劳务的出口[①]。

2009年1月12日，我国正式加入泛美开发银行，成为其第48个成员国。

（六）非洲开发银行集团

非洲开发银行集团（African Development Bank Group，AFDB），成立于1964年，是非洲最大的地区性、政府间开发金融机构，旨在促进非洲大陆的经济和社会发展。其由3部分组成：母机构是非洲开发银行（AfDB），根据23个创始成员国于1963年8月14日在苏丹喀土穆签署、1964年9月10日生效的协议成立，1966年7月1日开始运营。另外还包含两个特许融资窗口：一是非洲开发基金（ADF，简称"非发基金"），由非洲开发银行和13个非洲以外的国家于1972年11月29日成立；一是尼日利亚信托基金（NTF），由尼日利亚联邦政府于1976年成立。

AfDB理事会的就职会议于1964年11月4—7日在尼日利亚拉各斯举行，1965年3月在科特迪瓦的阿比让设立总部。2003年2月开始，因科特迪瓦发生大规模的政治冲突，AfDB在突尼斯首都突尼斯市的临时安置机构（TRA）运营业务，直至2013年底才开始逐步迁回阿比让总部。截至2016年2月底，AfDB集团的成员由54个非洲国家和27个非洲以外的国家组成。要成为AfDB成员，非本地区的国家必须首先成为ADF成员[②]。

非洲开发银行的资金来源，主要来自成员国的认缴。非洲开发银行向成员国提供贷款（包括普通贷款和特别贷款），以发展公用事业、农业、工业以及交通运输项目等。其中，普通贷款业务，包括用该行普通资本基金提供的贷款和担保贷款业务；特别贷款，一般是通过软贷款窗口——非洲开发基金，向非洲最贫穷的国家提供项目优惠贷款和技术援助、赠款等。非发基金的资金主要来自各方捐资，一般每3年增资一次。

我国于1985年加入非洲开发银行。目前已参加了第4~10次非洲开发基金捐资，累积向非洲发展基金承诺捐资3.64亿美元，大力支持非洲地区的基础设施建设、扶贫和教育等项目。

（七）亚洲基础设施投资银行

亚洲基础设施投资银行（Asian Infrastructure Investment Bank，AIIB），简称"亚投行"。是一个政府间性质的亚洲区域多边开发机构，重点支持基础设施建设。成立宗旨在于促进亚洲区域建设的互联互通和经济一体化进程。总部设在北京，法定资本1 000亿美元[③]。

2013年10月2日，习近平主席提出筹建倡议。2014年10月24日，包括中国、印度、新加坡等在内的21个首批意向创始成员国的财长和授权代表在北京签约，共同决定成立亚投行。2015年4月15日，亚投行意向创始成员国确定为57个，其中域内国家37个、域外国家20个。2015年6月29日，《亚洲基础设施投资银行协定》签署仪式在北京举行。2015

---

① 泛美开发银行网站：http://www.iadb.org/en/inter-american-development-bank，2837.html.
② 非洲开发银行集团网站：http://www.afdb-org.cn/about/.
③ 亚洲基础设施投资银行网站：https://www.aiib.org/en/index.html.

年 12 月 25 日，亚洲基础设施投资银行正式成立。这是首个由中国倡议设立的开放、包容的多边国际金融机构。2016 年 1 月 16 日至 18 日，亚投行开业仪式暨理事会和董事会成立大会在北京举行。中国财政部部长楼继伟当选为亚投行首届理事会主席，金立群当选为亚投行首任行长。

2016 年 6 月 25 日，在北京举行的亚投行首届理事会年会宣布，董事会已经批准首批四个项目总计 5.09 亿美元的贷款，主要涉及孟加拉国、印度尼西亚、巴基斯坦和塔吉克斯坦的能源、交通和城市发展等领域。4 个项目中，除了孟加拉国项目是亚投行独立提供贷款，其余 3 个项目计划分别与世界银行、亚洲开发银行、欧洲复兴开发银行等其他多边开发银行联合融资进行。

截至 2018 年 6 月，经 6 次扩容后的亚投行，成员总数增至 87 个，已在 13 个国家开展 28 个项目，接连斩获三家国际评级机构最高信用评级。截至 2018 年 12 月底，成员国的总数达到 93 个，遍布世界各大洲[①]。

四、我国的金融中介机构体系

经过四十多年的改革开放，我国的金融中介机构体系结构日臻完善，目前已经形成由"一行三会"（中国人民银行、银行业监督管理委员会、证券业监督管理委员会、保险业监督管理委员会）主导、大中小型商业银行为主体、多种金融机构并存的层次丰富、种类齐全、服务功能较为完备的金融机构体系。

如前所述，以往我国对于金融机构的分类标准不一。2010 年 5 月，中国人民银行发布《金融机构编码规范》（简称"规范"）[②]。作为金融行业标准，该规范明确了我国金融机构涵盖范围，界定了各类金融机构具体组成，从宏观层面统一了我国金融机构的分类标准。按照要求，金融机构被分为九大类型：货币当局；监管当局；银行业存款金融机构；银行业非存款类金融机构；证券业金融机构；保险业金融机构；交易及结算类金融机构；金融控股公司及其他。每个大的类型中还包含不同类型的具体的金融机构。具体金融机构的职责或业务范围界定如表 2-3 所示。

表 2-3　　　　　　　　　中国人民银行对我国金融机构的界定

类型	具体机构	机构职责或业务界定
货币当局	中国人民银行 国家外汇管理局	代表国家制定并执行货币政策、金融运行规则，管理国家储备，从事货币发行与管理，与国际货币基金组织交易及向其他存款性公司提供信贷，以及承担其他相关职能的金融机构或政府部门

---

① 金立群：截至今年年底 亚投行成员国可能会上一百个，2019.03.06，网易财经，http：//money.163.com/19/0306/15/E9JJRCDO00259509.html。
② 中国人民银行，《金融机构编码规范》，http：//www.pbc.gov.cn/diaochatongjisi/116219/116229/2879376/index.html。该规范已于 2014 年 9 月正式对外发布。

续表

类型	具体机构	机构职责或业务界定
监管当局	中国银行业监督管理委员会 中国证券监督管理委员会 中国保险监督管理委员会	对金融机构及其经营活动实施全面的、经常性的检查和督促，实行领导、组织、协调和控制，行使实施监督管理职能的政府机构或准政府机构
银行业存款类金融机构	银行	依法设立的吸收公众存款、发放贷款、办理结算等业务的企业法人
	城市信用合作社（含联社）	依照有关规定在城市市区内由城市居民、个体工商户和中小企业法人出资设立的，主要为社员提供服务，具有独立企业法人资格的合作金融组织
	农村信用合作社（含联社）	经相关国家部门批准设立，由社员入股组成、实行社员民主管理、主要为社员提供金融服务的农村合作金融机构
	农村合作银行	由辖内农民、农村工商户、企业法人和其他经济组织入股组成的股份合作制社区性地方金融机构
	农村商业银行	由辖内农民、农村工商户、企业法人和其他经济组织共同发起成立的股份制地方性金融机构
	村镇银行	经中国银行业监督管理委员会依据有关法律、法规批准，由境内外金融机构、境内非金融机构企业法人、境内自然人出资，在农村地区设立的主要为当地农民、农业和农村经济发展提供金融服务的金融机构
	农村资金互助社	经中国银行业监督管理机构批准，由乡（镇）、行政村农民和农村小企业自愿入股组成，为社员提供存款、贷款、结算等业务的社区互助性金融机构
	财务公司	以加强企业集团资金集中管理和提高企业集团资金使用效率为目的，为企业集团成员单位提供财务管理服务的金融机构
银行业非存款类金融机构	信托公司	依照《中华人民共和国公司法》和《信托公司管理办法》设立的主要经营信托业务的金融机构
	金融资产管理公司	经国务院决定设立的，收购、管理和处置金融机构、公司及其他企业（集团）不良资产，兼营金融租赁、投资银行等业务的金融机构
	金融租赁公司	经中国银行业监督管理委员会批准，以经营融资租赁业务为主的金融机构
	汽车金融公司	经中国银行业监督管理委员会批准设立的，为中国境内的汽车购买者及销售者提供金融服务的金融机构
	贷款公司	经中国银行业监督管理委员会依据有关法律、法规批准，由境内商业银行或农村合作银行在农村地区设立的专门为县域农民、农业和农村经济发展提供贷款服务的金融机构
	货币经纪公司	经中国银行业监督管理委员会批准在中国境内设立的，通过电子技术或其他手段，专门从事促进金融机构间资金融通和外汇交易等经纪服务，并从中收取佣金的金融机构

续表

类型	具体机构	机构职责或业务界定
证券业金融机构	证券公司	依照《中华人民共和国公司法》规定设立的并经国务院证券监督管理机构审查批准而成立的专门经营证券业务,具有独立法人地位的金融机构
	证券投资基金管理公司	经中国证券监督管理委员会批准,在中华人民共和国境内设立,从事证券投资基金管理业务的企业法人
	期货公司	依照《中华人民共和国公司法》和《期货交易管理条例》规定设立的经营期货业务的金融机构
	投资咨询公司	经中国证券监督管理委员会批准设立,为证券、期货投资人或者客户提供证券、期货投资分析、预测或者建议等直接或者间接有偿咨询服务的金融机构
保险业金融机构	财产保险公司	经中国保险监督管理委员会批准设立,依法登记注册,从事经营财产损失保险、责任保险、信用保险、短期健康保险和意外伤害保险等财产保险业务的保险公司
	人身保险公司	经中国保险监督管理委员会批准设立,依法登记注册,从事意外伤害保险、健康保险、人寿保险等人身保险业务的保险公司
	再保险公司	经中国保险监督管理机构批准设立,并依法登记注册的,专门从事再保险业务、不直接向投保人签发保单的保险公司
	保险资产管理公司	经中国保监会会同有关部门批准,依法登记注册、受托管理保险资金的金融机构
	保险经纪公司	经中国保险监督管理委员会批准设立,基于投保人的利益,为投保人与保险人订立保险合同提供中介服务,并依法收取佣金的金融机构
	保险代理公司	经中国保险监督管理委员会批准设立,根据保险公司的委托,向保险公司收取代理佣金,并在保险公司授权的范围内代为办理保险业务的金融机构
	保险公估公司	经中国保险监督管理委员会批准设立的,接受保险当事人委托,专门从事保险标的的评估、勘验、鉴定、估损、理算等业务的单位
	企业年金	指企业及其职工在依法参加基本养老保险的基础上,自愿建立的补充养老保险制度
交易及结算类金融机构	交易所	经国家有关主管部门批准设立的,提供证券、商品、期货等集中竞价交易场所,不以营利为目的的法人
	登记结算类机构	经国家有关主管部门批准设立的,为金融交易提供集中的登记、托管与结算服务,不以营利为目的的法人

续表

类型	具体机构	机构职责或业务界定
金融控股公司	中央金融控股公司其他金融控股公司	依据《中华人民共和国公司法》设立，拥有或控制一个或多个金融性公司，并且这些金融性公司净资产占全部控股公司合并净资产的50%以上，所属的受监管实体应是至少明显地在从事两种以上的银行、证券和保险业务独立企业法人
其他	小额贷款公司	由自然人、企业法人或其他社会组织依法设立，不吸收公众存款，经营小额贷款业务的有限责任公司或股份有限公司

根据中国人民银行和中国银行业监督管理委员会①的监管职能分工，银监会目前负责监管银行业金融机构，具体机构情况如表2-4所示。

表2-4　　　　　　　　中国银监会管辖的银行业金融机构

机构类型	主要机构
开发性金融与政策性银行	国家开发银行，中国进出口银行，中国农业发展银行
国有大型银行	中国工商银行、中国建设银行、中国农业银行、中国银行、交通银行、中国邮政储蓄银行
股份制商业银行	中国光大银行，中信银行，华夏银行，招商银行，中国民生银行，平安银行，广发银行，兴业银行，上海浦东发展银行，恒丰银行，浙商银行，渤海银行
地区性商业银行	城市商业银行，农村商业银行，农村合作银行
民营银行	深圳前海微众银行，上海华瑞银行，温州民商银行，天津金城银行，浙江网商银行，重庆富民银行，四川新网银行、湖南三湘银行等
其他银行业金融机构	外资法人金融机构；农村信用社；新型农村金融机构，包括：村镇银行，贷款公司，农村资金互助社；住房储蓄银行
非银行金融机构	金融资产管理公司，金融消费公司，信托公司，企业集团财务公司，金融租赁公司，货币经纪公司，汽车金融公司，其他金融机构等。

根据中国银保监会的统计数据，截至2018年年底，我国银行业金融机构包括开发性金融机构1家、政策性银行2家、国有大型商业银行6家、股份制商业银行12家、金融资产管理公司4家、城市商业银行134家、住房储蓄银行1家、民营银行17家、农村商业银行1427家、农村合作银行30家、农村信用社812家、村镇银行1616家、贷款公司13家、农村资金互助社45家、外资法人银行41家、信托公司68家、金融租赁公司69家、企业集团财务公司253家、汽车金融公司25家、消费金融公司23家、货币经纪公司5家、其他金融

---

① 我国于2018年全国"两会"确定、同年3月21日正式印发的《深化党和国家机构改革方案》提出，将2003年4月28日成立的中国银行业监督管理委员会（简称"银监会"）和1998年11月18日成立的中国保险业监督管理委员会（简称"保监会"）的职责整合，组建中国银行保险监督管理委员会，简称"中国银保监会或银保监会"。中国银保监会已于2018年4月8日正式挂牌。本教材中，以"中国银保监会"的成立时间划分，之前称"中国银监会"或"银监会"，之后称为"中国银保监会"或"银保监会"。

机构 14 家①。

我国的民营银行

与国有银行相比，民营银行具有两个重要特征：自主性和私营性。特殊的产权结构和经营形式决定了民营银行具有机制活、效率高、专业性强等优点。民营银行是我国金融中介机构体系的重要补充。民营银行的建立，有利于我国形成更加合理有效的银行业市场结构，促进金融市场的公平竞争；促进商业银行加速改革进程；有利于为实体经济特别是中小微企业、"三农"和社区，以及大众创业、万众创新等提供更有针对性、更加便利的金融服务。

2014 年 3 月，国务院批准首批 5 家民营银行试点名单——深圳前海微众银行，上海华瑞银行，温州民商银行，天津金城银行，浙江网商银行，正式启动民营银行试点工作。2015 年，银监会发布《促进民营银行发展的指导意见》，制定了民营银行准入政策和操作细则，奠定了民营银行常态化发展的制度基础。截至 2015 年年底，首批 5 家民营银行全部开业，总体运行平稳。2017 年 1 月，银监会印发《关于民营银行监管的指导意见》，以形成规制统一、权责明晰、运转协调、安全高效的民营银行监管体系，切实促进民营银行依法合规经营、科学稳健发展。

近两年，民营银行稳健发展。根据银监会有关数据，截至 2017 年年末，民营银行资产合计已达 3381.4 亿元，实现净利润 19.67 亿元，资本利润率和资产利润率分别为 5.06%、0.76%；不良贷款率 0.53%，低于我国商业银行平均水平 1.22 个百分点，资本充足率 24.25%，流动性比例 98.17%。

截至 2017 年 5 月底，我国共有 17 家民营银行获批开业。目前还有多家民营银行处于不同筹备阶段。

2015 年 9 月，人民银行、银监会、证监会、保监会与国家统计局共同对外发布《金融企业划型标准规定》，采用复合分类方法对金融业企业进行分类，并根据相关指标标准值，将各类金融企业划分为大、中、小、微 4 个规模类型。

第三节 金融市场及金融工具

一、金融市场的含义与类型

（一）金融市场的含义

市场是提供资源流动和资源配置的场所。依靠市场价格信号的引领，资源可以在不同部

---

① 胡琳. 2018 年末银行业金融机构 4588 家 营业网点总数 22.86 万个 [J/OL]. 2019 - 02 - 18, 每日经济新闻, https://news.p2peye.com/article - 535279 - 1.html.

门流动并实现资源配置。按照交易的产品类别划分，一般可以把市场分为两大类：一类是提供产品的市场，进行商品和服务的交易；另一类是提供生产要素的市场，进行劳动力和资本的交易。金融市场属于后者，也即是要素类市场，专门提供资本的交易。

简单来说，金融市场是实现货币借贷和资金融通、办理各种票据和有价证券交易活动的市场。金融市场应当包括所有的融资活动，其既包括银行以及非银行金融机构的借贷，也包括企业通过发行债券、股票实现的融资，既包括投资人通过购买债券、股票实现的投资，也包括通过租赁、信托、保险等种种途径所进行的资金的集中与分配。除此以外，金融市场还包括各种相应的运行机制、定价机制等等。

因此，更为完整、概括的金融市场含义，是指以金融资产为交易对象而形成的供求关系及其机制的总和。其包含3层含义：一是，金融资产进行交易的有形或无形场所；二是，反映了金融资产的供应者和需求者之间的供求关系；三是，包含了金融资产交易过程中所产生的运行机制，其中最主要的是价格（包括利率、汇率及各种证券的价格）机制。

（二）金融市场的基本类型

从不同的角度考察，金融市场可以分为很多不同的类型。主要包括以下几种：

（1）按地理范围划分，金融市场可分为国内金融市场和国际金融市场。

国内金融市场，主要由国内金融机构组成，办理各种货币、证券及作用业务活动。其可以分为全国性、区域性或者地方性的金融市场，也可分为城市金融市场和农村金融市场。国际金融市场，由经营国际间货币信用业务的金融中介机构组成，经营内容包括资金借贷、外汇买卖、证券买卖、资金交易等。

（2）按经营场所划分，金融市场可分为有形金融市场和无形金融市场。

有形金融市场，是指有固定交易场所和操作设施的金融市场。无形金融市场，是指没有固定交易场所、而以网络形式存在的市场，主要通过各种电子通讯手段或设施达成交易。

（3）按交易期限划分，金融市场可分为长期金融市场和短期金融市场。

长期金融市场，也称资本市场，是指期限在一年以上的中长期资金的融通市场。广义的资本市场包括两大部分：一个是银行的中长期信贷市场，另一个是有价证券市场，是股票、债券、基金等有价证券的发行和流通市场。后者即为狭义的资本市场的概念。

短期金融市场，也即货币市场，是指期限在一年及一年以下的短期资金的融通市场，提供如同业拆借、票据贴现、短期债券及可转让存单的交易。因而，货币市场又包括同业拆借市场、票据市场、大额可转让定期存单市场、回购市场、短期政府债券市场等多个子市场。上述分类，是较为常见的金融市场的划分方式[①]。

（4）按金融资产的发行和流通特征划分，金融市场可分为发行市场、流通市场、第三市场和第四市场。

发行市场，也称一级市场，是指新证券的发行市场。流通市场，也称二级市场，是指已经发行、处在流通中的有价证券的买卖市场。一级市场是二级市场产生和发展的基础与前提；没有一级市场，就没有二级市场。与此同时，二级市场也是一级市场存在与发展的重要

---

① 具体内容参看本书第六章。

条件之一，因为无论是从流动性还是从价格的确定上，一级市场都要受到二级市场的影响。第三市场，是指由非交易所会员在证券交易所外专门买卖上市股票的交易市场，产生的主要原因是证券交易所对参与者以及上市股票有比较严格的要求。最早出现在 20 世纪 60 年代的美国。第四市场，一般是指机构投资者和富有的个人，绕开经纪商或者交易所，彼此之间利用"电子通信网络"，直接进行证券交易的市场。第三市场与第四市场都是场外交易的市场。

（5）按市场的组织形式划分，金融市场可分为交易所交易和场外交易市场。

交易所交易，也即场内市场，一般是指交易双方在由证券管理部门批准的、有固定场所和设施、制定各项规则以形成公正合理价格的正式机构中进行证券交易。

场外交易市场（Over-The-Counter Market，OTC），亦称"柜台市场""店头市场""电话市场"等。是指在证券交易所之外的某一固定场所，供未上市的证券或不足以批量成交的证券进行交易的市场。该市场是一个广泛而又复杂的市场，目前其交易量已经远远超过证券交易所的交易量。

（6）按具体的交易对象划分，金融市场可分为：拆借市场、贴现市场、大额定期存单市场、证券市场（包括股票市场和债券市场）、外汇市场、黄金市场、保险市场等等。

（7）按金融产品的交割期限划分，金融市场可分为现货市场和期货市场。

现货市场，也称即期交易市场，是指交易协议达成后，必须在指定的交易日内（通常为 2 个交易日）办理付款交割，实现"钱货两清"。现货市场是目前金融市场上最为普遍的交易方式；其交易间隔时间较短，因此对于交易双方来说，风险较小。

期货市场，也称远期交易市场，是指交易协议达成后并不立即付款交割，而是按合约规定。在未来某一指定日期付款交割。交割时无论市场价格如何变化，都需要按照事先约定的价格进行。

（三）金融市场的基本构成要素

一般来说，一个完备的金融市场，需要包括以下 4 个基本的构成要素：

1. 资金供应者和资金需求者

主要包括政府、金融机构、企事业单位、居民个人或家庭等。作为金融市场的参与者和主体，他们既可以向金融市场提供资金，成为资金供应者；也可以从金融市场筹措资金，成为资金需求者；或者两种身份"兼而有之"。

2. 金融工具

金融工具亦称交易工具，是指在金融市场上交易的对象。如：各种债券、股票、票据、可转让存单、借款合同、抵押契约等，其是金融市场上实现投、融资活动必须依赖的工具。

3. 金融中介

金融中介是指在金融市场上充当资金供求双方的中间人或交易媒介，起着媒介和代客买卖作用的机构和个人。如：银行、投资公司、证券交易所、证券交易商、经纪人等。其基本作用是促进金融市场的资金融通，在资金供应者和需求者之间充当"桥梁"，满足不同投资者以及筹资者的需求。

4. 金融市场价格

通常表现为各种金融产品的价格，有时可以通过利率来表示。由于金融市场的价格与投资者的利益关系密切，因而备受关注。

二、金融市场的基本功能

作为金融资产交易的场所，金融市场能够对微观经济和宏观经济产生影响。因而，金融市场的功能也表现在以下两个方面：

（一）微观经济功能

金融市场的微观经济功能，是指金融市场对于微观经济及相关微观经济主体的影响，主要包括：

1. 资金聚敛功能

金融市场可以利用其能够吸引大量资金供应者和资金需求者的特殊地位，引导众多分散的小额资金汇聚起来，并使其成为可以投入社会再生产的巨额资金。

2. 价格发现功能

金融市场上，由于买卖双方的相互作用，决定了所交易的金融资产的价格，并使其确立在合理的水平上。

3. 避险功能

金融市场为市场参与者提供了不同类型的风险补偿机制，如：保险机构出售保险单；金融市场提供套期保值、组合投资的条件和机会等；从而达到风险对冲、风险转移、风险分散和风险规避的目的等。

4. 交易功能

借助金融市场的交易组织、交易规则和管理制度，金融工具能够比较便利地实现交易。金融市场为金融资产的变现提供了便利，流动性是金融市场效率和生命力体现。便利的金融资产交易和丰富的金融产品选择，降低了交易成本，促进了金融市场的发展。

（二）宏观经济功能

金融市场的宏观经济功能，是指金融市场对于整个宏观经济运行的影响，主要包括：

1. 资源配置功能

由于具有"逐利"特性，资金总是向着最有发展潜力、最能给投资者带来丰厚收益的部门与企业流动。金融市场的存在，为资金的合理、高效流动提供了场所。因此，金融市场具备实现资源配置的作用。与此同时，由于资金的流动及资金价格的波动，金融市场也带来了社会财富的再分配和金融风险的转移。

2. 宏观调节功能

金融市场是连接资金的投融资双方的重要渠道。由于其本身所具有的"市场调节能力"，会使得投、融资双方的相互选择更具有"市场性"，金融市场实际上对微观经济起到了资本形成与合理配置的作用,并对宏观经济产生了重要的间接调节作用。另外,由于金融市场所反映的微观经济运行信息、宏观经济政策执行情况等,是国家制定宏观经济政策、选择宏观调控方式与手段的重要依据;因而,金融市场的存在与发展,为政府间接宏观调控功能的实现创造了条件。

3. 反映功能

金融市场一般被视为国民经济的"晴雨表",是各国公认的国民经济运行情况的信号系统。人们既可以通过金融市场,看到上市公司以及相关企业、行业的发展状况与前景,也可以通过金融市场所反映的宏观经济运行、货币政策执行情况等来判断宏观经济状况,并对政府与金融监管部门提供政策制定的依据等。

【专栏 2-8】

我国金融市场的发展历史

我国的金融市场,最早可以追溯到汉初长安"子钱家"的记载。在历史典籍中,有关古代长安西市的记载,不仅描绘了多种形式的金融机构,而且还汇集了大量外国商人,富有浓厚的国际色彩。至清代,钱庄、银号、票号等金融机构已活跃于全国各商业城市。

近代,我国以新式银行为中心的金融市场形成较晚。第一次世界大战后,全国近半数的资金集中在上海。上海由此成为全国的金融中心:债券、股票和黄金市场相继在上海形成;上海的利率、汇率等金融行市成为全国各地金融行市变动的基准;上海证券交易所是全国最大的证券投资场所;上海的黄金交易在远东首屈一指,外汇交易量也有相当规模。

1949年新中国成立以后,我国停止了证券交易与黄金外汇的自由买卖,高度集中于中国人民银行一家的银行信用代替了所有信用形式和多种金融机构的格局,财政拨款代替了股票、债券的资金筹集方式。20世纪70年代末,改革开放政策的逐步推行,推动金融市场的重新建立成为我国经济发展与体制改革的重要组成部分。其中,商业票据市场起步于20世纪80年代初,1994年后中国人民银行大力推广使用商业汇票,票据市场开始较快发展。全国银行间拆借市场于1996年1月3日开始运行,全国银行间债券市场于1997年6月16日开始运行。1981年,国家开始发行国库券;1985年,银行开始在国内发行金融债券。1986年,企业债券、股票的转让市场,率先在沈阳、上海起步。1988年4月,国库券开始上市交易。上海证券交易所和深证证券交易所分别于1990年12月和1991年6月成立。1992年6月1日上海外汇调剂中心率先推出外汇期货,标志着我国开始发展金融衍生品。此后,我国金融衍生品市场先后出现了国债期货、外汇期货、股指期货及认股权证等交易品种。1994年,人民币汇率并轨,全国统一的外汇交易市场在上海成立并运行。2001年10月,上海黄金交易所成立。至此,我国的货币市场、资本市场、外汇市场、黄金市场、衍生品市场等主要金融市场全部形成。

三、金融工具的基本类型

金融工具,是指以标准化的合约文件出现在金融市场上、并被普遍接受的金融产品,是金融市场进行交易的载体。金融工具是法律契约，交易双方的权利和业务受法律保护。

早期的金融工具也称信用工具，是商业信用发展的产物，是证明债权债务关系并据以进行货币资金交易的合法凭证，是货币资金或金融资产借以转让的工具。随着银行信用和金融市场的发展，信用工具逐渐演变为金融市场上的交易工具。现代金融市场上的金融工具一般具有四个特点：法律性、流动性、收益性以及风险性。

根据不同的分类方法，金融工具被分为不同的种类：

1. 按金融工具的期限分类，可分为短期金融工具和长期金融工具

短期金融工具，是指偿还期限在1年或者1年以内的各种金融工具，如各种票据、短期国库券等。短期金融工具的交易价格波动小、变现能力强，风险相对较低、收益比较稳定。其一方面满足了资金需求者的短期资金需要，另一方面也为资金盈余者的暂时闲置资金提供了获取盈利的机会。同时，短期金融工具也为中央银行实施货币政策提供了操作手段。由于短期金融工具期限短，可随时变现，有较强的货币性，因而也有"准货币"之称。长期金融工具是指偿还期限在1年以上的金融工具，如长期债权、股票等。长期金融工具的特点与短期金融工具的特点正好相反。

2. 按融资形式分类，可分为直接金融工具和间接金融工具

直接金融工具，是指资金供求双方直接进行资金融通时所使用的金融工具，如股票、债券等。间接金融工具，是指资金供求双方通过银行等金融中介机构进行资金融通时所使用的金融工具，如银行存单等。

3. 按权利与义务分类，可分为债权类金融工具和所有权类金融工具

债权债务类金融工具，主要是指票据、债权等代表债权债务关系的书面凭证。所有权类金融工具，以股票为代表，是一种表明所有权关系的书面凭证，因而也被称为股权类金融工具。

4. 按是否与直接信用活动相关分类，可分为基本金融工具和衍生金融工具

基本金融工具，也称原生或基础金融工具，是指在实际信用活动中出具的能证明债权债务关系或所有权关系的合法凭证，如商业票据、债券等债权债务凭证和股票、基金等所有权凭证。衍生金融工具，是在原生金融工具基础上派生出来的、各种金融合约及其组合形式的总称，如金融期货、金融期权和金融互换等。

不同的金融工具具有不同的特点，可以分别满足资金供求双方在数量、期限、条件等不同方面的需要，在不同的市场上为不同的交易者服务。

第四节 金融监管

一、金融监管的含义与内容

（一）金融监管的含义

金融监管是金融监督与金融管理的总称，是指一个国家（地区）的中央银行或金融监督管理当局，依据国家法律法规的授权对金融业实行监督管理。其中，金融监督是指金融主管当局对金融机构实施全面的、经常性的检查和督促，并以此促使金融机构依法、稳健经营和健康发展。金融管理是指金融主管当局依法对金融机构及其经营活动实行领导、组织、协调和控制等一系列活动。

因此，金融监管有两个层面的含义。一个层面是狭义的金融监管，是指中央银行或其他金融监管当局依据国家法律规定对整个金融业（包括金融机构和金融业务）实施的监督管理。另一个层面是广义的金融监管，是除上述含义外，还包括金融机构的内部控制和稽核、同业自律性组织的监管、社会中介组织的监管等内容。

金融监管的对象是金融体系，主要包括金融中介机构和金融市场，具体可以分为对银行业、证券业、保险业以及相关市场的监管。金融监管的主体是金融监管机构，其作为公共利益的代表，运用国家所赋予的权利来监督整个金融体系的运行，从而维护信用活动在社会再生产中的良性循环，保持货币制度和经济秩序的稳定；防范金融风险尤其是国际金融风险的传播；促进本国金融业的适度竞争与健康发展；通过有关监管手段来弥补单纯的市场调节的不足，有利于中央银行贯彻执行有关货币政策。

（二）金融监管的基本内容

一般来说，金融监管的内容，主要包括以下3大部分：

1. 市场准入监管

市场准入监管，是指对金融机构进入市场有关环节的监管。包括：对金融机构的设立和变更事项进行审批、业务范围的界定、高级管理人员资格审查等方面。市场准入监管的目的是在金融机构审批环节上对整个金融体系实施有效的控制，从而保证各种金融机构的数量、种类、规模和分布符合国家经济金融发展规划和市场需要，并与监管当局的监管能力相适应。在市场准入环节上实行严格控制，不仅可以在事先将那些有可能对金融体系稳健运行造成危害的机构拒之门外，同时也可以保证金融业竞争的适度性。

2. 业务运营监管

业务运营监管，是指对金融机构业务运营及其相关活动的监督管理。主要包括：金融机构业务经营的合规性、资本充足性、流动性、资产质量、盈利能力、管理水平和内部控制等方面。业务运营监督的目的，是督促金融机构依法稳健运行。运营监管的方法主要是现场检查（现场稽核）和非现场检查。

3. 市场退出监管

市场退出监管，是指监管当局对经营管理存在严重问题或业务活动出现重大困难的金融机构采取的救助性或惩罚性强制措施。救助性措施主要包括接管促成其兼并或收购，而惩罚性的措施主要包括吊销营业执照和进行清算。退出监管的目的，在于及时采取有力措施、防止由于个别金融机构的问题危及整个金融体系的安全稳定。当金融机构出现自身无法通过金融市场解决的流动性困难等问题时，监管当局出于保持金融体系稳定的目的，可以通过协调和组织行业支持、提供中央银行贷款等进行紧急救助，但没有保证任何金融机构都不倒闭的义务。

二、金融监管存在的原因

金融监管是在金融业的发展过程中，伴随着金融波动与金融危机逐渐形成和发展起来的。由于金融体系是在经济体系中运行的，其必然会受到来自经济体系及其相关经济行为主体行为、金融体系内部等各种不稳定性的冲击，从而带来"金融体系的脆弱性"[①] 或市场失灵问题。金融体系的这种脆弱性，有时是无法通过市场来自动调节的，需要政府的干预或管制措施。形成这种情况的主要原因在于：

1. 金融业的财务杠杆作用

金融业的财务杠杆作用，也被称为金融业的负外部性效应。是指因金融机构的破产倒闭等而导致破坏经济增长的基础，并为社会经济发展带来危害。金融业自身的经营特点是：金融机构的资本利用率大大高于普通企业，其可以用较少的资本支撑起很大的资产运营，也即金融机构的财务杠杆较高。这种制度安排加大了金融机构所有者和经营者的冒险冲动，加之在经济运行中的独特地位，一国的金融体系一旦出现问题，会导致整个社会承受巨大的风险。金融业的这种负外部效应，是难以通过市场机制解决和消除的，只能通过政府的外部干预来实现。

2. 金融体系的公共产品特性

所谓公共产品是指能为绝大多数人共同消费或享用的产品或服务，是在消费或使用上具有非竞争性、受益上具有非排他性的产品。公共产品的存在，是市场失灵的一个重要原因，因为任何人都没有必要、也无法排斥他人对这种产品的消费，导致出现不付费的"搭便车"[②] 者。稳定、公平而有效的金融体系，可以被近似地看作是公共产品。其原因是：一方面，任何人都可以尽享这样一个金融体系提供的信心和便利；另一方面，任何人享受这种好处的同时，并不妨碍他人享受同样的好处。当利用金融产品的公共性而使得搭便车行为日益盛行时，投资者的决策就极易受到影响，潜在风险巨大。与此同时，在这样的环境中，也会有金融机构违背审慎经营原则，并最终可能导致集体的非理性后果，导致公共产品的供应不足。金融体系的这一特性，决定了其需要一个"无私"的主体，能对金融机构进行监督和限制，以维护金融体系的稳定。

3. 信息的不完备和不对称

金融体系中存在着大量信息不完备、不对称的情况，如：商业银行与存贷款者之间；承保机构与被保险人之间；证券投资者与发行者之间等。即使主观上愿意稳健经营的金融机构，也有可能因信息不对称问题而陷入困境。搜集和处理信息的高昂成本，会导致金融产品的交易成本增加，交易量萎缩，并造成金融资源的浪费。而信息产品同样具有公共产品的特性，因而，政府有责任采取措施减少金融体系中信息不完备和信息不对称，并以积极的态

---

① 金融体系的脆弱性，是指一个运行良好的金融中介体系会由于内部或外部的突然冲击而导致整个体系运行混乱、功能受损。

② 搭便车现象，是指一些人需要某种公共产品，但事先宣称自己并无需要，在别人付出代价取得后，他们就可不劳而获地享受成果。搭便车行为，会妨碍市场的自动调节过程。

度、通过适度的方法和手段等,对金融市场、金融机构等进行干预。

三、金融监管模式与体制

(一)金融监管模式

金融监管模式,也即金融监管方式,主要取决于监管对象的确定。一般来说,金融监管模式主要包括以下两种类型:

1. 机构监管

机构监管是指按照金融机构的类型划分监管对象的金融监管模式,也即:以金融机构的类型,比如银行、保险公司、证券公司等作为划分监管权限的依据。其优势在于:当金融机构从事多项业务时,易于评价金融机构产品系列的风险,尤其是在越来越多的风险因素如市场风险、利率风险、法律风险等被发现时,机构监管可以避免不必要的重复监管,从而在一定程度上提高了监管功效,降低了监管成本。

2. 功能监管

功能监管是指按照经营业务的性质划分监管对象的金融监管模式,如,将金融业务划分为银行业务、证券业务和保险业务。监管机构主要针对业务类型进行监管,而不管从事这些业务的金融机构的性质如何。功能监管的优势在于:监管的协调性较高,发现问题能够得到及时处理和解决;金融机构资产组合的总体风险容易判断;可以避免重复和交叉监管现象的出现,为金融机构创造公平竞争的市场环境。

从理论确立与实践开展过程来看,功能监管要晚于机构监管,但在监管方法上,两者实际上也并非是低级阶段与高级阶段的关系。也就是说,功能监管并非是机构监管的升级版或替代物。功能监管和机构监管各有其适用的、发挥作用的专长领域,各有其需要扮演主角的监管情境,体现为一种"和而不同、相辅相成"的关系。因此,很多国家的监管当局尝试将两者进行适当的协调和有机结合,这样可以使金融监管的内涵更加丰富、定位更加清晰,目标更加明确,手段更加灵活。

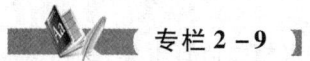
【专栏 2-9】

机构监管与功能监管

传统的金融监管模式是机构监管。随着金融机构业务的多元化,特别是金融集团的出现,单一的机构监管逐渐暴露出内在缺陷,突出表现在银行、证券公司、保险公司等金融机构往往提供功能相似的金融产品,而这些业务却受到来自不同监管机构、按照不同标准进行的监管,从而形成不合理的监管差别,进而导致市场竞争条件出现差别,不利于公平竞争,也在一定程度上造成了监管重叠和监管真空。功能监管就是在这种背景下应运而生的。1999年美国《金融服务现代化法》的通过,是功能监管方法得以正式确立的重要标志①。

2008 年全球金融危机后,不少国家对原有金融监管框架进行了程度不一的改革,改革

---

① 高国华,提升金融监管有效性 功能监管可堪大任 [J]. 金融时报,2012-2-23.

焦点一方面是强化宏观审慎监管，另一方面是强调以功能监管和行为监管为导向的监管协同性，"双峰"或"准双峰"的监管模式成为当前各国实践的主要形式。如，以单一监管模式著称于世的英国，在危机后决定对其金融监管模式进行"大手术"，撤销了单一监管机构——金融服务局（FSA），代之以英格兰银行抓总、审慎监管局（PRA）和金融行为监管局（FCA）并立的准"双峰"模式。新的监管模式虽然总体上是基于目标监管理论，但在具体制度特别是监管协调机制的设计上体现出浓厚的功能监管色彩。

基于机构监管和功能监管的要求，按照监管机构的组织体系划分，金融监管模式还可以细分为统一监管模式、分业监管模式和不完全的统一监管模式。

1. 统一监管模式

统一监管模式，也称单一监管模式，是指对于不同的金融机构、金融业务和金融行业，都由一个统一的监管机构负责监管，这个监管主体可以是中央银行，也可以是其他金融监管机构。英国曾是实施这种监管模式的典型代表。

统一监管模式的优势在于：一是具有成本优势，可以节约人力和技术投入，分享基础设施、行政管理、信息系统，获得规模效益。二是有利于改善监管环境，避免不同金融机构由不同监管者监管时，因监管水平和监管强度的不同而使其面临不同的监管制度约束；避免重复监管、减轻被监管者工作压力；在统一监管模式下，消费者利益受损时，解决问题的部门较为明确。三是责任明确，可以减少监管真空，减少有意或无意出现的推卸责任现象。四是有利于监管当局综合审视金融集团的经营风险及行为。当然，统一监管体制也有劣势，主要是缺乏监管竞争，对潜在问题反映迟缓，容易导致官僚主义。

2. 分头监管模式

分头监管模式，也称"分业监管"模式，的基本框架，是指将金融机构和金融市场划分为不同的领域，如将银行、证券、保险划分为3个领域，在每个领域分别设立一个专业的监管机构，负责包括审慎监管和业务监管等在内的全面监管。我国自2003年4月中国银监会成立至2018年3月建立"一委一行两会"监管之间的年份实行的是这种监管模式。实行的是这种金融监管体制。

分头监管模式的优势在于：①监管专业化。每个监管机构只负责相关监管事务，监管深入、细致。②有利于形成监管竞争优势，不同的监管机构之间尽管监管对象不同，但也有竞争压力，从而促进监管效率的提高。劣势主要在于：①监管机构之间的协调性差。由于不同监管机构之间的协调需耗费成本，容易产生监管真空。②产生重复监管。由于金融产品的同质性越来越强，各监管机构之间的监管范围会有交叉，重复监管不可避免，被监管机构的压力增大。

【专栏2-10】

我国金融监管模式的变化

新中国成立后的很长一段时间内，与高度集中的计划经济相适应，中国人民银行既是管理金融的国家机关，又是全面经营银行业务的国家银行。因而我国实行的是金融业的统一监管模式。

为了适应金融业分业经营、分业管理的需要，1992年10月、1998年11月，我国相继成立了证监会和保监会，分别对证券业和保险业实施监督管理，而由中国人民银行行使对银行业、信托业等的监督管理职责。2003年4月，我国设立了银监会，由其统一监管银行、金融资产管理公司、信托投资公司及其他存款类金融机构；中国人民银行不再履行对上述这些金融机构的监管职责，其主要职能转为制定和执行货币政策，维护金融稳定、提供金融服务。银监会的成立，标志着人民银行"集货币政策制定和银行监管于一身"时代的结束。中国人民银行与银监会、保监会、证监会，共同构成我国"一行三会"分业管理的金融监管格局。

随着市场经济的不断发展，我国金融结构变得日益复杂，新的金融机构合作模式或产品如银证合作、银行与基金合作、投资连接保险产品、互联网金融等不断涌现，混业经营是大势所趋。与此同时，金融业的国际化发展等变化，都对分业监管的有效性提出了严峻的挑战。

2017年7月14—15日召开的第五次全国金融工作会议提出：要坚持从国情出发推进金融监管体制改革，增强金融监管协调的权威性、有效性，强化金融监管的专业性、统一性、穿透性，所有金融业务都要纳入监管，及时有效地识别和化解风险[1]。2017年11月，我国正式设立国务院金融稳定发展委员会，同时要求强化人民银行宏观审慎管理和系统性风险防范职责，金融监管模式因此演变为"一委一行三会"。

根据2018年全国"两会"确定、同年3月21日正式印发的《深化党和国家机构改革方案》，2018年4月8日，在将原"银监会""保监会"职责整合基础上组建的中国银行保险监督管理委员会（简称"中国银保监会或银保监会"）正式挂牌。作为国务院直属事业单位，中国银保监会的主要职责包括：依照法律法规统一监督管理银行业和保险业，保护金融消费者合法权益，维护银行业和保险业合法、稳健运行，防范和化解金融风险，维护金融稳定等。由此，我国的金融监管框架转变为"一委一行两会"，形成了协调金融监管模式。

"一委一行两会"的金融监管模式，参考了英国等国的"双支柱+双峰监管"模式，但又具有中国特色。其有助于货币政策、宏观审慎政策、金融监管之间的协调，既可以避免出现"交叉区域""真空区域"的违规套利现象，也可防止交叉监管、监管过度，增强监管的效力，有助于守住不发生系统性金融风险的底线，维护国家金融安全[2]。

3. 不完全的统一监管模式

不完全的统一监管模式，是在金融业的混业经营背景下，对统一监管和分业监管的一种改进模式，具体又分为牵头监管模式、双峰监管模式、伞形监管模式等几种形式。

---

[1] 李国辉. 金融监管改革破题：国务院金融稳定发展委员会应运而生，http：//www.financialnews.com.cn/gc/sd/201707/t20170717_121059.html. 金融时报，2017-7-17.

[2]【重磅】一委一行两会格局将成 九张图读懂国务院组成部门调整，https：//www.sohu.com/a/225501744_100063586. 搜狐财经，2018-03-14.

(1) 牵头监管模式。

牵头监管模式,是分头监管模式的改进形式,是指为了避免出现一些业务处于监管真空或重叠的监管情况,利于主要的监管机构之间建立及时磋商协调机制以相互交换信息、防止监管机构之间的扯皮,在实行分业监管的同时,指定某一监管机构为主或作为牵头监管机构,负责协调工作。比较典型的国家是法国。

(2) "双峰式"监管模式。

这种监管模式一般设置两类监管结构,一类负责对所有金融机构进行审慎监管,控制金融体系的系统性风险;一类负责对不同金融业务监管,以达到"双重保险"的目的。澳大利亚、奥地利等国是这种模式的代表。

(3) "伞形监管+功能监管"模式。

该模式典型的表现形式是由美国联邦储备委员会建立的伞形监管体系,其对整个金融体系的系统性风险进行控制,另外由金融监管局(OCC)等银行监管机构、证券交易委员会(SEC)和州保险厅分别对银行、证券公司、保险公司分业监管,因而采取了综合监管与分业监管相结合的模式。

与统一监管模式相比,不完全的统一监管模式既保持了监管机构之间的竞争与制约关系,又能发挥各监管机构专业化监管的优势;与分头监管模式相比,由于协调机构的存在,这种模式降低了多重监管机构之间协调的成本和难度,提高了监管效率。因此,这种模式比前两者可能更具优势。

【专栏 2-11】

美国的伞形监管体系

在联邦体制、三权分立原则和保护公民基本权利的要求等因素的共同作用下,美国形成了独特的双轨银行制度(州一级和联邦一级)以及相对应的多层、多头的金融监管体制。其中,仅在联邦一级就有 7 个主要监管机构,职能虽有所交叉,但有各自的监管重点:①联邦储备体系。监管对象为所有的存款机构,负责审核所有作为储备系统成员的银行的账簿,核查准备金是否满足要求。②货币监理署。监管对象是在联邦注册的商业银行,负责这些银行的注册登记并检查其账簿,对其持有资产的范围作限制规定。③联邦存款保险公司。监管对象为商业银行、互助储蓄银行和储贷贷款协会,为投保银行的存款户 10 万元以下的存款提供保险,审核投保银行账簿并限制其持有资产的范围。④全国信用社管理局。监管对象为在联邦注册的信用社,负责它们的注册登记,检查其账簿,并对其持有资产的范围作限制规定。⑤储贷机构管理局。监管对象为储蓄贷款协会,主要职责是审核它们的账簿并限制其持有资产的范围。⑥证券交易委员会。其监管对象为有组织的交易所和金融市场,其职责是要求公开信息和限制内幕交易。⑦商品期货交易委员会。负责对期货市场的交易过程实行监管。

除此以外,美国还存在州一级的监管机构。如州银行和保险委员会,负责本州注册的银行和保险公司的登记注册、检查其账簿、对其持有资产的范围和分支机构的设置做出限制规定。另外,美国各州也设有证券监管的分支机构,负责监督本州的证券发行,并对本地的证券商实施监管。

(二) 金融监管体制

金融监管体制是指划分并明确金融监管职责和权利分配的方式和组织制度，是由一系列法律法规以及监管组织构成的体系。其是根据金融监管模式以及历史发展、政治经济体制、法律、民族文化传统等多种因素而逐渐形成的。因此，世界各国的金融监管体制存在着一定的差别。

按照不同标准，金融监管体制可以划分为不同的类型。如：按监管机构的设立划分，一类是由中央银行独家行使金融监管职责的单一监管体制，一类是中央银行和其他金融监管机构共同承担监管职责的多元监管体制。按照监管机构的监管范围划分，可以分为集中监管体制和分业监管体制。一般来说，实行单一监管和混业经营的国家采用集中监管体制，实行多元监管和分业经营的国家采用分业监管体制。当然这种划分也不是绝对的。

金融监管体制的形成和发展，既是一国金融体系发展的结果，也是保证一国金融体系健康发展的前提。所以，金融监管体制会随着金融体系的变迁而改变，从而适应金融体系的发展要求。

如，2008年源于美国次贷危机而波及全球的金融危机，充分暴露了发达经济体主要金融机构业务模式、发展战略等方面存在的根本性缺陷以及金融监管方面存在的漏洞。以美国为例，伞形监管模式曾是美国金融业发展繁荣的坚实根基。但是，随着金融的全球化发展和金融机构混业经营的不断推进，美国"双重多头"的监管体制暴露出了越来越多的问题，并使一些风险极高的金融衍生品成为监管的"漏网之鱼"。各部门、各产品的监管标准不统一，甚至是在危机发生以后监管部门才发觉。由于各种监管规则制定得越来越细，以至于在确保监管准确性的同时牺牲了监管的效率，对市场变化的反应速度越来越慢。此外，多头监管的存在，使得没有任何一个机构能够得到足够的法律授权来负责整个金融市场和金融体系的风险，最佳的监管时机往往因为会议和等待批准而稍纵即逝。所以，危机后的金融监管改革迫在眉睫。2010年7月，经过一年多的"立法长跑"，时任美国总统奥巴马签署了《多德—弗兰克华尔街改革和消费者保护法案》，确立了后危机时代美国金融监管改革的框架和原则，也宣告了伞形监管模式的终结。

专栏 2-12

2008年危机后国际金融监管改革的主要内容[①]

为有效应对全球金融危机揭示出的金融体系脆弱性，本轮金融监管改革涵盖了微观、中观和宏观3个层面，这3个层面的改革既各有侧重，针对性地解决不同性质的问题，又具有逻辑一致性，相互支持和有机结合。

1. 微观金融机构层面的监管改革。其目的是提升单家金融机构的稳健性，强化金融体系稳定的微观基础。微观层面的改革包括：提升金融机构的风险管理能力；全面改革资本充

---

① 银监会.危机以来国际金融监管改革综述 [EB/OL].银监会网站：http://www.cbrc.gov.cn/chinese/home/docView/20110212C7259072B5D8DE70FF32002EE4851000.html.

足率监管制度，大幅度提升银行体系吸收损失的能力；引入杠杆率监管，约束银行体系的杠杆效应，缓解去杠杆化的负面影响；建立量化的流动性监管标准，增强单家银行应对短期流动性冲击的能力，降低资产负债期限错配程度；改革金融机构公司治理监管规则，引导金融机构建立集团层面的风险治理架构，推动金融机构实施稳健的薪酬机制，确保薪酬发放的数量、期限与所承担的风险暴露及风险存续期更加一致；提高金融机构的透明度要求，增强市场约束等。

2. 中观金融市场层面的监管改革。目的是强化金融市场基础设施建设，修正金融市场失灵。中观层面的改革措施包括：改革国家会计准则，建立单一的、高质量的会计制度；扩大金融监管范围，将不受监管约束或仅受有限约束的准金融机构（"影子银行体系"），如对冲基金、私人资金池、按揭贷款公司、结构化投资实体、货币市场基金等纳入金融监管框架；加强外部评级机构监管，减少利益冲突，降低金融监管以及金融机构对外部评级的依赖程度；改革场外衍生品市场，推动场外交易合约标准化，鼓励通过中央交易对手进行交易；提高不同金融部门监管标准的一致性，缩小不同金融市场之间监管套利的空间；改革金融交易的支付清算体系，降低风险传染性。

3. 宏观金融系统层面的监管改革。目的是将系统性风险纳入金融监管框架，建立宏观审慎监管制度。宏观层面的改革措施包括：建立与宏观经济金融环境和经济周期挂钩的监管制度安排，弱化金融体系与实体经济之间的正反馈效应；加强对系统重要性金融机构的监管，包括实施更严格的资本和流动性监管标准，提高监管强度和有效性，建立"自我救助"机制，降低"大而不倒"导致的道德风险；对具有全球系统重要性影响的金融机构，还应加强监管当局之间的信息共享和联合行动，建立跨境危机处置安排，降低风险的跨境传递。

本章小结

金融体系是一个经济体中资金流动的基本框架，是由保证资金流动的市场参与者、金融工具、中介机构以及交易市场等各种金融要素构成的综合体。通过各种金融要素的共同作用，资金从盈余者（支出小于收入者）手中流入到短缺者（支出大于收入者）手中，完成整个社会资金的运作过程。

现代金融体系有5个基本的构成要素：由货币制度所规范的货币流通、金融机构、金融市场、金融工具以及制度和调控机制。具备六个最基本的功能：资源转移和配置功能、风险管理功能、清算和支付结算功能、储备资源和分割股份功能、价格信息提供功能以及解决信息不对称的功能。

世界各国的金融体系存在两种基本类型：一是以英美为代表的"市场主导型"的金融体系；二是以法、德、日为代表的"银行主导型"金融体系。市场主导型金融体系，是指以直接融资市场为主导的金融体系，政府是保证金融体系健康运作的基本要素。这种金融体系中，资本市场比较发达，企业融资特别是长期融资以资本市场为主，银行更专注于提供短期融资和结算服务。银行主导型金融体系，是指以银行间接融资方式配置金融资源为基础的金融体系。这种金融体系中，银行体系比较发达，企业外部资金来源主要通过间接融资，银行在动员储蓄、配置资金、监督公司管理者的投资决策以及提供风险管理手段等方面发挥着主要作用。两种金融体系各具特点。

世界各国金融体系的运作模式主要有两种形式：分业经营与混业经营。简单说，分业经营，是指对金融机构的业务范围进行某种程度的分离管理；混业经营（也称"综合经营"），是指允许各类金融机构的业务范围进行交叉。目前，关于分业经营和混业经营制度优劣方面的理论比较并没有达成共识，各国相关的法律以及制度安排也各不相同。从世界各主要发达国家金融业的变迁历史可以看到，除了德国、瑞士、奥地利等少数国家一直坚持混业经营以外，大多数国家呈现出：混业经营—分业经营—混业经营"螺旋式上升"的变化轨迹。

一般来说，在资金的融通过程中，在资金供求者之间起媒介或桥梁作用的组织，被统称为金融中介。本章所指金融中介，专指从事金融业务的各类金融中介机构，简称金融机构。金融中介机构的基本功能包括：支付结算服务，资金融通服务，交易成本管理，风险转移与管理，改善信息的不对称。

对于金融机构的类型划分，有不同的方式。我国目前对于金融机构的分类，依据中国人民银行于 2010 年 5 月发布的《金融机构编码规范》进行。各国主要的金融机构包括：中央银行，商业银行，专业银行，信用合作社，保险公司，财务公司，信托投资公司，投资银行，证券机构，金融租赁公司，金融资产管理公司，专业投资机构或融资公司，信用服务机构等。此外，还有一些国际金融机构，主要包括：国际货币基金组织（IMF）、国际复兴开发银行（世界银行）、国际开发协会、国际金融公司以及区域性的国际金融机构，如：亚洲开发银行、非洲开发银行、泛美开发银行、亚洲基础设施投资银行等。

金融市场是实现货币借贷和资金融通、办理各种票据和有价证券交易活动的市场。金融市场包括多种类型。一个完备的金融市场需要具备四个基本的构成要素：资金供应者和资金需求者，金融工具，金融中介，金融市场价格。

金融市场具有微观经济功能和宏观功能。其中，微观经济功能是指金融市场对于微观经济及相关微观经济主体的影响，主要包括：资金聚敛功能，价格发现功能，交易功能。宏观经济功能，是指金融市场对于整个宏观经济运行的影响，主要包括：资源配置功能，宏观调节功能，反映功能。

金融工具，是指以标准化的合约文件出现在金融市场上、并被普遍接受的金融产品，是金融市场进行交易的载体。金融工具是法律契约，交易双方的权利和业务受法律保护。金融工具的类型众多，划分标准不同。

金融监管是金融监督与金融管理的总称，是指一个国家（地区）的中央银行或金融监督管理当局，依据国家法律法规的授权对金融业实行监督管理。金融监管的对象是金融体系，监管主体是金融监管机构。金融监管主要内容包括：市场准入监管，业务运营监管，市场退出监管。

金融监管是在金融业的发展过程中，伴随着金融波动与金融危机逐渐形成和发展起来的。金融体系的脆弱性和市场失灵，需要政府实行干预或管制。

金融监管模式，主要取决于监管对象的确定。主要包括机构监管和功能监管两种类型；具体可以细分为统一监管模式、分业监管模式和不完全的统一监管模式等。各种模式各具特点。

金融监管体制是指划分并明确金融监管职责和权利分配的方式和组织制度，是由一系列法律法规以及监管组织构成的体系。是根据金融监管模式以及历史发展、政治经济体制、法律、民族文化传统等多种因素而逐渐形成的。因此，世界各国的金融监管体制存在着一定的差别。与此同时，金融监管体制会随着金融体系的变迁而改变，以适应金融体系的发展要求。

关键术语

金融体系	直接融资	间接融资	信息不对称
市场主导型金融体系	银行主导型	金融体系	金融中介
分业经营	混业经营	存款货币银行	储蓄银行
政策性银行	信用合作社	保险公司	财务公司
信托投资公司	证券机构	金融租赁公司	金融资产管理公司
信用服务机构	IMF	国际清算银行	世界银行
亚洲开发银行	亚洲基础设施投资银行	金融市场	资本市场
货币市场	一级市场	二级市场	场内市场
场外市场	现货市场	期货市场	金融工具
金融监管	机构监管	功能监管	统一监管模式
分头监管模式	牵头监管模式	"双峰式"监管模式	伞形监管
金融监管体制			

复习思考题

1. 金融体系的构成要素有哪些？
2. 金融体系具有哪些功能？你认为在经济社会中，金融体系如何促进了经济的繁荣？
3. 市场主导型金融体系与银行主导型金融体系有什么区别？
4. 你如何看待金融业分业经营与混业经营的变化？
5. 金融中介机构的作用是什么？
6. 金融中介机构是如何划分类型的？
7. 试述我国金融机构的基本构成。
8. 主要的国际金融机构有哪些？请简要归纳其主要业务。
9. 简述金融市场的分类？
10. 简述金融市场的基本构成要素。
11. 简述金融工具的分类。
12. 什么是金融监管？金融监管的基本内容是什么？
13. 试述金融监管的产生原因。

14. 试述金融监管模式的基本类型。

主要参考文献

1. 黄达. 金融学（第2版）[M]. 北京：中国人民大学出版社，2009.
2. 博迪，莫顿. 金融学 [M]. 北京：中国人民大学出版社，2010.
3. 米什金. 货币金融学（第9版）[M]. 北京：中国人民大学出版社，2011.
4. 米什金. 货币金融学（原书第2版）（美国商学院版）[M]. 北京：机械工业出版社，2011.
5. 富兰克林·艾伦，道格拉斯·盖尔. 比较金融系统 [M]. 北京：中国人民大学出版社，2002.
6. 张亦春，郑振龙，林海. 金融市场学（第3版）[M]. 北京：高等教育出版社，2008.
7. 丁志国. 金融学 [M]. 北京：机械工业出版社，2011.
8. 刘应森，马郧. 金融学 [M]. 北京：经济管理出版社，2012.
9. 李健. 金融学 [M]. 北京：高等教育出版社，2011.
10. 王广谦. 金融中介学（第2版）[M]. 北京：高等教育出版社，2011.
11. 尹洪霞，刘振海. 中央银行与金融监管 [M]. 北京：中国金融出版社，2005.
12. 张传良. 金融监管理论与实务 [M]. 厦门：厦门大学出版社，2008.
13. 黄绥彪. 金融学 [M]. 南宁：广西人民出版社，2008.

第三章 中央银行与货币政策

【学习目标】

本章介绍中央银行的产生发展，类型、基本职能与业务，中央银行的货币政策等。通过学习：

1. 理解中央银行的含义、性质、职能及其作用。
2. 了解中央银行的产生、发展与类型。
3. 熟悉中央银行的资产负债表，理解中央银行的基本业务类型。
4. 了解中央银行货币政策的内容及其目标选择，掌握货币政策的传导机制等。

中央银行制度是现代经济生活中必不可少、极为重要的经济管理制度。除极少数国家外，当今世界各国几乎都实行了中央银行制度。虽然名称各异，如：有的中央银行前面冠以国名，如德意志银行、日本银行、中国人民银行；有的中央银行被称为储备银行，如，美国的中央银行称为美国联邦储备体系等；但各国的中央银行均处于一个国家金融体系的核心地位，对整个国民经济发挥着重要的宏观调控作用。本章将主要介绍中央银行的基本含义、性质、职能以及基本业务等，明确中央银行在国家宏观调控中的作用。

第一节 中央银行的含义和作用

一、中央银行的含义与性质

中央银行，是专门制定和实施货币政策、管理金融活动并代表国家政府协调对外金融关系的金融管理机构。一般来说，中央银行是由政府组建的，由国家赋予其制定和实施货币政策、对国民经济进行宏观调控、对金融机构进行金融监管以及为政府筹资、代表政府参加各种国际金融活动等职责。

从业务活动特点和发挥的作用看，中央银行是为普通金融机构和政府提供金融服务的特殊金融机构，是政府的宏观管理部门。中央银行不是企业，不以盈利为目的，其处于一个国家金融业的主导或领导地位，是最高的金融管理机构。一般来说，中央银行的性质，主要表现为以下几个方面：

1. 中央银行是特殊的政府机构

中央银行的职责是由国家给予的，是政府机构，需要按照国家宏观经济发展的目标和要求，通过包括货币政策工具等的运用，干预和调节经济活动，是国家干预宏观经济的重要机构之一。因此，中央银行具有一定的特殊性，主要表现在：

（1）业务性质的特殊性。

作为银行，中央银行的业务具有更多的银行业务的特征。其服务对象是政府、各类银行及其他非银行金融机构，通过办理存、贷款业务、清算业务、货币发行业务、公开市场业务等方式，调节市场的货币供应量。

（2）业务手段的特殊性。

中央银行主要通过运用其所掌握的货币政策工具、透过各项金融业务来实现对宏观经济的有效调控，运用的是经济手段而非行政手段。

（3）与政府关系的特殊性。

中央银行与政府的关系是一种相对独立的关系。按照各国有关法律的规定，中央银行可以根据一国的客观经济发展状况与需要，独立制定和执行货币政策，政府不得干预。

2. 中央银行是特殊的金融机构

虽然中央银行的业务活动具有银行业务的特点，可以办理相应的"存、贷、汇"等业务。但是，中央银行的业务活动又与普通的金融机构不同，主要表现为：

①中央银行是代表国家，负责宏观调控和对其他金融机构进行监督管理的国家金融管理机构。其业务活动对象不是一般的工商企业客户和居民个人，而是各类金融机构和政府。

②国家赋予中央银行一系列特殊的业务权力，如垄断货币发行、管理货币流通等等，使其成为整个金融体系的核心。中央银行的业务目的是实现宏观调控目标，而非盈利。这使得中央银行具有调节甚至监管各个金融机构业务活动的特殊使命，在整个金融体系中处于超然的地位。

③中央银行资产负债规模和结构的变化，可以直接影响社会资金的供求状况，进而影响金融市场、货币供求以及社会总需求的变化。

二、中央银行的职能

随着中央银行制度的不断发展，中央银行职能不断地完善，内容也更加丰富。目前，关于中央银行职能的解释多种多样。如，有人认为中央银行职能包括：政策职能、银行职能、监督职能、开发职能以及研究职能等。但是无论如何分析，中央银行是"发行的银行""银行的银行"和"政府的银行"，仍然是对中央银行职能最基本、最典型的概括。

（一）"发行的银行"

"发行的银行"，是指国家赋予中央银行集中和垄断发行货币的特权。中央银行是国家唯一的货币发行机构，负责向社会提供经济活动所需要的货币，并保证货币流通的正常运行、维持币值稳定。

货币发行是中央银行最基本、最重要的标志，是中央银行发挥其全部职能的基础。因为货币发行是中央银行的重要资金来源，为中央银行调节金融活动和全社会的货币、信用总量、促进经济增长提供了资金力量。因此，这一职能也成为中央银行实施金融宏观调控的必要条件。

（二）"银行的银行"

"银行的银行"，是指中央银行的业务对象不是一般企业和个人，而是商业银行、其他金融机构以及特定的政府部门。中央银行既为其提供支持和服务，也根据国家有关政策、法律等对其进行管理。

作为"银行的银行"，中央银行主要负责：①集中并管理存款准备金。根据法律规定，商业银行及其他有关金融机构需向中央银行存入一定比例的存款准备金，以保证存款机构的清偿能力，并有利于中央银行调节信用规模和控制货币供应量。②作为最终贷款人。在经济或金融发生危机时，作为商业银行或其他金融机构的坚强后盾，为其提供资金融通责任，保证存款人和银行营运的安全，防止因恐慌而引起的货币存量的收缩甚至更大的经济、金融危机。③组织、参与和管理全国的清算业务，通过各金融机构在中央银行开设的存款账户进行资金的转移、划拨，实现结算过程的经济便利。④监督管理金融业。

（三）"政府的银行"

"政府的银行"，也可称为"国家的银行"，是指中央银行代表国家政府制定、执行财政金融政策，代理国库收支以及为国家提供各种金融服务。

作为"政府的银行"，中央银行主要负责：①代理国库。国家财政收支一般交给中央银行代理，而不另设其他机构。②代理国家债券的发行。目前，世界各国政府均利用国家债券的发行来弥补开支的不足。大部分国家的中央银行，通常会代理国家发行债券以及债券到期时的还本付息事宜。③对国家财政给予信贷支持。由于是"政府的银行"，因此在国家财政出现收支不平衡时，中央银行负有为政府提供信贷支持的责任。④保管外汇和黄金储备。中央银行通过对国家保管和管理黄金外汇储备，根据国内外形势，适时、适量进行外汇或黄金买卖等，可以起到稳定币值和汇率，调节国际收支平衡的作用。⑤制定和实施货币政策。世界各国一般都通过法律形式赋予中央银行制定和实施货币政策的职责。⑥制定并监督执行有关金融管理法规。在法律赋予的权限内，中央银行自身或与其他金融监管机构一起，对商业银行等金融机构进行监督管理。

另外，作为"政府的银行"，中央银行还会代表国家参加国际金融组织，出席各种国际性会议，从事国际金融活动以及代表政府签订国际金融协定等。在国内外经济金融活动中，充当政府的顾问，收集经济、金融情报以及提供决策建议等。

三、中央银行的地位

中央银行是现代经济体系中最核心、最主要的部门之一，其在社会经济活动中具有重要地位。具体表现为：

1. 中央银行是社会经济体系和金融体系中唯一发行货币的机构

在目前不兑现的信用货币流通条件下，中央银行垄断货币发行，成为全社会货币供应的源头。这不仅为社会经济体系的稳定运行提供了保障,也为社会经济发展提供了推动力。

2. 中央银行是整个金融体系的核心

在金融体系中,除独揽货币发行权外,中央银行还运用各种货币政策工具、通过相应的传导机制影响着商业银行及其他金融机构的存贷款规模、结构及效应,调节商业银行的信贷供给能力。通过运用利率等杠杆,调节金融市场的资金供求,发挥着金融宏观调控的核心作用。

3. 中央银行是国家最主要的宏观调控部门

中央银行可以运用各种手段,调节市场货币供应量和社会信用规模,影响国家其他经济部门的政策选择和运行,从而实现宏观调控目的。

4. 中央银行是现代社会经济、金融活动和信息资源的核心

中央银行可通过其特有方式,动态提供全社会的资金供给信息、资金流动性信息、货币流通量、市场资金供求信息等,为政府决策、宏观调控和经济运行提供参考。

5. 中央银行是国家对外联系的特殊纽带

伴随经济全球化的发展,全球货币供给、国际金融市场的运行、国际金融组织的政策、金融危机的预警及防范等,都是中央银行的工作内容。而协调国际关系、参与国际金融事务、推动国际金融合作,也是中央银行义不容辞的责任。

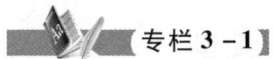

【专栏 3-1】

中国人民银行的职责①

1. 拟订金融业改革和发展战略规划,承担综合研究并协调解决金融运行中的重大问题、促进金融业协调健康发展的责任,参与评估重大金融并购活动对国家金融安全的影响并提出政策建议,促进金融业有序开放。

2. 起草有关法律和行政法规草案,完善有关金融机构运行规则,发布与履行职责有关的命令和规章。

3. 依法制定和执行货币政策;制定和实施宏观信贷指导政策。

4. 完善金融宏观调控体系,负责防范、化解系统性金融风险,维护国家金融稳定与安全。

5. 负责制定和实施人民币汇率政策,不断完善汇率形成机制,维护国际收支平衡,实施外汇管理,负责对国际金融市场的跟踪监测和风险预警,监测和管理跨境资本流动,持有、管理和经营国家外汇储备和黄金储备。

6. 监督管理银行间同业拆借市场、银行间债券市场、银行间票据市场、银行间外汇市场和黄金市场及上述市场的有关衍生产品交易。

7. 负责会同金融监管部门制定金融控股公司的监管规则和交叉性金融业务的标准、规范,负责金融控股公司和交叉性金融工具的监测。

---

① 中国人民银行网站:http://www.pbc.gov.cn/rmyh/105226/105436/index.html。

8. 承担最后贷款人的责任，负责对因化解金融风险而使用中央银行资金机构的行为进行检查监督。

9. 制定和组织实施金融业综合统计制度，负责数据汇总和宏观经济分析与预测，统一编制全国金融统计数据、报表，并按国家有关规定予以公布。

10. 组织制定金融业信息化发展规划，负责金融标准化的组织管理协调工作，指导金融业信息安全工作。

11. 发行人民币，管理人民币流通。

12. 制定全国支付体系发展规划，统筹协调全国支付体系建设，会同有关部门制定支付结算规则，负责全国支付、清算系统的正常运行。

13. 经理国库。

14. 承担全国反洗钱工作的组织协调和监督管理的责任，负责涉嫌洗钱及恐怖活动的资金监测。

15. 管理征信业，推动建立社会信用体系。

16. 从事与中国人民银行业务有关的国际金融活动。

17. 按照有关规定从事金融业务活动。

18. 承办国务院交办的其他事项。

第二节　中央银行的产生、发展与基本类型

一、中央银行的形成与发展

中央银行的历史起源可以追溯到17世纪中后期，其发展经历了一个漫长的过程。

中央银行的产生，主要通过两条渠道：一是由信誉好、实力强的大银行逐步发展演变而成。根据客观需要，由政府不断赋予这家银行某些特权，从而使这家银行逐步具有了中央银行的某些性质并最终发展成为中央银行。二是由政府出面直接组建中央银行。当国家通过法律或特殊规定对某家银行或新建的一家银行赋予某些特权，并要求其他所有银行和金融机构以及整个经济、社会体系接受该银行的这些特权时，中央银行制度便形成了，享有特权授权并承担特定责任的银行便成为中央银行。

从世界范围看，中央银行制度的发展经历了初步建立、普及推广和强化完善3个阶段：

（一）中央银行制度的初步建立（17世纪中后期到20世纪初）

在中央银行制度的初建阶段，世界上约有29家中央银行相继成立，具体如表3-1所示。

历史上，设立时间最早的中央银行是1656年成立的瑞典银行。但是，无论是从法律赋予中央银行货币发行权的时间，还是从履行中央银行的全部职能角度，英格兰银行则被公认为是中央银行最早的开端。

这一时期的中央银行带有明显的早期特征，突出表现为：①都是由商业银行逐渐演变而

表 3-1　　　　　　　　　　部分国家建立中央银行的时间

欧洲 19 家			
瑞典银行	1656 年	比利时银行	1835 年
英格兰银行	1694 年	希腊银行	1840 年
法兰西银行	1800 年	意大利银行	1859 年
芬兰银行	1809 年	俄罗斯银行	1860 年
荷兰国家银行	1814 年	德意志帝国银行	1875 年
挪威银行	1817 年	保加利亚国家银行	1879 年
奥地利国家银行	1817 年	罗马尼亚国家银行	1883 年
丹麦国家银行	1818 年	塞尔维亚国家银行	1883 年
葡萄牙银行	1821 年	瑞士国家银行	1905 年
西班牙银行	1828 年		
美洲 5 家			
美国第一银行	1791 年	玻利维亚银行	1911 年
美国第二银行	1861 年	美国联邦储备体系	1913 年
乌拉圭银行	1896 年		
亚洲 4 家			
爪哇银行	1828 年	户部银行（大清）	1905 年
日本银行	1882 年	朝鲜银行	1913 年
非洲 1 家			
埃及国家银行	1898 年		

来。如瑞典银行、英格兰银行等。之所以能逐渐演变为中央银行，是因为其具有较强的资本实力、较好的银行信誉，且与政府有着较为密切的关系。②都是私人股份银行或私人与政府合股的银行。③都经过了货币发行权的逐步垄断过程。④都通过为商业银行提供贷款服务的职能而演变成为中央银行。

（二）中央银行制度的普及推广（20 世纪初到 20 世纪 40 年代）

第一次世界大战爆发后，由于金本位制中断，各国中央银行纷纷停止或限制兑换黄金，禁止黄金出口。与此同时，为了应付战时财政需要，各国中央银行开始大量发行货币，由此引发了通货膨胀。为应付通货膨胀、稳定币值，第一次世界大战结束后的 1920 年，在布鲁塞尔召开的第一次国际金融会议上，与会国一致认为"凡未设立中央银行的国家应尽快建立中央银行，实行稳定的金融政策"。据不完全统计，到第二次世界大战结束前夕，世界各国改组或新设的中央银行有 40 多家。

（三）中央银行制度的强化时期（20 世纪 40 年代至今）

第二次世界大战之后，世界各国基本上都建立了中央银行，中央银行在经济发展中的作用也大大加强，其存在与否也被看作是一个国家是否独立的象征。这一阶段大致具有如下特点：

1. 中央银行的国有化

第二次世界大战后,一些已经建立中央银行的国家逐渐实行国有化政策,将中央银行的全部资本收归国家所有。即使是一些继续私有或公私混合所有的中央银行,也通过各种法令限制私人股东的权限。

2. 中央银行逐渐成为国家调控国民经济的工具

第二次世界大战后,特别是凯恩斯主义兴起后,人们对市场机制、自由竞争等的看法有了很大改变,国家干预、调节经济的职能不断加强。由于中央银行垄断了货币发行权,"最后贷款人"的职能,使其成为向商业银行和其他金融机构提供金融支持以及调节货币供应量的手段。而中央银行独立性的增强,也为其调节宏观经济创造了条件。

3. 货币政策由单一运用向综合运用转化

根据经济发展的需要制定和执行货币政策,是中央银行的重要职能。这一时期,中央银行更加注重各种货币政策工具的搭配使用。与此同时,伴随着国家干预的增强和信用制度的变化,又产生了一些其他类型货币政策,如:选择性货币政策工具、直接信用控制工具等。货币政策的最终目标也由单纯的一个、两个发展到四个,也即:物价稳定、经济增长、充分就业、国际收支平衡。货币政策的运作因而更加综合化。

【专栏 3-2】

英格兰银行

英格兰银行(Bank of England),1694 年根据英王特许成立。成立之初,英格兰银行向社会募集股本 120 万镑,是按照股份制方式组建的私人银行。英格兰银行是世界上建立最早的私人股份银行,在企业制度的发展史上占据极其重要的地位。

英格兰银行也是世界上最早形成的中央银行之一,被公认为是现代中央银行体制的鼻祖。1694 年成立之初,英格兰银行就取得了不超过资本总额的钞票发行权,主要目的是为政府垫款。1833 年,英格兰银行取得钞票无限法偿的资格,这是其成为中央银行的关键性一步。1844 年,英国国会通过了《银行特许条例》(也称《皮尔条例》),给予英格兰银行更大的特权:增加了没有金银准备作保证的银行券发行限额,限制或减少了其他银行的银行券发行量。此后,英格兰银行逐渐垄断了全国的货币发行权;1928 年,成为英国唯一的发行银行。与此同时,凭其日益提高的地位,英格兰银行还承担了商业银行之间债权债务关系的划拨冲销、票据交换的最后清偿等业务,在经济繁荣之时接受商业银行的票据再贴现,在经济危机的打击中充当银行的"最后贷款人",因而获得了商业银行的信任,并最终确立了"银行的银行"的地位。另外,随着伦敦成为世界金融中心,英格兰银行逐渐形成了有伸缩性的再贴现政策和公开市场活动;1933 年 7 月,设立"外汇平准账户"代理国库。这些都使得英格兰银行成为近代中央银行理论形成以及业务实施的基础或样板。

1946 年之后,英格兰银行被收归国有。性质仍为中央银行,隶属财政部,掌握国库、贴现公司、银行等账户,承担政府债务的管理工作,主要任务仍然是按政府要求决定国家的金融政策。目前,英格兰银行总行设于伦敦,其职能机构分为政策和市场、金融结构和监督、业务和服务3个部分，共设15个局（部）。同时，还在伯明翰等地设有8个分行。

二、中央银行产生的历史背景与基础

如前所述，中央银行是随着经济、金融的发展而逐渐形成和发展起来的。其产生有特殊的历史背景和客观经济基础。

（一）历史背景

1. 社会生产力和商品经济的迅猛发展

从12世纪开始逐渐兴盛的"生产力革命"，冲破了宗教神学统治的"中世纪黑暗"，动摇了欧洲封建社会的基础。13—14世纪，商品经济得到初步发展；15~16世纪，欧洲资本主义制度初步形成，从而促进了社会生产加速向商品生产转化，一些手工业开始脱离农业成为新的独立的部门。17世纪下半叶到19世纪上半叶，工业革命的兴起和发展，极大地促进了西方资本主义国家社会生产力的发展，致使社会生产方式和经济关系发生了深刻的变化，并以前所未有的速度进入了迈向现代化社会的快车道。在此历史背景下，中央银行开始产生并发展起来。

2. 商业银行的普遍设立

商品经济的快速发展，为包括商业银行在内的银行业发展提供了难得的机遇。由于传统的货币兑换商及高利贷不能满足规模不断扩大、数量不断增多的工商企业对资金的巨额需要，要求出现实力更为强大的金融机构为工商企业的发展提供信贷支持。14世纪末期，以"银行"命名的信用机构开始出现在欧洲。15—16世纪，银行的设立和发展出现了一次高潮。17—18世纪，欧洲资本主义制度确立，社会生产力进入飞速发展时期。这个时期的银行：发行银行券，为工商企业开立账户、办理转账结算，为新兴行业融资并提供有关服务等，银行开始真正具备了现代银行的特征。此后，大批银行相继涌现。银行的普遍设立，极大地促进了资本主义生产方式的确立和商品经济的发展，成为建立中央银行的重要历史背景。

3. 货币关系与信用关系的广泛发展

商品经济的迅猛发展以及银行的普遍设立，促进了整个社会的货币信用关系广泛深入的发展，导致以货币关系为特征的银行信用逐步替代商业信用成为了信用的主要形式，并为社会化大生产和商品经济的蓬勃发展奠定了基础，同时也促进了货币、信用与经济的日益融合，从而促进了中央银行的建立和发展。

4. 经济发展过程中的矛盾日益凸显

如上所述，17世纪末、18世纪初，信用制度和银行体系已成为商品经济运行体系中不可或缺的一部分，但是当时的信用制度特别是银行信用体系还比较脆弱，银行的设立、业务的创新以及信用规模的扩展等，都缺乏稳定而有效的制度保证，因而造成了银行体系的不稳定。另外，在银行业迅速发展的同时，新的矛盾和问题也在不断累积，各自独立、缺乏统一的银行体系也遇到挑战。主要表现为：①银行券的发行问题。由于发行银行券的银行经营规模和信誉优劣各异，被社会认可的程度不同。如，一些小型银行发行的银行券得不到社会普遍的认可，流通范围有限，从而限制了商品流通和商品经济的发展。②票据交换和清算问题。银行支付中介职能的确立，使得现金结算日益被以票据为载体的转账结算所取代，使得银行之间的债权债务关系日益复杂。从而不仅使规模有限的商业银行难以应付，降低了清算速度，加大了交易成本，而且还限制了可清算的债权债务关系的范围，影响了实体经济的发展。③缺少统一规则的竞争，容易使金融秩序陷入混乱；而银行的破产和倒闭，也使信用体系和经济运行不断受到冲击。因此，尽快建立一种稳定的信用制度和银行体系，成为当时社会经济发展迫切需要解决的问题之一。中央银行在这种背景下应运而生。

（二）中央银行产生的经济基础

具体表现为以下几个方面：

1. 政府融资的客观需要

在资本主义制度确立的过程中，政府职能得到加强。如，为了弥补财政赤字，政府需要经常从银行获得资金支持。因而，客观上需要有一个机构能够对政府的收支、资金往来和融资进行专门管理。

2. 统一银行券发行与流通的要求

要解决上述多家银行分散发行银行券所带了的诸多问题，客观上需要有资金实力雄厚、具有权威的银行来统一发行。因此，国家就以法令形式限制或取消一般银行发行银行券的权力，而将发行权集中于几家并最终集中到一家大银行，从而形成了垄断货币发行权的中央银行。

3. 统一国内票据交换和清算的要求

从银行间资金往来的清算看，早期金融活动十分迫切地需要一个统一的清算系统来处理银行间的票据交换与异地往来清算。在中央银行产生之前，有些国家由银行业的同业公会组织票据交换所，也有些国家由私人银行机构成立票据交换机构，但这些票据交换机构往往权威性与统一性不够，不能进行统一的票据交换与清算。具有权威性、公正性和全国统一性地位的清算系统只能由中央银行来担当。

4. 规范市场秩序、建立金融业监管体系的要求

随着商品货币经济关系的发展，银行和金融业在整个社会经济关系中的地位和作用日益突出，金融运行的稳定成为经济稳定发展的重要条件。为了保证银行业和金融业的公平有序竞争，保证各类金融业务和金融市场的健康发展，减少金融运行的风险，客观上需要有一个专门的机构、代表政府对整个金融业实行监督和管理。由于中央银行保管着商业银行的存款准备金，又承担商业银行之间的清算，因而成为理想的监督管理机构。

综上所述，商品经济和金融业自身的发展，对中央银行的产生提出了客观内在要求，而国家对经济、金融管理的需求，为中央银行的产生提供了外在动力。在此基础上，中央银行应运而生并逐步发展起来。

三、中央银行的基本类型

尽管世界各国基本上都建立了中央银行,并且中央银行的性质、职能和作用基本上都一致,但由于历史传统、文化背景、经济发展水平、国家政体等各不相同,中央银行的类型存在着较大的差异。归纳起来,目前大致有以下四种基本类型:

(一) 单一式中央银行制度

单一式中央银行制度,是指国家单独设立具有高度集权的中央银行机构,使之全面行使中央银行职能的制度。单一式中央银行制度是比较成熟的中央银行制度形式,以组织完善、机构健全、权力集中、职能齐全、分支机构较多为基本特征。其又分为一元制、二元制两种具体形式。目前,世界上大多数国家采用这种组织形式,如英国、日本、法国、美国、中国等。

(二) 复合式中央银行制度

复合式中央银行制度,是指国家没有单独设立中央银行,而把中央银行的业务及职能与商业银行的业务及职能集中于一家银行来执行。这种制度往往与计划经济体制以及中央银行的初级发展阶段相对应。如,苏联以及1990年前的多数东欧国家实行这种制度;1983年前的我国也曾经实行该制度。

(三) 准中央银行制度

准中央银行制度,是指没有通常完整意义上的中央银行,只是由政府授权某个或几个商业银行,或只设置类似中央银行的机构,行使部分中央银行职能的体制。新加坡和我国的香港地区是实行这种中央银行制度的典型代表。

(四) 跨国中央银行制度

跨国中央银行制度,是指由若干国家联合组建一家中央银行,并由这家中央银行在其成员国范围内行使全部或部分中央银行职能的中央银行制度。跨国中央银行发行为成员国共同使用的货币,制定统一的货币政策,对成员国的金融机构、金融市场的运行情况进行监督,为成员国政府提供融资服务等。其显著特点是:跨国界行使中央银行职能;一般与一定的货币联盟相联系。比较典型的跨国中央银行包括:欧洲中央银行、西非货币联盟的"西非国家中央银行"、中非货币联盟的"中非国家银行"等。

【专栏 3—3】

欧洲中央银行

欧洲中央银行(European Central Bank, ECB),简称欧洲央行。其前身为欧洲货币局,是为了适应欧元的发行流通,根据1992年《马斯特里赫特约》的规定,于1998年7月1日正式成立的。目前总部位于德国的金融中心——法兰克福。

欧洲央行是欧洲经济一体化的产物。其主要职能是:维护欧元的稳定;管理主导利率、货币的储备和发行以及制定欧洲货币政策。欧洲央行接受欧盟领导机构的指令,但不受各国政府的监督,是唯一有资格允许在欧盟内部发行欧元的机构。

欧洲央行的组织机构主要包括执行董事会、欧洲央行委员会和扩大委员会。其中，执行董事会由行长、副行长和4名董事组成，负责欧洲央行的日常工作；欧洲央行委员会由执行董事会和12个欧元国的央行行长共同组成，是负责确定货币政策和保持欧元区内货币稳定的决定性机构；欧洲央行扩大委员会由欧洲央行行长、副行长及欧盟所有15国的央行行长组成，其任务是保持欧盟中的欧元国家与非欧元国家接触。

欧洲央行委员会的决策采取简单多数表决制，每个委员只有一票，具体执行由各欧元国央行负责。各欧元国央行仍保留自己的外汇储备；欧洲央行只拥有500亿欧元的储备金，由各成员国央行根据本国在欧元区内的人口比例和国内生产总值的比例来提供。

四、我国中央银行的发展

（一）我国中央银行的发展演变过程

虽然古代就有银钱交易，货币起源也早在4000年前，但是受社会经济制度、市场发展等因素的制约，包括商业银行在内的现代意义的金融机构在我国出现相对较晚。最早的中央银行是20世纪初、清政府成立的户部银行。目前，我国的中央银行是中国人民银行。

1. 清政府时期的中央银行

光绪三十年（1904），因整理币制，清政府准奏设立户部银行。额定资本白银400万两，分为4万股，由户部认购2万股，其余2万股国内官民均可认购。户部银行于1905年8月在北京开业。1908年，户部更名为度支部，户部银行改名为大清银行。在业务方面，除办理一般银行业务外，大清银行还拥有铸造货币、代理国库、发行纸币等特权。因此，户部银行是清政府的国家银行，也是我国最早的中央银行。

2. 国民革命政府时期的中央银行

清朝灭亡后，1912年1月，大清银行被改组为中国银行，与交通银行一起受北洋政府控制，承担部分中央银行职责。1924年，孙中山先生在广州组成中央政府，建立了广州中央银行。1926年，北伐军攻克武汉，同年12月在武汉设立中央银行，并将广州中央银行改组为广东省银行。但这两大银行实属因军事需要建立，并没有执行中央银行的全部职能。

1928年，南京国民政府制定《中央银行条例》。1928年11月，成立中央银行，总行设在上海，额定资本2000万元，全部由政府出资。中央银行的总裁由政府任命，理事、监事由国民政府特派，受国民政府行政院的直接领导。1928—1942年间，国民政府施行"四位一体"的中央银行制度，也即中央银行、交通银行、中国银行、中国农民银行均可发行法偿性货币，共同执行中央银行职能的制度体系。1942年7月，货币发行权收归中央银行，并集中黄金、外汇储备统一管理，统一经理国库。

3. 中华苏维埃共和国时期的中央银行

1931年11月7日，在江西瑞金召开的中华苏维埃第一次代表大会通过决议，决定成立中华苏维埃共和国国家银行。该行于1932年2月1日正式成立，由毛泽民任行长，中国共产党领导下的最早的中央银行由此诞生。1935年11月，中华苏维埃共和国国家银行与陕甘晋银行合并，改名为中华苏维埃共和国银行西北分行，后又改组为陕甘宁边区银行，总行设在延安。

4. 新中国的中央银行

1948年12月1日，以华北银行为基础，合并北海银行、西北农民银行，在河北省石家庄市组建了中国人民银行，发行了人民币；新中国由此有了自己的中央银行和法定货币。

（二）中国人民银行的发展变化

中国人民银行成立至今60多年、特别是改革开放以来，在体制、职能、地位、作用等方面，都发生了巨大而深刻的变革。依据业务特点及其在经济中的作用，大致可以将人民银行的发展划分为以下3个时期[①]：

1. 中国人民银行的创建与国家银行体系的建立（1948—1952年）

1949年2月，中国人民银行由石家庄市迁入北平。1949年9月，中国人民政治协商会议通过《中华人民共和国中央人民政府组织法》，把中国人民银行纳入政务院的直属单位系列，接受财政经济委员会指导，与财政部保持密切联系，赋予其国家银行职能，承担发行国家货币、经理国家金库、管理国家金融、稳定金融市场、支持经济恢复和国家重建的任务。

国民经济恢复时期直到1952年，在中央人民政府的统一领导下，中国人民银行着手建立统一的国家银行体系：建立了全国垂直领导的组织机构体系；统一了人民币发行，逐步收兑了解放区发行的货币，全部清收并限期兑换了国民党政府发行的货币，使人民币成为全国统一的货币；对各类金融机构实行了统一管理。

2. 计划经济体制时期的国家银行（1953—1978年）

在统一的计划体制中，自上而下的人民银行体制，成为国家吸收、动员、集中和分配信贷资金的基本手段。随着社会主义改造的加快，私营金融业纳入了公私合营银行轨道，我国逐渐形成了集中统一的金融体制。作为国家金融管理和货币发行的机构，中国人民银行既是管理金融的国家机关，又是全面经营银行业务的国家银行；主要担负着组织和调节货币流通的职能，统一经营各项信贷业务，在国家计划实施中具有综合反映和货币监督功能。

3. 从国家银行过渡到中央银行体制（1979—1992年）

1979年，我国开始改革开放，陆续恢复建立了中国农业银行、中国银行、中国人民建设银行等国家专业银行，设立了国家外汇管理局，恢复了国内保险业务，重新建立了中国人民保险公司。各地还相继组建了信托投资公司和城市信用合作社等。我国金融业逐渐出现了金融机构多元化和金融业务多样化的局面。

日益发展的经济和金融需求，要求加强金融业的统一管理和综合协调。1983年9月17日，国务院做出决定，由中国人民银行专门行使中央银行的职能。1984年1月1日起，中国人民银行开始专门行使中央银行的职能。与此同时，新设中国工商银行，将人民银行过去承担的工商信贷和储蓄业务转由工商银行经营。人民银行分支行的业务实行垂直领导；设立中国人民银行理事会，作为协调决策机构；建立存款准备金制度和中央银行对专业银行的贷

---

① 中国人民银行网站：http://www.pbc.gov.cn/rmyh/105226/105433/index.html.

款制度，初步确定了中央银行制度的基本框架。

4. 逐步强化和完善现代中央银行制度（1993年至今）

1993年，按照国务院《关于金融体制改革的决定》，中国人民银行进一步强化了金融调控、金融监管和金融服务职责，划转政策性业务和商业银行业务。

1995年3月18日，全国人民代表大会通过《中华人民共和国中国人民银行法》，首次以国家立法形式确立了中国人民银行作为中央银行的地位，标志着中央银行体制走向了法制化、规范化的轨道，是我国中央银行制度建设的重要里程碑。1998年，按照中央金融工作会议的部署，中国人民银行改革了管理体制，撤销省级分行，跨省区设立分行。

2003年，按照党的十六届二中全会审议通过的《关于深化行政管理体制和机构改革的意见》和十届人大一次会议批准的国务院机构改革方案，将中国人民银行对银行、金融资产管理公司、信托投资公司及其他存款类金融机构的监管职能分离出来，并和中央金融工委的相关职能进行整合，成立中国银行业监督管理委员会。同年12月27日，第十届全国人民代表大会常务委员会第六次会议审议通过了《中华人民共和国中国人民银行法（修正案）》。有关金融监管职责调整后，中国人民银行职能被正式表述为："制定和执行货币政策、维护金融稳定、提供金融服务。"同时明确界定："中国人民银行为国务院组成部门，是中华人民共和国的中央银行，是在国务院领导下制定和执行货币政策、维护金融稳定、提供金融服务的宏观调控部门。"

第三节 中央银行的主要业务

作为银行，中央银行的业务同样包括资产负债业务，主要反映在中央银行的资产负债表上。除此以外，中央银行业务还包括：清算业务、征信与反洗钱业务、会计业务以及调查统计业务等。

一、资产负债业务

（一）中央银行的资产负债业务

1. 中央银行的负债业务

中央银行的负债，是指政府、金融机构、其他经济部门以及社会公众持有的对中央银行的债权，主要包括货币发行业务、存款业务及其他负债业务。

（1）货币发行业务。

社会上流通的现金都是通过货币发行业务从中央银行流出的，货币发行形成中央银行对社会的负债。所谓货币发行，是指中央银行向社会投放现金的业务，其具有双重含义：第一，是指货币从中央银行发行库，通过各家商业银行的业务库流向社会；第二，是指货币从中央银行流出的数量大于其从流通中回笼的数量。

统一货币发行权，是中央银行制度形成最为重要的原因之一，货币发行因此也成为中央银行最重要的业务特权,是最重要的负债业务。通过货币发行业务,中央银行既为商品流通和交换提供了流通手段和支付手段,也筹集了社会资金,满足中央银行履行其各项职能的需要。

货币发行主要包括经济发行和财政发行两种类型。经济发行,是指中央银行根据国民经济的客观需要增加现金流通量。财政发行,是指中央银行因弥补国家财政赤字而进行的货币发行。货币发行的渠道可以是中央银行的再贴现、再贷款、购买证券、金银、外汇等,货币回笼则是指通过上述渠道进行反向操作。如果从中央银行流出的现金数量大于回笼的数量,形成净投放;反之,则形成净回笼。中央银行的货币发行是其提供基础货币的主要构成部分。

(2) 存款业务。

作为"银行的银行",收存存款是中央银行的主要负债业务。中央银行的存款主要包括:商业银行等金融机构的存款准备金存款、政府存款、非银行金融机构存款、外国存款、特定机构和私人部门存款等。其中,商业银行等金融机构的存款准备金存款是最为重要的一种存款。

所谓存款准备金,是指商业银行等金融机构为保证客户提取存款和资金清算需要而准备的资金。其一般包括两部分:一部分,以库存现金形式保存在银行自己的业务库,以备银行的日常清算和支付需要;另一部分,需要以存款形式存储于中央银行,也即存款准备金存款。

一般来说,商业银行的存款准备金分为"存款准备金"和"超额存款准备金"两个部分。前者是指中央银行根据国家法律授权、规定金融机构必须将自己吸收的存款按照一定比率交存央行,也称"法定存款准备金";相关比率就是"法定存款准备金率";按此比率交存中央银行的存款,即为商业银行的"存款准备金"存款。而商业银行在央行存款超过存款准备金的部分,则被称为超额存款准备金存款,其与商业银行自身保有的库存现金等一起构成银行的支付准备,有时也被称为"备付金"。

存款准备金制度是在中央银行制度下建立起来的。历史上,美国最早以法律形式规定商业银行需向中央银行缴存存款准备金。实行存款准备金的初始目的,是为了确保商业银行等金融机构在遇到突然的大量提取存款时,能有相当充足的支付清偿能力。之后,其逐渐演变成为货币政策工具。中央银行通过调整存款准备金率,能够影响金融机构的信贷资金供应能力,从而间接调控货币供应量。

(3) 其他负债业务。

中央银行的其他负债业务主要包括:发行中央银行债券和票据,对外负债以及资本业务。

2. 中央银行的资产业务

中央银行的资产,是指中央银行在一定时点所拥有的各种债权,主要包括再贴现和贷款业务、证券买卖业务、黄金外汇业储备业务以及其他一些资产业务。

(1) 再贴现和贷款业务。

中央银行的再贴现和贷款业务,都是中央银行对商业银行等金融机构提供融资的业务,只不过是形式不同而已。

再贴现，也称"重贴现"，是指商业银行把已经贴现但尚未到期的企业票据转让给中央银行，要求中央银行给予再贴现。此时，票据的债权由商业银行转给（卖给）中央银行，商业银行从中央银行获得资金融通。这是市场经济条件下商业银行向中央银行获取资金的最主要途径。

一般来说，只有在中央银行开立账户的商业银行等金融机构，才能成为中央银行再贴现的对象。再贴现的票据，要求必须是确有商品交易为基础的真实票据。各国对于可接受再贴现的票据类型规定不一。如，我国目前仅允许针对商业汇票办理再贴现。

再贴现率，是指商业银行向中央银行申请再贴现时预扣贴息的利率。一般情况下，再贴现率本身并不随市场的资金供求状况而变动，其是一种官定利率，是中央银行根据国家的信贷政策或者宏观调控政策而规定的；其也是一种基准利率，市场上其他各种利率会依据再贴现率的变动而变动。因此，再贴现率是中央银行的货币政策工具之一。

中央银行贷款，是指中央银行对商业银行等金融机构的贷款，简称"再贷款"。再贷款的形式，可以是由商业银行等金融机构开出本票或以合格债券作为抵押品向中央银行取得贷款，也可以是由商业银行等金融机构直接从中央银行获得信用贷款。在商业票据数量不多或金融市场不甚发达的国家，中央银行对金融机构的资金融通以再贷款为主。再贷款是中央银行调控基础货币的渠道之一，中央银行可以通过适时调整再贷款的总量及利率，吞吐基础货币，可以促进实现货币信贷总量调控目标，合理引导资金流向和信贷投向。

除上述以外，中央银行的贷款业务，还包括其对非货币金融机构[①]的贷款，对政府的贷款以及其他一些贷款类型。

（2）证券买卖业务。

中央银行的证券买卖业务，是指中央银行在公开市场上进行证券买卖的业务。这是中央银行传统货币政策工具的"三大法宝"之一。通过开展此项业务，中央银行不仅调控了货币供应量，也为调整自身的资产结构提供了工具。

中央银行在公开市场上买卖的有价证券一般都是优质证券，如：政府债券、中央银行票据等。中央银行买入证券，意味着基础货币投放；中央银行卖出证券，意味着基础货币回笼。中央银行买卖证券的目的并非盈利，而是通过对基础货币的调控，调控货币供求。

（3）黄金外汇业储备业务。

自从不兑现的信用货币制度建立以来，黄金和外汇始终是各国中央银行稳定币值的重要手段，也是用于国际收支的重要储备。作为政府机构，中央银行担负着为国家管理黄金和外汇储备的责任，而黄金和外汇储备需要占用中央银行资金，因而属于中央银行的资产业务[②]。

（4）其他资产。

除上述3项业务外，中央银行未列入的其他项目都可列入其他资产，主要包括待收款和

[①] 非货币金融机构是指不吸收一般存款的特定金融机构，如：信托公司、租赁公司等。
[②] 具体内容，参看本书第九章。

固定资产。

(二) 中央银行的资产负债表

中央银行的资产负债表也被称为"货币当局资产负债表",是中央银行业务的综合记录。虽然各国中央银行的具体类型不同,但因其在经济发展中的任务和职能基本相同,业务活动基本一致,因此资产负债表的内容也基本相近。在编制资产负债表时,各国中央银行一般是参照国际货币基金组织编制的《货币与金融统计手册》的格式进行。中央银行资产负债的基本业务类型如表3-2所示。

表3-2　　　　　　　　　　简化的中央银行资产负债表

资产	负债
国外资产	储备货币
对政府债权	发行债券
对存款机构的债权	对外负债
对非货币金融机构的债权	政府存款
对非金融企业的债权	资本项目
其他资产	其他负债
总资产	总负债

中央银行资产负债表中的资产与负债具有恒等的关系,也即:

资产总额 = 负债总额 + 资本总额

根据中央银行的业务构成,也可以简化得到:

资产总额 = 存款机构的准备金存款 + 其他负债 + 资本总额

存款机构的准备金存款 = 资产总额 - (其他负债 + 资本总额)

显然,如果假定中央银行资产负债表上的其他项目不变,任何资产的增减,都可以使存款机构的准备金存款增加或减少。反之,如果假定中央银行资产负债表上的其他项目不变,任何负债的增减,都可以使存款机构的准备金存款减少或增加。因而,中央银行可以通过调整自身的资产负债结构来影响存款机构的准备金存款,进而影响经济主体的行为,从而实现宏观调控的目的。

 【专栏3-4】

中国人民银行的资产负债表

1994年开始,中国人民银行根据《货币与金融统计手册》规定的基本格式,编制了中国货币当局资产负债表并定期向社会公布。目前中国人民银行资产负债表的基本项目如表3-3所示。

表 3-3　　　　　　　　　　　中国人民银行的资产负债表①

资产	负债
国外资产	储备货币
外汇	货币发行
货币黄金	其他存款性公司存款
其他国外资产	不计入储备货币的金融性公司存款
对政府债权	发行债券
其中：中央政府	国外负债
对其他存款性公司债权	政府存款
对其他金融性公司债权	自有资金
对非金融性公司债权	其他负债
其他资产	
总资产	总负债

二、支付清算业务

（一）中央银行支付清算业务的含义

中央银行支付清算业务，是指中央银行作为一国支付清算体系的参与者和管理者，通过一定的方式和途径，使金融机构之间的债权债务清偿以及资金转移顺利完成，维护支付系统的平稳运行，从而保证经济活动和社会生活日常进行的业务。

世界上最早的支付清算体系是票据交换业务。第一个票据交换所出现在 1773 年的英国伦敦。1854 年，英格兰银行首先建立了票据清算制度，支付清算业务此后成为中央银行的基本业务之一。

（二）中央银行的支付清算体系

1. 清算机构

清算机构是为金融机构提供资金清算服务的中介组织，在支付清算体系中占有重要位置。一般包括票据交换所、清算中心、清算协会等类型。其中，为金融机构提供票据交换与清算服务的票据交换所是最传统、最典型的清算机构。随着现代科技在金融领域的应用，很多国家和地区的票据交换所已经实现了票据交换的电子化和自动化。

不同国家的清算机构在经营者、业务范围等方面有所不同：既有私营的，也有政府或货币当局组建的；既有地方性的，也有全国范围的；既有只提供国内清算服务的，也有提供国

---

① 货币当局资产负债表 [EB/OL]，中国人民银行网站：http://www.pbc.gov.cn/diaochatongjisi/resource/cms/2016/11/20161118150000444673.pdf.

际性清算服务的协会组织,等等。所以,在一些国家,中央银行作为清算机构的主要成员直接参与清算支付活动;而在另一些国家,中央银行不直接加入清算机构组织,但对其实行监督、审计,并为金融机构提供清算服务。一般来说,各国的清算机构通常拥有并经营支付系统,通过支付系统的运行实现清算。

2. 支付系统

支付系统,是由提供支付清算服务的中介机构、实现支付指令传送及资金清算的专业技术手段共同组成的。其职能是实现债权债务清偿及资金转移。由于债权债务清偿及资金转移关系到经济活动能否顺利进行,因此支付系统的任务是快速、有序、安全地实现货币所有权在经济活动参与者之间的转移。支付清算系统主要包括大额实时全额支付系统以及小额定时批量支付系统。

3. 支付清算制度

支付清算制度是关于结算活动的规章政策、操作程序、实施范围等的规定和安排。作为货币当局,中央银行有义务根据国家经济发展状况、金融体系构成、金融基础设施及银行业务能力等,与有关部门共同规定支付清算制度。很多国家的中央银行,不仅制定同业间清算制度、设计支付系统构成和运行模式、审核支付体系操作规则,还直接提供清算服务,并对有关清算机构及系统运行实施政策指导和监管。

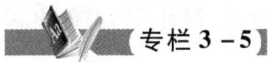
【专栏 3–5】

我国支付清算的发展变化

1986 年,中国人民银行开始推行以票据信用为主体的规范化结算制度,协调各金融机构,进行了支付结算体系的现代化建设。"八五"计划期间,我国的电子化清算体系取得了重大突破;1991 年,中国人民银行电子联行系统投入使用,实现了"天地对接""实时清算"。此后,经过多年的发展和完善,我国逐步形成一个以现代化支付系统为核心、商业银行行内系统为基础、各地同城票据交换系统并存的中国支付清算体系。

2003 年 10 月 18 日,人民银行发布了《大额支付系统业务处理办法》《大额支付系统业务处理手续》及《大额支付系统运行管理办法》,就大额支付系统有关问题进行规范。2005 年,人民银行大额实时支付系统在全国建成运行,实现了资金实时到账,提高了资金周转速度,为金融市场资金结算和跨境贸易人民币结算提供了有力支持。2006 年,小额批量支付系统建成运行,通过支撑多种支付工具的应用,为银行业金融机构跨行清算和业务创新提供了公共平台。2007 年,全国支票影像交换系统建成运行,通过引入影像技术实现实物支票截留,支持支票全国通用,便利了企事业单位和个人的异地支付活动。2008 年,境内外币支付系统建成运行,为境内银行业金融机构提供美元等 8 个币种的境内外币清算服务,提高了外币清算效率,降低了外币结算风险。2009 年,电子商业汇票系统建成运行,为电子票据的签发、流转等提供基础设施支持,标志着我国商业汇票进入电子化时代,有效防范了票据风险,繁荣了票据市场。2010 年,网上支付跨行清算系统建成运行,进一步提高了网上支付等新型电子支付业务跨行清算的处理效率，支持并促进电子商务的快速发展①。

2010年6月，中国人民银行发布《非金融机构支付服务管理办法》，明确规定非金融机构提供支付服务必须取得支付业务许可证，依法接受中国人民银行的监督管理，第三方支付机构开始出现。自2011年5月18日首批签发27家到2015年3月26日，央行共批准8批、270家获得第三方支付牌照。人们熟知的支付宝、微信支付（财付通）均在此列。按照5年一续展的规定，首批获得牌照的机构在2016年迎来续展。截至2018年7月，获得央行行政许可的第三方支付机构有238家。

随着互联网技术进步和金融科技的发展，近年来，我国的支付领域及其方式发生了重大变革，移动支付等非现金支付方式快速发展。2009年以来，我国第三方支付市场的交易规模以保持50%以上的年均增速迅速扩大。

根据前瞻产业研究院发布的《2019—2024年中国第三方支付产业市场前瞻与战略投资规划分析报告》②，2014年，中国第三方支付综合支付交易规模达到32.2万亿元，同比增长90.3%。2017年，中国第三方支付综合支付交易规模达到154.9万亿元，同比增长44.3%。2018年，中国第三方支付综合支付交易规模将达到230.4万亿元。预计2020年中国第三方支付综合支付交易规模将突破达到388.6万亿元。此外，前瞻产业研究院的数据显示，2016年中国第三方移动支付交易规模达到58.5万亿元，同比增长率超300%，达381.9%。随着智能手机的普及和二维码支付市场的爆发，消费者从PC端向移动端的迁移速度加快，到2017年中国第三方移动支付交易规模达到98.7万亿元，增长率为68%。预计2018年中国第三方移动支付交易规模将超165万亿元。

上述变化，给传统的银行支付体系与管理方式带来严峻的挑战。

三、其他业务

除上述业务外，中央银行的主要业务还包括经理国库业务、征信以及反洗钱业务、会计业务以及调查统计业务等。限于篇幅，以下仅简单介绍前3种业务。

（一）经理国库业务

国库制度，是指对国库资金的保管、出纳、运作及相关事项的组织管理与业务程序安排。一般有两种基本形式：一是独立国库制度，是指国家特设经营国家财政预算的职能机构，专门办理国家财政预算收支的保管、出纳工作。这种制度只有少数国家采用。二是委托国库制度，是指国家不单独设立经管国家财政预算的专门机构，而是委托银行、主要是中央银行代理国库业务。中央银行根据国家的法规条例，负责国库的组织建制、业务操作及管理监督。这种制度为大多数国家采用，我国亦是如此。

---

① 牛娟娟. 支付体系建设硕果累累彰显"中国速度"[N]. 金融时报，2012-9-4.
② 前瞻产业研究院. 第三方支付产业市场规模庞大 移动支付占比不断提升[EB/OL]. 2018-05-16, https://bg.qianzhan.com/report/detail/459/180516-0fffd9f5.html.

中央银行因经理国库业务而形成"政府存款",这是中央银行主要的负债业务之一,是其履行"政府的银行"的职能的具体体现。经理国库业务,利于中央银行低成本吸收大量财政库款,形成重要的资金来源;利于财政灵活调度资金,实现财政收支平衡。此外,对加强国家宏观调控,将财政政策和货币政策有机结合起来,也具有重要的意义。

中国人民银行经理国库的历程[①]

新中国成立以来,我国的国库业务一直由中国人民银行办理。国库体制经历了从代理到经理的发展转变。1950年,中央人民政府政务院发布了《中央金库条例》,规定中央人民政府设中央总金库,各大行政区设中央区金库,各省(市)设中央分金库,各县(市)设中央支金库,各级金库均由人民银行代理,国家的一切财政收入全部缴入同级金库。1985年,国务院颁布了《中华人民共和国国家金库条例》,确定由"中国人民银行具体经理国库",将"代理"改为"经理"。1994年颁布的《中华人民共和国预算法》,明确中央国库业务由中国人民银行经理。1995年颁布的《预算法实施条例》明确地方国库业务由中国人民银行分支机构经理。1995年颁布和2003年修正的《中国人民银行法》,对经理国库的具体职责又进行了细化,进一步确立了人民银行经理国库的法律地位。2014年8月,"国库业务由中国人民银行经理"被写入修正后的《中华人民共和国预算法》。

(二)征信

市场经济是以自由缔约和自由交易为基础的经济,信用活动是市场经济的重要组成部分,完善的信用体系是市场经济建立和发展的基础。因此,征信是为适应现代市场经济的需要而发展起来的。市场经济越发达,征信对社会和个人的影响越大。因而,世界各国都十分重视征信活动的开展与征信体系的建设。

所谓征信,一般是指专业化的、独立的第三方机构为被征信人建立信用档案,依法采集、客观记录其信用信息,依法对外提供信用信息服务的一种活动。

征信一般包括以下几个构成要素:①被征信人,指信用信息被征信机构采集、整理、加工和使用的自然人、法人和其他组织;②信用信息的提供人,是指向征信机构提供信用信息的自然人和法人;③信用信息的使用人,是指征信机构为其提供信用信息咨询、调查和信用评估等产品的服务对象;④征信机构,是指专门从事征信活动的主体,一般是独立于信用交易双方之外的第三方机构。

征信体系是指与征信活动相关的法律规章、组织机构、市场管理、文化建设、宣传教育等共同构成的一个体系。作为现代金融体系运行的基石,征信体系是防范金融风险、保持金融稳定、促进金融发展和推进经济社会和谐发展的基础。一般来说,征信体系主要包括五个组成部分:征信机构,征信法律法规体系,征信监管体系,征信市场以及征信教育和研发体系。

[①] 中国人民银行网站: http://www.pbc.gov.cn/publish/goutongjiaoliu/3657/2011/20110519171258794467367/20110519171258794467367_.html。

显然，上述体系中，征信机构是核心。一般来说，真正能够从事征信业务的机构都是一些具有公信力的机构，或者是经过上百年历史、已经在市场中建立了信誉、具有较强的专业水平的市场化机构，或者是一个国家的中央银行。如，美国的征信机构是市场化的机构，而欧洲国家则多由中央银行成立专门的征信机构。除此以外，由于中央银行在金融体系中的特殊地位，其还担负着监督管理征信业，推动建立社会信用体系的功能。因此，征信是中央银行的一项重要业务。

专栏3-7

中国人民银行征信中心[①]

2006年3月，中国人民银行征信中心成立，专门负责我国企业和个人征信系统（即：金融信用信息基础数据库，又称：企业和个人信用信息基础数据库）的建设、运行和维护。2007年10月1日，征信中心建成应收账款质押登记系统并对外提供服务。2008年5月，征信中心正式在上海举行挂牌仪式。目前，征信中心在全国31个省和5个计划单列市设有征信分中心。

1997年，人民银行开始筹建银行信贷登记咨询系统（企业征信系统的前身）。2004—2006年，人民银行组织金融机构建成全国集中统一的企业和个人征信系统。今天的人民银行征信系统，已经建设成为世界规模最大、收录人数最多、收集信息全面、覆盖范围和使用广泛的信用信息基础数据库，基本上为国内每一个有信用活动的企业和个人建立了信用档案。截至2015年4月底，征信系统收录自然人8.6亿多，收录企业及其他组织近2 068万户。征信系统全面收集企业和个人的信息。除以银行信贷信息为核心内容外，还包括社保、公积金、环保、欠税、民事裁决与执行等公共信息；接入了商业银行、农村信用社、信托公司、财务公司、汽车金融公司、小额贷款公司等各类放贷机构。征信系统的信息查询端口遍布全国各地的金融机构网点，信用信息服务网络覆盖全国。形成了以企业和个人信用报告为核心的征信产品体系，征信中心出具的信用报告已经成为国内企业和个人的"经济身份证"。

（三）反洗钱业务

所谓洗钱，就是通过隐瞒、掩饰非法资金的来源和性质，通过某种手法把它变成看似合法资金的行为和过程。主要包括提供资金账户、协助转换财产形式、协助转移资金或汇往境外等多种方式。

洗钱的危害极大，因为其为贩毒者、恐怖主义分子、非法武器交易商、腐败的政府官员及其他罪犯的运作和发展提供了动力。目前洗钱问题已经变得越来越国际化，而与犯罪活动有关的金融问题，也由于科技的日新月异以及金融服务业的全球化等而变得日益复杂化。洗钱造成了极其严重的经济、安全和社会后果。据国际货币基金组织统计，全球每年非法洗钱的数额约占世界国内生产总值的2%~5%，介于6 000亿~1.8万亿美元之间，且每年以

[①] 中国人民银行征信中心：http：//www.pbccrc.org.cn/zxzx/zxgk/gywm.shtml。

1 000 亿美元的数额不断增加。在当前经济全球化、资本流动国际化的情况下，洗钱活动对国际金融体系的安全、对国际政治经济秩序的危害极大。

反洗钱，是指为了预防通过各种方式掩饰、隐瞒毒品犯罪、黑社会性质的组织犯罪、恐怖活动犯罪、走私犯罪、贪污贿赂犯罪、破坏金融管理秩序犯罪、金融诈骗犯罪等犯罪所得及其收益的来源和性质的洗钱活动，依照反洗钱相关法规采取相关措施的行为。反洗钱对于维护金融体系的稳健运行、维护社会公正和市场秩序、打击腐败等经济犯罪具有十分重要的意义。

1989 年成立于巴黎的金融行动特别工作组（Financial Action Task Force On Money Laundering，FATF)① 是目前世界上最具影响力的国际反洗钱和反恐融资组织，其制定的反洗钱四十项建议和反恐融资九项特别建议（简称 FATF40 + 9 项建议）是反洗钱和反恐融资的权威性文件，已得到联合国、国际货币基金组织、世界银行等国际组织和130 多个国家、地区的承认。

基于中央银行的地位和作用，其在反洗钱的工作中，主要负责组织协调国家反洗钱工作，指导、部署金融业的反洗钱工作，承担反洗钱的资金监测职责等。

【专栏 3 – 8】

洗钱的主要途径或方式②

常见的洗钱渠道包括多种途径或方式：①通过境内外账户过渡，使非法资金进入金融体系；②通过地下钱庄，实现犯罪所得的跨境转移；③利用现金交易和发达的经济环境，掩盖洗钱行为；④利用别人的账户提现，切断洗钱线索；⑤利用网上银行等各种金融服务，避免引起银行关注；⑥设立空壳公司，作为非法资金的"中转站"；⑦通过买卖股票、基金、保险或设立企业等各种投资活动，将非法资金合法化；⑧通过购买彩票进行洗钱；⑨通过购买房产进行洗钱；⑩通过购买珠宝古董交易和虚假拍卖进行洗钱。

第四节　中央银行的货币政策与货币政策工具

作为国家干预宏观经济的重要机构之一，中央银行需要制定适合的货币政策目标、选择合适的货币政策工具，通过科学的货币政策传导机制和环节，最终实现预定的货币政策目标。

一、货币政策概述

（一）货币政策的含义

货币政策有狭义和广义之分。

---

① FATF 成立于1989 年的西方七国首脑会议，创始国包括西方七国在内的15 个国家以及欧洲联盟委员会。我国已于2007 年6 月28 日成为该组织的正式成员。

② 反洗钱知识一点通，中国人民银行网站：http://www.pbc.gov.cn/eportal/fileDir/publish/12D3977C.pdf.

狭义的货币政策，是指中央银行为实现一定的宏观经济目标，运用各种政策工具调节货币供应量和利率，进而影响宏观经济运行的方针及措施的总和、主要包括货币政策目标、货币政策工具、货币政策传导机制及货币政策效果等。

广义的货币政策，是指中央银行、政府及其他相关部门的所有有关货币方面的规定及其采取的影响货币数量的一切措施。主要包括：建立货币制度的有关规定、有关金融体系的规范和旨在提高效率的金融体制改革的措施，以及政府借款、国债管理、财政收支等可能影响货币数量的行为。

一般情况下，人们通常谈论的货币政策是指狭义的货币政策。

（二）货币政策的基本内容

通常情况下，货币政策以下包括4个方面的内容：①货币政策目标，包括最终目标、中介目标和操作目标；②实现货币政策目标的操作工具和手段，也称为货币政策工具；③货币政策的传导机制，也即货币政策工具作用于经济的机理与过程；④执行货币政策所达到的政策效果，主要是评估最终目标的实现程度与速度。因而，货币政策的实施，是一个大的系统工程；货币政策的实施，需要其他方面的政策如财政政策的协调配合。

（三）货币政策的功能

作为重要的宏观调控工具之一，货币政策主要具有5个方面的功能：

(1) 促进社会总需求与总供给的均衡，保持币值稳定。

通过货币政策的实施，可以调节货币供应量，影响社会总需求，从而促进社会总需求与总供给的平衡，有利于币值稳定。

(2) 促进充分就业，实现社会稳定。

通过一般性货币政策工具的运用，货币政策可对货币供给总量、经济规模和速度以及就业水平产生影响；通过选择性货币政策工具的运用，货币政策可对货币供给结构、经济结构以及就业水平产生影响。

(3) 促进经济的稳定增长。

"逆风向行事"的货币政策，具有促进经济稳定增长的功能。在经济过热时，通过实施紧缩性货币政策，有利于抑制总需求的过度增长和价格水平的急剧上涨，实现社会经济的稳定；而在经济衰退时，通过实施扩张性的货币政策，有利于刺激投资和消费，促进经济的增长和稳定。

(4) 促进国际收支平衡，保持汇率相对稳定。

通过本外币政策协调、本币供给的控制、利率和汇率的适时适度调整等，对促进国际收支平衡、保持汇率相对稳定具有重要作用。

(5) 保持金融稳定，防范金融危机。

通过货币政策工具的合理使用，可以调控社会信用总量，有利于抑制金融泡沫和经济泡沫的形成，避免泡沫的突然破灭对国民经济，特别是金融部门的猛烈冲击，有利于保持金融稳定和防范金融危机。

二、货币政策的目标选择

制定货币政策,首先必须明确货币政策的方向和所要达到的目的,也即所要实现的目标。一般来说,货币政策目标是由最终目标、中介目标和操作目标3个层次有机组成的目标体系,基本关系如图3-1所示。

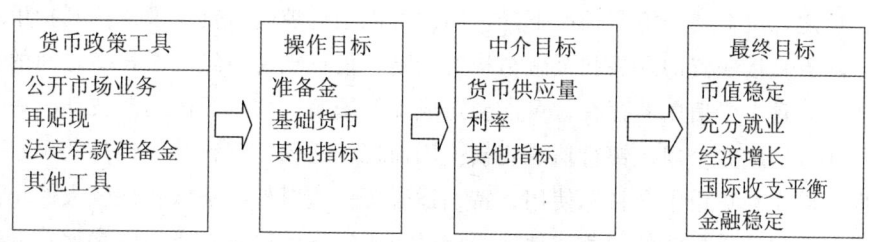

图3-1 货币政策目标体系

(一) 货币政策的最终目标

货币政策的最终目标,是指通过货币政策的制定和实施所期望达到的最终目的;这是作为货币政策制定者——中央银行的最高行为准则,是中央银行组织和调节货币流通的出发点和归宿;其必须服务于国家宏观经济政策的总体目标,这也决定了货币政策最终目标与宏观经济政策目标之间的一致性。货币政策的最终目标一般包括:币值稳定、充分就业、经济增长、国际收支平衡和金融稳定。

(二) 货币政策的中介目标

货币政策的中介指标,是指中央银行为了把货币供应控制在预定目标以内而选择采用的中介性政策变量指标。可供选择的中介目标主要包括货币供给量、利率以及其他指标,这些指标各有侧重及优缺点。

1. 货币供应量

中央银行调控的货币供应量,一般是指 M_1,也即货币层次中的现金加银行存款[①]。通过政策工具调节、监控货币供应量的增长水平,可以控制其与经济增长要求相适应。由于该指标与经济发展状况密切相连,与货币政策的最终目标较为接近,因而相关性较好。但是,由于近年来伴随金融创新的活跃,货币供应量的统计口径、控制难度以及影响因素等变化较大,因而需要考虑其适应性。

2. 利率

利率是凯恩斯学派一直坚持的货币政策中介目标,理由是:①从可测性来看,利率是可量化的,中央银行能够及时得到利率变动的有关数据。②利率与投资、消费等都具有较高的相关性。利率上升,投资和消费可能减少;反之亦然。③利率是可以由中央银行控制的,中央银行可以通过制定和调整再贴现率来调控社会利率水平。但是由于其是市场利率,而市场

---

① 具体内容参看本书第一章。

利率本身是由经济体系内部因素决定的内生变量;并且在经济周期波动时,市场利率主要受非政策因素影响,因而,中央银行可能难以控制或不容易判断。

3. 其他指标,主要包括贷款量和汇率等

贷款量也称信贷规模。其可以作为货币政策目标的理由是:信贷是企业资本投资和流动资金的主要融资渠道,其是顺循环的(信贷规模增加,投资和消费也会增加),因而会促进经济增长;反之,也会使经济增长率下降。因此可以通过控制信贷规模来达到货币政策的目标。但是,随着直接融资的发展和金融结构的调整,信贷规模与经济增长率之间的相关程度可能会减弱。并且由于信用的存在,可能会造成虚假繁荣,加剧经济周期波动。另外,中央银行一般是通过行政方式规定银行信贷规模,因而比较适用于实行计划经济的国家。

汇率也可以作为货币中介目标使用,特别适合于一些对外经济依赖性较大的小国,或者是实行本币与某国货币挂钩的国家或地区。但是由于汇率的决定及影响因素比较复杂,货币政策的传导机制存在较大的不确定性,因而与货币政策的最终目标之间的相关性也较差。

(三) 货币政策的操作目标

货币政策操作目标,是中央银行运用货币政策工具能够直接影响或控制的目标变量。操作目标介于货币政策工具和货币政策中介目标之间,是货币政策工具影响中间目标的传送点。一般来说,可选择的操作目标,主要包括准备金、基础货币以及其他一些指标。

1. 准备金

准备金是中央银行货币政策工具影响中介目标的主要传递指标,也是中央银行可以直接操作的指标。一般来说,商业银行的准备金越多,增加贷款的能力就越强,反之就越弱。因此,银行准备金的增加,意味着市场银根宽松,反之则意味着市场银根紧缩。因此,中央银行将准备金作为操作指标,有利于监测政策工具的调控效果,及时调节和有效控制其方向和力度。

2. 基础货币

基础货币,也被称为"高能货币"或"强力货币",是指处于流通中、由社会公众所持有的现金以及银行体系准备金的总和;后者通常包括商业银行的库存现金以及法定存款准备金、超额存款准备金;两者均为货币创造的基础[①]。

从货币供给的角度看,衡量货币信用创造能力的重要指标是货币乘数。所谓货币乘数,是指货币供应量与基础货币的倍数关系,计算公式为:货币乘数 = 货币供应量/基础货币;其表示基础货币每增加一个单位所引起的货币供应量增加或减少的倍数。因此,在货币乘数一定或其变动可以预期的情况下,控制了基础货币,也就控制住了货币供应量。

显然,基础货币比准备金所包含的内容要宽泛。作为货币政策的操作目标,基础货币比准备金也更为有利。当然,运用基础货币调控货币供应量也需要一定的条件,中央银行对其的控制也并不完全。

---

① 参看本书第四章有关内容。

【专栏 3-9】

西方国家货币政策目标的变化

随着经济、金融的变化，西方发达国家的货币政策目标，经历了一个发展过程：20世纪50—60年代，西方各国货币政策的最终目标基本上都是强调充分就业、经济增长，遵循的是凯恩斯主义的主张，以利率作为货币政策调控的中介目标。20世纪70—80年代，货币政策最终目标改为以稳定通货为主，中介目标是货币供应量，主要理论依据是以弗里德曼为代表的货币主义学派的观点。20世纪90年代以后，以美国为代表的一些西方国家开始实行以反通胀为唯一目标的货币政策，放弃了以货币供应量作为中介目标的监控方法。部分国家建立了以短期利率为主要操作手段，货币政策操作直接盯住通货膨胀目标，而不再依赖于其他中介目标的货币政策目标体系。

三、货币政策工具

货币政策工具，又称货币政策手段，是指中央银行为调控中介指标进而实现货币政策目标而采取的政策手段。一般来说，货币政策工具主要包括以下3种类型：

（一）一般性货币政策工具

一般性货币政策工具，也被称常规性货币政策工具，是指中央银行所采用的、对整个金融系统的货币信用扩张与紧缩能够产生全面或一般性影响的手段。其是中央银行最主要的货币政策工具，也被称为"三大法宝"，主要包括：

1. 法定存款准备金政策

法定存款准备金政策，是指中央银行对商业银行等存款金融机构的存款规定存款准备率，强制要求按照规定的比例计提并上缴存款准备金，目的是确保商业银行在遇到突然大量提取银行存款时，能有相当充足的清偿能力。自20世纪30年代以后，法定存款准备金制度成为国家调节经济的重要手段。实行中央银行制度的国家，目前一般都实行法定存款准备金制度。

法定存款准备金政策的作用主要表现为：

（1）保持商业银行等存款货币机构资金的流动性。

商业银行等存款机构为保持自己资金的流动性，一般都会自觉地保留一定的现金准备，以备客户提取。

（2）集中一部分信贷资金。

存款准备金缴存中央银行，使中央银行可以集中一部分信贷资金，用于履行中央银行职能，办理银行同业之间的清算，向金融机构提供信用贷款和再贴现贷款，以调剂不同地区和不同银行间短期资金余缺。

（3）调节货币供应量。

法定存款准备金制度的建立为商业银行等存款货币机构派生存款规定了一个量的限定。法定存款准备金率的调整将直接影响商业银行等存款机构创造派生存款的能力，从而影响货币乘数。

作为一种货币政策工具，法定存款准备金政策的优点是：对所有商业银行的存款影响都是平等的；对货币供给量具有极强的影响力，力度大，速度快，效果明显。但是，其也有一定的局限性：首先，法定准备金率的提高，可能使超额准备金率较低的银行立即陷入流动性困难。其次，由于银行存款的规模巨大，法定存款准备金率的细微变动会带来法定存款准备金的巨大变动，从而对实体经济的发展影响较大。

2. 再贴现政策

再贴现政策，是指中央银行通过提高或降低再贴现率的办法，影响商业银行等存款货币机构从中央银行获得的再贴现贷款和超额准备，从而增加或减少货币供给量、实现货币政策目标的一种政策措施。再贴现政策一般包括两方面的内容：一是再贴现率的调整；二是规定向中央银行申请再贴现的资格。

再贴现政策的主要作用在于：①再贴现率的升降，能够影响商业银行等存款货币机构的准备金和资金成本，从而影响它们的贷款量和货币供给量。②再贴现政策对调整信贷结构有一定效果，并使之与产业政策相适应。③再贴现率的升降，可产生货币政策变动方向和力度的告示作用，从而影响公众预期。

再贴现政策最大的优点，就是中央银行可利用其来履行最后贷款人的职责，并在一定程度上体现中央银行的政策导向。其既可以调节货币总量，也可以调节信贷结构。

但是，再贴现政策同样存在着一定的局限性。主要表现在两个方面：

①从控制货币供给量来看，再贴现政策并非是一个理想的控制工具。这是因为：首先，由于再贴现主要取决于商业银行的意愿，是否愿意申请再贴现以及再贴现的数量，决定权在商业银行而不是中央银行。因而中央银行并不能有效地控制货币供给量。其次，可能会增加对中央银行的压力。如果商业银行的资金来源依靠于中央银行的再贴现，就会增加中央银行的压力，从而削弱其控制货币供给量的能力。再次，再贴现率的高低有一定限度。但是，在经济繁荣或萧条时期，无论再贴现率高低，都无法限制或阻止商业银行向中央银行再贴现或借款，这也使中央银行难以有效地控制货币供给量。

②从对利率的影响看，调整再贴现利率，通常不能改变利率的结构，而只能影响利率水平。即使影响利率水平，也必须具备两个条件：一是中央银行能够随时按其规定的再贴现率、自由地提供贷款；二是商业银行愿意从中央银行借款。当市场利率高于再贴利率、银行利差足以弥补承担的风险和贷款费用时，商业银行就会向中央银行借款并贷放出去；而当市场利率高于再贴现率，银行利差不足以弥补相关费用时，商业银行就从市场上收回放款，并偿还其从中央银行得到的借款。如此，中央银行的再贴现率才能影响或支配市场利率，从而起到相应的调节作用。然而，实际情况往往并非完全如此。此时，再贴现政策无法达到预期的调控效果。

3. 公开市场业务

公开市场业务是指中央银行通过在金融市场上买卖有价证券，从而影响货币供给量和市场利率的行为。

公开市场业务的优点比较突出：①可以由中央银行充分控制其规模，因而有较大的主动权。②公开市场业务比较灵活，多买少卖，多卖少买都可以，中央银行既可以进行"微调"，也可以进行较大幅度的调整，弹性较大。③公开市场业务操作的时效性较强。当中央银行发出购买或出售的意向时，交易可以立即执行。④公开市场业务可以经常、连续地操作，必要时还可以进行逆向操作，如由买入有价证券转为卖出有价证券等，从而不会导致金融市场产生剧烈的波动。

虽然公开市场业务具有上述作用，但是要想实现这种作用，需要具备3个基本条件：①中央银行要有足以干预和控制金融市场的能力。②要有发达和完善的金融市场，中央银行可买卖的证券达到一定的规模，经济主体的理性化决策程度较高。③需要有其他政策工具的配合。

（二）选择性货币政策工具

选择性货币政策工具，是指中央银行针对某些特殊的信贷或经济领域而采用的工具，是上述一般性性货币政策工具的必要补充，常见的选择性货币政策工具主要包括以下几种：

1. 证券市场信用控制

证券市场信用控制，是指中央银行对有关有价证券交易，规定应支付的保证金比率，限制用借款购买有价证券的比重等。其目的，一是为了控制证券市场的信贷资金的需求，稳定证券市场价格；二是为了调节信贷供给结构，通过限制大量资金流入证券市场，使较多的资金用于生产和流通领域。

2. 消费者信用控制

消费者信用控制，是指中央银行对不动产以外的各种耐用消费品的销售融资予以控制。主要包括：①规定使用分期付款方式购买耐用消费品的首次付款的最低限额；②规定使用消费信用购买商品的最长期限；③规定可用消费信贷购买的耐用消费品的种类，对不同的消费品规定不同的信贷条件等。

3. 不动产信用控制

不动产信用控制，指中央银行对商业银行等金融机构在房地产贷款方面的限制措施。主要包括：①规定银行不动产贷款的最高限额；②规定银行不动产贷款的最长期限；③规定购买不动产首次付款的最低金额；④规定分摊还款的最低金额等。

4. 优惠利率

优惠利率，一般是指中央银行对国家拟重点发展的经济部门或产业，如出口工业、农业、能源、交通业等所采取的鼓励措施。由于中央银行是国家政策的执行机构，可以根据一个时期国家经济发展的重点，对与国民经济关系重大的部门、行业制定并实行较低的贴现利率或放款利率。优惠利率大多都在不发达国家运用。

（三）其他货币政策工具

其他货币政策工具，也称其他政策工具，是指除上述一般性、选择性货币政策工具以外、中央银行有时还会运用一些其他货币政策工具作为补充。主要包括：

1. 直接信用控制

直接信用控制是指中央银行以行政命令或其他方式对金融机构尤其是商业银行的信用活动进行直接控制,主要包括:

(1) 规定利率最高限额。

规定利率最高限额,又称利率管制,是指中央银行规定商业银行定期及储蓄存款所能支付的最高利率。利率管制的目的,是通过对存款利率上限的规定,防止商业银行用提高利率的办法在吸收存款方面进行过度竞争。如,自由化程度很高的美国,曾经长期使用过这种手段。

(2) 采用信用分配(配额)。

采用信用分配(配额),是指中央银行根据所处经济形势、市场资金状况以及客观需求,对商业银行的信用规模加以合理分配和限制的措施。目的是合理分配信贷资金,使有限的信贷资金用到最为急需的地方。

(3) 直接干预。

直接干预,是指中央银行依据有关法令的授权,对商业银行的授信业务进行直接的干预。如:直接规定商业银行业务经营的方针、放款与投资范围,限制其放款额度等。

(4) 控制贷款限额。

控制贷款限额,是指中央银行对商业银行的贷款规模实行直接限额管制。

(5) 规定金融机构的流动性比率。

规定金融机构的流动性比率,是指中央银行为了限制商业银行的信用能力,规定商业银行流动性资产在其全部资产中所占的比重。由于商业银行不能任意把流动性资产用于长期性的商业贷款,中央银行由此而达到了限制信用扩张的目的。

(6) 特种存款。

特种存款,是指当商业银行出现过剩超额储备时,要求其按一定比例将其缴存中央银行账户并冻结起来的一种存款方式。当发生较为剧烈的信贷膨胀时,中央银行可以运用这种方式压缩银行体系的放贷规模,从而减少货币供给量。

2. 间接信用控制

间接信用控制,是指中央银行通过道义劝告和窗口指导等方式,对商业银行等金融机构实施间接指导或影响。主要包括:

(1) 道义劝告。

道义劝告,是指中央银行利用其在金融体系中的特殊地位和声望,对商业银行及其他金融机构的业务活动提供指导、发表看法或提出某种劝告,促使商业银行和其他金融机构自动采取措施来贯彻中央银行的政策。道义劝告不具有强制性,不依靠法令赋予的特殊权利,而是向金融机构提出某种具体指导,其领会意图、自愿合作。金融机构通常都会采取合作态度。

(2) 窗口指导。

窗口指导,是指中央银行根据产业发展、物价走势以及金融市场动向等,要求商业银行将其贷款增加额控制在某种适当范围内,目的是调节银行信用的总量。

(3) 公开宣传。

公开宣传，是指中央银行利用各种机会向金融机构和社会宣传自己的金融政策，谋求得到各方面的配合。

(4) 金融检查。

金融检查，即对商业银行等金融机构进行金融检查，是政府赋予中央银行的监督职能，这一功能可以使中央银行不用管制措施而达到管制金融的目的。金融检查的内容是多方面的，既可以审查银行等金融机构的合法性，也可以检查银行等金融机构业务活动的合理性。通过检查，中央银行可以对违反法令或经营不善的金融机构采取必要的措施。

四、货币政策的传导机制

(一) 货币政策传导机制

综上所述，货币政策传导机制，就是指中央银行运用货币政策工具作用于操作目标，进而影响中介指标，最终实现既定的最终目标的传导途径和作用机理。由于涉及经济发展的各个层面，相关影响因素甚多，因此能否有效实现货币政策的最终目标，不仅取决于货币传导机制自身，也取决于传导机制所处的外部环境。

由于货币政策工具的影响不一，各目标之间的关系极为复杂，货币政策传导的过程又无法直接观察，有很多学者对此进行了相关理论研究，形成了各种货币政策传导机制的理论甚或学派。如：货币数量论中的费雪方程式，凯恩斯学派的利率渠道传导机制理论，弗里德曼的货币主义学派等。研究者从不同角度研究了不同货币政策工具的传导路径、影响及其效应，得到了一些不尽相同、但是对实际经济生活产生深远影响的政策结论。

【专栏 3-10】

凯恩斯学派的利率渠道传导机制理论

20世纪30年代的经济危机，引发了人们对包括货币政策在内的宏观经济政策的性质和作用的争论。1936 年，美国著名的经济学家凯恩斯在《就业、利息和货币通论》中提出了货币政策的利率传导渠道传导理论。凯恩斯认为，在经济周期的不同阶段，资本边际效率会发生周期性的变化，经济并非能够时时自动达到均衡，需要采取相机抉择的财政货币政策，以促使经济的稳定运行。他认为，货币政策可以通过影响市场利率而影响储蓄和投资行为，进而对经济发展水平和物价产生影响。

以扩张性货币政策为例，凯恩斯认为，货币政策的传导过程是：货币供给量↑→利率↓→支出↑→产出↑。这个传导机制的主要环节是利率。因为货币供应量的调整，首先影响利率的升降，然后才使投资乃至总支出产生变化。当存在大量失业时，货币供应量的增加，导致利率降低，有效需求扩大；在既定的资本边际效率下，更低的利率会刺激投资支出的增加，通过投资乘数效应导致国民收入增加；当接近充分就业时，扩大有效需求，投资和国民收入增加，物价水平开始上升；当达到充分就业时，一般物价水平会上升。

在凯恩斯的货币传导理论中，货币政策通过利率渠道发挥作用的关键途径有 3 个：一是货币与利率的关系,也即流动性偏好;二是利率与投资之间的关系,也即投资利率弹性;三是投资与国民收入之间的关系,也即投资乘数途径。但是,当出现下列情况,可能会导致货币政策的实效发生问题。①出现流动性陷阱。所谓流动性陷阱,是指是当现实经济运行中,利率水平已降低到无法再降低的程度时,人们对于货币的需求趋于无限大,此时任何货币供应量的增加都不会对利率水平产生影响,因而货币政策对于社会总需求以及物价水平都不会产生作用。流动性陷阱的存在,使利率水平不会随货币供应量增加而无限制地下降。当中央银行实施扩张性货币政策时,货币供应量增加,利率下降。当利率非常低时,货币供应量的扩张被货币流通速度的减缓所抵消,投资的利率弹性非常低,如果超过客观限度,无论货币供给如何增加,都会产生相应的货币需求,一部分货币会闲置下来。货币政策传导机制因而中断,货币扩张不可能对现实经济活动发生实质性的影响。②在经济萧条时期,投资支出的利率弹性低。中央银行通过货币扩张实现了利率水平的下调。但即使利率降低,但由于资本的边际效率下降,无法唤起企业部门的投资热情,投资需求也难以增加。③当消费倾向下降,且下降力量大于投资力量时,旨在刺激总需求的货币政策也是无效的。

此外,凯恩斯有效需求理论的重要假设前提之一是社会经济运行当中的资源并未得到充分的利用,经济生活中存在非自愿失业现象。因此,当社会处于非充分就业状态时,货币供应量的增加会引起收入和物价的上涨,但物价上涨的幅度小于货币供应量增加的幅度。如果社会已经处于充分就业状态,生产资源和劳动力的供给不再具有弹性,商品短期供给弹性逐渐趋于零。此时,物价水平会随货币数量的增加而同比例上涨,扩张性货币政策传导机制基本上无效。

(二) 货币政策的传导环节

根据对货币政策传导机制的分析,人们一般将货币政策传导的主要环节概括为以下3类:①从中央银行到商业银行等金融机构以及金融市场。中央银行的货币政策,首先影响的是商业银行的准备金、融资成本、信用能力及行为,金融市场上的货币供给、资金需求及其价格。②从商业银行等金融机构、金融市场到企业、居民等非金融部门的各类经济行为主体。商业银行等各类金融机构、金融市场会根据中央银行的政策操作调整自己的行为,由此对企业生产与投资、居民消费、储蓄、投资等经济活动产生影响,金融市场的参与者也会依据市场的变化,调整自己的投资行为、资产组合与配置等。③从非金融部门的行为主体到社会中的各个经济变量,如:总支出、总产出、物价、就业等。

五、我国的货币政策目标与工具

(一) 货币政策目标

1. 货币政策最终目标

从1984年中国人民银行开始专门行使中央银行职能,到1995年3月《中国人民银行法》颁布之前,我国一直奉行双重货币政策目标,也即:货币政策的最终目标是发展经济和稳定货币。这种做法符合当时的计划经济体制的要求,特别是在把银行信贷作为资源进行直接分配的情况下，货币总量控制与信贷投向分配都由计划安排，发展经济和稳定货币这两个目标比较容易协调。

随着改革开放的推进，计划经济逐渐转变为市场经济，我国货币政策的双重目标越来越难以实现。在支撑经济增长的同时，经常伴随着较为严重的货币贬值和通货膨胀。1995年3月，我国颁布实施的《中华人民共和国中国人民银行法》对"双重目标"进行了修正，确定我国的货币政策目标是"保持货币币值的稳定，并以此促进经济增长"。该法律于2003年12月27日重新修正生效，再次确认了这一目标。该目标体现了两个要求：①不能把稳定币值与经济增长放在同等位置上。从主次看，稳定币值始终是主要的。从顺序来看，稳定币值为先。中央银行应该以保持币值稳定来促进经济增长。②即使在短期内兼顾经济增长的要求，也必须要坚持稳定货币的基本立足点。

2. 货币政策的中介目标和操作目标

改革开放前以及1998年以前，我国货币政策的中介目标是贷款规模以及现金发行。随着我国逐渐由计划经济转向市场经济，金融市场的建立与日益完善，指令性的贷款规模不宜再作为中介目标。1997年12月，中国人民银行颁布了《关于改进国有商业银行贷款规模管理的通知》，宣布自1998年1月1日起，取消对国有商业银行贷款限额的控制，将其改为一种指导性的变量加以监测和调节。

1994年的《国务院关于金融体制改革的决定》明确指出，我国今后货币政策中介目标主要有四个：货币供应量、信用总量、同业拆借利率和银行超额储备金率。目前，在实际的政策运用中，我国货币政策的操作目标主要是基础货币、银行的超额储备金率和货币市场基准利率——上海银行间同业拆放利率（Shibor）、银行间债券市场的回购利率。货币政策的中介目标主要是货币供应量以及以商业银行贷款总量、货币市场交易量为代表的信用总量。

（二）货币政策工具

1994年以前，由于国情所限，我国货币政策的主要工具是存款准备金制度、信贷分配、特种存款等。随着改革进程加速，我国采用的货币政策工具逐渐与西方国家趋于一致。传统的货币政策工具如信贷分配、特种存款等退出市场，公开市场业务、利率政策等开始发挥作用，一些选择性货币政策工具得到谨慎而灵活的应用。2013年以后，根据我国的具体情况，人民银行渐次推出了一些创新的货币政策工具，作为传统货币工具的补充。

按照《中华人民共和国中国人民银行法》的规定，"中国人民银行为执行货币政策，可以运用下列货币政策工具：①要求金融机构按照规定的比例交存存款准备金；②确定中央银行基准利率；③为在中国人民银行开立账户的金融机构办理再贴现；④向商业银行提供贷款；⑤在公开市场上买卖国债和其他政府债券及外汇；⑥国务院确定的其他货币政策工具。"

目前，中国人民银行常用的几种货币政策工具是[①]：

1. 存款准备金制度

随着中国人民银行专门行使中央银行职能，1984年，我国建立了存款准备金制度。

---

① 中国人民银行网站：http://www.pbc.gov.cn/rmyh/105145/index.html。

1998年,中国人民银行进行了存款准备金制度改革,主要包括:将准备金账户和备付金账户合二为一,将法定存款准备金率从13%下调到8%,对各金融机构的法定存款准备金按法人、按旬统一考核等。2001年1月1日,人民银行调整了金融机构一般存款的范围,将金融机构代理人民银行财政性存款中的机关团体存款、财政预算外存款,划为金融机构的一般存款。金融机构需要按规定比例将一般存款的一部分作为法定存款准备金存入人民银行。2003年9月21日,为防止货币信贷总量过快增长,人民银行将法定存款准备金率提高至7%;同年12月21日,又根据实际情况将超额存款准备金率从1.98%降至1.62%。2004年4月25日起,人民银行开始对金融机构实行差别存款准备金率制度,存款准备金率与金融机构的资本充足率、资产质量状况等指标挂钩。2011年9月5日,人民银行将商业银行信用证保证金存款、保函保证金存款、银行承兑汇票保证金存款等三类保证金存款纳入存款准备金的缴存范围。2015年9月15日,改革存款准备金考核制度,由时点法考核改为平均法考核。2016年7月15日起,人民币存款准备金的考核基数又由考核期末一般存款时点数调整为考核期内一般存款日终余额的算术平均值。2014年12月,人民银行宣布将境外金融机构在境内金融机构存放纳入存款准备金交付范围,存款准备金率暂定为零。2016年1月25日起,要求对境外金融机构在境内金融机构存放执行正常存款准备金率政策。

2. 再贴现与再贷款政策

1986年,针对当时经济运行中企业之间严重的货款拖欠问题,人民银行下发《中国人民银行再贴现试行办法》,决定在北京、上海等十个城市对专业银行试办再贴现业务;这是人民银行独立行使中央银行职能以来首次进行的再贴现实践。自此以后,再贴现业务在我国经历了试点、推广到规范发展的过程。如:1995年末,人民银行规范再贴现业务操作,把再贴现作为货币政策工具体系的组成部分,并注重通过再贴现传递货币政策信号。1998年以后,为适应金融宏观调控由直接调控转向间接调控,加强再贴现传导货币政策的效果、规范票据市场的发展,人民银行出台了一系列完善商业汇票和再贴现管理的政策。改革再贴现、贴现利率生成机制,使再贴现利率成为中央银行独立的基准利率,为再贴现率发挥传导货币政策的信号作用创造了条件。2008年以来,为有效发挥再贴现促进结构调整、引导资金流向的作用,人民银行进一步完善再贴现管理:适当增加再贴现转授权窗口,以便于金融机构尤其是地方中小金融机构法人申请办理再贴现;适当扩大再贴现的对象和机构范围,城乡信用社、存款类外资金融机构法人、存款类新型农村金融机构,以及企业集团财务公司等非银行金融机构均可申请再贴现;推广使用商业承兑汇票,促进商业信用票据化;通过票据选择明确再贴现支持的重点,对涉农票据、县域企业和金融机构及中小金融机构签发、承兑、持有的票据优先办理再贴现;进一步明确再贴现可采取回购和买断两种方式,提高业务效率。显然,再贴现作为中央银行的重要货币政策工具,在完善我国货币政策传导机制、促进信贷结构调整、引导扩大中小企业融资、推动票据市场发展等方面发挥了重要作用。

此外,自1984年人民银行专门行使中央银行职能以来,再贷款一直是我国中央银行的重要货币政策工具。近年来,适应金融宏观调控方式由直接调控转向间接调控,再贷款所占基础货币的比重逐步下降,结构和投向发生重要变化。新增再贷款主要用于促进信贷结构调整,引导扩大县域、三农、扶贫、小微企业等的信贷投放。

如，为全面贯彻落实 2015 年 11 月《中共中央 国务院关于打赢脱贫攻坚战的决定》提出的"设立扶贫再贷款并实行比支农再贷款更优惠的利率，重点支持贫困地区发展特色产业和贫困人口就业创业"，人民银行决定设立扶贫再贷款，专项用于支持贫困地区地方法人金融机构扩大涉农信贷投放。扶贫再贷款的支持范围是连片特困地区、国家扶贫开发工作重点县，以及未纳入上述范围的省级扶贫开发工作重点县；发放对象是上述贫困地区的农村商业银行、农村合作银行、农村信用社和村镇银行 4 类地方法人金融机构。扶贫再贷款实行比支农再贷款更优惠的利率，合理延长扶贫再贷款使用期限，为地方法人金融机构支持脱贫攻坚提供成本较低、期限较长的资金来源[①]。

3. 公开市场操作

我国的公开市场操作包括人民币操作和外汇操作两部分。外汇公开市场操作 1994 年 3 月启动，人民币公开市场操作 1998 年 5 月 26 日恢复交易，规模逐步扩大。1999 年以来，公开市场操作发展较快，目前已成为中国人民银行货币政策日常操作的主要工具之一，对于调节银行体系流动性水平、引导货币市场利率走势、促进货币供应量合理增长发挥了积极的作用。中国人民银行从 1998 年开始建立公开市场业务一级交易商制度，选择了一批能够承担大额债券交易的商业银行作为公开市场业务的交易对象。近年来，公开市场业务一级交易商制度不断完善，先后建立了一级交易商考评调整机制、信息报告制度等相关管理制度，一级交易商的机构类别也从商业银行扩展至证券公司等其他金融机构。从目前的交易品种看，中国人民银行公开市场业务债券交易主要包括回购交易、现券交易和发行中央银行票据。

根据货币调控需要，近年来中国人民银行不断开展公开市场业务工具创新。如 2013 年 1 月，立足现有货币政策操作框架并借鉴国际经验，中国人民银行创设了"短期流动性调节工具（Short-term Liquidity Operations，SLO）"，作为公开市场常规操作的必要补充，在银行体系流动性出现临时性波动时相机使用。这一工具的及时创设，既有利于央行有效调节市场短期资金供给，熨平突发性、临时性因素导致的市场资金供求大幅波动，促进金融市场平稳运行，也有助于稳定市场预期和有效防范金融风险。

4. 利率政策

利率政策是我国货币政策的重要组成部分，也是货币政策实施的主要手段之一。人民银行根据货币政策实施的需要，适时运用利率工具，对利率水平和利率结构进行调整，进而影响社会资金供求状况，实现货币政策的既定目标。人民银行采用的利率工具主要包括：①调整中央银行基准利率，包括：再贷款利率、再贴现利率、存款准备金利率、超额存款准备金利率；②调整金融机构的法定存贷款利率；③制定金融机构存贷款利率的浮动范围；④制定相关政策对各类利率结构和档次进行调整等。

随着利率市场化改革的逐步推进，我国的利率政策逐步从直接调控转向间接调控。1996 年，我国开始推进利率市场化的改革。2003 年 3 月，人民银行确定并对外公布利率市场化的基本原则及步骤："先外币、后本币；先贷款、后存款；先长期、大额，后短期、小额"。

---

① 人民银行设立扶贫再贷款 助力打赢脱贫攻坚战，中国人民银行网站，2016.03.25，http://www.pbc.gov.cn/zhengcehuobisi/125207/125213/125437/125821/3038361/index.html。

历经20年的努力，2015年10月23日，人民银行宣布：对商业银行和农村合作金融机构等不再设置存款利率浮动上限，抓紧完善利率的市场化形成和调控机制，加强央行对利率体系的调控和监督指导，提高货币政策传导效率。至此，我国先后取消了贷款、存款利率浮动的行政限制，利率管制基本放开，利率市场化基本实现。可以预见，作为重要的经济杠杠和宏观调控工具，利率政策未来将会发挥更加重要的作用。

【专栏3-11】

我国利率市场化的主要进程[①]

我国利率市场化的主要进程如表3-4所示。

表3-4

时间	基本内容
1993年	明确利率市场化的基本思想，提出利率改革的长远目标：建立以市场资金供求为基础，以中央银行基准利率为调控核心，由市场供求决定各种利率水平的市场利率管理体系
1996年6月—2003年	1996年6月1日，放开银行间同业拆借市场利率。此后推出多项改革措施，包括：放开银行间债券回购利率；实现银行间市场利率、国债、政策性金融债发行利率的市场化；改革贴现利率生成机制；三次扩大贷款利率浮动幅度；进行大额长期存款利率市场化尝试；放开外币贷款利率和大额外币存款利率；放开英镑、瑞士法郎、加拿大元的外币小额存款利率管理，对美元、日元、港币、欧元的小额存款利率实行上限管理等
2003年	《中共中央关于完善社会主义市场经济若干问题的决定》提出：稳步推进利率市场化，建立健全由市场供求决定的利率形成机制，人民银行通过运用倾向政策工具引导市场利率
2004年10月	再次扩大金融机构贷款浮动空间，实行再贷款浮息制度，放开银行贷款利率上限；城乡信用社贷款利率上限扩大到基准利率的2.3倍；允许人民币存款利率下浮，下不设底
2007年1月	Shibor正式运行。至此，银行同业拆借市场利率、票据市场转贴现利率、债券回购利率、国债和政策性金融债的发行、二级市场的利率完全实现市场化
2011年	"十二五"规划纲要明确稳定推进利率市场化改革，加强金融市场基准利率体系建设
2012年6月	金融机构存款利率浮动上限调整为基准利率的1.1倍；贷款利率浮动区间下限调整为基准利率的0.8倍
2012年7月5日	贷款利率浮动区间下限调整为基准利率的0.7倍，利率市场化改革提速
2013年7月20日	人民银行宣布全面放开金融机构贷款利率管制
2013年10月25日	人民银行发布《贷款基础利率集中报价和发布规则》
2013年12月7日	人民银行发布《同业存单管理暂行办法》，12月12日，首批5家银行开始发行同业存单
2015年5月11日	人民银行宣布降息，并将存款利率的浮动空间上限调整为1.5倍
2015年6月2日	人民银行公布《大额存单管理暂行办法》。6月15日，首批9家银行正式推出大额存单
2015年10月24日	下调金融机构人民币贷款和存款基准利率，对商业银行和农村合作金融机构等不再设置存款利率浮动上限

---

① 笔者根据中国人民银行网站相关资料总结。

5. 常备信贷便利

从国际经验看,中央银行通常综合运用常备借贷便利和公开市场操作两大类货币政策工具管理流动性。全球大多数中央银行都具备借贷便利类的货币政策工具,但名称各异。一般来说,常备借贷便利的主要特点包括:一是由金融机构主动发起,金融机构可根据自身流动性需求申请常备借贷便利;二是常备借贷便利是中央银行与金融机构"一对一"交易,针对性强。三是常备借贷便利的交易对手覆盖面广,通常覆盖存款金融机构。

借鉴国际经验,中国人民银行于2013年初创设了常备借贷便利(Standing Lending Facility,SLF)。常备借贷便利是中国人民银行正常的流动性供给渠道,主要功能是满足金融机构期限较长的大额流动性需求。对象主要为政策性银行和全国性商业银行。期限为1—3个月。利率水平根据货币政策调控、引导市场利率的需要等综合确定。常备借贷便利以抵押方式发放,合格抵押品包括高信用评级的债券类资产及优质信贷资产等。

6. 中期借贷便利

为保持银行体系流动性总体平稳适度,支持货币信贷合理增长,中央银行需要根据流动性需求的期限、主体和用途不断丰富和完善工具组合,以进一步提高调控的灵活性、针对性和有效性。

2014年9月,中国人民银行创设了中期借贷便利(Medium-term Lending Facility,MLF)。中期借贷便利是中央银行提供中期基础货币的货币政策工具,对象为符合宏观审慎管理要求的商业银行、政策性银行,可通过招标方式开展。中期借贷便利采取质押方式发放,金融机构提供国债、央行票据、政策性金融债、高等级信用债等优质债券作为合格质押品。中期借贷便利利率发挥中期政策利率的作用,通过调节向金融机构中期融资的成本来对金融机构的资产负债表和市场预期产生影响,引导其向符合国家政策导向的实体经济部门提供低成本资金,促进降低社会融资成本。

7. 抵押补充贷款

2014年4月,中国人民银行创设抵押补充贷款(Pledged Supplemental Lending,PSL)为开发性金融支持棚改提供长期稳定、成本适当的资金来源。抵押补充贷款的主要功能是支持国民经济重点领域、薄弱环节和社会事业发展而对金融机构提供的期限较长的大额融资。抵押补充贷款采取质押方式发放,合格抵押品包括高等级债券资产和优质信贷资产。

8. 定向中期便利

2018年12月19日,中国人民银行发布消息,为加大对小微企业、民营企业的金融支持力度,决定创设定向中期借贷便利(TMLF,Targeted Medium-term Lending Facility)。主要根据金融机构对小微企业、民营企业贷款的增长情况,向其提供长期稳定资金来源。定向中期借贷便利资金可使用3年,操作利率比中期借贷便利(MLF)利率优惠15个基点。操作对象为符合相关条件并提出申请的大型商业银行、股份制商业银行和大型城市商业银行。

本章小结

中央银行，是专门制定和实施货币政策、统一管理金融活动并代表国家政府协调对外金融关系的金融管理机构。一般来说，中央银行是由政府组建的，由国家赋予其制定和实施货币政策、对国民经济进行宏观调控、对金融机构进行金融监管以及为政府筹资、代表政府参加各种国际金融活动等职责。

随着中央银行制度的不断发展，中央银行职能不断地完善，内容更加丰富。但是，"发行的银行""银行的银行"和"政府的银行"，仍然是对中央银行职能最基本、最典型的概括。中央银行是现代经济体系中最核心、最主要的部门之一，其在社会经济活动中具有重要地位。

中央银行的历史起源可以追溯到17世纪中后期。从世界范围看，其经历了初步建立、普及推广和强化完善3个主要发展阶段。中央银行的产生，有其特殊的历史背景和客观经济基础。中央银行的类型大致有4种：单一式中央银行制度、复合式中央银行制度、准中央银行制度、跨国中央银行制度。

我国最早的中央银行是20世纪初由清政府成立的户部银行。目前的中央银行是中国人民银行。

中央银行的主要业务是资产负债业务，可以通过中央银行的资产负债表反映出来。其中，中央银行负债，是指政府、金融机构、其他经济部门以及社会公众持有的对中央银行的债权，主要包括货币发行业务、存款业务及其他负债业务。中央银行资产，是指中央银行在一定时点所拥有的各种债权，主要包括再贴现和贷款业务、证券买卖业务、黄金外汇业储备业务以及其他一些资产业务。除此以外，中央银行业务还包括：清算业务、征信与反洗钱业务、会计业务以及调查统计业务等。

作为国家干预宏观经济的重要机构之一，中央银行需要制定适合的货币政策目标、选择合适的货币政策工具，通过科学的货币政策传导机制和环节，最终实现预定的货币政策目标。

货币政策有狭义和广义之分。狭义的货币政策，是指中央银行为实现一定的宏观经济目标，运用各种政策工具调节货币供应量和利率，进而影响宏观经济运行的方针及措施的总和。广义的货币政策，是指中央银行、政府及其他相关部门的所有有关货币方面的规定及其采取的影响货币数量的一切措施。人们一般谈论的货币政策是指狭义的货币政策。

货币政策目标包括最终目标、中介目标和操作目标，共同组成货币政策目标体系。每类目标各具特点，需要根据情况选择。

货币政策工具是指实现货币政策目标的操作工具和手段，主要包括3种：①一般性货币政策工具。其是中央银行最主要的货币政策工具，包括法定存款准备金、再贴现以及公开市场业务"三大法宝"。②选择性货币政策工具，主要包括：证券市场信用控制，消费者信用控制，不动产信用控制，优惠利率。③其他货币政策工具，主要包括：直接信用控制和间接信用控制。

货币政策传导机制，是指中央银行运用货币政策工具作用于操作目标，进而影响中介指标，最终实现既定的最终目标的传导途径和作用机理。

基于现实，我国目前所采用的货币政策目标以及货币政策工具，具有自身的特点。

关 键 术 语

中央银行	发行的银行	银行的银行	政府的银行
货币发行	法定存款准备金	超额存款准备金	再贴现
再贷款	中央银行资产负债表	支付清算业务	经理国库
征信	洗钱	反洗钱	货币政策
货币政策最终目标	货币政策中介目标	货币政策操作目标	一般性货币政策工具
选择性货币政策工具	基础货币	货币乘数	公开市场业务
货币政策传导机制	常备信贷便利	中期借贷便利	抵押补充贷款
定向中期便利			

复习思考题

1. 简述中央银行的含义与基本性质。
2. 中央银行的职能与地位？
3. 试述中央银行产生的历史背景和客观原因。
4. 中央银行的类型有哪几种？
5. 简述中央银行的业务类型。
6. 什么是货币政策？其基本内容有哪些？
7. 简述货币政策的目标。
8. 简述货币政策工具的基本类型。
9. 什么是货币政策传导机制？主要环节包括哪些？
10. 你如何评价我国目前的货币政策目标与工具？
11. 简述我国利率市场化的进程。

主要参考文献

1. 黄达. 金融学（第二版）[M]. 北京：中国人民大学出版社，2008.
2. 毛泽盛，卞志村. 中央银行学 [M]. 北京：人民出版社，2009.
3. 王立荣，陈雪红，彭娟娟. 中央银行学 [M]. 北京：经济科学出版社，2011.
4. 张强，乔海曙. 中央银行学 [M]. 北京：北京师范大学出版社，2010.
5. 赵何敏，黄明皓. 中央银行学 [M]. 北京：清华大学出版社，2012.
6. 杜朝运. 中央银行学 [M]. 厦门：厦门大学出版社，2010.

7. 盛宝莲．中央银行学［M］．上海：华东理工大学出版社，2012．

8. 王广谦．中央银行学（第二版）［M］．北京：高等教育出版社，2011．

9. 李健．金融学［M］．北京：高等教育出版社，2010．

10. 丁志国，金融学［M］．北京：机械工业出版社，2011．

第四章　商业银行

> 【学习目标】
> 本章主要介绍商业银行的产生发展、设立、业务基本类型及其发展的基本状况。通过学习：
> 1. 了解并掌握商业银行的含义、产生，理解其基本作用。
> 2. 了解并掌握商业银行的设立过程、基本类型，理解商业银行的经营目标。
> 3. 了解商业银行业务的基本框架，并掌握其具体内容。
> 4. 了解商业银行的发展趋势。

作为与人们日常生活联系最为密切的金融服务机构，商业银行是金融体系中历史最为悠久、数量最为庞大的金融机构，在各国的经济发展及其金融体系中都起着重要的作用。本章主要描述商业银行的产生、发展历程，阐述商业银行的设立及其经营目标，对商业银行的基本业务进行概括性描述，并对商业银行的发展趋势进行展望。

第一节　商业银行的产生及其基本职能

一、商业银行的产生与发展

商业银行的产生、发展与商品经济的发展密切相关，是商品经济发展到一定阶段的必然产物。随着经济的发展变化和日益复杂，商业银行提供的服务范围也在不断拓展。

传统意义上的商业银行是指以提供存款、贷款和汇兑为核心业务的金融机构。现代意义的商业银行，是以追求最大利润为目标，以多种金融负债筹集资金，以多种金融资产为其经营对象，能利用负债进行信用创造，并向客户提供多功能、综合性服务的金融企业，并且正在朝着"金融百货公司"的方向发展。由于商业银行的主要资金来源于存款，主要的资金运用为贷款，商业银行也成为最主要的存款类金融机构。

（一）商业银行的起源与发展

回顾商业银行的产生及发展历程可以看到：商业银行萌芽于早期的铸币兑换业，慢慢发展成为货币经营业，并由于具备信贷功能而逐渐演变为现代意义的商业银行。

早期银行的产生与国际贸易的发展有着极为密切的关系。中世纪中期的欧洲，国家之间、城乡之间日益频繁的商品交换是通过定期集市的形式进行的，使用的货币材料、重量和成色极不一致,给商人的交易活动带来很多不便。为了适应这种需求,从一般的商人中逐渐分离出来专门从事鉴定、估量、兑换货币的铸币(货币)兑换商,"铸币兑换业"由此产生。随着贸易的深入发展,货币收付的规模逐渐扩大;各地商人为避免长途运输的风险,将用不完的货币委托货币兑换商保管,并委托其代办支付和汇兑,货币兑换商由此积攒了大量的货币资金。在实际的支付活动中,货币兑换商渐渐发现这些长期大量集存的货币余额相当稳定,可以用来发放高利贷并获取利益,因而开始主动揽取货币保管业务,"货币经营业"者开始出现。在业务运行过程中,货币经营业者逐渐发现无需对所保管的货币实行全额准备,而只需保留部分准备金就可以满足客户提取现金的需要,其余部分可以作为贷款获得利息,由此刺激了信贷业务活动的出现。货币经营业者也就逐渐演变成了集存款、贷款和汇兑支付、结算业务于一身的早期银行。

商业银行的形成,一般被认为有以下两条主要的发展路径:

第一条路径,是从旧式高利贷性质的银行逐渐转变过来。据考证,早期的商业银行起源于意大利,最早是在1272年成立的巴尔迪银行。1587年建立的威尼斯银行是具有近代意义的银行。17世纪,银行这种新型金融机构由意大利传播到欧洲其他国家,这个时期的银行主要是高利贷性质。

17—18世纪,源于英格兰中部地区的英国工业革命影响了整个欧洲大陆,资本主义制度得以建立,需要有能够提供融通服务、经营债券、办理贴现等业务、符合新兴资产阶级需要的专业机构来提供服务。顺应历史潮流的变化,很多高利贷性质的银行逐渐演变为商业银行。

第二条路径,是根据资本主义发展的需要而产生的。1694年,世界上第一家以股份制形式组建的商业银行、也是现代商业银行产生的象征——英格兰银行,在英国这个最早建立资本主义制度的国家应运而生。成立之初,英格兰银行即宣布以较低的利率向工商企业提供贷款,加之其股本数额高达120万英镑,实力雄厚,很快动摇了高利贷性质的银行在金融领域中的统治地位,这种形式的银行迅速得到响应。到了19世纪,具有现代意义的股份制商业银行在西方各国普遍发展起来。

(二) 我国商业银行的产生与发展

与西方国家相比,我国的商业银行出现较晚。

关于银钱业,我国较早的记载是南北朝时期的寺庙典当业。到了唐代,出现了类似汇票的"飞钱",这是我国最早的汇兑业务。明朝出现的"钱庄"和清朝出现的"票号",是我国当时最为主要的货币信用机构,具有较为明显的高利贷性质。

我国具有现代意义的银行,是在19世纪中叶帝国主义国家入侵之后才出现的。第一家现代银行是于1845年、由英国人在广州创办的东方银行(后改名为丽如银行),其仅经营进出口贸易融资和国际汇兑业务。中日甲午战争爆发之后,资本主义国家来华设立银行机构的数目增多,对我国社会经济带来巨大影响,并在客观上对我国民族资本经济和民族资本银行业的发展起到一定的刺激作用。为了摆脱外国银行支配,1897年,真正由中国人自己创办的现代银行正式在上海建立,这就是由盛宣怀发起、在清政府的支持下、官商合办的中国通商银行。此后,中国民族资本的银行开始陆续建立。如:1917年总行设在天津的金城银行、1921年总行设在上海的中南银行、1915年总行设在北京的盐业银行以及1919年总行设在天津的大陆银行。这四家银行有的是由民族资本家创办，有的是半官半商，属于在当时比较有实力的几家银行。

新中国成立以后，我国商业银行的发展经历了曲折的发展历程。改革开放以后，从国家专业银行阶段（1984—1994年）、国有独资商业银行阶段（1994—2003年）逐渐发展到国家控股的商业银行阶段（2003年至今），包括商业银行在内的我国金融业整体市场结构发生了巨大的变化。

二、商业银行的性质和职能

（一）商业银行的基本性质

理解商业银行的性质，需要从以下3个方面把握：

第一，商业银行是企业，具有一般企业的基本特征。因此，银行需要拥有业务经营所必需的自有资本，需要自主经营、自担风险、自负盈亏；经营目标是利润最大化。

第二，商业银行是特殊的企业。由于其经营对象是货币及货币资金，活动范围主要是货币信用领域，创造的是能充当一般等价物的存款货币，所以银行是金融企业，是一种特殊的企业。无论是服务对象、经营内容，还是获利渠道、经营风险状况以及对于国民经济的影响等等，银行都显著区别于一般企业。特别需要指出的是，相比与一般企业，银行风险类型更加多元化，风险所带来的影响深远且波及面大，危害也更严重。

第三，商业银行是一种特殊的金融企业。其既不同于代表国家行使宏观调控职能的中央银行，也不同于各类主要提供专门业务服务的专业性的银行，如：政策性银行、投资银行，更是与各类非银行金融企业，如：保险公司、财务公司、信托投资公司等有着重要的区别。商业银行在国民经济及金融体系中处于特殊的地位，是宏观经济政策和货币政策的主要传导者。

（二）商业银行的功能

作为经营货币信用业务的特殊企业，商业银行在其业务经营活动当中，发挥着支付中介、信用中介、信用创造、金融服务4个主要功能。

1. 支付中介

商业银行在提供与货币收付有关的技术性服务时，执行或发挥支付中介职能，这是银行最为初始的职能，也是商业银行的传统功能。具体是指商业银行以存款账户为基础，通过一定的技术手段和流程设计，为客户完成货币收付或清偿债权债务关系、提供转移货币资金的服务。

通过商业银行的支付中介功能，可以减少流通中现金的使用，节约社会流通费用，使得经济运行效率得以提高；可以使债权债务顺利得到清偿，是维系经济活动过程中各个主体之间信用关系的链条；其高效的支付结算能力和效率、稳定运行的支付系统，也使得国家的经济安全和社会安定得到保证。

2. 信用中介

是指商业银行通过多种业务形式，把社会上的各种闲散货币资金集中到银行，再把资金投入到需要资金的部门，充当资金闲置者和资金短缺者之间的"中介"或"媒介"，从而实现资金的融通。

信用中介职能是商业银行最基本、也是最能反映其经营活动特征的职能。在发挥这一职能时，银行一方面通过支付利息吸收存款、借入款项，另一方面通过贷放货币资金或购买有价证券等投资活动来收取利息及投资权益。这种收入与支出之间的差额便形成传统商业银行的利润来源。通过信用中介职能，银行可以实现"储蓄—投资"的转化，可以积少成多、续短为长、实现货币数量和期限的转换，扩大社会资本总量，促使社会再生产更快速度地增长，满足经济运行中对长期货币资金的要求。

从历史上看，商业银行支付中介职能的发挥早于信用中介职能。但当银行的信用中介职能形成后，支付中介职能的发挥就需要以信用中介职能的存在为前提。商业银行所提供的转账结算、支付汇兑等服务，主要是面向其存、贷款客户的；支付中介职能发挥得好，又反过来促进了银行存、贷款业务的扩大，使银行信用中介职能得到更充分的展现。

3. 信用创造

在信用中介和支付中介职能的基础上，商业银行客观上具备了信用创造的职能。信用创造功能，是指商业银行所具有的创造信用流通工具并据以扩大贷款和投资的能力。

商业银行的主要资金来源是存款。在现代部分准备金制度下，商业银行利用其吸收的存款，以贷记借款户活期存款的方式发放贷款。这种存款是商业银行从事资产业务的基础，是其扩张信用的源泉，被称为"原始存款"。商业银行在没有完全取走原始存款的情况下，其又成为新的资金来源；银行可据此发放贷款。当然，如果借款人以转账形式支取，它又会成为另一家银行的资金来源，该银行在缴足法定存款准备金之后，又可依此发放贷款，形成新的存款，也即"派生存款"。派生存款，是指由商业银行发放贷款、办理贴现以及投资等业务形成的新的存款。派生存款产生的过程，就是银行吸收存款、发放贷款并形成新的存款的过程。这个过程中，商业银行需要向中央银行缴存一定数额的存款准备金，存户也会根据自身的意愿和需要从银行中提取活期存款；后者就形成所谓"现金漏损"，也即出现活期存款的"现金漏损率"。所以，在衡量原始存款的派生能力也即计算最后形成的总存款与原始存款之间的比率——"存款扩张倍数"或"存款乘数"时，需要考虑提现率以及法定存款准备金率、超额存款准备金率的大小。

在上述不断创造派生存款的过程中，商业银行发挥着创造信用货币的职能。如此循环继续下去，整个银行体系内部就会形成数倍于原始存款的派生存款，货币供给相对增加，最终对经济过程产生重要的影响。也正因为如此，一国政府为了保证经济秩序的稳定，实现一定意图的货币政策，都要通过有关监管当局对商业银行的业务活动实施严格的监管，利用存款准备金率适时调节商业银行派生存款的能力，以避免因银行的信用创造职能所带来的负面影响。

4. 金融服务

是指商业银行利用其在国民经济活动中的特殊地位，及其在提供信用中介和支付中介过程中所获得的大量信息，运用电子计算机等先进技术手段和工具，为客户提供多样化的服务，如：支付结算、信托咨询、各种代理业务服务等。

金融服务不仅可以为商业银行带来可观的手续费，也使银行扩大了与社会各阶层、各部门的广泛联系，为其资产、负债业务的拓展带来潜在收益。作为银行的重要职能，金融服务充分体现了商业银行的综合性、多功能的性质，它帮助商业银行改变了传统的经营内容，拓宽了银行的发展空间和道路。

三、商业银行的地位

商业银行是金融体系中数量最多、分布最广的一种金融企业。由于其业务内容的广泛性及对社会经济生活的显著影响，使得它在金融体系中乃至整个国民经济中占据着特殊的地位。主要表现在：

1. 商业银行是国民经济活动的中枢

通过银行的支付结算以及存、贷款业务，使得商业银行与工商企业、居民个人、政府机构等经济活动中各类行为主体有着直接、密切的联系；银行的支付结算、信贷活动影响着工商企业的经营活动范围、方向、规模及盈利水平，影响着个人与家庭的生活水平，影响着政府机构的日常事务；为整个社会的资金流转及其运行效率的提高、人们日常生活的便利等都提供了较为可靠的工具。在这个过程中，商业银行自然成为了国民经济活动的中枢。

2. 商业银行的业务活动对全社会的货币供应具有重要的影响

在整个金融体系中，商业银行是唯一能够接受活期存款的金融机构；而通过创造和削减存款的方式来影响信用流通工具数量增减变化，是商业银行的一大特殊功能。商业银行还可以通过扩张或紧缩放款，在一定程度上增加或减少其活期存款的数量。因而商业银行的业务活动对整个社会货币供应量的变化起着直接的作用。所以，很多国家都会通过中央银行的存款准备金制度控制商业银行活期存款的规模，进而来控制一国的货币供应量。

3. 商业银行已成为国家宏观经济政策实施的重要途径和基础

现代市场经济离不开宏观调控。而宏观调控的主要内容之一，就是根据各个时期的需要，制定并实施一系列货币、财政等方面的政策。从财政政策方面看，发行政府债券是其进行宏观调控的一个重要措施，而商业银行是政府债券的主要认购者，离开了商业银行，财政政策很难有效地发挥作用。从货币政策方面看，一国中央银行制定的货币政策必须通过商业银行传导到国民经济中去，而商业银行业务活动对中央银行货币政策的实施则起着举足轻重的影响。因此，商业银行在这些政策和实施过程中起着重要的作用。

4. 商业银行是社会经济活动的信息中心

基于服务内容的多样化和业务范围的广泛性，通过日常业务活动，商业银行可以详细掌握各个行业、部门、企业甚至家庭、个人最全面的经济信息，并在此基础上为各部门、企业和个人提供各类投资咨询和财务咨询服务，从而成为社会经济活动的信息中心。由此，商业银行可以为社会经济的发展提供积极的引导作用，为调整产业结构、产品结构及国民经济中其他各项重要的比例关系，实现经济稳定持续的发展，做出积极、重要的贡献。

第二节 商业银行的设立及经营目标

一、商业银行的设立

如前所述,商业银行是金融体系中最为重要的一种金融机构,商业银行的设立问题也就成为建立适宜的金融体系的重要问题。在考虑商业银行设立时,需要考虑诸如:是否需要设立;设立的数量与规模大小;在什么地方设立;具体设立时,还需要考虑具体的影响因素有哪些;采用何种组织形式和基本架构最为合适;等方面的问题。因而,设立商业银行,涉及银行制度设计、具体影响条件或因素等诸多方面的问题。

(一) 建立商业银行的基本原则

从制度设计的角度考虑,建立商业银行需要遵循以下基本原则:

1. 有利于银行业竞争

竞争是商品经济和市场经济活动的一个基本原则,竞争机制可以使资源得到充分利用。由于银行经营的都是货币和货币资金,其提供的产品具有较强的同质性,因此,建立富有竞争机制的商业银行制度,允许银行业的"优胜劣汰",有利于银行改善服务质量,提高经营效率,降低经营成本,加快资金周转,并利于整个经济的发展。这是很多国家在建立商业银行制度时需要考虑的首要原则。

2. 有利于保护银行安全

由于商业银行风险类型多样、表现复杂且透明度低,而银行业务又具有广泛的社会性和外部性,一家银行出现风险可能会波及其他银行甚至整个金融体系,影响甚至损害国家的经济发展,因此,银行安全是每个国家在建立商业银行制度时需要考虑的又一个重要问题。为此,金融监管部门需要对银行开业的最低资本额要求、银行业务范围、重要的财务比率(如流动比率、不良贷款率等)做出明确的规定,以保证银行经营及金融体系的安全性。

需要强调的是:上述银行竞争与保证安全之间的关系并不矛盾。因为合理有序的银行业市场竞争,可以提高银行的经营效率,增强银行抵御风险的能力;过度的市场竞争,会导致银行不计成本、不顾后果地高息揽储、从事高风险的投资业务等。

3. 使银行保持适当的规模

经济学中有"规模经济"的概念。所谓规模经济是指:在市场经济中,任何一个企业都具有一个合理规模。在规模经济条件下,企业的成本最低,利润最优。而大于或小于这一规模,都会引起企业的成本上升或利润下降。作为特殊的企业,商业银行同样受到规模经济的制约。当银行规模合理时,银行经营成本最低而服务质量好、效率高;当银行规模不合理时,银行经营成本提高、服务质量差、效率低。因此,保持适度的银行规模,是建立商业银行制度需要考虑的第三个问题。

（二）商业银行设立的基本条件和程序

金融监管当局在考虑具体的银行设立问题时，一般需要考察设立银行所在地区的社会经济以及金融环境状况等，论证银行设立的可行性和必要性。其中，对于社会经济状况的考察，主要需要从人口状况、生产力发展水平、工商企业的经营状况及其地理位置等方面进行；而金融环境状况，则需主要考察该地区的信用文化状况、经济货币化程度、金融市场的发育程度、金融机构的竞争情况、管理当局的有关政策等。

在具体设立商业银行时，需要遵循一定的设置程序。以股份制商业银行为例，其设立的基本程序如图4-1所示。

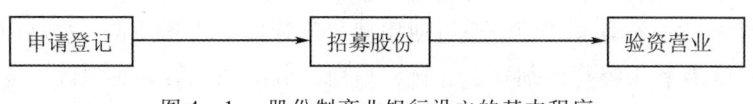

图4-1 股份制商业银行设立的基本程序

二、商业银行的基本类型

商业银行的类型多种多样，可以按照不同的标准进行分类。如：按业务范围划分，有批发型、零售型、批发与零售兼营型的银行；按地域划分，有地方型、区域型、全国型、国际型的银行；按可否从事证券业务和其他业务划分，有德式、英式、美式等不同类型的银行；按组织形式划分，有单一（单元）银行制、总分行制银行以及集团银行；按资本所有权划分，有私人、股份制、国有等类型的银行。其中，比较常见的划分方式有以下两种：

（一）按组织形式划分

主要包括以下几种类型：

1. 单一银行制（单元制）

单一银行制是指不允许设立分支机构的商业银行，每家银行既不受其他银行控制，也不得控制其他银行。这种形式主要集中在美国，是由美国特殊的历史背景和政治制度决定的。1993年，美国国会通过《瑞格—尼尔跨州银行与分支机构有效性法案》，允许商业银行跨州设立分支机构，宣告单一银行制在美国被废除。但由于历史延续性，目前美国仍有部分实施单一银行制的银行。

单一银行制的主要优点是：①可防止银行垄断，有利于自由竞争，也缓和了竞争的剧烈程度；②有利于银行与地方政府协调，能适应本地区经济发展需要；③银行具有独立性与自主性，其业务经营的灵活性较大；④银行管理层次少，有利于中央银行货币政策贯彻执行，有利于提高货币政策效果。

与此同时，单一银行制也存在明显的缺点，主要表现在：①单一银行采用新技术的单位成本较高，不利于银行采用最新的管理工具，使业务发展和创新活动受到限制；②单一银行资金实力较弱，抵抗风险的能力较差；③单一银行制本身与经济的外向发展存在矛盾，会造成资金的迂回流动，削弱银行的竞争力。

2. 总分行制

总分行制是指那些在总行之下，可以在本地或外地设有若干分支机构并从事银行业务的商业银行。这种商业银行的总行一般都设在大都市，下属所有分支行须由总行领导指挥。这种形式是目前世界各国商业银行广泛采用的一种形式。

按管理方式的不同，总分行制又可进一步划分为总行制和总管理处制。总行制是指总行除管理、控制各分支行以外，本身也对外营业，办理业务；而总管理处制是指总管理处只负责管理控制各分支行，其本身不对外营业，在总管理处所在地另设分支行对外营业。如：我国的交通银行自1987年恢复建立到1994年之间曾实行总管理处制度。

总分行制的优点主要表现在：①有利于银行吸收存款，有利于银行扩大资本总额和经营规模，能取得规模经济效益；②便于银行使用现代化管理手段和设备，提高服务质量，加快资金周转速度；③有利于银行调剂资金、转移信用、分散和减轻多种风险；④总行家数相对较少，有利于国家的控制和管理，其业务经营受地方政府干预小；⑤资金来源广泛，有利于提高银行的竞争实力；当然，总分行制也有一些缺点，如容易加速垄断的形成。由于银行规模较大，内部层次多，管理难度相应加大等。

3. 集团银行制

集团银行制，又称持股公司制，是指由一个集团成立控股公司，再由该公司收购或控制若干独立的银行，这些独立银行的业务和经营决策统属于股份公司控制。一般来说，持股公司对银行的有效控制权，是指能控制一家银行25%以上的投票权。持股公司制银行在美国最为流行，是规避政府对于银行设立分支机构进行限制的结果，是银行组织模式的一种创新形式。

持股公司制的优点主要表现在：能够有效扩大资本总量，增强银行实力，以提高抵御风险和参与市场竞争的能力，弥补单一银行制的不足。缺点主要表现为：容易形成银行业的集中和垄断，不利于银行之间开展竞争，并在一定程度上限制了银行经营的自主性，不利于银行的创新活动。

4. 连锁银行制

连锁银行制，也称联合制，是由某一个人或某个集团购买若干独立银行的多数股票，从而实现对这些银行进行控制的一种组织形式。其与持股公司制银行的主要区别在于：不采用控股公司形式，所控制的银行在法律上是独立的。这种银行机构经常是围绕某一个地区或一个州的大银行组织起来，以某个大银行为中心而形成集团内部的各种联合。由于不易获得所需的大量资本，因而这种形式的银行相继变为银行的分支机构或组建成持股公司制的银行。

随着金融自由化的发展，银行综合经营的趋势在世界各国表现得更加明显。目前，由持股公司形式演变而生的金融控股公司①、金融集团②已经成为很多国家商业银行采用的组织形式。

(二) 按资本所有权划分

主要包括以下几种类型：

1. 私人银行

私人银行，是指私人独资或合伙成立并经营的非股份制银行。其中，独资私人银行是由一个自然人单独出资，亲自或雇人经营，出资人对银行的财产和盈利有全部支配权，对债务单独承担无限清偿责任。合伙银行是由两人或两人以上订立合伙契约、共同出资、合伙经营的银行；财产为合伙人共有，盈利按出资多少或契约规定进行分配，合伙人对债务负有无限清偿责任。

私人银行的主要特点是由个人或家族控制，不公开上市，不设分支机构，主要服务于小企业、小手工业者。这种产权形式的银行主要存在于资本主义发展的早期阶段。

2. 股份制银行

股份制银行，是指采用股份公司形式，按照国家有关公司法律条例，向主管部门登记，取得法人资格而建立起来的银行。这类型的银行，把所有资本按相等金额分成若干股份，在社会上公开招募或者是向特定人群招募股份；购买股份的银行股东有权按所持有股票取得股息、股利、参加股东大会。进入19世纪，股份制银行已成为商业银行的主要形式。

3. 国有银行

国有银行，是指由国家（或地方政府）出资建立的商业银行。组建这种类型银行的主要目的在于：控制金融体系，便于推行政府的有关政策。组建形式主要包括：完全由政府出资、政府投入部分股本、政府注资实现国有化等。

基于历史发展及其国情需要，国有商业银行在我国金融体系中曾占绝对"统治地位"。2003年以后，为了适应市场经济发展要求，完善法人治理结构，我国开始对国有商业银行进行股份制改造。2010年7月，随着中国农业银行上市，国有商业银行的股份制改革基本完成。根据银监会的统计，截至2017年3月末，大型银行的资产、负债份额仅占我国银行业金融机构资产负债份额的38%左右。另外，随着市场化竞争的加速，进行股份制改造并力争上市、构建现代公司治理结构已经成为商业银行追求的共同目标。截至2017年2月，我国已有37家股份制银行成为"上市行"。

---

① 巴塞尔银行监管委员会、国际证券联合会、国际保险监管协会于1996年初发起成立的多元化金融集团公司联合论坛，在1999年2月颁布的《对金融控股集团的监管原则》中对金融控股公司（Financial Services Holding Company, FSHC）所做的定义：金融控股公司是指在同一控权权下，完全或主要在银行业、证券业、保险业中至少两个不同的金融行业大规模提供服务的金融集团公司。因此，金融控股公司也可以被称为全能性金融集团。

② 联合论坛、巴塞尔银行监管委员会、国际证监会组织和国际保险监督官组织于2012年9月发布的《金融集团监管原则》，将金融集团定义为："在受监管的银行业、证券业或保险业中，实质性地从事至少两类金融业务，并对附属机构有控制力和重大影响的所有集团公司，包括金融控股公司。各国（地区）应考虑将这样一类金融集团纳入原则适用范围，此类金融集团既从事以上一类受监管金融业务，也实质从事在分业监管框架下未受全面集团范围监管的其他金融业务"。

> [专栏 4-1]

我国国有商业银行的股份制改革

在改革开放的过程中,作为我国金融业的主体,国有商业银行在为我国经济、社会发展和稳定做出重要贡献的同时,自身也积累了比较严重的风险,突出表现在改制前不良贷款比例过高,资产损失数额巨大,资本金严重不足,财务状况十分严峻,制约了银行自身和经济社会的发展,并且一度曾引起国际社会的广泛关注。有关统计显示,国有商业银行股份制改造之前的2002年年底,工、农、中、建四大国有独资商业银行的不良贷款率高达25%,平均资本充足率仅为4.25%。西方有关机构甚至做出了中国的国有银行在"技术上已经破产"的判断。2003年年初,国际评级公司——标准普尔将中国内地银行的信用等级全部评为"垃圾级"。

面对严峻的形势,2002年2月,中央在京召开了第二次全国金融工作会议,明确提出国有商业银行改革是中国金融业改革的重中之重,"对国有独资商业银行进行股份制改造,是公有制多种实现形式的重要探索。具备条件的国有独资商业银行可改组为国家控股的股份制商业银行,完善法人治理,条件成熟的可以上市"。

2003年12月16日,中央汇金投资有限责任公司注册成立。同年12月30日,汇金公司动用450亿美元外汇储备对中国银行和中国建设银行注资。2004年1月6日,国务院正式公布中国银行和中国建设银行实施股份制改造试点的决定。随着中国农业银行在2010年7月15日和16日成功地实现了A股和H股在内地和香港资本市场的同步上市,历经8年多的时间,经过财务重组、成立股份有限公司、引进战略投资者和公开发行上市几个阶段,我国原有的四大国有独资商业银行——中国建设银行、中国银行、中国工商银行、中国农业银行都先后完成了股改上市过程,交行也通过深化股份制改革完成了公开上市,并转变成国有控股商业银行。

改制后的国有控股商业银行发生了脱胎换骨的变化,核心竞争力显著增强。即使是在2008年金融危机的情况下,我国银行业也保持了安全稳定、资本充足、资产优良、盈利较快增长的良好态势,成为国际金融市场上的一道亮丽的风景线。2013年7月,英国《银行家》杂志公布的2012年度世界1 000家大银行排名显示,我国四大国有商业银行均进入前10名行列。其中,中国工商银行排名第一,这是该榜单出炉近100年以来亚洲的银行首次登顶。与此同时,四大银行也成为世界银行业市值排名靠前、盈利最为丰厚的银行。如2010年,中国工商银行就以245亿美元、中国建设银行以203亿美元的税前利润分列世界上最赚钱银行的第一、第二名。2011年,中国工商银行盈利高达432.18亿美元,排名世界第一;中国建设银行、中国银行、中国农业银行分列世界第二、三、五位。2016年,"中国的银行利润仍是世界上最高的,要大幅高于美国和欧洲银行"[①]。

2018年7月《银行家》公布的1 000家大银行排名中,工、建、中、农四大银行首次位列前四名。其中,工行连续6年保持一级资本世界第一的位置。中国银行业在一级资

---

① 英国《银行家》杂志,2016年: http://www.thebanker.com/Top-1000-World-Banks/。

本总额、资产总额、税前利润总额上连续三年超越欧元区、美国,位居各国家和地区榜首①。

三、商业银行的内部组织结构

商业银行内部组织结构以有效发挥银行的职能、开展有效经营为设置原则,银行内部机构各司其职,各负其责,协调配合,高效运作,共同为商业银行经营目标服务。现代商业银行大多采用股份制形式,按照公司制度要求,商业银行内部组织机构可分为各自独立、相互联系、相互制约的3个主要部分,即决策机构、执行机构和监督机构。

商业银行的决策机构,是指行使所有者权利、决定经营方针及其策略的机构,属于所有权机构,主要包括股东大会、董事会及其下设各类专业委员会。其中,股东大会是银行的最高权力机构,董事会是银行实际权力的代表机构,最高权力人是董事长,基本职责是负责银行的发展方向、银行的战略规划,负责银行的创建、创业和发展,是银行的总设计师。各类专业委员会的主要职责是贯彻实施董事会的决议。

商业银行的执行机构,也即经营机构,是由以行长为主的领导群体及其领导下的各业务部门、职能部门和分支机构组成,经营机构是银行经营活动的主体。最高权力人是行长,基本职责是负责银行日常的经营管理,推动和执行决策机构所做的决定。

商业银行的监督机构,主要包括两个层次,一是监事会,二是稽核部。监事会是监督、检查机关,是董事会的权力制衡机构,向股东大会负责;稽核部是商业银行内部机构,是行长(或总经理)权力的制衡机构,向董事会负责。

股份制商业银行组织结构的基本框架如图4-2所示:

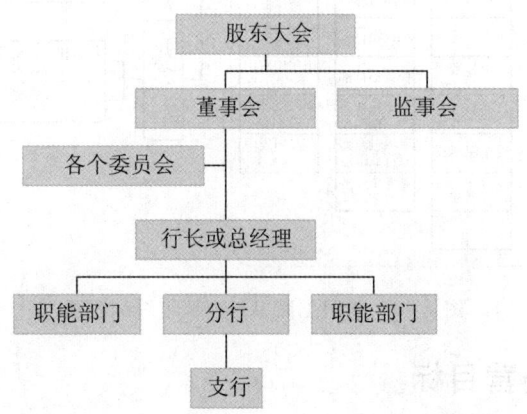

图4-2 股份制商业银行内部组织结构图

---

① 魏晞. 中国四大银行首次全面登顶全球1000家大银行榜单[J/OL]. 2018-07-02. http://www.chinanews.com/cj/2018/07-02/8554338.shtml.

【专栏 4-2】

中国工商银行内部组织结构

2006年10月27日,中国工商银行于上海及香港同步上市,实现了从国有独资商业银行到股份制商业银行,再到国际公众持股公司的历史任务。按照我国相关法律法规和现代金融企业制度的基本要求,中国工商银行建立了由股东大会、董事会、监事会和高级管理层组成的现代公司治理架构,初步形成了权力机构、决策机构、监督机构和管理层之间决策科学、执行有力、监督有效的运行机制。

目前,中国工商银行内部组织结构图如图4-3所示①:

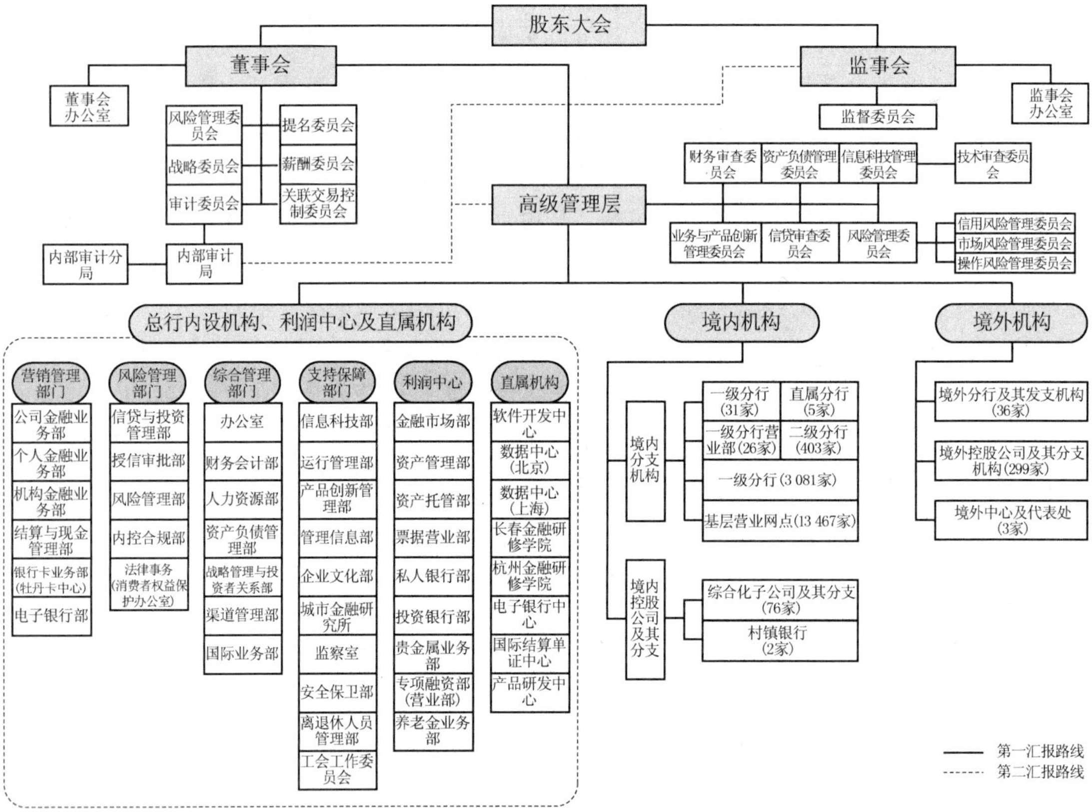

图4-3 中国工商银行内部组织结构图

四、商业银行的经营目标

根据商业银行的特性,人们通常认为商业银行的经营目标是:在追求安全性、流动性的基础上,争取最大的利润。这个目标也即通常所说的商业银行"三性"经营方针(原则):安全性、流动性、盈利性。

---

① 中国工商银行网站,http://www.icbc-ltd.com。

（一）安全性

所谓安全性，是要求银行在经营活动中，必须保持足够的清偿能力，经得起重大风险和损失，能随时应付客户提存，使客户对银行保持坚定的信任。银行追求安全性的主要原因在于：银行资金的特性和一般企业不同，商业银行是负债经营，其安全性在很大程度上取决于其资产安排的规模和资产的结构，取决于其资产的风险度及现金储备的多少。

银行在经营过程中，需要特别注重对于风险的管理。银行的经营风险包括多种类型，如：信用风险、市场风险、操作风险、流动性风险等。银行需要通过风险识别、风险估计、风险处理等方法，预防、规避、分散或转移风险，以达到风险管理、实现安全性的目的。

（二）流动性

所谓流动性，一般是指商业银行保持随时能以适当的价格取得可用资金的能力，以便随时应付客户提存及银行其他支付的需要。从商业银行发展的角度看，"流动性"概念强调两个方面：一是资产的流动性，要求银行资产在不损失或少损失情况下具有迅速变现的能力，以此可以用来应付客户的提存要求。二是负债的流动性，要求银行具有足以应付各种需要的资金可用能力。存在流动性要求的主要原因在于：清偿力是银行必须具备的一种能力，由于银行资金来源主要来源于客户的存款与各种借入款，自有资金（资本）数量相对较少，因此各类债权人的偿还需求是关系银行生存的重要影响因素；而由于银行业务经营本身的特点：不确定性较强，受各种因素影响较大，因而达到流动性充足的要求就成为银行面临的核心问题。

一般来说，银行保持流动性的具体方法，可以从以下两个方面进行：一是在资产方面，应建立流动性强的资产准备，如一级准备（主要为现金资产）和二级准备（主要为短期证券），实现资产变现要求。二是在负债方面，应通过多种负债途径，如吸收存款、同业拆借，向中央银行借款、利用回购协议、大额可转让定期存单等负债方式借入资金，以适当的价格获得所需要的资金。

（三）盈利性

盈利性是商业银行经营活动的最终目标。这一目标要求商业银行的经营管理者在可能的情况下，尽可能地追求利润最大化。追逐利润是由商业银行的性质决定的。利润最大化，可以使商业银行实现充实资本、增强实力、巩固信用、提高竞争能力的基础，也是银行股东的利益所在，是商业银行开拓进取、积极发展业务、提高服务质量的内在动力。

由于传统银行的主要业务是存、贷款，收入主要为贷款的利息收入，支出主要为存款的利息支出，所以其利润的主要来源是存、贷款的利差。随着银行业的不断发展，银行的中间业务或表外业务在银行的利润总额中所占比重越来越大，且已成为商业银行未来发展的趋势。中间业务或表外业务的收入主要为非利息收入，如各种业务的手续费收入；而支出是各种非利息支出，如提取各种损失准备等，因此现代银行利润的主要来源是非利息收支的差额。

（四）"三性"之间的关系与处理

银行经营"三性"之间的一般关系是：安全性与流动性成正比；安全性、流动性与盈利性成反比。所以，处理"三性"关系的核心是：围绕流动性加强经营管理，增强资金实力，提高服务质量。只有这样，才能实现"三性"目标。为此，银行经营应该以安全性为基础，以流动性作为实现安全性的工具，以盈利性作为经营的最终目标。

基于我国的具体情况，《中华人民共和国商业银行法》第四条规定，我国商业银行以"安全性、流动性、效益性"为经营原则，实行自主经营，自担风险，自负盈亏，自我约束[①]。

第三节 商业银行的主要业务

一、商业银行业务的基本框架

商业银行的业务主要包括两大类型：表内业务和表外业务。

表内业务是指可以列入银行资产负债表内的业务，主要包括负债业务和资产业务。负债业务是指商业银行筹措资金、形成资金来源的业务，是商业银行开展资产业务和其他业务的基础和资金保证。资产业务是指商业银行的资金运用业务，它既是商业银行最主要、最基本的盈利来源，又是信誉高低的重要标志。商业银行表内业务的基本框架如表4-1所示。

表4-1　　　　　　　商业银行的表内业务框架——简化的银行资产负债表

资产业务	负债业务
现金	存款
贷款	借款（非存款借入资金）
证券投资	其他负债
其他资产	资本

表外业务是指按照通行的会计准则不列入银行资产负债表内，不影响银行资产负债总额，但能影响银行当期损益，改变银行资产报酬率的业务，主要包括传统的、服务性的中间业务和创新性的、有风险的表外业务。

上述两类业务最为显著的差异是：表内业务是银行所从事的比较传统的业务，其收入来源主要为存、贷款利息收支的差额——存贷利差；而表外业务除了传统的服务性的中间业务以外，更多是指创新的、有风险的表外业务，如担保、承诺、各类金融衍生工具等。其主要收入来源是非利息收入，如手续费收入、佣金收入等。

除此以外，国际业务也是商业银行的主要业务内容之一。从本质上看，国际业务仅是国内业务在国际中的延伸，但是由于很多国际业务有其自身的特点，因而很多银行会对其进行单独管理。

---

① 中华人民共和国商业银行法（修正）[EB/OL] 中国人民银行网站，http://www.pbc.gov.cn/tiaofasi/144941/144951/2817252/index.html.

二、商业银行的负债业务

根据负债来源情况,商业银行的负债类型主要包括以下几种:

(一)存款业务

吸收存款,是商业银行非常重要的筹资业务活动。存款为银行提供了大部分的资金来源,是银行业务发展的重要基础;存款的吸收,为银行各项职能如信用中介、支付中介和信用创造等的实现创造了条件;存款是决定银行盈利水平的重要因素;银行通过存款业务活动,也为其与社会各界的沟通提供了渠道。由于存款数量、存取动机等皆由存款人确定,银行则相对较为被动,因而存款也被称为银行的"被动型负债"。

依据不同的划分标准,商业银行的存款有多种类型。在此,我们以传统存款和创新存款的划分标准来对存款进行区分。

1. 传统的存款类型

(1)活期存款。

活期存款(Demand Deposits),也称支票账户或交易账户,是指存款客户可随时存取或支付使用的存款。对存入的这种款项的支取,客户与银行之间没有明确的时间限制,客户事先可以不通知银行即可提现。活期存款的基本特点是:①活期存款多用于支付和交易用途。②支付方式多样,可使用支票、本票、汇票、电话转账或其他手段。其中,支票是最为传统的支付方式。③对于开设账户的客户一般没有限制。各种公司企业、非银行性金融机构、盈利性个人或社会团体、政府机构之间甚至商业银行之间均可开设此账户。④银行对存户一般不支付利息或者是收取手续费。⑤在一定条件下允许透支。允许活期存款账户进行透支,是商业银行为争取客户采取的措施。透支是以一定偿还条件和信誉作为条件的一种银行贷款;计算贷款本金时,应是透支款项数额加上按透支天数计付的利息。⑥从货币供应角度看,活期存款具有很强的派生能力,是各国金融监管当局调控货币供应量的主要操作对象。⑦虽然期限较短,但在不断进行的此取彼存过程中,银行总能获得一个较稳定的活期存款余额,并将之用于各项资产和投资业务。此外,活期存款的派生能力也利于银行增加与客户的联系,从而扩大经营规模。

(2)定期存款。

定期存款(Time Deposits),是指存款客户与银行事先商定取款期限并以此获取一定利息的存款。原则上,这种存款不准提前支取,或者是允许提前支取但需要支付一定的罚金或者是按照活期存款的利率支付利息。由于具有相对稳定的特点,定期存款成为商业银行获取中长期信贷资金的重要渠道。定期存款的主要特点包括:①期限固定,短至几天、1个月、2个月、3个月、6个月或者1年,长至3年、5年、10年或更长的时间。②能使持有者获得较高的利息收入。存款期限越长,存款利率越高,给持有者带来的收益就越大。③银行签发的定期存单虽然一般不能转让,但可以作为抵押品使用。

(3)储蓄存款。

储蓄存款(Savings Deposits),是指居民个人和家庭为积蓄货币和取得利息收益而存入银行的款项。基本特点是：①开设该账户的客户主要是居民个人和家庭，也包括一些非盈利组织。②传统上一般为存折或存单形式。目前，银行卡已经成为储蓄存款、特别是活期储蓄存款的重要载体。③存款期限因品种而异。主要包括活期储蓄存款和定期储蓄存款两种类型。其中，活期储蓄的存取无期限限制，存款人凭存折或卡可以随时提现支用；定期储蓄存款的取款有日期限制，一般不能提前支取；由于存款利率相对较高，所以定期储蓄存款是个人获利的重要手段。④储蓄存款属于个人性质的存款。为保护存款人利益，西方国家对经营这项业务的金融机构资格要求比较严，一般只能由商业银行的储蓄部门或专门的储蓄机构来经营，如美国的储蓄银行、储贷协会等。我国也为此制定了相应的管理办法，例如，规定储蓄存款的原则是：存款自愿、取款自由、存款有息、为储户保密。

2. 创新的存款类型

存款创新是指银行根据客户的动机和需求，在原有存款种类的基础上推出新品种以满足客户需求的举措。如为逃避管制，加强银行的竞争能力，20世纪六十、七十年代开始，美国的商业银行率先对存款种类进行了创新，开发出了多种创新存款类型，如：大额可转让定期存单（Negotiable Certificate of Deposits，CDs）、可转让支付命令账户（Negotiable Order of Withdrawal Account，NOW）、超级可转让支付命令账户（Super Negotiable Order of Withdrawal Account，Super Now）、货币市场存款账户（Money Market Deposit Account，MMDA）、自动转账服务账户（Automatic Transfer Service Account，ATS）、协定账户（Agreement Account）、个人退休金账户（Individual Retirement Account，IRA）、股金提款单账户（Share Draft Account，SDA）等。

长期以来，我国商业银行的存款类型不如发达国家丰富，不够灵活，产品差异化方面挖掘不够，产品形式单一。近些年来，金融市场快速发展，创新产品不断涌现，商业银行的存款产品类型、形式等日益多样化，市场竞争激烈。目前我国商业银行基本的存款类型，如表4-2所示。

表4-2　　　　　　　　　我国商业银行目前基本的存款类型

划分标准	类型
存款期限	活期存款、定期存款（整存整取、整存零取、零存整取、存本取息等）、定活两便存款、协定存款、通知存款、结构性存款、大额存单等
存款资金来源	住户存款、非金融企业存款、机关团体存款、财政性存款、非居民存款等
存款性质	原始存款、派生存款等
存款币种	本币存款、外币存款等

（二）非存款业务

非存款业务是指商业银行吸收各种非存款资金的业务，也被称为商业银行的非存款性负债。主要包括：同业拆借、回购协议、向中央银行或向国际金融市场借款、发行金融债券等业务。

通过非存款业务，商业银行可以从市场上获取所需资金；并且银行可以根据外界环境变化及银行自身具体情况需要，确定获取及归还资金的时间、数额甚至是资金的价格等，相对较为主动，因而非存款业务也常被称为商业银行的"主动型负债"。另外，非存款业务是银行以各种方式从资金市场上获得资金，影响因素较多且复杂，从而加大了商业银行的经营成本以及经营资产的风险。

各种非存款资金的借入，对于商业银行的业务经营具有重要作用：①可以提高商业银行的资金营运和管理效率。②可以增加商业银行的资金来源、扩大经营规模，加强商业银行与外部的联系和往来。③有利于满足商业银行业务经营的各种需要。

一般来说，按照期限长短，商业银行的非存款资金被划分为短期借入资金和长期借入资金。

1. 短期借入资金

短期借入资金是指期限在一年以内的各种银行借款。其目的主要是保持正常的资金周转、满足资金流动性的需要。取得短期借入资金的途径，主要包括同业拆借、回购、向中央银行借款以及转贷款和转贴现等其他短期借款方式。

（1）同业拆借。

同业拆借，是指商业银行与其他金融机构之间的临时性借款，主要用于支持银行资金周转、弥补银行暂时的头寸短缺。

同业拆借业务产生于存款准备金制度的实施。并且，同业拆借一般是通过商业银行在中央银行的存款账户进行的，实际上是对超额准备金的调剂，所以也被称为"中央银行基金"或"超额准备金的借贷"。同业拆借期限一般较短，多在 7 日之内，最短可以为 1 天或 1 夜，因此也常被称为隔日放款、隔夜放款或"日拆"。同业拆借具备以下几个基本特点：①同业性与批发性；②短期性与主动性；③市场化和高效率；④交易的无担保性；⑤不需向中央银行缴纳法定存款准备金等①。

同业拆借市场是我国发展较早、目前交易规模较大并且已经真正开始形成市场机制的一种货币市场。随着同业拆借市场的发展，加入的金融机构范围逐步扩大，同业拆借利率趋于市场化。2007 年 1 月正式推出的上海银行间同业拆放利率（Shibor）正在逐步成为我国货币市场的基准利率。

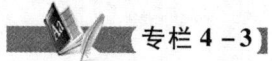

【专栏 4 - 3】

上海银行间同业拆放利率②

上海银行间同业拆放利率（Shanghai Interbank Offered Rate，简称 Shibor），以位于上海的全国银行间同业拆借中心为技术平台计算、发布并命名，是由信用等级较高的银行组成报价团自主报出的人民币同业拆出利率计算确定的算术平均利率，是单利、无担保、批发性利

---

① 参看本书第六章有关内容。
② 有关 Shibor 行情等相关数据信息，可登录上海银行间同业拆放利率网：http://www.shibor.org/shibor/web/html/index.html、中国货币网：http://www.chinamoney.com.cn/index.html、中国票据网：http://www.chinacp.com.cn/等网站查询。

率。目前，对社会公布的 Shibor 品种，主要包括隔夜、1周、2周、1个月、3个月、6个月、9个月及1年。Shibor 报价银行团现由18家商业银行组成。报价行是公开市场一级交易商或外汇市场做市商，在中国货币市场上人民币交易相对活跃、信息披露比较充分的银行。全国银行间同业拆借中心受权 Shibor 的报价计算和信息发布。每个交易日根据各报价行的报价，剔除最高、最低各4家报价，对其余报价进行算术平均计算后，得出每一期限品种的Shibor，并于11：00通过上海银行间同业拆放利率网对外发布。

(2) 回购业务。

回购业务，也称证券回购或回购协议，是指银行在出售有价证券等金融资产时与购买金融资产的一方签订协议，约定在一定的期限后按协议价格购回所售证券。因此，这项业务相当于银行以所售证券为抵押来获取贷款，有价证券卖出与买入之间的价格差可视为贷款利息。

回购业务的基本特点是：①期限短为1日（隔夜），长可至半年，但一般期限较短。②交易对象多为政府债券。除此以外，也包括其他一些类型的有价证券，如，大额存单以及各种可抵押的有价证券等。③风险较小。由于是用有价证券特别是政府债券作担保进行融资，风险较小，其利率一般也稍低于同业拆借市场利率。④成交方式灵活。可以由双方直接成交，也可以通过经纪人或固定的交易场所间接成交。⑤交易金额一般较大。⑥由于采用有价证券出售方式融资，而非吸收存款，因此不需向中央银行缴纳存款准备金。

证券回购业务大多在银行同业之间进行。中央银行也可以利用公开市场操作进行证券回购交易来调节商业银行的超额准备金，实现货币政策目标[①]。

(3) 向中央银行借款。

商业银行向中央银行获得融通资金，主要有两条途径：再贴现和再贷款。再贴现是指商业银行把已经贴现但尚未到期的票据交给中央银行，要求中央银行给予再贴现。此时，票据的债权由商业银行转给（卖给）中央银行，商业银行取得资金融通。这是市场经济条件下商业银行向中央银行取得资金的最主要途径。同时，再贴现率作为基准利率，也是中央银行的主要货币政策工具之一。再贷款是指商业银行从中央银行获得贷款。再贷款的形式，可以是由商业银行开出本票或以合格债券作为抵押品向中央银行取得贷款，也可以是由商业银行直接从中央银行获得信用贷款。在商业票据数量不多或金融市场不甚发达的国家，中央银行对商业银行的资金融通以再贷款为主。

(4) 其他短期非存款业务。

主要包括以下两种形式：

①转贴现和转抵押。转贴现和转抵押，也是商业银行在遇到资金临时短缺、周转困难时筹集资金的途径之一，这两种融资活动一般只发生在银行与银行之间。

转贴现的期限一般是从贴现之日起到票据到期日止，按实际天数计算。其利率可以由双方协定，也可以贴现率为基础，并参照再贴现率来确定。转贴现可以使银行随时收回资金，既能应付意外事件，也能充分使用资金。但是，转贴现的数额需要根据银行自身的承受能力

---

① 参看本书第六章有关内容。

来确定，并符合票据市场的有关规定要求。此外，银行是否从事转贴现业务，也需要根据其对于市场上各种融资方式利率的比较等做出判断。

转抵押是银行的同业借款方式之一，基本表现是：信贷资金主要在银行体系内部发生转移，对整个社会的货币供应量影响不大。但是作为抵押贷款，转抵押也需要按照抵押贷款的要求去做，尤其是对抵押资产的估价、处理等，都应符合相应的程序和方法，以保证信贷资金的合理运行，维护社会信用体系的健康发展。

近年来，我国银行的转贴现业务发展较快，业务量上升幅度较大。但是，由于票据市场本身不完善，票据的贴现业务、转贴现业务等在具体运行过程中存在一些问题，因而制约了转贴现业务的发展。

②从国际金融市场借款。除了在国内货币市场取得借款以外，商业银行还可以通过从国际金融市场借款来弥补资金的不足。一般来说，国际金融市场由短期资金市场（期限为1年以下）、中期资金市场（期限为1～5年）和长期债券市场（期限为5年以上）3部分组成。商业银行经常"光顾"的是前两种市场，主要以固定利率的定期存单、欧洲美元存单、浮动利率的欧洲美元存款、本票等形式融通资金，同时也通过发行债券的方式从国际资金市场借款。目前，世界上最具规模、最具影响的国际金融市场是欧洲货币市场。

2. 商业银行的长期借入资金业务

商业银行的长期借入资金业务主要是指通过发行金融债券来借入资金。发行金融债券是商业银行中长期借款的主要形式，可以满足商业银行的中长期资金需求，有利于商业银行拓宽负债渠道，促进资金来源的多样化，并有助于增强商业银行负债的稳定性。

与传统的存款筹资方式相比，以发行金融债券的方式筹措银行所需的中长期资金，具有显著的特点：①筹资目的性强。发行金融债券多是为解决银行特定用途的资金需要。②筹资机制灵活。发行金融债券的主动权掌握在发行者手中，是银行的"主动型负债"方式。③筹资效率较高。由于金融债券的利率一般会高于同期的存款利率，因此其对投资者的吸引力较强，筹资效率较高。④资金具有稳定性。金融债券有明确的偿还期，到期之前一般不能提前还本付息，因此资金的稳定程度较高。⑤资产流动性较强。金融债券可以在金融市场上转让流通，因而流动性较强。

但是，与银行存款相比，银行通过发行金融债券筹资的局限性也比较明显：①发行金融债券的数量、利率、期限等，会受到金融监管当局的严格限制。②除利率外，金融债券还要承担相应的发行费用，其筹资成本可能较高。③金融债券的流动性状况受金融市场的发达程度以及市场运行状况的制约。

金融债券的类型多种多样。依据不同的分类标准，主要包括：①担保债券和信用债券；②固定利率债券和浮动利率债券；③普通金融债券、累进利息金融债券和贴息金融债券；④附息金融债券和贴现金融债券；④资本型金融债券；⑤国际金融债券等等。银行会根据融资需要，确定所发行金融债券的具体类型和数量。

（三）资本

任何一家银行开业，都需要有开业的本钱，也即需要有银行资本，银行资本是银行的自有资金，也被称为银行资本金。充足的银行资本，既是商业银行维持业务运行、满足金融监管当局要求的资金基础，同时也是社会公众判断银行是否可信、可靠的依据，可以使债权人及社会公众加强对银行的信任感。

由于银行的特性，银行资本可以包含多重含义。从积累过程看，银行资本既包括开业时投入的资本，也包括银行在业务经营过程中，通过发行股票、债券甚至国家财政投入等不同方式补充的资本。从来源看，银行资本既包括银行从内部补充的资本——内源资本（内部资本），也包括银行通过各种融资方式从外部筹集的资本——外源资本（外部资本）。从监管内容看，银行资本既包含完全归属于银行所有、在报表上表现为银行资产减负债的净值——权益型资本；也包含银行通过各种债务融资方式、诸如发行资本型票据与债券等方式筹集的资本——债务型资本，这类资本虽然并非银行自己所拥有，但却可以在很长的时间（通常为5年以上）中为银行所用，实际上充当着银行资本的角色，并被各国监管当局所认可。由于这种资本划分形式是从监管会计的角度定义的，因此也被称为"监管资本"，《巴塞尔协议》对于银行资本构成的解释也主要是从这个方面进行的。

无论人们如何对于商业银行资本构成做出解释，银行资本的作用或功能主要包括以下几个方面：

1. 营业功能

资本是商业银行存在和发展业务的先决条件，是商业银行维持正常经营活动的必要保证。资本的存在，首先可以保证商业银行在开业时对资金的需要；其次，可以满足商业银行在经营过程中对房屋、设备和办公用品等日益增加的购置要求，可以满足商业银行在加大科技投入、适应现代化需要发方面的要求；再次，可以填补银行在业务营运过程中出现的偶发性资金短缺，保证银行日常业务活动的顺利进行。

2. 保护功能

银行资本的突出作用是具有保护作用。即：当商业银行发生经营亏损甚至破产倒闭时，资本金可以保护存款人和债权人的利益，并维持公众对某一家银行或者是银行体系、甚至是整个金融体系的信心。

3. 管理功能

由于商业银行的经营活动直接关系整个社会及各阶层民众的利益，关系社会各个行业的经济运转，各国政府的金融管理部门普遍对商业银行实行一种比一般工商企业更加严格的管制，以保证金融安全并维护社会的稳定。尤其是在目前，多种因素导致国际性金融风险加大，对商业银行风险的控制与管理，成为各国金融监管当局首要的、重要的工作，而对银行资本金的管理工作成为其中的重要环节。

纵观各国，在银行资本控制方面的规定很多。如：新建银行的最低资本要求，新设立分支机构或者兼并另一家银行的最低资本要求；商业银行的资本充足性管理要求；资本金与存款、各类资产或者全部资产的比例要求等。商业银行只有具备了足够的资本，才会被允许开业并从事银行业务，或者是扩展银行业务的发展范围。同时，金融监管部门也可以通过调整或者是变更商业银行有关资本的管理规定来调整本国的金融秩序和结构。

上述银行资本的管理功能是从外部表现出来，主要体现为金融监管当局对于银行资本的有关规定。除此以外，银行资本的管理功能还可以通过其内部的资本配置，也即经济资本①表现出来。

目前，国际上通行的关于银行资本监管的要求，集中体现在《巴塞尔协议》3个版本，也即巴塞尔Ⅰ、Ⅱ、Ⅲ的要求。1988年7月底，由西方十国集团的中央银行和金融监管机构组成的巴塞尔银行管理与监督实施委员会通过了《关于统一国际银行资本衡量和资本标准的协议》(International Convergence of Capital Measurement and Capital Standards)，也被称为巴塞尔Ⅰ(Basal Ⅰ)。其规定了银行的资本构成，风险加权的计算，标准化比率目标以及实施的具体安排；要求到1992年年底之前，所有签约国及经营国际业务的银行都应实现按统一标准计算的资本充足率比率目标，达到全部资本充足率8%、核心资本充足率4%的要求。这是国际上第一个有关商业银行资本计算和标准的协议。其后十多年的时间中，随着外部市场环境及其银行内部管理情况的变化，巴塞尔委员会对其逐步进行了修改。2004年6月，《统一资本计量和资本标准的国际协议：修订框架》(International Convergence of Capital Measurement and Capital Standards: A Revised Framework) 对外公布，其也被称为巴塞尔Ⅱ(Basal Ⅱ)，全面构架了银行资本及其风险管理的基本框架。2008年发生的金融危机，使得人们更加关注银行资本的作用。2010年12月16日，巴塞尔委员会在其网站上发布了《第三版巴塞尔协议》(巴塞尔协议Ⅲ)，要求巴塞尔委员会成员经济体的商业银行应于2013年1月1日开始实施新监管标准，2019年1月1日前全面达标。

根据巴塞尔协议Ⅲ的规定，商业银行的资本包括一级资本和二级资本两大部分。其中，一级资本是银行的所有权资本，代表了银行真实的资本实力，是在持续经营状况下吸收损失的资本。主要包括：核心一级资本、其他一级资本；二级资本，是在破产清算状况下吸收损失的资本。巴塞尔协议Ⅲ要求：核心一级资本（主要是普通股）充足率≥4.5%；一级资本充足率≥6%；总资本充足率≥8%。这个协议是对巴塞尔Ⅱ的补充、完善和强化。其确立了微观审慎和宏观审慎相结合的金融监管新模式，大幅度提高了商业银行资本监管要求，建立了全球一致的流动性监管量化标准，将对商业银行经营模式、银行体系稳健性乃至宏观经济运行产生极为深远的影响。

我国商业银行资本构成的演变

我国商业银行的资本构成，在不同历史阶段呈现出显著的差别。具体构成变化如表4-3所示。

1993年以前，我国并未对银行资本成分做过严格的界定。1994年2月25日，中国人民银行制订并颁布了《关于对商业银行实行资产负债比例管理的通知》，第一次对我国商业银

---

① 经济资本，是指在规定的置信区间和周期内，由商业银行的管理层根据其业务实际承担的风险，从内部评估其可以用于抵补相应非预期损失的资本。利用经济资本，银行可以计量非预期损失，配置业务结构，进行绩效考核等。

行的资本构成、资产风险权数以及资本充足率做出了详细的规定。2004年2月,根据《巴塞尔协议》的变化要求以及我国的基本情况,银监会对外颁布了《商业银行资本充足率管理办法》,对我国商业银行的资本构成进行了明确的界定。2012年6月8日,基于对巴塞尔协议Ⅱ与巴塞尔协议Ⅲ统筹推进的想法,银监会发布了《商业银行资本管理办法(试行)》,重新修订了银行资本构成及其需要达到的具体要求。这个办法要求商业银行于2013年1月1日起开始实施,并应于2018年年底前全面达标。

表 4-3　　　　　　　　　　　我国商业银行资本构成的变化情况

时间	项目
1993年以前	1. 国家财政预算的拨款——银行信贷基金 2. 银行积累基金——银行的业务积累 3. 待分配盈余:因银行利润形成与银行利润分配使用之间出现的时间差而形成
1993—2004年	1. 核心资本,包括实收资本、资本公积、盈余公积和未分配利润 2. 附属资本,包括:商业银行的贷款呆账准备金,坏账准备金,投资风险准备金,五年(包括五年期)以上的长期债券
2004年2月—2007年7月	1. 核心资本:实收资本,资本公积,盈余公积,未分配利润和少数股权 2. 附属资本:重估准备,一般准备,优先股,可转换债券,长期次级债
2007年7月—2012年12月	1. 核心资本:实收资本,资本公积,盈余公积,未分配利润和少数股权 2. 附属资本:重估准备,一般准备,优先股,可转换债券,混合资本债券、长期次级债
2013年1月至今	1. 核心一级资本:实收资本或普通股,资本公积,盈余公积,一般风险准备,未分配利润,少数股东资本可计入部分 2. 其他一级资本:其他一级资本工具及其溢价,少数股东资本可计入部分 3. 二级资本:二级资本工具及其溢价,超额贷款损失准备

三、商业银行的资产业务

商业银行的资产主要包括两大类:非盈利性资产和盈利性资产。非盈利性资产主要是指现金资产;而盈利性资产主要包括贷款和证券投资,这也是银行获取利润的传统来源。

(一) 现金资产

现金资产是银行持有的库存现金以及与现金等同的、可随时用于支付的银行资产。持有现金资产的主要目的是为了应付各种日常支付需要,保持银行的清偿力和满足流动性需求。

在业务运营过程中,商业银行必须满足下列几方面的资金需要,否则将会出现严重的后果:①客户提取存款进行日常交易的需要。如果银行不能满足客户提存的需要,银行信誉会严重受损,严重时还会出现"挤兑",引发银行危机,并导致银行破产倒闭。甚至引发更大的、全局性的金融危机。②金融监管当局的要求,如:法定存款准备金、超额存款准备金等方面的要求。③作为社会资金清算与结算的中心,银行需要满足各种票据的清偿与结算需要。④银行代理业务的需要。银行只有向代理行支付了一定数量的现金,才可能获得代理行所提供的服务。

银行的现金资产，主要包括以下 4 个部分：

1. 库存现金（Cash）

库存现金是指商业银行保存在金库中的现钞（纸币）和硬币。其主要作用是银行用来应付客户提现以及银行其他的日常零星开支。由于库存现金是银行的非盈利性资产，并且保存库存现金还需要花费各种大量的相关费用，因此，如果银行的库存现金太多，可以将其存到在中央银行的账户或者是其他商业银行的账户中，或者将其用于其他用途。

2. 在中央银行存款（Due From The Central Bank）

在中央银行存款是指商业银行存放在中央银行的资金，也被称为存款准备金。商业银行在中央银行开立的存款账户，是用于银行的支票清算、资金转账等的基本存款账户。银行的同业拆借、回购、向中央银行借款等业务而出现的资金划转以及库存现金的增减等，均需要通过这个账户进行。商业银行在中央银行的存款，主要由两部分构成，一是法定存款准备金，二是超额准备金。

3. 存放同业存款

存放同业存款，也称为在其他商业银行的存款（Due From Other Commercial Banks），是指商业银行存放在代理行和相关银行的存款。在其他银行保持存款的目的，是为了便于银行在同业之间开展各种代理业务，如结算收付、贷款参与、投资咨询等。由于存放同业的存款一般属于活期存款性质，可以随时支用，因而被视同为银行的现金资产。

4. 在途资金

在途资金，也称托收未达款或托收中的现金（Cash Item In Process of Collection），是指本行通过对方银行向外地付款单位或个人收取的票据款项。在途资金未收妥之前，是一笔他行占用的资金。通常由于其在途时间较短，收妥后即成为存放同业存款，所以银行一般也将其视同为现金资产。

基于现金资产的特点及其具体用途，银行在现金资产的管理中，应当坚持总量适度原则、适时调节原则和安全保障原则。银行需要根据经济、金融的变化及银行自身业务的需要，采用科学的方法预测流动性需求，通过各种形式调剂或补充资金，以满足银行流动性的需要。

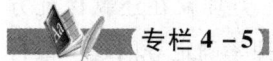
【专栏 4-5】

我国商业银行的同业业务

所谓同业业务，是指商业银行之间及其与其他金融机构之间的资金往来行为。一般来说，传统的银行同业业务类主要包括同业拆借、同业存放、同业票据转贴现等；功能定位是以短期资金融通和闲置资金运用为主的，流动性管理的意义大于盈利性方面的要求。

2010 年以来，我国银行同业业务性质发生变化，出现各种同业业务的创新形式，如同业代付、同业偿付、买入返售（卖出回购）等。功能已从解决流动性需求，变化为利用同业拆入资金或吸收理财资金，扩大各种表外资产规模和种类，带来风险增大等各种问题。2014 年以来，国家层面出台了各种相关监管政策与要求，对此进行比较严格的管理。

(二) 商业银行贷款

贷款是商业银行作为贷款人，按照一定的贷款原则和政策，以还本付息为条件，将一定数量的货币资金提供给借款人使用的一种借贷行为。这种借贷行为由贷款的对象、条件、用途、期限、利率和方式等因素构成，这些因素的不同组合，就形成了不同的贷款种类。如按照期限分类，银行贷款可以分为定期贷款和不定期贷款；按照保障条件分类，银行贷款可以分为信用贷款、担保贷款和票据贴现；按照贷款对象分类，银行贷款可以分为工业贷款、商业贷款、农业贷款、科技贷款和消费贷款等；按照贷款的具体用途分类，银行贷款可以分为流动资金贷款和固定资产贷款等；按照贷款的风险程度分类，银行贷款可以分为正常贷款、关注贷款、次级贷款、可疑贷款和损失贷款等5类，称之为五级分类法等。以下介绍比较常见的几种贷款类型：

1. 按照保障条件划分的贷款类型

（1）信用贷款。

信用贷款，是指银行完全凭借客户信誉、无需提供抵押物或第三者保证而发放的贷款。这类贷款的基本特点是：以借款人的信用和未来的现金流作为还款的保障；由于没有抵押、担保品，贷款风险较大，利率相对较高；贷款手续相对较为简便。因此，信用贷款的发放，需要特别注意进行借款人的信用评估，合理确定贷款期限，严格监督贷款的发放、使用与到期收回。

（2）担保贷款。

担保贷款，是指具有一定的财产或信用作为还款保证的贷款。由于有财产或第三者承诺作为还款的保证，担保贷款的贷款风险相对较小。

根据我国目前的规定，依据还款保证的不同，担保贷款可以具体分为抵押贷款、质押贷款和保证贷款。①抵押贷款，是指按《中华人民共和国担保法》规定的抵押方式以借款人或第三者的财产作为抵押发放的贷款；②质押贷款，是指按《中华人民共和国担保法》规定的质押方式以借款人或第三者的动产或权利作为质物发放的贷款；③保证贷款，是指按《中华人民共和国担保法》规定的保证方式以第三人承诺在借款人不能偿还贷款时，按约定承担一般保证责任或者连带责任而发放的贷款。2007年10月1日正式实行的《中华人民共和国物权法》对三类贷款涉及的相关要素进行了较为详细的解释。三类贷款在还款保证方式方面存在着较为显著的差异，但都存在着抵押、担保品的估价、抵押率确定等问题。银行在进行担保贷款的经营管理时，要特别注意对于贷款抵押、担保品进行审查，合理确定担保数额与贷款数额之间的关系，明确担保贷款出现风险的处理程序与方法，并采用积极措施进行贷款风险管理。

（3）票据贴现。

票据贴现，是贷款的一种特殊方式。是指银行应客户的要求，以买进客户持有的、未到期的商业票据的方式发放的贷款。票据贴现实行预扣利息的方法，票据到期后，银行可向票据载明的付款人收取票款。如果票据合格，且有信誉良好的承兑人承兑，这种贷款的安全性和流动性都比较好。

2. 按照贷款对象划分的贷款类型

通常有两种分类方法：一是按照贷款对象的行业或部门来分类，分为工业贷款、商业贷款、农业贷款、科技贷款和个人贷款；二是按照贷款的具体用途来划分，一般可分为流动资金贷款和固定资金贷款。由于各行业特点不同，因而每类贷款的具体特点及其管理要求不尽相同。

目前，我国商业银行大多依据公司业务和个人业务作为划分基本业务类型的界限，而贷款类型的划分方法也如此。从贷款对象的结构变化看，计划经济时期，我国银行比较注重对企业的贷款，尤其是对企业的工商贷款（这类贷款一般短期较短，属于流动资金贷款），工商贷款在我国银行贷款中的比重一般在一半以上。近些年，随着我国市场经济的建立和快速发展，银行贷款结构有了较大的变化。目前我国银行贷款业务的基本情况是：对公业务占比依然较高，各种新型贷款类型如票据融资、贸易融资、供应链融资等业务逐年增加；个人贷款业务发展速度加快，所占比例逐年扩大。

【专栏4－6】

我国个人贷款的发展情况

根据我国目前的规定，个人贷款是指贷款人向符合条件的自然人发放的用于个人消费、生产经营等用途的本外币贷款①。因而，个人贷款包括两种类型：一是个人消费性贷款，也被称为消费信贷、消费贷款；是指银行向符合条件的个人客户发放的、用以购买耐用消费品或支付服务费用的一种贷款。二是个人经营性贷款，是指银行向符合条件的个人客户发放的、用于个人合法经营投资等活动所需资金周转的一种贷款，贷款用途主要是生产经营资金的周转。2010年，人民银行将金融机构信贷收支表中的统计项目"居民户贷款"改为"住户贷款"，也即目前我国个人贷款的统计口径。

1998年，我国的个人贷款由消费信贷中的住房贷款开始并逐步发展；2003年，个人经营性贷款开始成为国内商业银行信贷业务的竞争热点。个人贷款业务的经营规模、业务种类和经营范围逐渐扩大。

从个人贷款的结构看，目前仍然是消费信贷占比较高，经营性贷款占比较低。2018年年底，消费性贷款在我国银行个人贷款中占比约为78.92%，个人经营性贷款的占比则为21.08%②。

从发展效果看，我国银行个人贷款的快速发展，不仅对扩大内需、拉动经济增长等产生了积极的推动作用，而且可以促使银行改善信贷资产结构，提高信贷资产质量，是经济发展与金融发展的一个最佳结合点。

从发展趋势看，我国个人贷款仍然具有十分广阔的发展空间。2018年年底，我国个人贷款占商业银行各项贷款总额的比率为35.13%，消费贷款总额占各项贷款总额的比率为27.73%。而在西方发达国家，消费贷款占各项贷款的比率普遍在40%～60%左右。

---

① 中国银监会. 个人贷款管理暂行办法［EB/OL］.2010－2－12, 银监会网站：http://www.cbrc.gov.cn.
② 金融机构人民币信贷收支报表，货币政策执行报告（历年）。

1998—2018 年我国消费信贷的总额增长情况①见图 4-4。

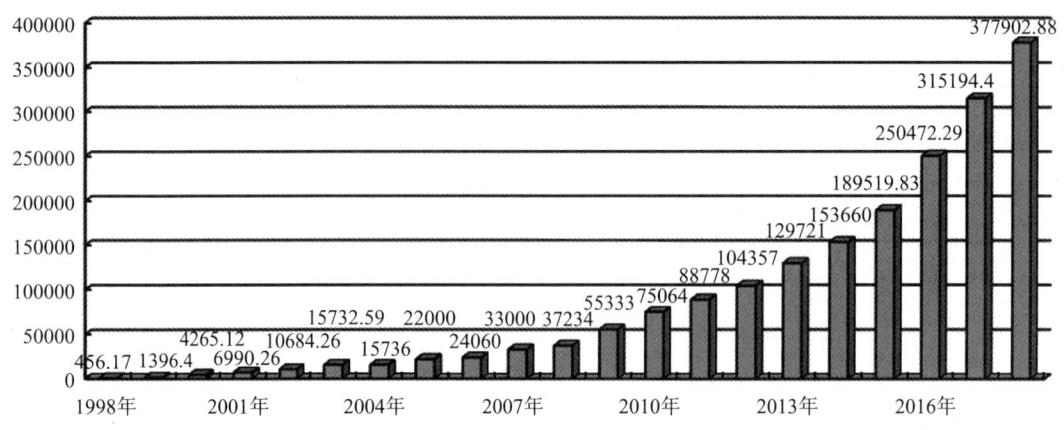

图 4-4　1998—2018 年我国消费信贷总额增长情况（单位：亿元）

3. 按照风险程度划分的贷款类型

按照贷款的质量（或风险程度）划分，银行贷款一般分为正常贷款、关注贷款、次级贷款、可疑贷款和损失贷款等 5 类，这种方法也被称之贷款的"五级分类"。

我国以往是采用"一逾两呆"的贷款分类方法，即：将贷款分为正常贷款和不正常贷款。其中，不正常贷款包括逾期贷款、呆滞贷款和呆账贷款 3 类。1998 年 5 月，中国人民银行颁布了《贷款风险分类指导原则》（试行），宣布在我国开始试行贷款的五级分类标准。1999 年 8 月，中国人民银行修改了五级贷款分类的标准；2001 年 12 月，中国人民银行发出《关于全面推行贷款质量五级分类管理的通知》，决定从 2002 年 1 月 1 日起，在我国各类银行全面推行贷款五级分类制度。2003 年 7 月 13 日，中国银行业监督管理委员会在有关会议上要求②：从 2004 年开始，国有独资商业银行和股份制银行取消并行的贷款四级分类（即"一逾两呆"）制度，全面推行贷款五级分类制度。近些年来，我国采取了各种有效措施积极进行不良贷款的控制，商业银行的不良贷款比率保持在一个相对较低水平。据银保监会的统计数据，2018 年第四季度，商业银行不良贷款余额为 20 254 亿元，不良贷款率为 1.83%。

依据我国目前的规定，5 类贷款的基本定义如下：

（1）正常贷款。

正常贷款，是指借款人能够履行借款合同，没有足够理由怀疑贷款本息不能按时足额偿还的贷款。显然，这类贷款的借款人财务状况无懈可击，没有任何理由怀疑贷款的本息偿还会发生问题。

（2）关注贷款。

关注贷款，是指尽管借款人目前有能力偿还贷款，但存在一些可能对偿还产生不利影响

---

① 中国人民银行发布的金融机构人民币信贷收支报表，货币政策执行报告（历年）。
② 中国银监会网站：http://www.cbrc.gov.cn/，2003 年 7 月 13 日。

的因素。该类贷款的本息偿还可能仍然正常，但是已经发生了一些可能会影响贷款偿还的不利因素，如宏观经济、市场以及行业等外部环境出现对借款人不利的变化，企业改制，借款人的主要股东、关联企业或母子公司等发生重大不利变化，借款人的一些重要财务指标低于同行业水平或有较大的下降等。如果任凭这些因素继续发展下去，就有可能影响贷款的偿还，因此，银行需要对其进行关注，或对其进行监控。

（3）次级贷款。

次级贷款，是指借款人的还款能力明显出现问题，完全依靠其正常营业收入无法足额偿还贷款本息，即使执行担保，也可能会造成一定损失。此时，借款人已经无法继续依靠其正常的经营收入偿还贷款的本息，支付出现严重困难，内部管理出现严重问题或经营亏损，净现金流量已为负数等，不得不通过重新融资或拆东墙补西墙的办法来归还贷款。

（4）可疑贷款。

可疑贷款，是指借款人无法足额偿还贷款本息，即使执行担保，也肯定要造成较大损失。这类贷款具备了上述次级贷款所具备的基本特征，但是程度更加严重。如借款人处于停产、半停产的状态，贷款项目已经处于停建或缓建状态，借款人已经资不抵债，银行已经诉诸法律来收回贷款等。

（5）损失贷款。

损失贷款，是指在采取了所有可能的措施和一切必要的法律程序之后，本息仍然无法收回，或只能收回极少部分。此时，借款人和担保人已经被依法宣布破产，且经法定清偿后仍不能还清贷款；借款人死亡、失踪，以其财产或遗产清偿后仍不能还清的贷款；借款人遭受重大自然灾害或意外事故，损失巨大且不能获得保险赔偿，确实无力偿还贷款；贷款企业虽未破产，工商部门也未吊销其营业执照，但企业早已关停或名存实亡等。对于这类贷款，银行已没有意义将其继续保留在资产账面上，应当在履行必要的内部程序之后，立即冲销。

在贷款业务中，商业银行需要依据国家的有关方针政策、监管部门的要求以及银行的具体业务要求，坚持"三性"经营方针，制定适宜的贷款政策，遵循基本的工作流程，做好贷款的定价，强化贷款的风险管理。

（三）商业银行的证券投资

证券投资业务是指商业银行所从事的、各项与有价证券投资有关业务的总称；这是商业银行的投资行为，是银行一项重要的、盈利性资产业务。其既是银行获取利润的来源之一，也是银行资金保持流动性的重要手段。

由于风险与收益的相关关系，商业银行证券投资的基本目的是在一定风险水平下使投资收益最大化。围绕这个基本目标，商业银行的证券投资具有：获取收益，分散与降低风险，保持流动性及其合理避税等几个主要功能。

商业银行证券投资的对象主要包括债券和股票两大类。由于业务运行特点、风险管理的要求以及监管部门对于银行业务的规定限制等，商业银行一般比较偏向于投资债券而非股票。债券中尤以由中央政府发行的债券、也即国债作为银行最为主要的投资对象，而政府机构债券、地方政府债券,由于风险级别相对较高、信用等级相对较低,银行投资会相对较为谨慎。

商业银行证券投资的方式多种多样,既可以与一般企业一样拥有多种组合的有价证券,也可以通过管理证券交易账户,如通过参与国债的承购包销、成立基金公司参与基金的发行和管理、成为证券市场上的"做市商"等进行证券投资业务。随着金融市场的发展及金融监管制度的变化,近年来,证券投资业务在我国银行资产业务中的比重在不断上升,与此相关的创新业务层出不穷,如"投贷联动""投融联动"业务等。

四、商业银行的表外业务

近年来,银行竞争的加剧、市场需求的扩大和金融管制的放松等诸多因素的刺激,极大地推动了商业银行表外业务的发展。表外业务的市场份额不断扩大,业务种类不断拓展,目前已成为与资产业务、负债业务并驾齐驱的银行三大业务之一。

(一)表外业务的含义

一般来讲,银行的表外业务有狭义和广义之分。

狭义的表外业务,一般是指创新的、有风险的表外业务,是未列入银行资产负债表内,但与银行资产负债表内的资产业务和负债业务联系密切,并在一定条件下会转变为表内资产业务和负债业务的经营活动,也被称为或有资产、或有负债(或有债权/债务)。包括以下业务类型:①承诺业务,如资产出售与回购业务、贷款承诺、票据发行便利等;②担保业务,如各种保函、商业信用证、备用信用证、票据承兑等;③金融衍生工具,如互换、期权、期货、远期合约、各种利率交易等;④投资银行业务,如证券代理、证券包销和分销等。狭义的表外业务是具有风险的经营活动,应在会计报表的附注中予以揭示。人们通常所说的表外业务一般是指狭义的表外业务。

广义的表外业务,既包括上述狭义的表外业务,也包括金融服务类业务(或传统的、服务性的中间业务),是指商业银行所从事的所有不在银行资产负债表内反映的业务。其中,金融服务类业务,是指商业银行不运用或较少运用自己的资财,以中间人的身份替客户办理收付业务或其他委托事项,为客户提供各类金融服务并收取手续费的业务。主要包括:①信托与咨询服务;②支付结算;③各种代理业务;④与贷款有关的各种服务业务,如贷款组织、贷款审批、辛迪加贷款等;⑤进出口服务业务,如代理行业务,出口保险业务等。广义的银行表外业务所包含的基本业务如图4-5所示。

上述两类业务的区分,主要在于是否将传统的、服务性的中间业务列入。狭义的表外业务和传统的中间业务均为广义的表外业务,两类业务既有共同点,也有不同点。共同之处主要反映在:①都不在银行的资产负债表上反映;②具有基本相同的收入形态,也即非利息收入形态,如各种服务费、手续费、佣金等;③在业务的外延或范围上有交叉,如信用证业务、票据承兑业务等,既可以被视为传统的中间业务,也可以被称为狭义的表外业务。与此同时,两类业务也有显著的区别,主要表现在:①性质或属性不同。传统的中间业务中,银行是以中间人身份,代客户办理收付和委托事项,而不是以信用活动的一方出现。而在狭义

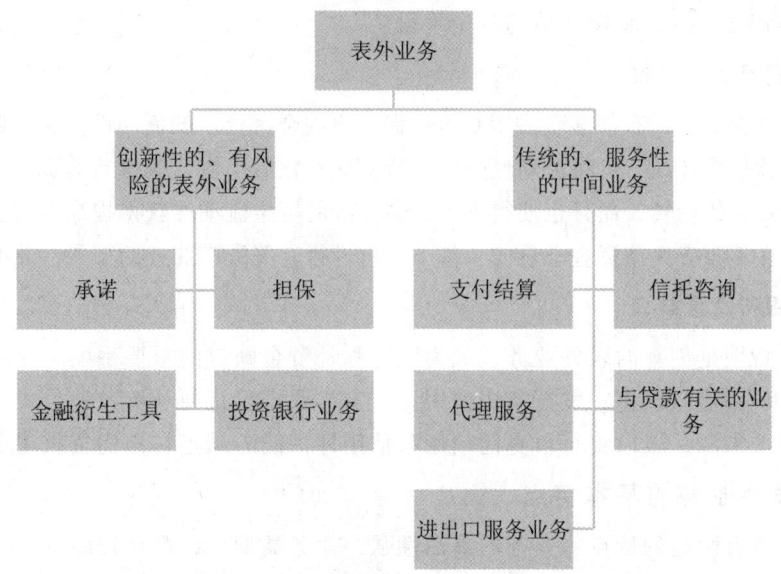

图 4-5 广义的商业银行表外业务基本架构

的表外业务中，或有资产、或有负债可能演变为事实上的银行资产或负债；银行由此会成为信用活动的一方当事人。②范围不同。虽然两者之间业务有交叉，但还是有着比较明显的界限，可以区分两类业务。③风险不同。狭义的表外业务风险较大，而传统中间业务的风险较小，甚至可能是无风险的。④受金融当局管理的程度不同。因为风险大小不同，所以两类业务受监管当局的管制程度不同。一般来说，对狭义的表外业务管制程度会更为严厉一些。

（二）银行开展表外业务的原因

20 世纪 80 年代以来，在金融自由化的推动下，基于生存压力和发展的需求，各国商业银行纷纷利用自己的优势，大力开展表外业务，以获取更多的非利息收入，表外业务逐渐成为发达国家商业银行最主要的盈利来源。据统计，1985 年，美国银行业的非利息收入在全部收入中的比重是 20%，2004 年这一比重上升到 46%；瑞士银行的非利息收入占银行全部收入的比重则高达 66% 以上。发展表外业务，对于商业银行有着重要的作用。

1. 增加盈利来源

在金融深化发展中，传统银行业务的发展受到越来越多的限制和分解，盈利渠道变窄使银行传统业务盈利能力下降。为了维持银行盈利水平的增长，商业银行纷纷开展对资本没有要求或资本要求很低的业务。此外，表外业务不但可以增加盈利收入，提高银行盈利水平，而且还改变了银行营业收入的结构。

2. 为客户提供多样化金融服务

发展表外业务，是银行为客户提供多元化服务思路的体现。因为表外业务比较灵活，一般只要交易双方同意即可达成交易协议。通过发展创新的中间业务，银行的业务范围得以拓宽，满足了客户的需求，同时也使银行可以保持市场占有率，提高银行在社会上的知名度。

3. 转移和分散风险

各种创新的表外业务如互换、期货、期权等都具有分散风险，转移风险的功能，也成为银行提供控制资金成本、套期保值的投资手段。

4. 增强资产的流动性

创新的表外业务中,有许多金融工具可以促进表内金融资产的流动性。如,银行可以通过有追索权的贷款债权转让,可将流动性较差的贷款证券化后出售,获得新的资金来源。这样不仅加速了银行资金的周转,而且也使得整个社会经济的资金流动性获得提高。在获得新的资金后,银行可以在不改变负债资金总量的条件下,再进行有关资产业务的拓展,并增加收益。

5. 弥补银行资金缺口

表外业务特别是创新的表外业务,成为银行弥补资金缺口的重要手段。如银行可以通过资产证券化、利用贷款出售、发行备用信用证、安排票据发行便利等各种方式,或使其资金运用转变为资金来源,或以银行自身的信用与信用评估能力满足客户的贷款需求。

(三) 表外业务的基本特点

表外业务具有明显的特点:业务的灵活性强,业务类型多,操作程序灵活,银行可以自主选择。此外,银行表外业务的透明度差,具有高杠杆作用;由于银行资本的要求较低,"以小博大"的功能显著。并且每笔交易金额巨大,参与的大银行多,并且经常为多个银行共同参与,巨额收益与巨额损失共存。因此,虽然表外业务特别是狭义的表外业务受到银行的追捧,但是也体现出了风险巨大的特点。

表外业务风险大,主要表现在两个方面:一是多种风险,如信用风险、市场风险、流动性风险、经营风险、定价风险等,经常集合出现。二是风险数额巨大,会对银行经营产生巨大的影响。因此,需要对表外业务进行更为严格的管制和风险控制。

【专栏4-7】

美国摩根大通因信用衍生品交易风险出现巨额亏损

2012年5月11日,《华尔街日报》头版头条披露,美国最大银行摩根大通因其驻伦敦的交易员布鲁诺·伊科西尔(Bruno Iksil)"押错赌注",导致出现巨额亏损。

2012年年初,布鲁诺·伊科西尔为摩根大通建立了巨额的信用违约掉期头寸,并在3月底之前空翻多卖出了这些保护,而多家对冲基金和其他市场参与方随后投入了巨额对赌资金,买入了针对这些公司债券的违约保护。据称这笔信用衍生交易的本意是"规避风险",但在操作中却因"不明原因"导致4月底至5月初每天上亿美元的巨亏。截至5月10日,摩根大通累计损失已超过20亿美元。

不仅如此,这笔交易还导致了市场恐慌。5月11日开盘,摩根大通股价暴跌9.3%,市值蒸发144亿美元,这支曾经的优质金融股由此而缩水近180亿美元。摩根大通被惠誉下调评级,并被列入负面观察名单,而标普则将该行评级前景降至"负面"。此消息在全球金融市场掀起轩然大波,拖累欧美等国金融股重挫。布鲁诺·伊科西尔也因此而被人称为"伦敦鲸"。

2012年7月13日,摩根大通银行公布的第二季度财报显示,该行因"伦敦鲸事件"造成的衍生品交易损失已由最早预估的20亿美元激增至58亿美元。

(四) 我国商业银行的表外业务

1. 我国商业银行表外业务的含义

2001年7月4日，中国人民银行发布的《商业银行中间业务暂行规定》明确：中间业务是指不构成商业银行表内资产、表内负债，形成银行非利息收入的业务。2002年4月公布的《中国人民银行关于落实〈商业银行中间业务暂行规定〉有关问题的通知》，将商业银行的中间业务分为九大类，并列明了每一大类下具体的品种。具体如表4-4所示。

表4-4　　我国商业银行中间业务的类型

中间业务类型	具体业务品种
支付结算中间业务	汇款业务、托收业务、信用证业务以及其他支付结算业务
银行卡业务	贷记卡业务、准贷记卡业务、借记卡业务等
代理类中间业务	代理政策性银行业务、中国人民银行业务、商业银行业务、代收代付业务、代理证券业务、代理保险业务、代理其他银行卡收单业务等
担保类中间业务	银行承兑汇票、备用信用证、各类保函等
承诺类中间业务	贷款承诺，包括可撤销的贷款承诺与不可撤销的贷款承诺
交易类中间业务	远期合约、金融期货等金融衍生工具
基金托管业务	封闭式证券投资基金托管业务、开放式投资基金托管业务、其他基金托管业务
咨询顾问类中间业务	企业信息咨询业务、资产管理顾问业务等
其他中间业务	包括保管箱等不能列入以上八类业务的中间业务

根据上述规定，以往我国实际上是用"中间业务"一词指代所有不列入银行资产负债表的业务，也即前述广义的"表外业务"。

2011年3月22日，银监会发布《商业银行表外业务风险管理指引》[①]，明确我国"表外业务"是指：商业银行从事的，按照现行的会计准则不计入资产负债表内，不形成现实资产负债，但有可能引起损益变动的业务，包括担保类、部分承诺类两种类型业务。

2016年11月23日，银监会发布"关于《商业银行表外业务风险管理指引》（修订征求意见稿）公开征求意见的公告"，确定"表外业务"是指商业银行从事的，按照现行的会计准则不计入资产负债表内，不形成现实资产负债，但能够引起当期损益变动的业务。根据表外业务特征和法律关系，表外业务分为担保承诺类、代理投融资服务类、中介服务类、其他类等。显然，这种界定与前述通行的表外业务表述及分类基本一致。

因此，目前我国监管机构对于商业银行表外业务的界定实际上是不太明确的。

2. 我国商业银行表外业务的发展

近些年来，随着经济、金融改革的深化，我国商业银行的表外业务发展较快。从以往仅从事支付结算、代理等较为简单的业务，发展到可以从事结算、咨询、担保承诺、投资银行、资产托管、基金托管、衍生金融产品交易等创新性的业务活动，为我国商业银行改变收

---

① 中国银监会关于印发商业银行表外业务风险管理指引的通知［EB/OL］. 2011.3.22, http://www.cbrc.gov.cn/govView_6507F098CD104E59B4BD3D8D208C5B66.html.

入结构、提高综合经济效益、实施经营战略转型提供了契机。

根据银保监会的统计数据,2018年第四季度,我国商业银行的非利息收入占银行全部收入的22.11%。这与国际大银行中间业务收入占比达到40%~50%相比还是有很大差距。因此,我国商业银行表外业务发展空间巨大,需要付出更多的努力。

第四节 商业银行的发展趋势

20世纪90年代以来,世界范围内的金融自由化、国际化以及电子化程度不断加深。商业银行既从中获得了许多新的发展机会,也面临许多新问题:银行传统的市场份额不断缩小,经营风险类型增多、数量增大,监管要求越来越高等。商业银行需要改变经营观念、调整经营策略,适应新的形势和要求。商业银行发展趋势出现了显著的变化,突出反映在以下几个方面:

一、综合化经营与银行盈利结构的变化

综合化经营,是指商业银行在开展银行传统业务的同时,突破原有的业务界限,推进、强化与证券、保险、信托、基金等金融机构之间的合作,用创新的产品和手段开展服务,实现客户和资源共享,改善业务结构和收入结构的经营方式。

综合化经营,是商业银行在混业经营条件下的一种选择;其使商业银行成为了"金融百货公司",可以满足客户对各种金融服务的需求并获得"一站式消费"的服务。综合化经营,可以使银行在全面了解客户的财务状况及其他信息之后,更好地把握客户的风险状况和收益偏好并提供相应的服务,加强与客户的联系,增强客户对银行的忠诚度;可以使商业银行充分进行多元化的资产组合和配置,有利于分散经营风险,降低外部环境变化对银行利润产生的不利影响;可以促进商业银行不断创新,推出新的金融产品、金融工具和新的服务类型,增强银行的竞争力,实现规模效益。

综合化经营,使得商业银行的业务经营范围大大拓展;所经营的业务,不仅包括传统的银行业务,还包括交易类、信托、证券投资以及保险等业务。业务品种的广泛,产品功能的齐全以及金融产品、金融工具的多样化,促使银行的盈利结构发生了巨大的变化。目前,表外业务已经与传统资产、负债业务并重,成为现代商业银行最重要的盈利支柱之一。依靠日益灵活的经营模式,商业银行的传统资产负债业务比重逐年降低,新兴业务呈快速上升趋势,盈利构成逐渐多元化,非利息收入占比越来越高。

与此同时,综合化经营对商业银行提出了更高的经营管理方面的要求,并对金融监管者提出了新的要求。

二、银行电子化及其交易的移动化与智能化、机构的虚拟化

20世纪90年代以来,伴随着高新技术和信息产业的发展,计算机和现代通讯技术在金

融业得到了广泛的运用。现代银行已经完全脱离了以往手工操作的状况，借助先进的科学技术以及各种现代化设施，银行的电子化程度得到了极大提高，银行产品销售渠道的无形化、交易的移动化与智能化、银行机构的虚拟化等日渐显著，大大降低了银行交易成本，提高了交易效率，扩大了交易范围。突出反映在：

1. 银行经营管理的电子化程度日益提高

银行业是最早大规模使用电子计算机的行业之一。早在20世纪50年代后期，计算机就已被美国的曼哈顿银行、摩根银行和花旗银行用于记账、结算等重复性强、核算数据量大的业务。20世纪60年代起，美国和日本等国家的一些大银行开始将营业网点内分散的资产、负债和中间业务处理系统联结起来，建成银行内部的联机系统，并利用该系统处理存款、贷款、票据、汇兑、信托结算等业务。20世纪70年代，发达国家的银行大量利用自动柜员机和售货点终端机从事"零售"业务，实现了营业部门的电脑自动化服务。20世纪80年代，商业银行开始运用计算机进行管理决策，利用信息系统进行项目评估、筛选决策方案、确定经营策略。20世纪90年代以后，商业银行加速实现电子化，包括银行交易电子化、数据处理电子化、资金转账电子化、信息传递电子化和经营管理电子化等。

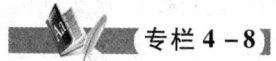
【专栏 4-8】

自动柜员机（ATM）

ATM（Automatic Teller Machine）——自动柜员机，因其大多被客户用于取款，因此又被称为自动取款机。ATM机是一种高度精密的机电一体化装置，利用磁性代码卡或智能卡实现金融交易的自助服务，代替银行柜面人员的工作。可提取现金、查询存款余额、进行账户之间资金划拨、余额查询等工作；还可以进行现金存款、支票存款、存折补登、中间业务等工作。持卡人可以使用信用卡或储蓄卡，根据密码办理自动取款、查询余额、转账、现金存款、存折补登、购买基金、更改密码、缴纳手机话费等业务。

1939年，Luther George Simjian发明了自动取款机。而现代意义上的自动取款机，其概念提出于1968年，原型机出现于1969年。第一台自动取款机被安装在纽约的化学银行。如今，ATM机在世界各国发展速度很快，与银行机构的比例基本达到4:1。一般来说，ATM机由银行根据整体网络布局安排以及实际需要变化，在不同地点设置。

20世纪80年代中期，中国银行将ATM引入国内。目前，ATM已经成为我国常见的银行自助设备。2015年5月，我国研制出了全球第一台具有人脸识别功能的ATM[①]，招商银行等一些国内银行开始推出可以"刷脸"取款的ATM。随着移动支付的大规模快速发展，传统ATM未来的发展趋势趋缓，甚至有可能大规模地被新型支付形式替代。

2. 电子银行业务大规模快速涌现，带动各类银行交易的移动化与智能化，银行机构虚拟化程度日益显著

电子银行既能为个人客户提供零售业务，也能为企业、机构客户提供批发业务。电子银

---

① 顾杰. 首台人脸识别ATM机问世 [J/OL]. 2015-06-01. http://paper.people.com.cn/rmrbhwb/html/2015-06/01/content_1571611.htm.

行业务的出现，使得银行可以 24 小时为客户提供服务，客户只要借助电脑、网络、包括手机在内的各种移动终端设备就可以全天候享受到"3A"（Anywhere，Anytime，Anyhow）服务，可以免受空间、时间以及物理空间的限制。电子银行为银行与客户之间的交流提供了极为方便的手段及渠道，提高了交易的便捷性、移动化与智能化，有助于银行改进服务，提高服务效率和客户满意度，有助于银行拓展业务空间，并导致银行机构的日益虚拟化。

根据我国目前有关规定，电子银行业务是指商业银行等银行业金融机构利用面向社会公众开放的通讯通道或开放型的公众网络，以及银行为特定自助服务设施或客户建立的专用网络，向客户提供的银行服务。电子银行业务，主要包括：利用计算机和互联网开展的银行业务——网上银行业务；利用电话等声讯设备和电信网络开展的银行业务——电话银行业务；利用移动电话和无线网络开展的银行业务——手机银行业务；以及其他利用电子服务设备和网络，由客户通过自助服务方式完成金融交易的银行业务[1]。

（1）网上银行业务。

网上银行业务，主要是由网络银行提供的。所谓网络银行，是基于网络技术向客户提供传统银行业务的新型银行，其没有传统银行庞大的有形经营方式，也被称为"虚拟银行"。网络银行有狭义和广义之分。狭义的网络银行，可称为"纯网络银行"，是指没有分支机构或自动柜员机，提供网上支票账户、网上支票异地结算、网上货币数据传输、网上互动服务和网上个人信贷服务中至少一种服务，仅利用网络进行金融服务的金融机构。广义的网络银行，则包括纯网络银行、电子分行和远程银行。其中，电子分行是指在同时拥有"实体"分支机构的银行中仅从事网络银行业务的分支机构，远程银行是指同时拥有 ATM、电话、专用家用计算机软件和纯网络银行的金融机构。

1995 年 10 月 18 日，美国亚特兰大市产生了世界上第一家纯网络银行——"安全第一网络银行"（Security First Network Bank），开创了全新的虚拟银行模式。这家网络银行为客户提供 24 小时的服务，全部的创立费用只相当于传统银行开办一个小型分支机构，但其业务遍布美国各州，包括储蓄账户、支票存款账户、货币市场存款账户、大额定期存单、信用卡业务、透支保护、账户查询、账户转账、对第三方网上支付等多项银行业务。此后，网络银行风靡全球。

（2）手机银行。

手机银行，也被称为移动银行，是指利用包括移动电话在内的移动终端设备和无线网络开展银行业务的电子银行，是一种虚拟银行。在手机银行的操作过程中，移动终端设备是用户向银行发出指令并接受反馈的终端；银行系统是受理用户指令并发出反馈的终端；移动通信平台则成为二者数据交换的媒介，也即用户通过移动通信平台向银行系统发出指令，银行系统通过移动通信平台向用户反馈信息。

欧洲是手机银行业务的发源地，最早可以追溯到 20 世纪 90 年代的捷克和斯洛伐克，由 Expandia bank 银行与 Radiomobile 公司在布拉格地区联合推出。基于先进的移动通信技术及完善的安全保障措施，日、韩两国的手机银行相对发展较快。

---

[1] 中国银行业监督管理委员会. 电子银行业务管理办法 [EB]. 2006-1-26.

3. 我国的电子银行业务发展

近些年来，我国的互联网与通信技术均处于快速发展时期。工信部有关数据显示，2018年，我国电信业务总量达到65556亿元，同比增长132.9%；移动电话用户普及率达到112.2部/百人，比上年末提高10.2部/百人。我国继续加快光纤带宽升级，接入网络基本实现全光纤化。截至2018年12月底，移动宽带用户（即3G和4G用户）总数达13.1亿户，占移动电话用户的83.4%。4G用户总数达到11.7亿户[1]。此外，我国与国际同步启动了5G研发，2019年将进入5G预商用阶段，2020年将正式商用。此外，根据中国互联网络信息中心（CNNIC）发布的第43次《中国互联网络发展状况统计报告》，截至2018年12月，我国网民规模达8.29亿，互联网普及率达59.6%，较2017年年底提升了3.8个百分点。其中，手机网民规模达8.17亿，网民通过手机接入互联网的比例高达98.6%[2]。

与此同时，基于便捷的特性，我国的电子银行业务也进入快速发展期。如，2017年3月15日，中国银行业协会发布的《2016年度中国银行业服务改进情况报告》[3] 显示：据不完全统计，截至2016年年末，我国布局建设自助银行16.1万家，布放自助设备79.41万台，自助设备交易笔数达400.14亿笔，交易总额59.91万亿元，同比增长5.95%；创新自助设备4.37万台，盲人用自助取款机97台，电子渠道服务不断升级，促使银行可以为客户提供更加安全、快捷、全面的电子银行金融服务。据不完全统计，2016年，我国网上银行交易849.92亿笔，同比增长98.06%；手机银行交易金额140.57万亿元，同比增长98.82%；电商平台交易笔数总计3.28亿笔，交易额1.98万亿元；微信银行交易笔数2.18亿笔，交易金额为9.97万亿元，是去年的30多倍。

根据中国金融认证中心（CFCA）联合各商业银行发起的《2018中国电子银行调查报告》[4] 显示：2018年，个人电子银行各渠道用户比例均有所提升。其中，网银渠道用户增速放缓，移动端渠道发展迅猛，手机银行用户比例首次超越网银用户，达到57%。用户感知网上银行与手机银行功能上的差异越来越小，大多数网银与手机银行的重合用户更倾向于首选手机银行。在使用过程中，转账汇款、查询账户、网络支付与生活缴费是个人用户使用电子银行的主要功能。企业电子银行用户占比明显提升，企业网银渗透持续增长，但增势减缓。企业网银活跃度较高，成为企业用户办理业务的首选，有75%的企业网银用户通过网银客户端登录企业网银。

与传统的支付结算方式相比，以电子银行为依托的各类新型电子支付结算方式更加契合现代客户的金融消费心理、消费习惯。互联网与移动支付的迅猛发展，使得客户对银行的态度发生变化，银行不再是客户要去的地方，而是实现客户需求的场所。传统物理网点作为银行诸多的服务渠道之一，其定位和形态随之发生巨大改变。银行需要以具有吸引力的在线金

---

[1] 中华人民共和国工业和信息化部.2018年通信业统计公报［EB/OL］.http：//www.miit.gov.cn/n1146312/n1146904/n1648372/c6619958/content.html.

[2] 我国网民规模超8亿 短视频用户超6亿［J/OL］.https：//www.chinaxwcb.com/info/551261，2019.3.25.

[3] 中国银行业杂志.2016年度中国银行业服务改进情况报告［J/OL］.http：//www.zgyhy.com.cn/zixun/2017-05-10/3968.html，2017.5.10.

[4] 2018中国电子银行调查报告［EB/OL］.https：//zhuanti.cebnet.com.cn/upload/report1.pdf，2018.12.13.

融产品做为切入点，将互联网方便、快捷的特点与传统的支付结算等业务有机结合，利用轻认证方式，推出多样化、创新支付方式，如手机 APP 验证码、账户+密码、二维码等，赢得大众群体市场。

【专栏 4-9】

金融科技与银行

近年来，人们逐渐认识到，"金融科技"比"互联网金融"内涵更加广泛，"金融科技"的出现频率高速增长，并呈现出替代"互联网金融"的趋势，由此带来的移动化、云计算、大数据、区块链等新概念、新形式引发金融业"基因突变"，并带来"新金融"时代。未来"传统金融"和"新金融"对立的局面将会逐步转化为加速融合。

2016 年 3 月，金融稳定理事会（The Financial Stability Board，FSB）在日本召开第 16 届全会，首次正式讨论了金融科技的系统性风险及监管问题，并发布《金融科技的全景描述与分析框架报告》。报告认为：金融科技（Financial Technology，Fintech）是指技术带来的金融创新，它能创造新的模式、业务、流程与产品，从而对金融市场提供的服务和模式造成重大的影响。其既包括前端产业，也包含后台技术。

目前，对金融市场影响较大的金融科技已经形成四大领域：第一，支付清算。包含手机和网络支付、电子货币以及区块链；第二，囊括直接融资、间接融资在内的融资模式。包括众筹、P2P 网贷、电子货币、区块链等；第三，基础设施。包含电子聚合器、智慧合同、大数据、云计算、电子身份认证；第四，投资管理。包含机器人投资顾问、电子自动交易、智慧合同[1]。

金融科技的发展，对于传统银行业务运营和经营管理的影响是巨大的。其可以创新金融工具，提高金融效率，创造新兴业态或商业模式；致使传统岗位、网点消失，造成员工削减与人才流失等。

传统银行的多数部门或将消失，显然这已不是天方夜谭，而是基于人工智能突飞猛进的发展速度的合理预测。美国普华永道会计师事务所近日发表的一份报告预测，到本世纪 30 年代初，38% 的美国就业岗位会受到自动化的威胁，而英国的这一比例是 30%，德国是 35%，日本是 21%[2]。毕马威在一份报告中宣称，到 2030 年银行可能"消失"！而类似于 Siri 的人工助手或将取代人类接管客户的生活与金融服务，未来人工智能上门服务或将实现。

2017 年 7 月 6 日，中国银行业协会秘书长黄润中在"2017 金融安全与科技高峰论坛"透露，中国的金融科技投入规模达到 139 亿美元，位居全球第一。数据显示，2016 年我国主要银行业金融机构年度科技投入达到 1 135 亿元，信息科技人员达到 7.8 万，占比达到 2.28%。与此同时，银行业务的离柜率已经达到 84%，个别的银行达到 98%，只有不到 2%

---

[1] 王莹. 金融稳定理事会提出金融科技监管评估框架 [J/OL]. 第一财经：http://www.yicai.com/news/5013676.html, 2016.5.16.

[2] 惨烈！银行离柜率超 90%，2030 年或"消失"？[J/OL]. 搜狐财经，http://www.sohu.com/a/130738668_411327, 2017.3.28.

左右需要到柜台人工服务，其他都可以线上和电话办理①。目前，一些银行已经开始试用全新的人工智能业务模式，用机器人取代人工客服、大数据风控取代传统风控等。

三、银行风险管理的功能日益突出

商业银行经营的是货币信用业务，其整个业务经营过程充满了各种各样的风险；而银行的外部经营环境同样充满了不确定性。从本质上看，商业银行是经营风险的金融机构，是在和风险进行较量的过程中不断获取盈利的机会。因而，商业银行具有风险管理功能。

所谓风险管理功能，是指商业银行通过提供各种金融产品、信息咨询、交易技术和手段，通过自身的业务和管理活动，为银行自身、客户以及整个社会经济防范和化解金融风险，增加银行、客户乃至整个社会价值的功能。虽然风险管理功能并不为商业银行所特有，但是其却具有与其他金融机构不同的特点：①风险管理工具的非标准化。诸如贷款、担保、贷款承诺、衍生金融工具等，都是银行根据每个客户的具体情况设计、安排的，所以可以满足客户的差异化需求。②管理方式的内部化。通过存贷业务以及信用关系等，银行将存户等银行客户的金融风险转换为自身所承担的风险，然后再采取各种手段去管理这些风险，从而对整个社会的风险管理具有积极的作用。

进入21世纪后，由于各种因素的变化，整个世界经济的不确定性大大增加，银行的风险管理功能日益突出。面对风险增大的严酷现实，为了立于不败之地，并获取良好的经营效益，商业银行开始逐渐确立全行风险管理的思想与观念。也即，商业银行在进行风险管理时，立足于全行的角度进行相关工作：①在全行范围内达成对风险管理的共识；②在确定风险管理目标时，充分了解银行自身的整体实力和抗风险能力，把握整个银行所能承受的风险程度；③在制定风险管理措施时，严格实行由上而下的管理体制，由最高管理层来推行和落实管理措施，使之覆盖整个员工、每个环节、每个岗位，并对全行各部门贯彻风险管理措施的状况进行检查和监督。

四、银行组织模式的变化

自诞生以来，基于银行的业务特点，出现了多种组织结构模式。诸如：U型结构（一元结构）、H型结构（控股公司结构）、M型结构（事业部制或多部门结构）以及矩阵结构等结构形式。不同组织结构各具特点，也有不同的适应性。

为了适应新的形势和要求，近年来，商业银行的内部组织管理系统逐渐走向信息化和程序化，管理幅度加宽、组织层次减少，很多银行开始采用"扁平结构"的组织模式或矩阵制结构。矩阵制也被称为"矩阵组织结构"或"目标规划制"，是指按照银行组织固有的一些特性，将银行部门分为不同的事业部，在每个事业部中，设计一些职能类别类似的组别，这些组别又分属于不同的职能部门领导，从而形成一个"二维"或"多维"结构的组织结

---

① 中国金融科技投入规模全球第一，银行业务离柜率高达84%［J/OL］.新浪财经，http：//finance.sina.com.cn/money/bank/bank_ hydt/2017－07－06/doc－ifyhwefp0177991.shtml，207.7.6.

构。如按经营的产品类型，可以将银行部门分为两类：一类是业务部门，如企业金融部、个人金融部、信托部、基金部等；另一类是职能部门，包括财务部、风险管理部、市场营销部等。在每个业务部内再设置财务、风险管理等职能类似部门，并将这些职能部门统一归属于全行的财务部、风险管理部等。矩阵结构的主要优点是：适应性较强，管理层次减少，信息传输速度加快，决策能力提高等。但是要求不同部门之间能够建立信息交流的顺畅渠道，促进部门间的合作和协调。

此外，由于市场竞争日益激烈，始于20世纪50年代的银行市场营销观念开始逐渐在商业银行确立，并以迅猛之势快速发展。目前，市场营销已经成为现代商业银行业务发展中不可或缺的重要组成部分。市场营销行为，为商业银行带来了全新的经营管理理念，促使银行的经营管理模式甚至经营管理机制发生巨大的变化；营销职能已经成为银行业务运营中的核心职能，一些银行甚至为此而改变了组织机构的设置和业务流程。如，所谓"流程银行"，就是将原来以传统的部门业务分工改变为按照业务流程进行分工协作和管理，从而形成"前台营销服务、中台风险控制、后台保障支持"新型银行组织管理模式。

基于互联网技术、顺应需求等而建立的直销银行、社区银行、智慧银行、开放银行等新型银行组织形式，都将会在今后大行其道。

本章小结

现代意义的商业银行是以追求最大利润为目标，以多种金融负债筹集资金，以多种金融资产为其经营对象，能利用负债进行信用创造，并向客户提供多功能、综合性服务的金融企业，并正朝着"金融百货公司"的方向发展。

作为经营货币信用业务的特殊企业，商业银行发挥着支付中介、信用中介、信用创造、金融服务等4个主要功能。商业银行是金融体系中数量最多、分布最广的一种金融企业，在金融体系中乃至整个国民经济中占据着特殊的地位，主要表现为：商业银行是国民经济活动的中枢，商业银行的业务活动对全社会的货币供应具有重要的影响，商业银行已成为国家宏观经济政策实施的重要途径和基础，商业银行是社会经济活动的信息中心。

建立商业银行，需要遵循3项基本原则：有利于银行业竞争，有利于保护银行安全，使银行保持适当的规模。设立商业银行需要遵循一定的程序和要求。

商业银行的类型多种多样。最为常见的分类是以下两种：①按组织形式划分，有单一（单元）银行制、总分行制银行以及集团银行。②按资本所有权划分，有私人、股份制、国有等类型的银行。不同类型的商业银行，具有不同的特点。商业银行内部组织结构以有效发挥银行的职能、开展有效经营为设置原则。现代商业银行大多采用股份制形式，按照公司制度要求，银行内部组织机构分为3个主要部分：决策机构、执行机构和监督机构。

商业银行的经营目标是：在追求安全性、流动性的基础上，争取最大的利润。也即通常所说的银行"三性"经营方针：安全性、流动性、盈利性。"三性"之间的一般关系是：安全性与流动性成正比；安全性、流动性与盈利性成反比。所以，处理"三性"关系的核心是：围绕流动性加强经营管理，增强资金实力，提高服务质量。

商业银行业务，主要包括表内业务和表外业务两大类型。

银行表内业务是指可以列入银行资产负债表内的业务，主要包括负债业务和资产业务。负债业务是指商业银行筹措资金、形成资金来源的业务，是商业银行开展资产业务和其他业务的基础和资金保证。主要包括：存款业务、非存款业务以及银行资本。其中，存款业务主要包括：传统存款和创新存款；非存款业务主要包括：同业拆借、回购协议、向中央银行或向国际金融市场借款、发行金融债券等业务。资产业务是指商业银行的资金运用业务，既是商业银行最主要、最基本的盈利来源，又是信誉高低的重要标志。主要包括两大类：非盈利性资产和盈利性资产。其中，非盈利性资产主要是指现金资产，包括：库存现金、在中央银行存款、存放同业存款以及在途资金；盈利性资产主要包括贷款和证券投资。银行贷款的类型众多，常见的是按照保障条件、贷款对象以及风险程度划分的贷款类型。而银行证券投资的对象主要包括债券和股票两大类。由于业务运行特点、风险管理的要求以及监管部门对于银行业务的规定限制等，银行一般比较偏向于投资债券、尤以国债作为银行最为主要的投资对象。

银行表外业务是指按照通行的会计准则不列入银行资产负债表内，不影响银行资产负债总额，但能影响银行当期损益，改变银行资产报酬率的业务，主要包括传统的、服务性的中间业务和创新性的、有风险的表外业务。因而，表外业务有狭义和广义之分，主要区分在于是否将传统的、服务性的中间业务列入。狭义的表外业务和传统的中间业务既有共同点，也有不同点。发展表外业务，对于商业银行具有重要作用。但是表外业务也具有明显的特点，特别是由于其风险大，会对银行经营产生巨大的影响。因此，需要对表外业务进行更为严格的管制和风险控制。

20世纪90年代以来，随着世界范围内的金融自由化、国际化以及电子化的程度不断加深，商业银行发展趋势出现了一些变化，突出反映在：综合化经营及盈利结构的变化；银行电子化及其交易的移动化、智能化与机构的虚拟化；银行风险管理的功能日益突出；银行组织模式的变化。

关键术语

商业银行	支付中介	信用中介	信用创造
金融服务	原始存款	派生存款	现金漏损
单一银行制	总分行制	持股公司制	私人银行
股份制银行	国有银行	安全性	流动性
盈利性	活期存款	定期存款	储蓄存款
票据贴现	转贴现	转抵押	权益性资本
债务性资本	巴塞尔协议	现金资产	库存现金
存放同业存款	在途资金	信用贷款	担保贷款
抵押贷款	质押贷款	保证贷款	票据贴现
正常贷款	关注贷款	次级贷款	可疑贷款

损失贷款　　　表外业务　　　电子银行　　　网络银行
手机银行

复习思考题

1. 简述商业银行的发展历程。
2. 商业银行的基本特点是什么？
3. 简述商业银行的基本职能和地位。
4. 建立商业银行的基本原则是什么？
5. 简述商业银行的基本类型及其优缺点。
6. 商业银行的内部组织结构包括哪几个部分？
7. 简述商业银行的经营目标。
8. 商业银行活期存款的基本特点有哪些？
9. 商业银行定期存款的基本特点有哪些？
10. 简述商业银行非存款业务的基本类型。
11. 试述商业银行通过发行金融债券筹资的优缺点。
12. 试述商业银行资本的基本功能。
13. 简述商业银行现金资产的构成及其作用。
14. 简述银行关注贷款的基本特点。
15. 简述狭义的表外业务和传统的中间业务的异同。
16. 商业银行为什么要发展表外业务？表外业务的特点是什么？
17. 试述商业银行的发展趋势。

主要参考文献

1. 戴国强. 商业银行经营学（第四版）[M]. 北京：高等教育出版社，2011.
2. 史建平. 商业银行管理 [M]. 北京：北京大学出版社，2011.
3. 史建平. 商业银行管理学 [M]. 北京：中国人民大学出版社，2003.
4. 王志武. 徐艳，商业银行经营管理学 [M]. 北京：中国金融出版社，2009.
5. 任远. 商业银行经营管理学（第二版）[M]. 北京：科学出版社，2009.
6. 李志辉. 商业银行管理学 [M]. 北京：中国金融出版社，2006.
7. 谢太峰. 商业银行经营学 [M]. 北京：清华大学出版社，2007.

第五章　投资银行

> 【学习目标】
> 投资银行是经营证券承销、证券交易和兼并收购业务的金融机构，通过学习：
> 1. 掌握投资银行的概念和基本功能，了解投资银行的发展历程。
> 2. 了解并掌握投资银行的证券发行与承销业务。
> 3. 了解并掌握投资银行的证券经纪业务与自营业务；
> 4. 了解并掌握投资银行的资产管理和融资融券业务；
> 5. 了解并掌握投资银行的企业收购业务；
> 6. 了解并掌握投资银行的风险投资业务；
> 7. 了解并掌握投资银行的资产证券化业务。

提起投资银行，可能很多人首先想到的就是摩根士丹利、高盛、中金公司、中信证券等一些国内外赫赫有名的大公司，而进入这样一些公司工作似乎也成为一些金融学专业学生的最高职业理想。那么投资银行究竟是什么样的机构呢？它到底从事哪些具体的业务？本章主要描述了投资银行的发展历程、基本业务类型，重点介绍了我国投资银行的基本业务、运作状况及其特点。

第一节　投资银行概述

一、投资银行的产生及发展

（一）投资银行的含义

投资银行（Investment Banking），简称投行。根据投资银行的业务内容和发展趋势，著名的美国投资银行学家罗伯特·劳伦斯·库恩博士（Robert Lawrance Kuhn），给投资银行做出了口径不同的4个定义：最广义上的投资银行，是指任何经营华尔街金融业务的金融机构，这些业务覆盖了证券、国际海上保险、不动产投资等几乎全部的金融活动。较为广义的投资银行，是指经营全部资本市场业务的金融机构，这些业务包括证券承销、证券交易、企业并购与重组、风险投资及资产证券化等。较为狭义的投资银行，指的是仅经营证券承销、证券交易和兼并收购业务的金融机构。最狭义的投资银行，则仅指从事证券承销、证券交易业务的金融机构，也即证券公司①。

根据这样的定义，我们可以看出，对于投行的定义是宽泛的、动态的。随着金融市场的发展，投资银行的内涵也在不断扩展。就目前阶段而言，我们认为，前述较为广义的投资银行定义，相对最为贴合实际情况，因而本章以此作为投资银行的定义。

（二）投资银行的发展历史

投资银行的雏形可以追溯到15世纪欧洲的商人银行。这些商人银行活跃在货币市场和资本市场上，从事企业股票包销、政府公债包销以及资产管理、投资咨询、股票经纪等多项业务，成为大受欢迎的金融服务中介。1606年，荷兰东印度公司公开发行了世界上第一张股票；而最早的股票交易场所可以追溯到1611年的阿姆斯特丹证券交易所，这是历史上第一个专门的证券交易所。19世纪以后，欧洲的工业革命使得商人银行把业务扩展到为公司筹集股本金、进行资产管理、帮助公司实现融资目标等新的领域。20世纪之后，商人银行业务中的证券承销、证券交易等业务的比重逐步扩大。

18世纪初，荷兰裔移民将他们发明的股票交易所等制度引入美国。在得天独厚的地理优势和荷兰人冒险精神的共同作用下，逐步培育出了世界闻名的金融市场——华尔街。美国的投资银行取得较大规模的发展，主要归因于19世纪的南北战争以及战争结束后铁路等基础设施的大规模兴建。这一时期，投资银行通过承销政府的战争债券和铁路债券积累了资本，更积累了大量的经验，为后期的快速发展打下了扎实的基础。

纵观世界各国的投资银行，其发展主要经历了初期繁荣、分业经营、混业经营、金融监管改革等几个阶段。以下以美国为例，做简要说明：

1. 初期繁荣阶段

1914年，第一次世界大战爆发。战争原因造成了对于钢材、交通工具、铁路设施及军需产品等的大量需求，美国经济和证券市场在此期间发展繁荣。20世纪20年代以后，纽约一举取代伦敦成为新的国际金融中心，并成为世界上最大的证券市场。第一次世界大战结束之后，大量公司开始扩充资本。这一时期美国金融市场的主体是商业银行。为了规避《国民银行法》等法律限制，商业银行想方设法，如通过控股证券公司等形式参与到证券市场中来。1927年，随着《麦克法顿法》的颁布，商业银行可以直接参与股票承销，商业银行与投资银行两者融为一体。与此同时，美国进入了产业结构调整期，大量新行业和新兴企业逐渐崛起，它们在发展过程中存在大量的融资需求。由于通过资本市场筹资成本较低且期限长，新兴企业在筹集资金时多选择发行股份或债券的方式。美国的债券市场和股票市场因而在这一阶段快速发展，投资银行业也取得了初步繁荣。

2. 分业经营阶段

1929年10月，华尔街股市发生大崩盘，并由此引发金融危机和整个经济大萧条。从1929年末到1933年末，美国商业银行大量破产倒闭，数目由23 695家急剧减少为14 352家，严重损害了存款人的利益。对于这场后果严重的大危机，人们进行了反思，并认为商业

---

① Robert Lawrence Kuhn, 1990, Investment Banking Library 1 – 6, Volume 1, P. 6 – 8, Richard D. Irwin Press.

银行、投资银行在业务上的交叉混合也即混业经营模式是危机产生的主要原因，商业银行将大量短期资金盲目运用到股票市场而导致股市泡沫，是危机的罪魁祸首。为避免金融危机的再次发生，必须将投资银行与商业银行严格分开。1933年6月16日，《格拉斯—斯蒂格尔法案》（也称《1933年银行法》）通过，该法要求对投资银行和商业银行实行分业经营管理。许多之前间接经营投资银行业务的商业银行，如花旗银行、大通银行等都不得不与其附属投资银行机构分离，将主营业务退回至商业银行领域。许多之前综合经营投资银行和商业银行业务的大型金融机构、如摩根财团等，则被迫分别成立不同的投资银行公司和商业银行，其把投资银行业务专门交由摩根士丹利公司经营，把商业银行业务交由J.P.摩根公司独立经营。

3. 混业经营阶段

第二次世界大战以后，世界经济在调整和恢复之后逐步获得迅速发展，各种新兴的金融市场被逐渐开辟。由于以往法律对于投资银行和商业银行等在新的市场中的活动并没有具体的限制和规定，两者在这些新的领域展开了激烈的角逐。此外，投资银行和商业银行在角逐中都找到了侵蚀对方传统业务的方法。如：投资银行通过开办现金管理账户为客户管理存款，使得商业银行负债业务出现萎缩并由此引发"脱媒现象"。随着金融创新和金融自由化的不断推进，新的金融产品层出不穷。面对这种形势，美国的商业银行越来越感到有必要绕过分业经营制度的框架，这时一种新组织形式——银行控股公司应运而生并获得迅速发展。1986年，美联储通过一项允许部分商业银行从事有限投资银行业务的政策，放松了监管。1989年，美联储批准商业银行——J.P.摩根公司重返证券业，美国金融业由此开始向混业经营模式过渡。1999年11月，划时代的《金融服务现代化法案》通过，意味着分业经营制度的终结，美国金融业再一次进入混业经营时代。该法案在名称上不提商业银行，而是用"金融服务"一词替代。所谓"金融服务"，不仅可以包括传统银行业务，还包括非银行业的全部金融活动，其足以容纳现今金融市场上所有的金融活动。

4. 金融监管的改革

2008年，美国由于次贷危机引发了大规模的金融风暴，一些赫赫有名的大投行纷纷倒下，典型代表是雷曼兄弟、贝尔斯登等。金融监管机构逐步认识到，原有投资银行模式过度依赖从货币市场获得资金，以至于在危机中难以筹集资金。如果能将投资银行转型为银行控股公司，那么投资银行就可以开展吸收存款业务并从而获得稳定的资金来源。为此，美联储批准了高盛和摩根士丹利从投资银行转为银行控股公司。这两家公司通过开展吸收存款等业务正在重新构建自身的资产和资本结构。如此一来，投资银行不仅要受到美国证券交易委员会的监管，同时还要受到美国银行业的监管机构——美联储的监管。投资银行和商业银行的合并，必将逐渐催生出更加庞大的金融巨头，而如何进行金融监管以控制风险也引起了人们的关注和思考。

二、投资银行的基本功能

虽然名称中含有"银行"二字，但投资银行业务却与商业银行大相径庭。作为金融机构中的一个璀璨而重要的分支,投资银行主要着力于在资本市场上为企业提供中介服务,从事证券发行与承销、证券交易、企业并购与重组、风险投资、资产证券化等多种基本业务。通过从事这些业务,投资银行肩负着联系证券市场不同主体和创造证券市场的重要责任,同时还发挥着以下几项基本功能:

(一)充当直接金融中介

首先,投资银行一方面为资金需求者寻找资金来源,另一方面为资金供给者创造投资机会,为两者之间直接架起资金流动的渠道,实现直接融资,促进闲置资金向投资转化并进而形成资本。其次,投资银行是证券市场二级市场主要的中介人和参与者,对提高二级市场的交易活跃性发挥了不可替代的作用。最后,投资银行通过向企业提供兼并收购服务等多种中介服务,促进了资源的优化配置,提高了资本的运营效率。

(二)有助于提高公司治理水平

通过向企业提供股票发行与承销服务,投资银行可以帮助企业成功实现上市,进而实现企业投资主体的多元化,完善了公司治理结构,显著提高公司治理水平。

(三)有助于促进产业集中和产业结构升级

投资银行向企业通过提供兼并收购服务,提高了产业集中程度,同时也促进了金融企业和工商企业的相互持股,实现金融资本与产业资本的融合。此外,通过扶持朝阳行业的公司通过 IPO 实现上市融资,投资银行还直接推动了行业的快速发展和产业的结构升级。对于一些尚处于种子阶段、风险很大的新兴产业,要想从商业银行获得贷款难度很大,因而往往寻求投资银行的帮助,以寻找风险资本。

三、我国投资银行的发展历史与现状

自 1979 年改革开放以来,我国的投资银行从满足证券发行和交易的需要起步开始逐步发展起来。投资银行业务最初是由我国商业银行来完成的。20 世纪 80 年代后期,随着证券市场一级市场、二级市场的建立,证券业务被从商业银行中分离出来,一批专门从事证券业务的证券公司(简称"券商")成立,并在随后多年的发展中成为从事投资银行业务的主体。

我国的投资银行从起步开始,经历了一定时期的快速发展,目前已经进入到规范发展的阶段。

(一)起步阶段

我国的投资银行始于 1979 年成立的中国国际信托投资公司。在证券市场发展早期,银行参与了大量投资银行业务。20 世纪 80 年代,银行纷纷建立了隶属其内部编制的证券部门,这些部门独立出去之后就成为银行控制的证券公司。与此同时,各银行的总行均设立了信托投资公司以及所属的证券营业部,地方分支行也纷纷效仿总行建立了不少类似的机构。在我国投资银行的初步发展中,到处充斥着银行的身影,我们从一些著名证券公司的发展历史中可见一斑,如海通证券成立之初是交通银行的全资附属机构,申银证券(现为申银万国证券）的前身是中国工商银行上海分行的信托投资公司等。

（二）快速发展阶段

随着我国证券市场的不断发展，市场对投资银行提出更高的要求，这也成为了投资银行发展壮大的直接推动力。1990年12月19日，上海证券交易所（简称"上交所"）正式开业，1991年7月3日，深圳证券交易所（简称"深交所"）也宣布正式开业。沪、深两地证券交易所的成立，标志着我国证券市场进入了集中有序的新阶段。1992年，邓小平提出"证券、股市要允许看，但要坚决地试"，极大地鼓舞了证券市场开拓者的信心。1993年，党的十四届三中全会和《关于建立社会主义市场经济体制若干问题的决定》的通过，进一步激发了人们对证券市场的热情，交易所会员数量、上市交易股票数量随之都实现了快速提升，证券承销和经纪业务成为投资银行最为主要的两项业务，少数具有创新精神的投资银行开始把眼光投向兼并收购等领域。

1995年起，我国证券市场需求旺盛而证券公司数量不足的供求矛盾得到缓解，证券市场的发展转入了低潮期，证券公司进入供过于求的买方市场，保持交易和发行份额以及如何扩展和开发创新业务以占据新的竞争领域，成为各家投资银行同时面对的重要课题。

1995年《中华人民共和国商业银行法》的颁布，建立了我国银行业和证券业分业经营的法律基础，之前参与投资银行业务的商业银行必须与证券公司脱钩，也为我国投资银行业的发展提供了规模重组和扩张的良好契机。经过一段时期的重组、转让等发展过程，申银万国、海通证券、君安证券（现为国泰君安证券）等大型投行脱颖而出，走向全国化发展的道路。

（三）规范发展阶段

1998年《中华人民共和国证券法》（简称《证券法》）出台，提出要打破行政推荐限制的办法，国家不再确定证券发行额度，证券发行需要由主承销商推荐、发行审核委员会（简称"发审委"）审核，中国证监会核准。股票发行核准制度的推出，结束了行政色彩浓厚的股票发行额度限制，标志着我国证券市场在市场化方向上迈出了意义深远的一步。

2004年2月1日开始实施的，由中国证监会颁布的《证券发行上市保荐制度暂行办法》建立了保荐制度，对证券发行上市的责任体系进行了明确界定，建立了责任落实和责任追究机制。如由保荐人负责发行人的上市推荐和辅导，核实公司发行文件中所载资料的真实、准确和完整，协助发行人建立严格的信息披露制度；其不仅承担上市后持续督导的责任，还将责任落实到个人。

2006年1月1日。我国开始实施经修订的《证券法》，其在发行监管方面明确了公开发行和非公开发行的界限；规定了证券发行前的公开披露信息制度，强化社会公众监督；肯定了证券发行、上市保荐制度，进一步发挥中介机构的市场服务职能；将证券上市核准权赋予了证券交易所，强化了证券交易所的监管职能。

在此背景下，我国的投资银行逐渐走上规范发展的道路。

目前，我国的投资银行主要分为3种类型：第一种是全国性的，包括两种类型：一是以银行系统为背景的证券公司；二是国务院直属或以国务院各部委为背景的信托投资公司。第二种是地区性的，主要是省、市两级的专业证券公司和信托公司。第三种是民营性的，主要是一些投资管理公司、财务顾问公司和资产管理公司等，如易凯资本、华兴资本、汉理资本、汉能投资等。

 【专栏 5-1】

中国国际金融有限公司①

中国国际金融有限公司（简称"中金"，CICC）成立于 1995 年 7 月，是由国内外著名金融机构和公司基于战略合作关系共同投资组建的中国第一家中外合资投资银行，注册资本为 1.25 亿美元。自成立以来，中金一直致力于为客户提供高质量金融增值服务，建立了以研究为基础，投资银行、股票业务、固定收益、财富管理和投资管理全方位发展的业务结构。

中金总部设在北京，在境内设有多家子公司，在上海和深圳等地设有分公司，在中国大陆 28 个省、直辖市拥有 200 多个营业网点。公司亦积极开拓海外市场，在香港、纽约、新加坡、伦敦、旧金山、法兰克福等国际金融中心设有分支机构。凭借广泛的业务网络及杰出的跨境能力，中金能够为客户提供全方位的金融服务。

2015 年，中金在香港联交所主板成功挂牌上市。2017 年，中金与中国中投证券有限责任公司（中投证券）的战略重组完成，中投证券成为中金的全资子公司。本次交易使公司规模显著扩大，综合实力进一步提升，将实现对大、中小企业及机构、个人客户更为深度的覆盖，构建更为均衡的一、二级市场业务结构。

第二节 证券的发行与承销

如前所述，投资银行一项重要的功能是充当直接金融中介，而这一功能的实现，很大程度上是通过其向企业提供证券发行与承销业务进行的。证券发行是指企业、政府等主体为了筹集资金而向投资人出售有价证券的行为。这一行为，站在筹资者的角度来看是证券发行，站在投资银行的角度来看则是股票承销，因此这项业务也被称为证券发行与承销。本节将主要介绍股票、债券的发行与承销业务。

一、股票的发行与承销

股票，是股份公司为了筹集资金而发给股东作为持股凭证、并借以取得股息和红利的一种有价证券②。股票上市，是指已经发行的股票经过交易所批准后在交易所公开挂牌交易的法律行为。投资银行在此所要做的工作，就是帮助企业发行股票、并成功出售给投资者，以帮助企业筹集到所需资金。

---

① 中国国际金融有限公司网站：http://www.cicc.com.cn/CICC/chinese/about/index.htm.
② 关于股票的基本含义，参看本书第六章。

股票的公开发行包括首次公开发行和发行新股。其中，首次公开发行也即 IPO（Initial Public Offering）。发行新股，则是指已上市公司向不特定对象发行新股，包括向原固定配售股份（配股）和向不特定对象公开筹集股份（增发）。投资银行股票承销业务的一般流程如图 5-1 所示。

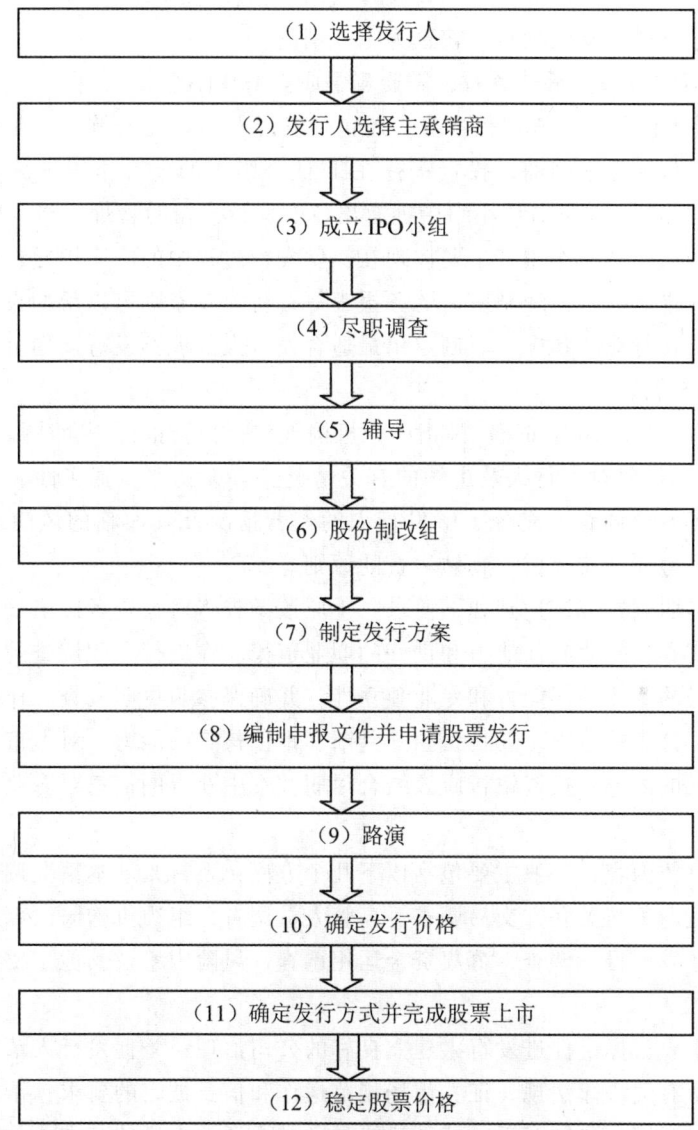

图 5-1 投资银行股票承销业务的一般流程

（1）从投资银行的角度出发。

由于发行人的素质直接关系从事承销活动所承担的风险，因此投资银行承销业务的第一步，是在众多的潜在公司中选择合适的公司并帮助其实现公开发行上市。一般来说，投资银行在选择发行人时会考虑下列因素：公司是否符合股票发行条件，公司是否具备增长潜力，公司是否受到市场欢迎，公司管理层是否具备优秀的素质等。

（2）作为股票发行的主体，发行股票的公司也需要选择适合的投资银行。

此时，投资银行需要做自我推介，通过开展大量的公关活动，努力使自己成为这家公司公开发行股票的主承销商。这一阶段，投资银行应该针对企业选择投资银行的标准，结合发行人的具体情况找到其最关注的焦点，并开展有针对性的公关和推介工作。在此过程中，投资银行应该充分发挥自己的优势，并站在发行人的角度换位思考，为发行人着想，使其看到自己的诚意，并最终成功拿到项目，获选为主承销商。

（3）投资银行在成为主承销商后，需要着手成立 IPO 小组。

IPO 小组成员不仅包括投资银行本身，还包括发行人的管理人员、行业内的律师、会计师及行业专家等。作为主承销商，投资银行在 TPO 小组中的核心作用十分重大；其余人员也需要发挥各自的作用。如：IPO 小组中拥有出色的发行公司的管理人员，将对公司股票的成功发行大有好处；律师的作用，主要体现在提供发行过程中的法律指导；会计师则需要对发行人的财务状况进行分析，编制所需财务报表等；行业专家则可以帮助投行更详细、更专业地了解发行人所在行业的状况，以制定出最适合发行人的证券发行计划。

（4）尽职调查阶段。

所谓尽职调查（Due Diligence）是指中介机构（包括投资银行、会计师事务所、律师事务所等），在股票承销时对发行人及市场的有关情况、有关文件的真实性、准确性、完整性进行核查、验证等专业调查，充分了解发行人的经营情况及其面临的风险和问题。这一阶段，投资银行应该遵守诚实守信、勤勉尽责的原则。

一般来说，尽职调查应该达到如下要求：①应该调查将对投资者做出投资决策有重大影响的所有信息。②具备专业胜任能力和良好的职业道德。在进行尽职调查的过程中，投资银行应该考虑其自身的专业胜任能力和专业独立性，并确保参与尽职调查工作的相关人员能够恪守独立、客观、公正的原则。③具备独立判断和审慎核查的能力。对上市文件中需要中介机构出具专业意见的内容，投资银行应该结合尽职调查中获得的信息对专业意见内容进行审慎核查。

尽职调查的具体内容，一般主要包括以下几个方面：发行人基本情况调查，发行人业务与技术调查，同业竞争与关联方交易调查，高管人员调查，组织机构与内部控制调查，财务与会计调查，业务发展目标调查，募集资金运用调查，风险因素及其他重要事项调查。

（5）辅导阶段。

辅导阶段的主要目标是促进发行人建立良好的公司治理；督促发行人董事、监事、高管全面理解企业上市有关法律法规、证券市场规范运作和信息披露的要求；帮助发行人树立进入证券市场的诚信意识、法制意识，使其最终具备进入证券市场的基本条件。按照规定，在我国境内首次公开发行股票的公司，在提出首次公开发行股票申请前，必须聘请辅导机构对其进行辅导，履行相关辅导程序。

（6）股份制改组。

对企业进行股份制改组是上市过程中的重要一步，改组的目的是将非股份有限公司的企业改制为股份有限公司。企业类型有很多种：个体所有制企业、合伙制企业、有限责任公司、股份有限公司等。我国法律明确规定，只有股份有限公司才能发行股票并且上市。因此，如果企业在上市前不是股份有限公司，就必须帮助其实现股份制改组。如果企业本身已经是股份有限公司形式，投资银行要结合尽职调查的结果，对企业尚存在的不规范问题进行整改，使其能够达到规范性要求。

(7) 制定发行方案。

股票公开发行是一个复杂的过程，期间需要很多中介机构的协调配合。作为 IPO 小组的核心成员，投资银行必须协调好各个机构之间的工作，通过制定合理的发行方案，保证上市所需的所有材料都按时保质完成。

(8) 制作申报文件并申请股票发行。

投资银行作为企业上市的保荐机构，要组织其他中介机构按照有关要求制作申请材料，并出具推荐文件向中国证监会申报。

一般来说，申报材料主要分为两个部分：一部分材料需要根据要求在指定报刊和网站披露，包括：招股说明书及附录、发行公告。其中，招股说明书及其附录是全套申报材料中最为重要、最为核心的部分，也是发行审核的重点文件。另一部分材料不要求公开披露，主要包括：主承销商的推荐文件、发行人律师的意见、发行申请及授权文件、募集资金运用的有关文件、股份有限公司设立的文件与章程、发行定价及定价分析报告、其他文件等。

(9) 路演（Road Show）。

路演是投资银行帮助发行人安排的发行前的调研与推介活动。路演可以实现 3 个目的：一是，让投资者更好地了解发行人。路演过程中，发行人的高管人员会同主承销商一起前往各大主要金融中心城市，拜访潜在投资者，使投资者有机会更好地了解发行人。二是，增强投资者的信心，创造市场需求。路演给发行人提供了一个展示和宣传自己公司的机会，同时也是发行人积极推销自己的重要机会；成功的路演可以创造出对新股的市场需求。三是，从投资者的反应中获取有用信息。通过路演，发行人可以观察到投资者的反应，并据此帮助自己更加合理地确定发行量、发行价以及发行时机。

(10) 确定发行价格。

合理确定发行价格是股票成功发行上市的核心，定价的基础一般是对股票的合理估值。我国目前采用的股票估值方法主要有可比公司法和现金流折现法。在估值的基础之上，发行人及其保荐人需要通过询价的方式确定股票的发行价格。具体程序一般为：在发行申请取得证监会的核准之后，发行人应该公告招股意向书，并开始向询价对象进行推介和询价。询价又分为初步询价和累计投标询价两个阶段。通过初步询价，可以确定发行价格区间；通过累计投标询价，可以确定发行价格。

(11) 确定发行方式并安排股票上市。

目前我国股票发行主要有以下两种方式：第一，上网定价发行。主承销商利用证券交易所的交易系统，由其作为股票的唯一卖方，投资者在指定时间内可以按照现行委托买入股票的方式进行股票申购。第二，向机构投资者配售股票。发行人及主承销商事先确定好发行量和发行底价，经证监会批准后向机构投资者进行推介和询价，并根据预约申购情况确定最终发行价格，以统一价格向机构投资者配售和对一般投资者上网发行。

在股票发行完成后，发行人就可以向证券交易所提出股票上市申请。交易所依法审核同意后，由双方签订上市协议，从而实现股票在交易所的挂牌交易。

(12) 稳定价格。

股票实现上市之后，投资银行的工作还没有完全结束，后续重要的工作之一就是维持股票价格的稳定。

维持股价稳定的方法有很多。如：绿鞋机制，也称绿鞋期权策略（Green Shoe Option），因 1963 年美国波士顿绿鞋制造公司首次公开发行股票时率先使用而得名。绿鞋机制一般是指承销商在股票上市之日起 30 天内，可以择机按同一发行价格比预定规模多发 15%（一般不超过 15%）的股份；一般是在市场气氛不佳、对发行结果不乐观或难以预料的情况下使用，目的是防止新股发行上市后股价下跌至发行价甚或发行价以下，以增强参与一级市场认购的投资者的信心，实现新股股价由一级市场向二级市场的平稳过渡。采用"绿鞋机制"，可以根据市场情况调节融资规模，使供求平衡。

证监会于 2016 年修订后颁布的《证券发行与承销管理办法》第 15 条规定："首次公开发行股票数量在 4 亿股以上的，发行人及其主承销商可以在发行方案中采用超额配售选择权"。这其中的"超额配售选择权"就是绿鞋机制。工行 2006 年 IPO 时就曾采用过"绿鞋机制"。

三种不同的股票发行监管制度

股票发行监管制度主要有 3 种：审批制、核准制和注册制，每种发行监管制度都对应一定的市场发展状况。审批制是计划发行的模式，核准制是从审批制向注册制过渡的中间形式，注册制则是目前成熟股票市场普遍采用的发行制度。

审批制，是指在股票市场发展初期，为了维护市场稳定、平衡复杂的社会经济关系，采用行政命令或计划的办法分配股票发行的指标和额度，并由地方或行业主管部门根据指标推荐企业发行股票的一种发行制度；其在股票发行方式及其定价等方面存在较多的行政干预。

核准制，是指发行人在发行股票时，不需要政府批准，只要符合相关法律要求即可申请上市。核准制下，申请发行股票的发行人，要充分公开企业的真实情况，并符合有关法律和证券监管机构规定的必要条件。证券监管机构既要对申报文件的真实性、准确性、完整性和及时性进行审查，也要对发行人的营业性质、财力、素质、发展前景、发行数量和发行价格等条件进行实质性审查，并据此作出发行人是否符合发行条件的价值判断和核准申请的决定。核准制遵循的是强制性信息公开披露和合规性管理相结合的原则，其理念是"买者自行小心"和"卖者自行小心"并行。

注册制，要求发行人申请发行股票时，必须依法将公开的各种资料完全准确地向证券监管机构申报。这种制度下，证券监管部门公布股票发行的必要条件或要求，只要达到条件或要求的企业就可发行股票。注册制也即所谓"公开管理"原则，实质上是一种发行公司的财务公开制度，以美国联邦证券法为代表。它要求发行证券的公司提供关于证券发行本身及其有关的一切信息，信息披露以发行公司的招股说明书为核心。证券监管机构的职责是对申报文件的全面性、准确性、真实性和及时性作出形式审查，而不对发行人的资质进行实质性审核和价值判断,将发行人股票的良莠留给市场判断。注册制的基础是强制性信息公开披露原则,遵循"买者自行小心"的理念。

在20多年的改革发展过程中,随着证券市场的逐渐成熟,我国证券发行监管制度经历了从审批制到核准制的变化,未来将转为注册制。

1999年以前,我国新股的发行监管制度以审批制为主,实行"额度控制"。1999年7月正式实施的《中华人民共和国证券法》规定,发行监管制度视证券种类不同而不同:股票发行采取核准制,公司债券发行采取审批制。2014年8月31日修正的《中华人民共和国证券法》规定,股票与公司债券发行均采用核准制。

2015年12月27日,全国人大常委表决通过《关于授权国务院在实施股票发行注册制改革中调整适用〈中华人民共和国证券法〉有关规定的决定》。要求自决定实行之日(2016年3月1日)起两年内,授权对拟在上交所、深交所上市的股票公开发行实行注册制制度。这标志着我国开始启动注册制改革及其相关的一系列配套工作。2018年2月24日,第十二届全国人民代表大会常务委员会第三十三次会议决定:授权国务院在上述决定实施期限届满后的期限可延长二年、也即至2020年2月29日。

二、债券的发行与承销

除了帮助企业通过发行股票的方法融入资金,投资银行还可以帮助有需求的企业通过采用发行债券的方式筹集资金。

所谓债券,是指各类经济主体为筹集资金向投资者出具的、承诺按一定利率定期支付利息并到期偿还本金的债权债务凭证。根据我国现行法律法规,企业可以选择发行企业债券或是公司债券。企业债券是指企业依照法定程序公开发行、并约定在一定期限内还本付息的有价证券。公司债券是指公司依照法定程序发行,约定在一定期限内还本付息的有价证券。我国于1993年颁布、2013年年底第四次修正的《中华人民共和国公司法》和1998年颁布、2014年8月第三次修改的《中华人民共和国证券法》,对此有明确的说明。其中,"公司"是指"在中国境内设立的有限责任公司和股份有限公司"。因此,上述两种债券在发债主体、发债资金用途、发债信用基础等方面有着显著的区别。

(一)我国企业债券发行与承销的有关规定

2011年1月8日,国务院发布、修订后的《企业债券管理条例》要求,企业债券的发行企业必须符合下列条件:①企业规模达到国家规定的要求;②企业财务会计制度符合国家规定;③具有偿债能力;④企业经济效益良好,发行企业债券前连续三年盈利;⑤所筹资金用途符合国家产业政策。

《企业债券管理条例》还要求,申请发行企业债券的企业,应当制定发行章程,并向审批机关报送相关文件。企业债券发行应由证券经营机构承销。国家计划委员会会同中国人民银行、财政部、国务院证券委员会拟订全国企业债券发行的年度规模和规模内的各项指标,报国务院批准后,下达各省、自治区、直辖市、计划单列市人民政府和国务院有关部门执行。未经国务院同意,任何地方、部门不得擅自突破企业债券发行的年度规模,并不得擅自调整年度规模内的各项指标。

（二）我国公司债券发行与承销的有关规定

2014年修订后的《中华人民共和国证券法》第十六条规定，公开发行公司债券，应当符合下列条件：①股份有限公司的净资产不低于人民币三千万元，有限责任公司的净资产不低于人民币六千万元；②累计债券余额不超过公司净资产的百分之四十；③最近三年平均可分配利润足以支付公司债券一年的利息；④筹集的资金投向符合国家产业政策；⑤债券的利率不超过国务院限定的利率水平；⑥国务院规定的其他条件。公开发行公司债券筹集的资金，必须用于核准的用途，不得用于弥补亏损和非生产性支出。

证监会于2015年1月15日发布的《公司债券发行与交易管理办法》规定，公司债券可以公开发行，也可以非公开发行。发行公司债券，发行人应当依照《中华人民共和国公司法》或者公司章程相关规定对以下事项作出决议：①发行债券的数量；②发行方式；③债券期限；④募集资金的用途；⑤决议的有效期；⑥其他按照法律法规及公司章程规定需要明确的事项。发行公司债券，如果对增信机制、偿债保障措施作出安排的，也应当在决议事项中载明。发行人及其他信息披露义务人应当及时、公平地履行披露义务，所披露或者报送的信息必须真实、准确、完整，不得有虚假记载、误导性陈述或者重大遗漏。发行公司债券应当由具有证券承销业务资格的证券公司承销。承销机构承销公司债券，应当依照《证券法》相关规定采用包销或者代销方式。

【专栏5－3】

2018年度我国证券公司证券承销业务排名

根据中国证券业协会的数据，2018年度证券公司会员证券承销业务的排名前十位的情况如表5－1、表5－2所示①。

表5－1 　　　　2018年度证券公司股票主承销金额前十名排名　　　　（单位：万元）

排名	证券公司名称	股票主承销金额
1	中信证券	9831479
2	中信建投	9405186
3	国泰君安	7724240
4	中金公司	5489299
5	华泰证券	4923128
6	国信证券	2135233
7	申万宏源	1075097
8	招商证券	1052266
9	瑞银证券	1043549
10	海通证券	1042636

---

① 中国证券业协会公布2018年度证券公司会员经营业绩排名情况，中国证券业协会网站：http：//www.sac.net.cn/hysj/zqgsyjpm/201904/P020190404633589070389.pdf.

表 5-2　　2018 年度证券公司债券主承销金额前十名排名　　（单位：万元）

排名	证券公司名称	债券主承销金额
1	中信建投	62838805
2	中信证券	62219586
3	招商证券	47958820
4	中金公司	29121482
5	国泰君安	26913025
6	海通证券	26154571
7	光大证券	23906210
8	中银国际	17100901
9	平安证券	16477967
10	华泰证券	13974954

第三节　证券交易

证券交易是指对已经发行的证券所进行的买卖、转让和流通活动。证券交易与证券发行有着密切的联系。一方面，证券发行为证券交易提供了对象，是证券交易的前提；另一方面，证券交易增强了证券的流动性，有利于证券发行的成功实现。

投资银行在证券交易中主要扮演着 3 种角色，分别是：证券经纪商、证券自营商和证券做市商。证券经纪商（Brokers），是指接受客户委托代客买卖证券并从中赚取佣金的投资银行；证券自营商（Dealers），是指以盈利为目的、通过运用自有资本进行证券买卖赚取利润的投资银行；证券做市商（Market Maker），是指运用自己的账户从事证券买卖，通过不断地买卖报价维持证券价格的稳定性和证券交易的流动性，并从买卖报价的差额中赚取利益的投资银行。由此，投资银行在证券交易活动中从事着证券经纪业务、证券自营业务以及做市商业务。

一、证券经纪业务

（一）证券经纪业务的含义

证券经纪业务是指投资银行通过其设立的证券营业部，接受客户的委托，按照客户的要求代理客户买卖证券的业务。在这一业务中，投资银行不赚取价差，只从中收取一定比例的佣金作为报酬。

当证券在二级市场上交易时，经纪商的作用重大，这主要是与证券集中交易制度有关。由于证券交易方式特殊，证券交易规则严密且交易操作程序十分复杂，广大的投资者不可能直接进入证券交易所进行证券买卖，而只能由具备资格的证券经纪商进入交易所进行交易，投资者则需委托经纪商完成自身的交易。

在证券经纪业务中,投资银行一方面充当证券买卖的媒介,迅速、准确地执行指令,从而提高了证券市场的流动性和效率。另一方面,投资银行还提供与交易相关的信息服务。在和客户建立了买卖委托关系之后,客户往往希望能够获得及时、准确的信息服务。这些信息服务具体包括:上市公司的详细资料、上市公司和所在行业的研究报告、经济前景的预测分析、有关股票市场变动的研究报告等。

(二) 投资银行开展证券经纪业务的流程

投资银行开展证券经纪业务需要遵守一定的流程。以我国为例,在国内买卖无纸化(挂牌、记名)证券时,完整的证券经纪业务的一般流程如图5-2所示:

图 5-2 证券经纪业务流程

1. 开立证券账户

证券账户是指证券登记结算机构为投资者设立的,用于准确记载投资者所持的证券种类、名称、数量及相应权益和变动情况的账册,是认定股东身份的重要凭证,具有证明股东身份的法律效力,同时也是投资者进行证券交易的先决条件。

我国《证券法》规定,证券持有人持有的证券,在上市交易时,应当全部存管在证券登记结算机构。在拥有证券账户的基础上,投资者可以与证券经纪商建立经纪关系,成为该经纪商的客户。目前,我国的证券登记结算机构为:中国证券登记结算有限责任公司,简称"中国结算"或"中证登"。

根据2014年10月1日实行的《中国证券登记结算有限责任公司证券账户管理规则》以及2018年10月31日修订后的《中国证券登记结算有限责任公司证券账户业务指南》[①],我国关于证券账户开立的基本规定主要包括:

①符合法律、行政法规、证监会及"中证登"有关规定的自然人、法人、合伙企业以及其他投资者,可以申请开立证券账户。证券资产托管人或资产管理人,可以按规定为证券投资基金、保险产品、信托产品、资产管理计划、企业年金计划、社会保障基金投资组合等依法设立的证券投资产品申请开立证券账户。

②"中证登"设置投资者证券总账户(简称"一码通账户")及子账户,两者统称为证券账户。一码通账户用于汇总记载投资者各个子账户下证券持有及变动的情况,也可用于记录投资者分级评价等适当性管理信息。子账户用于记载投资者参与特定交易场所或用于投资特定证券品种的证券持有及变动的具体情况,包括:人民币普通股票账户(简称"A股账户")、人民币特种股票账户(简称"B股账户")、全国中小企业股份转让系统账户(简称"股转系统账户")、封闭式基金账户、开放式基金账户以及根据业务需要设立的其他证

---

① 中国结算,中国证券登记结算有限责任公司证券账户业务指南 [EB/OL]. 2018.10, http://www.chinaclear.cn/zdjs/editor_file/20181031173542402.pdf.

券账户。目前,一个投资者只能申请开立一个一码通账户。一个投资者在同一市场最多可以申请开立3个A股账户、封闭式基金账户,只能申请开立1个信用账户、B股账户。

2. 开立资金账户

投资者持已开立的证券账户与证券经纪商签订证券交易委托代理协议,开立资金账户。证券交易结算资金账户是投资者用于证券交易资金清算的专用账户;开设该账户,标志着证券经纪商与投资者之间建立了委托代理关系,投资者只要往账户内存入资金就可以进行相关证券交易的操作。

3. 进行交易委托

办理委托的手续包括:投资者填写委托单和证券经纪商受理委托。交易委托方式有多种,可以根据不同的特点加以区分,如:

(1)按照委托数量的不同特征,交易委托可以分为整数委托和零数委托。所谓整数委托,是指委托买卖证券的数量为一个交易单位(目前我国股票的交易单位为100股,称为一手)或交易单位的整倍数。所谓零数委托,是指委托买卖证券的数量不足交易所规定的一个交易单位。按现行规定,1股至99股均为零数委托。目前,我国只在卖出证券时才有零数委托。

(2)按照委托价格的不同,交易委托可以分为市价委托和限价委托。市价委托,是指投资者发出买卖某种证券的委托指令时,要求证券经纪商按证券交易所内当时的市场价格买进或卖出证券。限价委托,是指投资者要求经纪商在执行委托指令时必须按限定的价格或比限定价格更有利的价格买卖证券,也即:以限价或低于限价买进证券、以限价或高于限价卖出证券。目前我国主要使用限价委托,并规定委托单当日(交易时间)内有效。

4. 委托成交

众多投资者的合法有效委托经证券商受理并代为报盘之后,将根据一定的成交原则和竞价方式、以一定的价格实现成交。

(1)成交原则。

一是价格优先原则,即价格较高的买进申报优先于较低的买进申报,价格较低的卖出申报优先于较高的卖出申报。二是时间优先原则,即同价位申报,依照申报时序决定优先顺序。

(2)竞价方式。

在我国有集合竞价和连续竞价两种方式,在不同的交易时段,沪、深证券交易所的电脑主机会对投资者的委托采取这两种不同的竞价方式进行处理。

【专栏5-3】

我国的股票交易竞价制度

我国的股票在证券交易所挂牌交易,采取公开的集中竞价方式。集中竞价包括集合竞价和连续竞价两种形式。交易日为周一至周五。国家法定假日和交易所公告的休息日,交易所市场休市。每个交易日9:15—9:25为集合竞价,9:30—11:30,13:00—15:00为连续竞价时间。

5. 进行股权登记、证券存管、清算交割交收

无纸化记名证券在二级市场流通转让的过程中，必定伴随着股权登记、证券存管、清算交割等步骤，只有这些程序的运行准确无误，才能支持证券交易的正常开展。

（1）股权登记。

现代证券交易的对象多为无纸化证券，发行公司往往都会委托专门的登记机构建立其所有股东的名册，并在每一次转让行为发生后进行变更登记，这就是股权登记。股权登记的委托人是发行人，受托人是证券登记结算公司，它们之间一般都建立了长期的股权登记服务合同。在证券交易所中，股权登记一般都是通过交易所的电脑系统自动完成的。由专门的中介机构来承担股权登记职能，在一定程度上简化了投资银行的经纪业务流程。

（2）证券存管。

证券存管，是指是在交易过户、非交易过户、分红派息、账户挂失等变更中实施的财产保管制度。证券存管的委托人是投资者，受托人是证券登记结算公司。对于无纸化记名证券通常采用中央存管的办法，存管后的证券若发生转移，无须签发实物券，而是通过账面进行划转。

（3）证券结算。

证券结算是证券的清算交割、交收的统称。在场内交易中，投资者与投资者之间、投资银行与投资银行之间都并不进行直接的清算往来，而是由每一家投资银行在注册成为结算机构的会员单位之后与结算机构发生应收应付。

（三）投资银行在证券交易业务中的权利和义务

投资银行作为证券经纪商，在证券交易的过程中作为受托人，享有一定的权利，同时也要承担相应的义务。具体如表5-3所示。

表5-3　　　　　　　　投资银行在证券交易业务中的权利和义务

权利	义务
按规定收取服务费用（如交易佣金）的权利	在开户时，应向客户讲解有关业务规则及合同内容，并提供"风险揭示书"
拒绝接受不符合规定的委托要求的权利	与客户签订"证券交易委托代理协议"并严格遵守
对违约客户，有通过留置其资金、证券或通过司法途径要求其履约或赔偿的权利	忠实办理受托业务，如实记录客户资金和证券的变化；在办理过程中为客户保密

二、证券自营业务

（一）证券自营业务的概念

证券自营业务，是指投资银行使用自有资金或合法筹集的资金，以自己的名义买卖证券、获取利润的证券业务。投资银行的自营业务，分为场外自营买卖和场内自营买卖。场外自营买卖是指投资银行通过柜台交易方式，与客户直接洽谈成交的证券交易。场内自营买卖是投资银行自己在交易所买卖证券的行为。

我国的证券自营业务，是指经证监会批准经营证券自营业务的证券公司，用自有资金和

依法筹集的资金，用自己名义开设的证券账户买卖依法公开发行或证监会认可的其他有价证券、以获取利润的行为。按照证监会2014年2月发布的"关于转发《证券公司证券自营业务指引》，加强证券公司自营业务监管的通知"，证券公司开展证券自营业务，需要注意以下几点：

①应当按照《证券公司证券自营业务指引》的要求，根据公司经营管理特点和业务运作状况，建立完备的自营业务管理制度、投资决策机制、操作流程和风险监控体系，在风险可测、可控、可承受的前提下从事自营业务。

②自营业务的管理和操作，由证券公司自营业务部门专职负责。非自营业务部门和分支机构不得以任何形式开展自营业务。

③自营业务必须以证券公司自身名义、通过专用自营席位进行，并由非自营业务部门负责自营账户的管理，包括开户、销户、使用登记等。应建立健全自营账户的审核和稽核制度，严禁出借自营账户、使用非自营席位变相自营、账外自营。

④建立防火墙制度，确保自营业务与经纪、资产管理、投资银行等业务在人员、信息、账户、资金、会计核算上严格分离。

⑤建立健全自营业务内部报告制度，报告内容包括但不限于：投资决策执行情况、自营资产质量、自营盈亏情况、风险监控情况和其他重大事项等。

另外，证券公司自营业务投资范围需按照有关规定进行。证监会于2014年2月发布的《关于证券公司证券自营业务投资范围及有关事项的规定》，明确证券公司证券自营投资品种为：①已经和依法可以在境内证券交易所上市交易和转让的证券。②已经在全国中小企业股份转让系统挂牌转让的证券。③已经和依法可以在符合规定的区域性股权交易市场挂牌转让的私募债券，已经在符合规定的区域性股权交易市场挂牌转让的股票。④已经和依法可以在境内银行间市场交易的证券。⑤经国家金融监管部门或者其授权机构依法批准或备案发行并在境内金融机构柜台交易的证券。

此外，证券公司可以委托具备证券资产管理业务资格、特定客户资产管理业务资格或者合格境内机构投资者资格的其他证券公司或者基金管理公司进行证券投资管理。具备证券自营业务资格的证券公司可以从事金融衍生产品交易；不具备证券自营业务资格的证券公司只能以对冲风险为目的，从事金融衍生产品交易。

（二）证券自营业务的特点

与只是代理客户买卖证券的经纪业务相比较，投资银行进行证券自营业务，是为了实现自身盈利而买卖证券。自营业务具有以下两个显著特点：

1. 风险性

由于自营业务是投资银行以自己的名义和资金直接进行证券买卖交易，证券交易的风险性决定了自营业务的风险性。证券自营业务的收益来源于买卖价差，但其有很大的不确定性，既可能是收益，也可能是损失，而且收益与损失的数量无法事先准确预计。作为投资者，自营业务的收益和损失都完全由投资银行获得或承担。相比之下，经纪业务中，投资银行仅充当代理人的角色，证券买卖的时机、价格、数量都由委托人决定，由此而产生的收益和损失是由委托人承担的。

2. 决策的自主性

自营买卖业务具有决策的自主性，投资银行可根据市场情况自主决定是否买入或卖出某种证券。而在买卖证券时，投资银行也可以自主选择交易方式，比如是通过交易所买卖还是通过其他场所买卖。

（三）投资银行自营业务中的禁止行为

自营业务涉及的资金量巨大，对市场造成的冲击不容忽视。投资银行开展自营业务，最需要强调的就是要控制风险、合法经营、严格自律；相对于其他业务而言，这些因素在自营业务中显得尤为重要。纵观历次金融风暴中破产倒闭的投资银行，有相当一部分就是因为自营操作失控而受到重创的。作为市场中的机构投资者，自营商对证券市场的稳定负有责任，不能自行其事、为所欲为。一般来说，投资银行在从事自营业务时的禁止行为主要包括：

1. 禁止内幕交易

内幕交易，是指投资银行在从事自营业务时利用内幕信息进行交易并从中获取利益的行为。内幕信息是指在交易活动中涉及发行公司的经营、财务或者对该公司证券的市场价格有重大影响、但又尚未公开的信息。常见的内幕交易有以下几种形式：①投资银行内部的内幕人员利用内幕信息买卖证券或根据内幕信息建议他人买卖证券；②投资银行内部的内幕人员向他人透露内幕信息细节，使他人利用该信息进行内幕交易；③投资银行内部的非内幕人员通过不正当手段或其他途径获得内幕信息，并根据该信息买卖证券或建议他人买卖证券；等。

2. 禁止操纵市场

操纵市场，是指投资银行利用其资金、信息等优势，在自营业务中滥用职权影响证券价格或成交量，制造证券市场假象，诱导或致使其他投资者在不明真相的情况下作出买卖决策，以此达到自营商本身的获利目的。

我国《证券法》明确列示操纵证券市场的手段包括：①单独或者通过合谋，集中资金优势、持股优势或者利用信息优势联合或者连续买卖，操纵证券交易价格或者证券交易量；②与他人串通，以事先约定的时间、价格和方式相互进行证券交易，影响证券交易价格或者证券交易量；③在自己实际控制的账户之间进行证券交易，影响证券交易价格或者证券交易量；④以其他手段操纵证券市场。

3. 其他禁止行为

主要包括：（1）欺诈客户，挪用客户保证金用于自营。（2）以自营账户为他人或以他人名义为自己买卖证券。（3）违反规定购买本证券公司控股股东或者与本证券公司有其他重大利害关系的发行人发行的证券；（4）假借他人名义或者以个人名义进行自营业务；（5）委托其他证券经营机构代为买卖证券。（6）将自营业务与代理业务混合操作。

三、做市商业务

依字面含义理解，做市就是"做出市场"。做市商（Market Maker），也被称为"双边报价商"，通常由证券市场上具备一定实力和信誉的证券经营法人担任。作为特许交易商，做市商不断地向公众投资者报出特定证券的买价和卖价（又称"双向报价"），并在该价位上接受公众投资者的买卖要求，以其自有资金和证券与投资者进行证券交易。做市商通过这种不断买卖来维持市场的流动性，满足公众投资者的投资需求；并在提供业务的过程中，通过买卖报价的适当差额来补偿所提供服务的成本费用，实现一定的利润。

做市商的存在，为资本市场带来了很多好处，主要可以概括为以下几点：

1. 有利于市场价格发现功能的发挥，促使证券价格逐步靠拢其实际价值

因为做市商报出的价格是在综合分析市场所有参与者的信息、衡量自身风险和收益的基础上形成的，投资者以做市商的报价为基础进行决策，并反过来影响做市商的报价，从而促使证券价格逐步靠拢其实际价值。

2. 能够提高市场流动性，增强市场的吸引力

做市商承担着"做市"所需的资金，可以随时应付任何买卖，活跃市场。买卖双方不必等到对方出现，只要由做市商出面，承担另一方的责任，交易就可以进行。因此，做市商保证了市场进行不间断的交易活动，即使是市场处于低谷时也是同样。如，在创业板市场上市的公司，一般规模较小，风险也较高，导致投资者参与的积极性会受到较大影响；特别是在市场低迷的情况下，资者更容易失去信心。这时做市商的作用更加凸显，正是由于它们的存在，才保证了市场交易活动的不断进行。

3. 有助于有效稳定市场，促进市场平衡运行

由于做市商有责任在股价暴涨、暴跌时参与做市，从而利于遏制过度的投机，发挥市场"稳定器"的作用。如，在 NASDAQ 市场上市的公司股票，要求最少有两家以上的做市商为其股票报价；而一些规模较大、交易较为活跃的股票，其做市商往往会达到 40 多家。平均来看，NASDAQ 市场每一种证券有 12 家做市商。如此一来，市场信息不对称的问题会得到很大的缓解，个别机构投资者很难通过操纵市场来牟取暴利，市场的投机性大大减少，也减少了传统交易方式中所谓庄家暗中操纵股价的现象。

【专栏 5-4】

我国的做市商制度

为提高市场流动性，我国银行间债券市场于 2001 年开始实施做市商制度。2001 年 4 月 6 日，中国人民银行发布了《关于规范和支持银行间债券市场双边报价业务有关问题的通知》，详细规定了申请成为全国银行间债券市场双边报价商的必要条件。同年 8 月，中国人民银行批准 9 家商业银行为双边报价商，构建了初步意义上的中国债券市场做市商制度。2007 年 1 月 11 日，中国人民银行发布了《全国银行间债券市场做市商管理规定》，这一规定降低了做市商的准入标准，加大了对做市商的政策支持力度，使更多数量的不同类型金融机构有机会参与银行间债券市场的做市业务。

2005 年，为配合汇率形成机制改革，增加外汇市场流动性，国家外汇管理局在银行间外汇市场引入做市商制度。目前该制度已成为外汇市场重要的基础制度之一。银行间外汇市场做市商,是指经国家外汇管理局核准、在中国银行间外汇市场进行人民币与外币交易时,承担向市场会员持续提供买、卖价格义务,通过自身的买卖行为、为市场提供流动性的银行间外汇市场成员。

2014 年 6 月 5 日,《全国中小企业股份转让系统做市商做市业务管理规定(试行)》发布实施,该规定与前期已发布实施的《全国中小企业股份转让系统股票转让细则(试行)》,共同构成全国股份转让系统挂牌公司股票做市转让业务的基本制度框架,由此建立了我国新三板市场的做市商机制。

2016 年起,大连商品交易所针对豆粕期权做市商机制展开调研并多次召开研讨会,开始逐渐形成以豆粕期权为载体的做市商制度体系。包括期权在内的衍生品的做市商制度的建立在我国来日可期。

第四节　资产管理与融资融券业务

一、资产管理业务

资产管理业务(Asset Management)简称"资管业务",是指投资银行作为资产管理人,依照有关法律法规与客户签订资产管理合同,根据资产管理合同约定的方式、条件、要求及限制,对客户资产进行经营运作,为客户提供证券及其他金融产品的投资管理服务的行为。实质上,资产管理业务体现了金融资产所有权和经营权的分离,实现了金融资产的专业化运用。

资产管理是当今世界金融服务业中发展最快、规模最大的业务之一,是在投资银行传统业务基础上发展起来的新型业务。在成熟的证券市场上,资产管理业务已经与前述发行承销业务、经纪业务、自营业务并列为投资银行的核心业务之一。通过开展这一业务,利于投资银行充分运用其专业能力实现专业化管理,大大降低交易成本。

(一) 资产管理业务的一般类型

常见的资产管理业务主要包括 3 种类型,如图 5-3 所示。

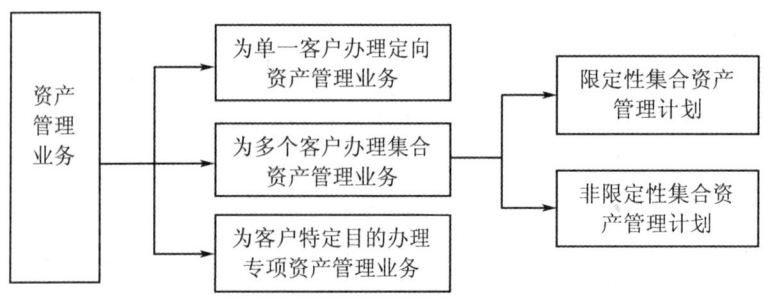

图 5-3　资产管理的业务类型

1. 为单一客户办理定向资产管理业务

为单一客户办理定向资产管理业务，是指证券公司与单一客户签订定向资产管理合同，通过该客户的账户为客户提供资产管理服务的一种业务。

主要特点是：①证券公司与客户必须是一对一的；②在资产管理合同中必须约定具体的投资方向；③必须在单一客户的专用证券账户中进行运作。

2. 为多个客户办理集合资产管理业务

为多个客户办理集合资产管理业务，是指证券公司通过设立集合资产管理计划，与客户签订集合资产管理合同，将客户资产交由依法可以从事客户交易结算资金存管业务的商业银行或证监会认可的其他资产托管机构进行托管，通过专门账户为客户提供资产管理服务的一种业务。

主要特点是：①集合性，证券公司与客户是一对多的。②投资范围有限定性和非限定性之分。③客户资产必须进行托管。④通过专门账户投资运作。⑤较严格的信息披露要求。

3. 为客户特定目的办理专项资产管理业务

为客户特定目的办理专项资产管理业务，是指证券公司与客户签订专项资产管理合同，针对客户的特殊要求和资产的具体情况，设定特定投资目标，通过专门账户为客户提供资产管理服务的一种业务。

主要特点是：①综合性，证券公司与客户可以是"一对一"，也可以是"一对多"。②特定性，需要设定特定的投资目标。③通过专门账户经营运作。

（二）我国对资产管理业务的基本规定

对于资产管理业务，证券公司需要遵从相关法律法规开展。如：我国目前实施的《证券公司集合资产管理业务实施细则》①要求：

①证券公司从事集合资产管理业务，应当遵守法律、行政法规和证监会的规定，遵循公平、公正原则；诚实守信，审慎尽责；坚持公平交易，避免利益冲突，禁止利益输送，保护客户合法权益。

②证券公司从事集合资产管理业务，应当为合格投资者提供服务，设立集合资产管理计划（简称"集合计划"或"计划"），并担任计划管理人。集合计划应当符合下列条件：（1）募集资金规模在 50 亿元人民币以下；（2）单个客户参与金额不低于 100 万元人民币；客户人数在 200 人以下。

③证券公司发起设立集合资产管理计划后 5 日内，应当将发起设立情况报中国证券业协会备案，同时抄送证券公司住所地、资产管理分公司所在地中国证监会派出机构。

④集合计划募集的资金可以投资中国境内依法发行的股票、债券、股指期货、商品期货等证券期货交易所交易的投资品种；央行票据、短期融资券、中期票据、利率远期、利率互换等银行间市场交易的投资品种；证券投资基金、证券公司专项资产管理计划、商业银行理

---

① 证监会，证券公司集合资产管理业务实施细则（自 2013 年 6 月 26 日起施行）　［EB/OL］http：//www.csrc.gov.cn/pub/tianjin/tjfzyd/tjjflfg/tjbmgz/201308/t20130814_232605.htm.

财计划、集合资金信托计划等金融监管部门批准或备案发行的金融产品;以及证监会认可的其他投资品种。集合计划可以参与融资融券交易,也可以将其持有的证券作为融券标的证券出借给证券金融公司。证券公司可以依法设立集合计划在境内募集资金,投资于证监会认可的境外金融产品。

⑤证券公司从事集合资产管理业务,应当建立健全投资决策、公平交易、会计核算、风险控制、合规管理等制度,制定业务操作流程和岗位手册,覆盖集合资产管理业务的产品设计、推广、研究、投资、交易、清算、会计核算、信息披露、客户服务等环节。

⑥集合计划存续期间,发生对集合计划持续运营、客户利益、资产净值产生重大影响的事件,证券公司应当按照集合资产管理合同约定的方式及时向客户披露,并向住所地、资产管理分公司所在地中国证监会派出机构及中国证券业协会报告。

(三) 我国资产管理业务的发展与变化

我国的资产管理业务起步相对较晚,但发展速度较快。数据显示,截至2016年6月底,我国金融市场资产管理业务总规模约为46.48万亿元。其中,证券公司资产管理业务规模达到15万亿元,占比32%。券商资管产品达到21360只;其中,定向资产管理计划受托规模占据主导地位,产品共计17254只,资产规模12.56万亿元,占比达到85.4%;集合资产管理计划拥有3554只产品,累计规模1.95万亿元,占比12.96%;专项资产管理计划为259只产品,资产规模2583亿元[①]。

由于部分资管业务发展不规范,出现监管套利、产品多层嵌套、刚性兑付、规避金融监管等问题,2018年4月27日,人民银行、银保监会、证监会、外汇局等联合发布《关于规范金融机构资产管理业务的指导意见》(简称"资管新规"),就资产管理业务中的若干问题提出相应监管要求,以此规范金融机构的资产管理业务、统一同类资产管理产品监管标准、有效防范和控制金融风险、引导社会资金流向实体经济,更好支持经济结构调整和转型升级。随后,各监管机构针对资管新规对各自监管部分内容进行修正,出台资管新规的配套细则,以促进资管新规平稳实施。受此影响,截至2018年年底,我国证券公司及其子公司的资管规模已由2017年年初的16.57万亿元下降至13.4万亿元;全年券商资管成品规模共计下滑3.71万亿元[②]。

二、融资融券业务

(一) 融资融券业务的含义

顾名思义,融资融券包括融资和融券两项业务。融资是指投资者通过向证券公司借入资金买入证券,也即买空;投资者通过融资的方式实现了财务杠杆,一旦证券价格上涨,投资者卖出手中的证券并归还借入的本金和利息,进而获得加倍的回报;一旦证券价格下跌,投

---

① 李文,券商资管业务规模突破15万亿元 定向资管占比仍高达85% [J/OL]. 证券日报, http://finance.sina.com.cn/roll/2016-08-05/doc-ifxutfyw0629572.shtml, 2016-8-5.

② 2018年资产管理业务数据发布 券商资管规模连降8个月 [J/OL]. 证券日报, 2019-1-9, http://www.qlmoney.com/content/20190109-342560.html.

资者也将遭受加倍的损失。融券是指投资者向投资银行借入证券并卖出，也即卖空；待以后证券价格下跌时再买入证券归还证券公司、并支付一定利息。

（二）融资融券业务对投资银行和投资者的影响

融资融券的交易方式，目前已经成为世界股票市场上十分广泛的交易方式之一，在发达国家证券市场上允许卖空的占到 90% 以上。对于投资银行和市场投资者来说，融资融券业务都会带来一些重要的影响。

对于投资银行来说，开展融资融券业务，一方面会给其带来丰厚的利息收入和手续费收入，另一方面也将会增加证券交易的活跃度，从而给投资银行带来更多的经纪业务收入。

对于投资者来说，融资融券业务是一把双刃剑，既带来机遇又带来挑战。一方面，融资融券业务拓展了投资者的业务选择范围，给投资者提供了新的获利方式。这是因为：没有这种制度时，投资者只能通过股票的低买高卖赚取差价收入；而在引入融资融券业务后，投资者就可以进行卖空操作，并在股票价格下跌时也可以获得收益。但另一方面，从事融资融券业务时投资者也将面临更大的风险，由于融资融券的杠杆性，其在带给投资者以小博大机会的同时也带来了放大损失的可能性。

而对于整个证券市场而言，融资融券业务的引入，也有正反两方面的影响。正面影响主要体现为：第一，融资融券的价格发现功能，使得证券价格能更贴近其内在价值。因为融资融券业务为投资者提供了买空和卖空机会，从而增加了市场上证券的供给和需求规模，更加充分的体现了市场供需之间的较量。第二，融资融券使得证券交易更加活跃，增强了市场的流动性。而其负面影响主要体现为对市场的助涨助跌作用，从而增大了市场的波动，并可能增大金融体系的系统性风险。

（三）我国融资融券业务的发展

我国的融资融券业务，是指在证券交易所或者国务院批准的其他证券交易场所进行的证券交易中，证券公司向客户出借资金供其买入证券或者出借证券供其卖出，并由客户交存相应担保物的经营活动。

2008 年 10 月 5 日，证监会正式宣布启动融资融券试点，按照试点先行、逐步推开的原则展开。2010 年 1 月 22 日，证监会印发《关于开展证券公司融资融券业务试点工作的指导意见》，对首批申请试点的证券公司应当满足的条件作了规定。2011 年 11 月 25 日，经证监会批准，《上海证券交易所融资融券交易实施细则》正式发布，意味着融资融券业务在我国由"试点"转为"常规"。2013 年 10 月，证监会发布《证券公司融资融券业务内部控制指引》，出台融资融券业务操作以及风险防范要求。

2016 年 12 月 2 日，上海证券交易所和深圳证券交易所修订了《融资融券交易实施细则》，对融资融券可充抵保证金证券折算率进行了调整。与此同时，沪深交易所扩大了融资融券标的股票范围，由以往的 873 只增加至 950 只，这是融资融券业务推出以来的第 5 次扩容[1]。截至 2016 年 11 月底，融资融券余额 9 765 亿元，开户投资者数量达到 480 万人，融

---

[1] 李光磊，融资融券再度扩容标的股票范围［J/OL］. 金融时报，2016 - 12 - 03, http://www.financialnews.com.cn/zq/rz/201612/t20161203_109003.html.

资融券已经逐步成为我国资本市场重要的基础性交易制度①。

据金融界②有关数据，截止到 2019 年 4 月 29 日，我国沪深两市的融资融券余额为 9 731.67 亿元；融资个股为 941 只，融券个股为 736 只。

第五节 企业收购业务

企业收购业务是投资银行的核心业务之一，被视为投资银行中"财力和智力的高级结合"，也是证券市场中最引人关注的热点。中国吉利收购沃尔沃轿车、中国平安收购深圳发展银行等等，都让人们看到了收购业务在我国的广阔市场前景。

一、企业收购业务的概述

企业收购是指一个公司通过产权交易取得另一家公司一定程度的控制权，以实现一定经济目标的经济行为。

根据不同的界定角度，公司收购有不同的分类方法：

1. 根据拟收购对象的持股人是否确定，划分为要约收购和协议收购。

（1）要约收购。

要约收购指收购人为了取得上市公司的控股权，向所有的股票持有人发出购买该上市公司股份的收购要约，收购该上市公司的股份。收购要约上要写明收购价格、数量及要约期间等收购条件。

（2）协议收购。

协议收购指由收购人与上市公司特定的股票持有人就收购该公司股票的条件、价格、期限等有关事项达成协议，由公司股票的持有人向收购者转让股票，收购人支付资金，达到收购的目的。

2. 根据目标公司董事会是否会抵制，划分为善意收购和恶意收购。

（1）善意收购。

善意收购收购者事先与目标公司经营者商议，征得其同意之后，由目标公司主动向收购者提供收购所需的资料等，并且还劝其股东接受公开收购要约，出售股票，从而帮助收购方完成收购。

（2）恶意收购。

恶意收购是指收购者在收购目标公司股权时，遭到目标公司的强烈抵制，但收购者仍要强行收购；或者是收购者在事先没有和目标公司协商的情况下就突然提出收购要约。

---

① 中国证券金融投资有限公司，强化投资者适当性管理稳步发展两融业务［J/OL］. 中国金融新闻网：http://www.financialnews.com.cn/jg/zc/201612/t20161221_109943.html, 2016.12.21.

② 金融界，融资融券首页：http://stock.jrj.com.cn/rzrq/

3. 根据购并双方的行业关联性程度，划分为横向收购、纵向收购和混合收购。

（1）横向收购。

购并双方同属于一个产业或行业，两者生产或销售的是同类产品。因此，横向收购的目的在于消除竞争，扩大市场份额，增加收购公司的垄断实力并形成规模效应。

（2）纵向收购。

购并双方在生产过程或经营环节上紧密相关。也就是说，纵向收购是处于生产同一产品、不同生产阶段的公司之间的收购，收购双方往往是原材料供应者或产成品购买者，对彼此的生产状况比较熟悉，从而有利于收购后的相互融合。

（3）混合收购。

购并双方在生产和经营上没有任何关联。

4. 根据收购的支付方式，划分为以下几种不同的收购方式：

（1）用现金购买资产。

收购公司使用现款购买目标公司资产，以实现对目标公司的控制。

（2）用现金购买股票。

收购公司以现金购买目标公司的股票，以实现对目标公司的控制。

（3）用股票购买资产。

收购公司向目标公司发行自己的股票，以交换目标公司的资产。

（4）用股票交换股票。

收购公司直接向目标公司的股东发行股票，以交换目标公司的股票。

二、企业收购业务的流程

一般的，企业实现收购的具体流程如下：

1. 选择收购对象

对潜在的收购对象进行全面、详细的调查；这个过程需要公司高层管理人员、投资银行家、律师和会计师的共同参与。

2. 选择收购时机

收购公司在一个合理估价的基础上，同时分析所处宏观经济环境、法律环境和社会环境等，综合把握最佳收购时机。

3. 对收购进行风险分析

公司收购业务非常复杂，需要尽量避免收购过程中出现的市场风险、反收购风险等，争取把风险消除在收购的各个环节之中。

4. 对目标公司进行定价

定价一般有两种方法：现金流量法和可比公司价值定价法。

5. 制订收购的融资方案

收购公司一般应首先选用内部自有资金；其次选择向银行贷款；再次选择发行债券等；

最后发行普通股票。

6. 选择收购的方式

在分析公司自身财务、资本结构的基础上，选择最合理的收购方式。

7. 与目标公司谈判签约

通过谈判确定收购的方式、价格、支付时间以及其他重要事项，达成一致意见后，由双方法人代表签订收购合同。

8. 报批

根据相关法律法规，收购活动涉及国有股权转让的，应当报国有资产管理委员会审核批准。

9. 进行相关信息的披露

为保护投资者和目标公司的合法权益，维护证券市场正常秩序，收购公司应及时披露有关信息。

10. 登记过户

收购合同生效后，收购双方要办理股权转让登记过户等手续。

11. 整合

收购后整合的内容包括公司战略的整合、管理制度的整合、经营上的整合以及人事安排与调整等。

三、投资银行在企业收购中的作用

在公司收购活动中，投资银行一般是作为财务顾问，为收购公司和目标公司等提供相关的专业服务。需要注意的是，一家财务顾问既可以为收购公司服务，也可以为目标公司服务，但不能同时为收购公司和目标公司服务。

（一）为收购公司提供的服务

（1）帮助企业寻找和评估目标公司，并从收购公司的战略角度和其他方面初步评估目标公司。

（2）提出与收购相关的建议，包括收购策略、收购价格与条件、收购时机和相关的财务安排等。

（3）帮助收购方与目标公司的董事或大股东接洽，并帮助商议谈判收购条件与具体条款。

（4）提供其他服务，如帮助准备收购要约、股东通知和收购公告等文件。

（二）为目标公司提供的服务

1. 预警服务

帮助目标公司追踪自身股票价格，寻找潜在的收购公司，对可能性收购提供早期警告。

2. 制定反收购策略

在企业遭遇恶意收购时,帮助企业制定有效的反收购策略加以阻止。

3. 提供评估服务

如评估目标公司和业务构成,以便在谈判中达成一个较高的要价。

4. 提供其他服务

如编制有关的文件和公告等。

四、国际上几种常用的反收购策略

如前所述,企业收购可以划分为善意收购和恶意收购。企业在面临恶意收购时,作为财务顾问,投资银行需要帮助企业制定有效的反收购策略加以阻止。国际上常用的反收购策略主要包括以下几种:

1. 金降落伞策略

金降落伞策略是指目标公司的董事会提前做出如下决议:一旦目标公司被收购,而且董事、高层管理者都被解职时,这些被解职者可领到巨额退休金,以提高收购成本。

2. 银降落伞策略

银降落伞策略是指目标公司一旦落入收购方手中,公司有义务向被解雇的董事以下的高级管理人员支付较"金降落伞策略"稍微逊色的、同类的保证金(一般是根据工龄长短支付数周至数月的工资)。

3. 毒丸策略

毒丸策略是指目标公司发现他人有收购意图时,为对抗收购而制定特定的股份购买计划,主要表现为赋予公司股东特定的优先权利,使得收购一旦发生,该特定优先权利的行使将会导致公司资产的减少和收购方部分投票权的丧失。

4. 白衣骑士策略

白衣骑士策略是指当目标公司遇到敌意收购者收购时,可以寻找一个具有良好合作关系的公司,让其以比收购方所提要约更高的价格提出收购。这时,收购方若不以相对更高的价格来进行收购,则肯定不能取得成功。这种方法即使不能赶走收购方,也会使其付出较为高昂的代价。

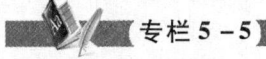
【专栏 5-5】

中信证券收购广发证券的失败案例①

一、中信证券与广发证券

中信证券股份有限公司(以下简称"中信证券"或"公司"),于 1995 年 10 月 25 日在北京成立。中信证券长期以来秉承"稳健经营、勇于创新"的原则,在若干业务领域保持

---

① 搜狐财经,http://business.sohu.com/s2004/zhongxin.shtml。

或取得领先地位。

广发证券的前身是1991年9月8日成立的广东发展银行证券部，1993年末成立公司，1996年改制为广发证券有限责任公司，2001年整体变更为股份有限公司，是国内首批综合类证券公司。

二、并购的基本情况

2004年9月1日，中信证券发布董事会决议公告，决议收购广发证券股份有限公司部分股权，而此举并未和广发证券管理层充分沟通，广发证券内部视其为"恶意收购"，公司上下群情激昂，决意将反收购进行到底，并随即采取了一系列反收购防御措施，并最终达到了抵御收购的目的。

2004年10月14日，中信证券正式对外公告，由于公司要约收购广发证券的股权未达到51%的预期目标，要约收购因此解除。这场围绕广发证券控股权而展开的中国证券业首次收购战，在历经一个多月的较量后暂告落幕。

三、广发证券的反收购措施

广发证券反收购可以分为明线和暗线两条线。其中明线是广发证券员工从言论到行动的一系列举措；暗线则是辽宁成大与吉林敖东增持广发证券股权。

1. 言论反对

2004年9月3日，广发证券员工向广东证监局陈情，表达了反对中信证券进入广发证券的立场和态度。9月6日，有关网站刊登了《广发证券员工强烈反对中信证券敌意收购的声明》。这份署名为"广发证券股份有限公司2 230名员工"的声明称，"坚决反对中信证券的敌意收购，并将抗争到底。"

2. 发起员工收购股权行动

2004年9月7日，由广发系统员工集资组建的深圳吉富创业投资股份有限公司（深圳吉富），以每股1.16元的价格收购云大科技所持有的广发证券7 662.113万股（占总股本的3.83%）股份。9月15日，又以每股1.20元的价格收购梅雁股份所持有的广发证券16 794.56万股股份，深圳吉富从而获得了广发证券12.23%的股份，从而成为广发证券的第四大股东。

3. 结成反收购同盟军

吉林敖东原来持有广发证券13.75%，为广发证券的第三大股东。2004年9月14日，吉林敖东收购风华集团持有的广发证券2.16%股份，收购敖东延吉持有的广发证券1.23%股份，收购价格均为1.168元/股，交易完成后，吉林敖东将持有广发证券17.14%股份，成为第二大股东。

辽宁成大原来持有广发证券20%的股权。2004年6月16日，辽宁成大以1.18元/股收购辽宁万恒集团有限公司持有的86 236 500股广发证券股权，收购辽宁外贸物业发展公司持有的广发证券25，383，095股，收购完成后，累计持有广发证券25.58%。

最终，广发证券的控股权落入被称为"反收购铁三角"的辽宁成大、吉林敖东和深圳吉富三家之手，中信证券的收购计划宣告失败。

第六节 风险投资

一、风险投资的含义与特点

（一）风险投资的概念

风险投资（Venture Capital，VC），又称创业投资。美国风险投资协会（NVCA）将其定义为：由职业金融家投入到新兴的、迅速发展的、有巨大潜力企业中的一种权益资本。更加完整意义的风险投资，是指向极具增长潜力的、未上市创业企业提供股权资本，并通过创业管理服务参与企业创业过程，以期获得高资本增值的一种投资行为。风险投资人以获取股息、红利及资本利得为目的，其最大特征是：冒较大风险以获取巨额投资回报，故得此名。

通俗地讲，风险投资就是指专门的风险投资人将风险资本投资于新成立的或是快速成长的新兴公司（以高科技公司为主），在承担较大风险的基础上，为融资人提供长期股权投资和其他相关的增值服务，培育企业实现快速增长；数年后再通过上市或其他股权转让方式退出投资、并取得高额投资回报的一种投资方式。风险投资既可能双赢，也需要双方承担风险，充分体现了风险投资业高风险、高收益的特点。最吸引风险投资人的是那些快速增长而且有比较优势的企业。

（二）风险投资的特点

风险投资家所追逐的目标是通过投资和提供增值服务的方式把企业做大，然后再退出以取得高额投资回报。因此，风险投资是一个不断向新兴企业注入资金的过程。风险投资一般具有以下几个基本特征：

①投资决策建立在高度专业化和程序化的基础之上。
②投资对象多为高新技术企业。
③投资方式一般多为股权投资，通常占被投资企业股权的15%~20%。
④投入周期较长，一般需要3~7年。
⑤风险投资人不仅给企业提供资金，而且积极参与企业的战略决策和经营管理，提供相关增值服务，帮助企业实现更好的发展。
⑥仅在企业处于创业期才对其投资。当被投资企业发育成熟实现增值后，风险投资人就会通过上市、收购兼并或其他股权转让方式撤出资本，实现其投资的超额回报。

（三）风险投资的功能

大量事实显示，高科技与风险投资往往伴随在一起，两者的相互结合最终将会带来了巨大的经济效益。这是因为：一方面，高科技在风险投资支持下顺利演变为实业并带来效益；而另一方面，风险资本通过成功投资高科技企业而实现资本的巨额增值。风险投资的功能集中表现为以下几点：

1. 风险投资是高科技企业发展的孵化器

许多高科技企业存在规模小、资金不足等阻碍其发展的问题，风险资本的介入能补充企业发展所需的资金，提高被投资企业的抗风险能力，而且还通过积极参与企业的战略决策和经营管理，提供了企业的管理水平。

2. 风险投资是经济增长的发动机

通过对高科技企业的投资，风险投资切实推动了科技成果向实际生产力的转化，促进了技术的创新，对促进一国的经济乃至全球经济的发展起到了发动机一样的作用。

3. 风险投资是社会资金的放大器

风险投资通过吸收社会个人、保险公司、养老基金和企业在内的资金组成风险投资公司或风险投资基金并进行有效的运作，实现社会资本的有效运用和成倍增长。

二、投资银行涉足风险投资的方式

投资银行涉足风险投资，主要有以下3个不同的层次：

（一）直接或间接充当风险投资人

①投资银行对风险投资公司进行直接投资，成为其主要发起人和大股东。

②投资银行采用私募的方式为风险投资公司筹集资本，投资银行本身作为组织者和主要投资人。

③投资银行以普通合伙人身份，参与设立风险投资基金或创业投资基金，向风险投资公司提供资金来源，并通过参与基金的管理决策间接控制风险投资公司的运作。这种方式是大多数投资银行的选择。

（二）为风险投资者提供服务

1. 提供项目筛选服务

投资银行为风险投资者提供高质量的投资项目供其选择，并与其一起筛选目标企业。

2. 提供尽职调查服务

投资银行会对被列为投资备选方案的企业进行初步调查，为投资方提供一些基本信息。如有进一步的需求，投资银行将与风险投资家一起对被投资对象的经营思路、技术背景、客户关系等方面进行更深层次的调查与分析。

3. 提供价值评估服务

通过撰写创业投资可行性研究报告，投资银行为初次投资估价提供依据。报告细节除财务预测和价值评估外，还包括企业的基本情况分析、产业发展趋势及商业模式评价等。

4. 提供管理增值服务

一般来说，风险投资者完成投资后对项目进行监管比较困难。因此，投资银行可以为投资者提供对被投资公司进行常规监管的服务，以便跟踪投资项目在产品研发、市场导入、计划执行、财务管理等方面的进展，及时指出所出现的问题，提出改良意见。

5. 提供退出方案设计服务

投资银行为风险投资者提供诸如公开上市（IPO）、股权收购（如 MBO）、清算等退出方案并协助其实施。

（三）为风险创业企业提供服务

1. 提供撰写商业计划书服务

通过撰写计划书，帮助创业者清晰简炼地表达他们的商业计划。

2. 提供上市财务顾问服务

投资银行可以帮助企业准备上市申请的有关文件，安排上市工作时间和路演活动，并与其他中介机构保持协调。

3. 担任上市保荐人服务

具备资质的投资银行可以亲自担任风险创业企业创业板上市的保荐人。

三、风险投资的运作过程

一般来说，一项完整的风险投资应该包括以下几个步骤，如图 5-4 所示：

图 5-4 风险投资的基本步骤

（一）筹资阶段

筹集阶段是整个风险投资过程的起点。风险资金有多种来源，包括养老金、保险公司、投资银行及部分非银行金融机构、富有家庭和个人等。提供资金的众多风险资本家共同签订契约，组建风险投资公司。风险投资机构成立后即开始进行投资运作，由风险投资专家按照契约规定的范围，以出资人利益最大化为目标进行风险投资活动。

（二）投资阶段

投资阶段一般分为 5 个步骤：第一步，交易发起；也即风险投资机构获取众多潜在的投资机会。第二步，投资机会筛选；即风险投资机构在众多的潜在投资机会中初选出小部分进行进一步分析。第三步，分析与评价；即对上一步初选的项目进行潜在风险分析与收益评价。第四步．交易设计；也即设计投资的数量、形式和价格等。第五步，投资后管理；包括设立控制机制以保护投资，为企业提供管理咨询，募集追加资本，将企业带入资本市场运作以顺利实现必要的兼并收购或发行上市。

（三）退出阶段

在所投资风险企业的发展相对成熟后，风险投资机构会将所投资金由股权形态转化为资金形态，实现其投资的增值变现。这样一种退出机制的存在，不仅为风险资本提供了持续的流动性，也为风险资本提供了持续的发展性。风险资本的退出，可以选择多种方式，主要包括：

1. 主板上市方式

创业企业股票发行上市，通常是风险投资家们所追求的最高目标。股票上市并经过一段禁售期后，风险投资商可以出售其持有的风险企业股票，从而获取巨额增值，实现成功退出。

2. 创业板上市方式

创业板是境内外风险投资企业都竭力利用的通道，也是风险投资退出最重要的通道。

3. 股权转让方式

股权转让是指公司股东依法将自己的股份让渡给他人，使他人成为公司股东的民事法律行为。股权转让方式是风险资本退出的重要途径。

4. 管理层收购（Management Buy-Outs，MBO）方式

管理层收购，也称股权收购，是企业的经理层利用个人融资、股权交换及其他产权交易手段回购股东手中的股权。这种回购将会使企业的公司所有者结构、控制权结构和资产结构发生重大变化，企业有可能演变成由经营管理层完全控股的企业，管理层由代理人变为股东，其激励机制由薪酬激励变为控制权和股权激励。

5. 清算方式

清算主要是针对那些技术风险过大以致超过可预期收益价值，进而已经丧失现有及潜在市场机会的企业或项目所采取的一种止损手段。这种退出方式，意味着风险投资在这一项目上基本失败。

四、风险投资介入时期的选择

一般来说，风险企业的发展包括几个不同的阶段，如图（5-9）所示。针对风险企业所处的不同发展阶段，风险投资机构有必要规划不同的投资策略，并选择恰当的介入时机。

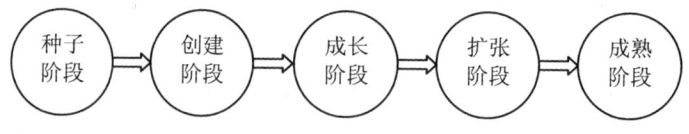

图 5-5 风险企业的发展阶段

（一）种子阶段

这一阶段，风险企业可能仅有产品构想而没有产品原型。因此，风险投资机构主要应考虑：投资对象的技术研发能力与产品市场潜力，投资对象是否与风险投资机构自身的专长领域、产业范围相关，等。如果整体评估投资风险可控，风险投资机构会考虑在这个时期尝试介入。

（二）创建阶段

这一阶段，风险企业已完成了产品原型，形成了企业详细的经营计划，但是产品仍未上

市，管理队伍也尚未形成。因此风险投资机构主要考虑的是：投资对象经营计划的可行性以及产品功能与竞争力。如果认为投资对象有相当的存活率，可在经营管理与市场开发方面提供有效帮助，或继续追加投资。

（三）成长阶段

这一阶段，风险企业基本上已完成过渡时期，初期产品成功上市，在市场上已有一定基础；但有待开发出更具竞争力的产品，并进行较大规模的市场营销，以进一步扩大市场占有率，因此需要投入较多的营运资金。风险投资机构主要应考虑：该公司的成长能力、市场竞争力、财务计划。

（四）扩充阶段

这一阶段，风险企业已占有一定市场份额，生产线已初具规模，管理队伍发展也达到了成熟标准；计划大规模扩充生产，扩大销售量与市场占有率，以获取更多的利润。此时，风险投资机构应主要考虑：该公司的盈利稳定性、财务结构与组织健全程度、防御替代产品能力等。

（五）成熟阶段

这一阶段，风险企业的经营规模与财务状况均已接近公司申请上市审核的要求，并计划在公开市场筹集资金，进行多元化的经营。此时，风险投资机构主要需要考虑：企业能否成功上市、证券市场投资者的接受程度、以及财务操作的效果等。

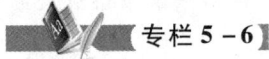

【专栏 5-6】

软银投资阿里巴巴回报率高达 71 倍①

1999 年，阿里巴巴成立初期，公司"小到不能再小"，18 个创业者基本上都是身兼数职。网站的建立，让阿里巴巴逐渐被很多人知道。来自美国的《商业周刊》、英文版的《南华早报》最早主动报道了阿里巴巴，并且令这个名不见经传的小网站开始在海外有了一定的名气。

有了一定名气的阿里巴巴很快面临资金的瓶颈：公司账上没钱了。马云开始去见一些投资者，但是他并不是有钱就要，而是精挑细选。即使囊中羞涩，他还是拒绝了 38 家投资商。马云后来表示，他希望阿里巴巴的第一笔风险投资除了带来钱以外，还能带来更多的非资金要素，如：进一步的风险投资和其他的海外资源。而被拒绝的这些投资者并不能给他带来这些。

就在这个时候，现在担任阿里巴巴 CFO 的蔡崇信的一个在高盛的旧关系为阿里巴巴解了燃眉之急。以高盛为主的一批投资银行向阿里巴巴投资了 500 万美元。这一笔"天使基金"让马云喘了口气。

更让人意料不到的是，更大的投资者注意到了马云和阿里巴巴。1999 年秋，日本软银总裁孙正义约见了马云。孙正义当时是亚洲首富。孙正义直截了当地问马云想要多少钱，而马云的回答却是他不需要钱。孙正义表示将给阿里巴巴投资 3 000 万美元，占 30% 的股份。但是马云认为钱是太多了。经过 6 分钟的思考，马云最终确定了 2 000 万美元的软银投资，

---

① 新浪科技，http://tech.sina.com.cn/i/2007-11-08/00341839107.shtml.

阿里巴巴管理团队仍绝对控股。

2000年4月起，纳斯达克指数开始暴跌，长达两年的熊市寒冬开始了。很多互联网公司陷入困境，甚至关门大吉。但是阿里巴巴却安然无恙，重要的一个原因是阿里巴巴获得了2 500万美元的中小企业融资。那个时候，全社会对互联网产生了不信任，阿里巴巴尽管不缺钱，业务开展却十分艰难。马云提出关门把产品做好，等到春天再出去。

冬天很快就过去了，互联网的春天在2003年开始慢慢到来。

2004年2月17日，马云在北京宣布，阿里巴巴再获8 200万美元的巨额战略投资。这笔投资是当时国内互联网金额最大的一笔私募投资。2005年8月，雅虎、软银再向阿里巴巴投资数亿美元。之后，阿里巴巴创办淘宝网，创办支付宝，收购雅虎中国，创办阿里软件。一直到阿里巴巴上市。

2007年11月6日，全球最大的B2B公司——阿里巴巴在香港联交所正式挂牌上市，正式登上全球资本市场舞台。随着这家B2B航母登陆香港资本市场，此前一直受外界争论的"B2B能不能成为一种商务模式"也有了结果。11月6日10时，港交所开盘，阿里巴巴以30港币，较发行价13.5港元涨122%的高价拉开上市序幕。小幅震荡企稳后，一路单边上冲。最后以39.5港元收盘，较发行价涨了192.59%，成为香港上市公司上市首日涨幅最高的"新股王"，创下香港7年以来科技网络股神话。当日，阿里巴巴交易笔数达到14.4万多宗。输入交易系统的买卖盘为24.7万宗，两项数据都打破了工商银行2006年10月创造的纪录。按收盘价估算，阿里巴巴市值约280亿美元，超过百度、腾讯，成为中国市值最大的互联网公司。

作为阿里巴巴集团的两个大股东，在阿里巴巴上市当天，雅虎和软银的账面上获得了巨额的回报。阿里巴巴招股说明书显示，软银持有阿里巴巴集团29.3%股份，而在行使完超额配售权之后，阿里巴巴集团还拥有阿里巴巴公司72.8%的控股权。由此推算，软银间接持有阿里巴巴21.33%的股份。到收盘时，阿里巴巴股价达到39.5港元。市值飙升至1 980亿港元（约260亿美元），软银间接持有的阿里巴巴股权价值55.45亿美元。若再加上2005年雅虎入股时曾套现1.8亿美元，软银当初投资阿里巴巴集团的8 000万美元如今回报率已高达71倍。

软银并不是阿里巴巴的第一个风险投资商，却是坚持到最后的那个。在阿里巴巴的第二轮中小企业融资中，软银开始出现。从此，这个大"玩家"不断支持马云，使得阿里巴巴能够"玩"到今天的规模。软银不仅给阿里巴巴投入了资金，也在后来的发展中还给了阿里巴巴足够的支持。尤其是2001年到2003年的互联网低谷时期，投资人伴随阿里巴巴整个团队一路挺了过来。

第七节　资产证券化

一、资产证券化的概述

资产证券化（Asset-backed Securitization，ABS）起源于20世纪80年代。作为金融创

新的重要成果,资产证券化的诞生,最初是为了激活住宅抵押贷款的二级市场。由于具有创新的融资结构和高效的载体,满足了各类发行人和投资者不断变化的需求,资产证券化已经成为沟通直接融资和间接融资的一条有效渠道,成为当今国际资本市场中发展迅速、颇具活力的金融产品之一。

(一) 资产证券化的含义

一般来说,资产证券化是指发起人通过结构性重组,将其持有的、不能随时变现的、流动性较差的资产,如住房抵押贷款、信用卡应收款等,分类整理为一批资产组合并转移给具有特殊目的的机构(Special Purpose Vehicle,SPV),再由这些机构以该资产组合作为担保发行资产支持证券、以收回所购买资产的技术和过程。

资产证券化中,涉及到的主体比较多,分别包括:

1. 发起人

发起人也称原始权益人,是证券化基础资产的原始所有者,通常是金融机构或大型工商企业。

2. 特定目的机构(SPV)

特定目的机构是指接受发起人转让的资产,或受发起人委托持有资产,并以该资产为基础发行证券化产品的机构。

3. 资金和资产存管机构

为保证资金和基础资产的安全,特定目的机构通常会聘请信誉良好的金融机构来进行资金和资产的托管。

4. 信用增级机构

此类机构负责提升证券化产品的信用等级,为此要向特定目的机构收取相应费用,并在证券违约时承担赔偿责任。在部分证券化交易中,也可以采用超额抵押等方法进行内部增级。

5. 信用评级机构

如果发行的证券化产品属于债券,发行前必须经过评级机构进行信用评级。

6. 承销人

承销人是指负责证券设计和发行承销的投资银行。

7. 证券化产品投资者

证券化产品投资者即证券化产品发行后的持有人。

(二) 资产证券化的特点

作为一种金融创新的成果,资产证券化既不同于传统的以银行贷款为主的间接融资,又不同于以发行股票债券为主的直接融资,而是将间接融资方式和直接融资方式进行了有效的融合。具体而言,资产证券化有如下几个特点:

1. 资产证券化是一种流动性风险管理方式

通过资产证券化，发起人将流动性较差的资产转换为证券工具，显著增加了资产的流动性。

2. 资产证券化是一种表外融资方式

传统的融资行为最终必然会反映到融资主体的资产负债表中，而资产证券化融资一般要求将证券化资产从资产负债表中删除。

3. 资产证券化是一种结构性的融资方式

资产证券化的一个重要环节就是对发起人提供的资产按照期限、利率等要素进行组合、分解及整理，以重新分配风险和收益。与传统融资方式相比，资产证券化的核心，是设计一种严谨有效的交易结构。

4. 资产证券化是一种依赖于资产信用的融资方式

资产证券化是凭借进行证券化的基础资产的未来收益进行融资，投资者在购买资产支持证券时，主要是考虑这些基础资产的质量，未来现金流的可靠性和稳定性，而原始发起人本身的资信状况则相对次要。

二、资产证券化的操作步骤

资产证券化的运作，有一套行之有效的完整程序，主要有以下几个基本步骤：

①确定证券化资产及组建资产池。发起人在分析自身融资稀缺的基础上确定用于证券化的资产。一般而言，具有下列特征的资产比较容易实现证券化：在未来可以产生稳定的现金流；具有标准化的合约；具有较高的变现价值；发起人已经持有一段时间且信用表现较好。

②设立特定目的机构SPV。SPV是专门为发行资产支持证券而设立的特殊的实体，通常由信托公司或是专门成立的资产管理公司担任。之所以要设立这一实体，是为了使其在法律上独立于发起人，从而最大程度上减轻发起人破产对证券化的影响。

一般来说，SPV的设立有3种模式：一是公司模式。在这种模式下，SPV是按照公司法规定成立的一家公司。二是信托模式。由发起人设立SPV，同时与信托机构达成协议，通过该协议将基础资产转移给信托机构。三是有限合伙模式。SPV的设立采用合伙制形式，由普通合伙人和一般合伙人组成，这种形式可以避免双重征税。

③权益人将资产"真实出售"给SPV，有效实现风险隔离，最大限度降低发行人的破产风险对证券化的影响。

④信用增级。是指通过保险、担保等方式将资产支持证券的本息不能按照合约正常支付的可能性降到最低，从而提高了资产证券的信用级别，有利于吸引投资者并降低融资成本。

⑤信用评级。指由专门的评级机构对资产支持证券评级，评级只对基础资产组合未来产生现金流的能力进行评估。

⑥证券设计。投资银行作为融资顾问在充分了解基础资产的质量特性、收益情况等的基础上，结合发起人的具体需求和金融市场动向设计出合理的资产支持证券。

⑦SPV 将经过信用评级并经投资银行设计的证券交给证券承销商进行承销，一般主要由机构投资者购买。

⑧SPV 用证券发行所获得的收入，按照事先约定的价格向发起人支付购买资产的价款。

⑨管理资产池。一般情况下，会由发起人担任管理资产池的服务商。这主要是因为：发起人比较了解基础资产的运行状况，也有专门的人力和技术对资产进行管理。

⑩清偿证券。在证券偿付日，SPV 将会委托受托管理人按时足额地向投资者支付本息。一般而言，利息是定期支付的；但是本金的偿付日期和顺序会因为偿还安排的不同而不同。当证券全部被偿付完毕后，如果资产池中的现金流还有剩余，将被返还给发起人。

我国的资产证券化

2005 年 4 月，中国人民银行和银监会联合发布《信贷资产证券化试点管理办法》。随后，中国建设银行和国家开发银行首批获准进行信贷资产证券化试点。此后，在央行和银监会主导下，我国基本确立了以信贷资产为融资基础、由信托公司组建信托型 SPV、在银行间债券市场发行资产支持证券并进行流通的资产证券化框架。

2008 年美国次贷危机爆发，我国资产证券化的推进处于停滞状态，直至 2011 年重启。近些年，随着利率市场化进程的推进，资产证券化进入到突飞猛进的发展阶段。2015 年 5 月 13 日，国务院常务会议决定进一步推动信贷资产证券化市场健康持续发展。证监会、银监会以及央行相继将资产证券化由审批制改为备案制，我国资产证券化银行间和交易所两大市场彻底告别审批制，资产证券化市场迎来了"黄金时代"。根据监管机构分类，我国的资产证券化主要包括 3 类：受央行和银监会监管的信贷资产证券化，银行间市场交易商协会主导的资产支持票据以及受证监会监管的券商资产证券化业务。

有关数据显示，2016 年，全国共发行资产证券化产品 8 420.51 亿元，同比增长 37.32%；市场存量为 11 977.68 亿元，同比增长 52.66%。其中，信贷资产支持证券（简称"信贷 ABS"）发行常态化，企业资产支持专项计划（简称"企业 ABS"）增长迅猛，基础资产类型日益丰富，各类"首单"产品不断涌现，市场存量规模突破万亿，不良资产证券化、绿色资产证券化、境外发行等领域实现重要突破①。

2018 年，受市场供需和监管政策推动，我国个人住房抵押贷款证券化迅猛扩容，住房租赁证券化方兴未艾，供应链 ABS 显著提速，多只"首单"类创新产品成功落地，在盘活存量资产、化解不良风险、助力普惠金融方面发挥了重要作用。如，从监管层面看，多项利于资产证券化发展的监管政策出台：2018 年 4 月，证监会、住建部联合发布《关于推进住房租赁资产证券化相关工作的通知》；2018 年 8 月，中国银保监会发布《关于进一步做好信贷工作提升服务实体经济质效的通知》，提出积极运用资产证券化、信贷资产转让等方式，

---

① 中央国债登记结算公司证券化研究组.2016 年资产证券化发展报告［J/OL］.债券，2017 - 1 - 26，http：//bond.hexun.com/2017 - 01 - 26/187948897.html.

盘活存量资产，提高资金配置和使用效率；2018年4月，央行、银保监会、证监会、外管局四部委联合印发《关于规范金融机构资产管理业务的指导意见》（"资管新规"），对资产证券化产品在期限错配、净值化、多层嵌套等方面作出豁免，利好资产证券化投资，对类资产证券化和非标产品的限制也使得资产证券化成为非标转标的有效途径；2018年9月，银保监会发布《商业银行理财业务监督管理办法》（"理财新规"），明确在银行间市场和证券交易所市场发行的资产支持证券属于理财产品的投资范围，有利于提升企业和金融机构发行资产支持证券的积极性，促进资产证券化的发展等。2018年，我国资产证券化市场延续快速增长势头，共发行资产证券化产品2.01万亿元，同比增长36%；年末市场存量为3.09万亿元，同比增长47%。与此同时，产品的份额结构出现一定变化。企业ABS仍然是发行规模最大的品种，但增速较2017年明显下降；信贷ABS显著升温，发行量占比接近企业ABS，托管量重回市场首位；资产支持票据（简称"ABN"）发行量继续大幅增长，但增速较2017年有所回落[①]。

本章小结

投资银行简称投行。其定义是宽泛的、动态的。随着金融市场的发展，投资银行的内涵也在不断扩展；在经济社会中发挥着：充当直接金融中介、提高公司治理水平、促进产业集中和产业结构升级等重要作用。

投资银行的发展，主要经历了初期繁荣、分业经营、混业经营、金融监管改革等几个阶段。20世纪80年代后期，我国的投资银行开始起步，经历了一定时期的快速发展，目前已经进入到规范发展的阶段。

投资银行的基本业务主要包括下列内容：

证券发行，是指企业、政府等主体为了筹集资金而向投资人出售有价证券的行为。这一行为，站在筹资者的角度来看是证券发行，站在投资银行的角度来看则是股票承销，因此该项业务也被称为证券发行与承销。证券的发行和承销主要包括股票、债券的发行与承销。由于股票和债券的特点不同，因而投资银行的运作程序不尽相同。我国对此有着比较明确的规定。

证券交易，是指对已经发行的证券所进行的买卖、转让和流通活动。投资银行在证券交易中扮演着：证券经纪商、证券自营商和证券做市商3种角色。其中，证券经纪商，是指接受客户委托代客买卖证券并从中赚取佣金的投资银行；证券自营商，是指以盈利为目的、通过运用自有资本进行证券买卖赚取利润的投资银行；证券做市商，是指运用自己的账户从事证券买卖，通过不断地买卖报价维持证券价格的稳定性和证券交易的流动性，并从买卖报价的差额中赚取利益的投资银行。由此，投资银行在证券交易活动中从事着证券经纪业务、证券自营业务以及做市商业务。3种业务具有各自具体的流程与规定。

---

① 2018年资产证券化发展报告：全年发行规模突破2万亿元 [EB/OL] 2019-1-22，http://finance.sina.com.cn/money/bond/research/2019-01-22/doc-ihqfskcn9345538.shtml。

资产管理业务，是指证券公司作为资产管理人，依照有关法律法规与客户签订资产管理合同，根据资产管理合同约定的方式、条件、要求及限制，对客户资产进行经营运作，为客户提供证券及其他金融产品的投资管理服务的行为。资产管理是当今世界金融服务业中发展最快、规模最大的业务之一，是在投资银行传统业务的基础上发展起来的新型业务，有利于投资银行充分运用其专业能力实现专业化管理，大大降低交易成本。

融资融券，包括融资和融券两项业务。融资是指投资者通过向证券公司借入资金买入证券，也即买空。融券是指投资者向投资银行借入证券并卖出，也即卖空；待以后证券价格下跌时再买入证券归还证券公司、并支付一定利息。融资融券目前已成为世界股票市场上十分广泛的交易方式之一。对于投资银行来说，开展融资融券业务，既会给其带来丰厚的利息收入和手续费收入，也会增加证券交易的活跃度，从而为其带来更多的经纪业务收入。

企业收购业务，是投资银行的核心业务之一，被视为投资银行中"财力和智力的高级结合"，也是证券市场中最引人关注的热点。企业收购的类型多种多样，并具有一定的流程要求。在公司收购活动中，投资银行一般是作为财务顾问，为收购公司和目标公司等提供相关的专业服务。

风险投资，是指向极具增长潜力的、未上市创业企业提供股权资本，并通过创业管理服务参与企业创业过程，以期获得高资本增值的一种投资行为。投资银行可以通过多种形式，如：直接或间接充当风险投资人，为风险投资者提供服务，为风险创业企业提供服务等涉足风险投资。当然，投资银行需要了解风险投资的运作过程，选择适宜的时机介入风险投资。

资产证券化，是指发起人通过结构性重组，将其持有的、不能随时变现的、流动性较差的资产，如住房抵押贷款、信用卡应收款等，分类整理为一批资产组合并转移给具有特殊目的的机构，再由这些机构以该资产组合作为担保发行资产支持证券、以收回所购买资产的技术和过程。资产证券化目前已经成为沟通直接融资和间接融资的一条有效渠道，是当今国际资本市场中发展迅速、颇具活力的金融产品之一。投资银行可以通过不同的方式参与这类业务。

关键术语

投资银行	IPO	证券发行	证券承销
尽职调查	路演	绿鞋策略	证券经纪业务
证券自营业务	做市商	资产管理	融资融券业务
企业收购	要约收购	协议收购	善意收购
恶意收购	混合收购	金降落伞策略	银降落伞策略
毒丸计划	白衣骑士策略	风险投资	限定性集合资产管理计划
MBO	资产证券化	SPV	

复习思考题

1. 投资银行的主要功能是什么？

2. 简述投资银行股票承销业务的一般流程。

3. 证券经纪业务和证券自营业务各有什么特点，两者的不同体现在哪里？

4. 简述资产管理业务的种类。

5. 融资融券业务对于不同的市场主体都有什么影响？对于市场来说又有什么样的影响呢？

6. 投资银行在企业收购中可以为合并方和被合并方提供什么样的服务？

7. 简述风险投资的运作过程。

8. 简述资产证券化的操作过程。

主要参考文献

1. 何小锋．资本企业上市［M］．北京：中国发展出版社，2011.

2. 栾华．投资银行学［M］．北京：高等教育出版社，2011.

3. 阮青松．投资银行学精讲［M］．大连：东北财经大学出版社，2009.

4. 周莉．投资银行学［M］．北京：高等教育出版社，2007.

5. 周莉．投资银行实务运行［M］．北京：经济科学出版社，2006.

6. 李子白．投资银行学［M］．北京：清华大学出版社，2005.

7. 任映国，徐洪才．投资银行学（第四版）［M］．北京：经济科学出版社，2005.

8. 郑鸣，王聪．投资银行学教程［M］．北京：中国金融出版社，2005.

9. 阎敏．投资银行学［M］．北京：科学出版社，2005.

10. 宋国良．投资银行学［M］．北京：人民出版社，2004.

11. 何小锋．投资银行学［M］．北京：中国发展出版社，2002.

12. 黄亚钧，谢联胜．投资银行理论与实务［M］．北京：高等教育出版社，2002.

第六章　金融市场

> 【学习目标】
> 本章主要介绍金融市场各个子市场的基本情况及其特点。通过学习：
> 1. 了解金融市场的主要类型。
> 2. 掌握货币市场、资本市场及其各个子市场的基本含义和特点，了解我国金融市场的发展情况。

市场经济的发展依赖于资源的合理配置，而资源的合理配置需要依靠市场机制的有效运行来实现。金融市场在市场经济中扮演着主导和枢纽的角色，发挥着极为关键的作用。作为货币资金交易的渠道，金融市场通过其特有的运作机制将居民、企业和政府部门的资金汇集成巨大的资金流，维持并推动着商品经济运转。同时，金融市场通过灵敏的信号系统和有力的调控机制，引导经济资源向着合理的方向流动，优化资源的配置。

金融市场是一个大系统，包括许多具体、相互独立但又有紧密联系的子市场，可以依据不同的划分标准进行分类。最常见的是以标的物作为标准，将金融市场划分为货币市场、资本市场、外汇市场、黄金市场和衍生工具市场[①]。基于金融市场的复杂性和多样性，限于篇幅，本章仅介绍3个比较主要的市场：货币市场、资本市场和金融衍生工具市场。

第一节　货币市场

货币市场，是指以期限在一年及一年以下金融资产为交易标的物的、短期金融市场。其主要功能是保持金融资产的流动性，以便随时可以获得现实的货币。

货币市场包括几个重要的子市场：同业拆借市场、票据市场、大额可转让定期存单市场、回购市场、短期政府债券市场等。其中，票据市场又包括商业票据市场和银行承兑市场。

货币市场一般没有正式的组织，所有交易特别是二级市场的交易几乎都是通过电信方式联系进行的。市场交易量大，是货币市场区别于其他市场的重要特征之一，巨额交易使得货币市场成为一个批发市场。由于非人为性及竞争性，货币市场也是一个公开市场，任何人或机构都可以进入市场进行交易，并不存在固定不变的客户关系。

---

① 张亦春，郑振龙，林海. 金融市场学［M］. 北京：高等教育出版社，2009.

一、同业拆借市场

同业拆借市场是指金融机构之间以货币借贷方式进行短期资金融通活动的市场,同业拆借的资金主要用于弥补短期资金的不足、票据清算的差额以及解决临时性的资金短缺需要。同业拆借市场的交易量大,能敏感地反映资金供求关系和货币政策意图,影响货币市场利率,是货币市场体系的重要组成部分。目前,同业拆借市场已经发展成为各金融机构、特别是商业银行弥补资金流动性不足和减少资金闲置的市场。

(一) 同业拆借市场的形成和发展

各国同业拆借市场的产生基础不尽相同,主要是适应中央银行和商业银行业务发展要求而形成和发展的。

1918年,为了控制货币流通量和银行的信用扩张,美国通过了《联邦准备法》,规定所有接受存款的商业银行必须按存款余额计提一定比例的存款准备金,并将其作为不生息的支付准备存入中央银行,准备数额不足的银行要受到一定的经济处罚。由于清算业务活动和日常收付数额的变化,总会出现有的银行存款准备金多余、有的银行存款准备金不足的情况;存款准备金多余的银行希望尽可能地对多余部分加以利用以获取利息收益,而存款准备金不足的银行必须设法借入资金以补充短缺。这样,在存款准备金多余和不足的银行之间,客观上就存在相互调剂的要求,同业拆借市场应运而生。1921年,美国纽约形成了以调剂联邦储备银行会员的准备金头寸为内容的联邦资金市场。而英国伦敦的同业拆借市场是建立在银行间票据交换的基础上,各家银行在轧平票据交换的差额时,头寸不足的银行就要向头寸多余的银行拆入资金,由此不同银行之间就出现经常性的资金拆借行为。

20世纪30年代经济危机后,西方各国普遍强化了中央银行的职能,相继引入法定存款准备金制度作为控制商业银行信用规模的手段。与此相适应,同业拆借市场得到了较快的发展。

同业拆借产生之初,主要是适应商业银行调整准备金的要求。但是近年来,随着市场参与者由最初的商业银行扩展至所有金融机构,以及新型融资技术的引入,同业拆借市场的交易规模迅速扩张,功能也随之发生了巨大变化。同业拆借市场目前已经成为金融机构、特别是商业银行进行资产负债管理的重要工具,成为中央银行检测银根状况、进行金融调控的重要窗口。

我国的同业拆借市场①

我国同业拆借市场的萌芽产生于1984年。1986年1月,国务院颁布《中华人民共和国银行管理暂行条例》,规定专业银行之间可以进行资金拆借,第一次从法律上为我国同业拆借的开展提供了依据。从此,同业拆借在全国各地迅速开展起来。1988年,部分地区金融

---

① 中国人民银行网站,http://www.pbc.gov.cn/.

机构违反资金拆借的有关规定，超过自己的承受能力而大量拆入资金，致使拆借资金到期无法清偿、拆借市场秩序混乱，国务院决定对同业拆借市场秩序进行整顿。1990年，中国人民银行颁发了《同业拆借管理试行办法》，对同业拆借市场管理做了比较系统的规定。1992—1993年，受当时经济金融环境的影响，同业拆借市场又出现了严重的违规现象，影响银行的正常经营，扰乱了金融秩序。1993年7月，中国人民银行再次对拆借市场进行整顿，撤消了各商业银行及其他金融机构办理同业拆借业务的代理中介机构，规定了同业拆借的最高利率，拆借秩序开始好转。

1996年3月1日，中国人民银行建立了全国统一的同业拆借市场——全国同业拆借市场交易系统，并于当年4月1日正式运行，标志着我国同业拆借市场进入崭新的规范化发展阶段。1996年6月，人民银行放开了对同业拆借利率的管制，拆借利率由拆借双方根据市场资金供求状况自行决定。1998年之后，人民银行增加了全国银行间同业拆借市场的交易成员，保险公司、证券公司、财务公司等非银行金融机构陆续被允许进入银行间同业拆借市场进行交易。

2007年，在总结过去管理经验的基础上，为了进一步促进同业拆借市场发展，配合上海银行间同业拆放利率（SHIBOR）报价制改革，顺应市场参与者需求，人民银行出台了《同业拆借管理办法》。该办法规定，政策性银行，中资商业银行，外商独资银行、中外合资银行，城市信用合作社，农村信用合作社县级联合社，企业集团财务公司，信托公司，金融资产管理公司，金融租赁公司，汽车金融公司，证券公司，保险公司，保险资产管理公司，中资商业银行（不包括城市商业银行、农村商业银行和农村合作银行）授权的一级分支机构，外国银行分行可以向中国人民银行申请进入同业拆借市场。同业拆借交易必须在全国统一的同业拆借网络中进行。全国统一的同业拆借网络包括全国银行间同业拆借中心的电子交易系统，中国人民银行分支机构的拆借备案系统和中国人民银行认可的其他交易系统。其中，政策性银行、企业集团财务公司、信托公司、金融资产管理公司、金融租赁公司、汽车金融公司、证券公司、保险公司、保险资产管理公司以法人为单位，通过全国银行间同业拆借中心的电子交易系统进行同业拆借交易。通过中国人民银行分支机构拆借备案系统进行同业拆借交易的金融机构应按照中国人民银行当地分支机构的规定办理相关手续。

目前，我国的同业拆借交易以询价方式进行，自主谈判、逐笔成交。同业拆借利率由交易双方自行商定。同业拆借的资金清算涉及不同银行的，需直接或委托开户银行通过中国人民银行大额实时支付系统办理。同业拆借的资金清算可以在同一银行完成的，应以转账方式进行。任何同业拆借清算均不得使用现金支付。

（二）同业拆借的期限和利率

一般来说，同业拆借市场的拆借期限有1天（隔夜）、7天、14天、21天、1个月、2个月、3个月、4个月、6个月、9个月、1年等不同类型，其中最普遍的是隔夜拆借。在美国的联邦基金市场上，隔夜交易大致占到所有联邦基金交易的75%。我国情况大致也是如此。以2019年4月为例，我国同业拆借市场交易中，隔夜拆借交易占到了90.86%，具体数据见表（6-1）。

表 6–1　　　　2019 年 4 月我国同业拆借市场交易统计（按交易品种）

品种	加权利率（%）	成交笔数（笔）	成交金额（亿元）	成交金额占比（%）
IBO001	2.3537	15 768	137 262.27	90.86
IBO007	3.1806	3 430	10 236.28	6.78
IBO014	3.0176	454	1 641.27	1.09
IBO021	2.8966	84	256.86	0.17
IBO1M	2.9105	250	395.37	0.26
IBO2M	3.1060	125	176.61	0.12
IBO3M	3.2582	243	845.69	0.56
IBO4M	3.1816	19	113.47	0.075
IBO6M	3.3647	34	35.20	0.023
IBO9M	3.6811	17	15.10	0.00999
IBO1Y	3.4217	45	91.37	0.060
合计	2.4269	20 649	151 069.48	100.00

资料来源：中国货币网：http://www.chinamoney.com.cn/fe/Channel/21478。

按照中国人民银行 2007 年 7 月颁布目前依然适用的《同业拆借管理办法》，不同类型金融机构可拆入资金的最长期限有很大不同。政策性银行、中资银行、中资商业银行授权的一级分支机构、外商独资银行、中外合资银行、外国银行分行、城市信用合作社、农村信用合作社县级联合社拆入资金的最长期限为 1 年，金融资产管理公司、金融租赁公司、汽车金融公司、保险公司拆入资金的最长期限为 3 个月，企业集团财务公司、信托公司、证券公司、保险资产管理公司拆入资金的最长期限为 7 天。

同业拆借利率是竞争性的市场利率，同业拆借市场的资金供给与需求的对比决定了该利率的变动。同业拆借利率是货币市场的基准利率，在整个利率体系中处于重要的地位，它能够及时、准确、灵敏地反映货币市场的资金供求关系，对货币市场上其他金融工具的利率具有导向和牵动作用。

专栏 6–2

伦敦银行同业拆借利率（LIBOR）

伦敦银行同业拆借利率（LIBOR）是伦敦金融市场上银行间相互拆借英镑、欧洲美元及其他欧洲货币时的利率，由报价银行在每个营业日的上午 11 时对外报出，分为存款利率和贷款利率两种报价。资金拆借的期限为 1 个月、3 个月、6 个月等几个档次。20 世纪 60 年代初，LIBOR 成为伦敦金融市场借贷活动中的基本利率，目前也已成为国际金融市场上的一种关键利率。

（三）同业拆借市场的运作程序

同业拆借市场的运作程序因交易组织形式和拆借双方所处的地理位置不同而有所差异，具体可分为以下 4 种情形：

1. 通过中介机构的同城拆借

同城拆借主要是通过支票交换完成。具体程序如图6-1所示。

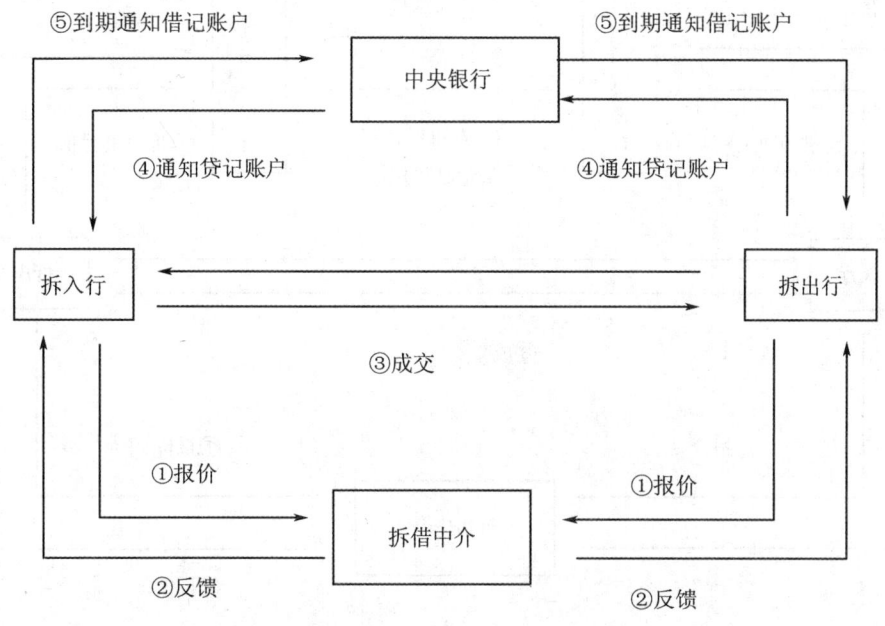

图6-1 通过中介机构进行的同城拆借

①拆借双方向中介机构表达拆借意向，即拆出行通知拆借中介可以拆出资金的数量、利率、期限等，拆入行通知拆借中介需要拆入资金的数量、利率和期限。

②拆借中介机构将集中、大量的信息进行筛选，选择条件匹配的双方，并将相关信息通知拆借方。

③拆借双方根据中介机构提供的情况直接协商。

④拆借双方协商一致，同意拆借成交。拆入行签发自己付款的支票（面额为拆入资金额加上拆入至到期为止的利息），拆出行签发由中央银行付款的支票（面额为拆出金额），两张支票通过同城中央银行票据交换所进行交换。其中，由中央银行付款的支票当日兑现，由同城中央银行进行内部转账，将拆出行在中央银行存款账户的可用资金划转至拆入行账户，会计表现为：借记拆出行账户，贷记拆入行账户。

⑤拆借到期，拆入行签发由自己付款的支票兑现，由同城中央银行将拆入行在中央银行存款账户的可用资金划转到拆出行账户归还资金，会计表现为：贷记拆出行账户，借记拆入行账户。

2. 通过中介机构的异地拆借

异地金融机构之间通过中介机构实现拆借交易，不需要支票转换，而是依靠各自所在地的中央银行资金电划系统划拨转账。即：买卖双方利用电报或电话谈妥交易条件后，由拆出行通知所在地中央银行将其存款提出一定金额，并以电报通知拆入行所在地的中央银行将同一金额加入拆入行的存款账户，到期日以相反的程序完成资金的偿还。具体过程如图6-2

所示。

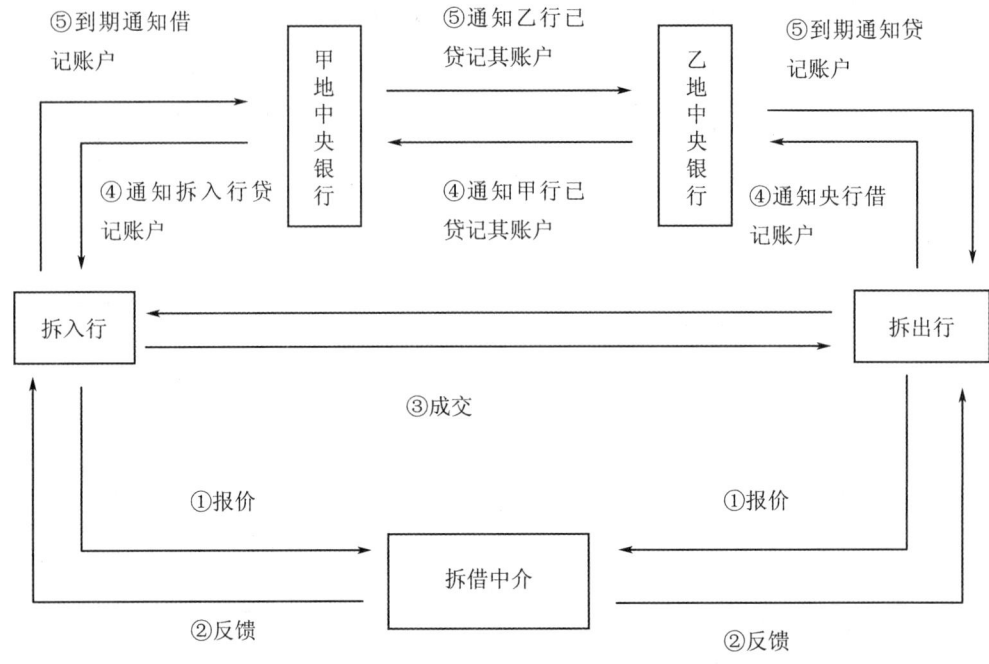

图6-2 通过中介机构进行的异地拆借

3. 不通过中介机构的同城拆借和异地拆借

买卖双方银行通过电话或其他方式进行直接联系和报价（单边报价或双边报价），洽谈成交后通知结算部门以支票交换或电汇方式办理资金清算，实现双方资金划转，到期后再以相反方向划账偿还。具体过程分别如图6-3和图6-4所示。

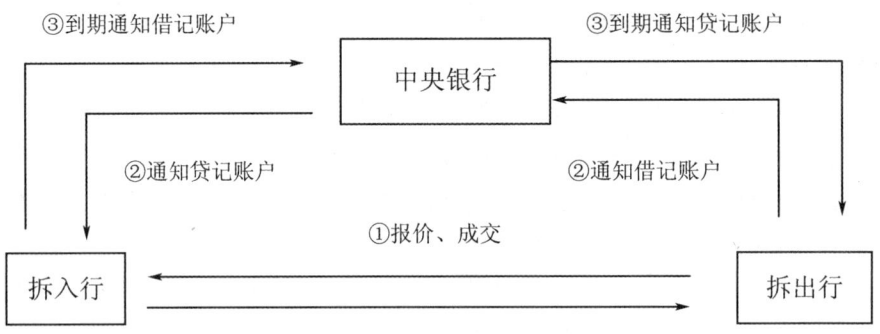

图6-3 不通过中介机构的同城拆借

二、商业票据市场

票据市场是各类票据发行、流通和转让的市场，通常包括商业票据市场和银行承兑市场。

商业票据市场是商业票据发行和交易的市场。所谓商业票据，是指企业为了筹措资金，

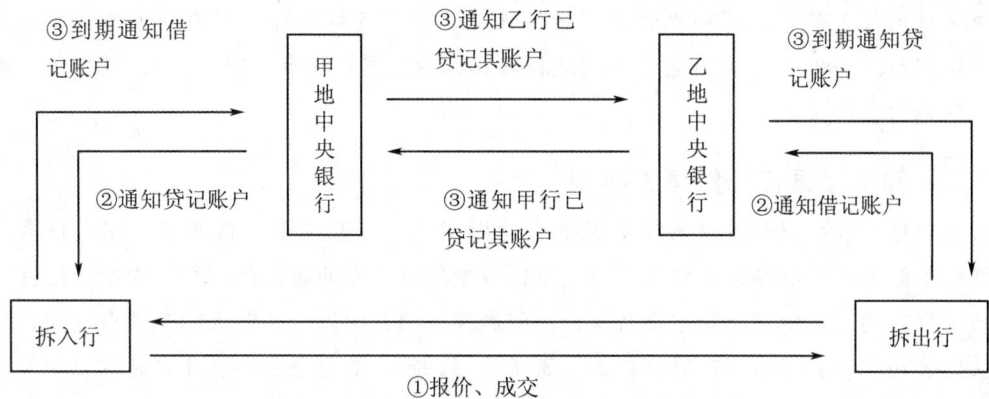

图 6-4　不通过中介结构的异地拆借

以贴现方式出售给投资者的一种短期、无担保的承诺凭证。各国商业票据的性质不完全相同，如：美国的商业票据属于本票性质，英国的商业票据属于汇票性质。由于商业票据没有担保，仅以信用作保证，所以能够发行商业票据的一般都是规模巨大、信誉卓著的企业。

（一）商业票据的发行历史

商业票据是货币市场上历史最悠久的工具，最早可以追溯到 19 世纪初。早期商业票据的发展和运用几乎都集中在美国，发行者主要为纺织品工厂、铁路、烟草公司等非金融性企业；主要通过经纪商出售，主要购买者是商业银行。20 世纪 20 年代以后，美国汽车和其他耐用消费品的进口引发了消费者对短期季节性贷款的需求，因而产生了大量的消费信贷公司，这些公司的资金来源主要通过发行商业票据来进行。20 世纪 60 年代以后，企业迅速增加，资金短缺问题严重，同时银行贷款的费用增加。另外，以往使用银行短期贷款的公司发现由于 Q 条例利率上限的限制，银行无法贷款给他们，许多公司进而转向商业票据市场寻找替代的资金来源。而银行为了规避 Q 条例的限制，自己也开始发行商业票据以满足资金需要。

历史上，商业银行是商业票据的主要购买者。20 世纪 50 年代初期以来，由于商业票据风险较低、期限较短、收益较高，许多公司也开始购买商业票据。目前，商业票据的主要投资者是保险公司、非金融企业、银行信托部门、地方政府、养老基金组织等。

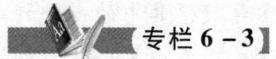【专栏 6-3】

Q 条例

1929—1933 年的经济大危机中，美国的银行大量倒闭。许多经济学家认为造成这一现象的主要原因是：银行以高利率吸收存款，然后投资于高风险的贷款和证券以谋求高额利润。当经济发生衰退后，贷款收不回来，证券无法出售，银行倒闭破产。面对经济大危机以后的金融萧条，美国通过了《1933 年银行法》，其中的 Q 条例对商业银行的存款利率进行了严格的规定：银行对于活期存款不得公开支付利息，对储蓄存款和定期存款支付的利率不能超过国家设定的最高额度。

20 世纪 60 年代以后，美国发生了日益严重的通货膨胀，Q 条例的规定使银行的存款类资金来源受到很大影响,发生"金融脱媒"现象。为了应对这种不利影响,商业银行开始进行金融创新。1980年,美国通过了《放松存款机构管制与货币管理法案》,提出逐步取消对存款利率的最高限制。

(二) 商业票据市场的运作机制

商业票据的发行视经济及市场状况的变化而变化。一般说来,高利率时期发行数量较少,资金来源稳定、市场利率较低的时期发行数量较多。商业票据的发行者包括金融性公司和非金融性公司。金融性公司主要有3种:附属性公司,附属于某些大的制造业公司;与银行有关的公司,一般是银行持股公司的下属子公司;独立的金融公司。非金融性公司发行所得主要解决企业的短期资金需求及季节性开支。商业票据的期限较短,一般不超过270天。

商业票据可以由发行者直接出售,或者通过商业票据交易商间接销售。非金融性公司主要通过商业票据交易商间接销售,因为它们的短期信用需求具有季节性和临时性,不需要建立永久性的商业票据销售队伍。一些规模非常大的公司则通过下属金融公司直接销售。

尽管在投资者急需资金时,商业票据的交易商和直接发行者可在到期之前兑现,但商业票据的二级市场并不活跃。主要是因为商业票据的期限非常短,是高度异质性的票据,不同经济单位发行的商业票据在期限、面额和利率等方面各有不同,交易难以活跃。

在商业票据发行过程中,票据评级是十分重要的环节。对商业票据发行者来说,只有经过评级的商业票据才容易为公众所接受并扩大销售渠道。而对商业票据投资者来说,资信评级机构对商业票据做出的信用评级结果是进行投资选择、决策、降低风险的重要依据。商业票据评级的一般程序是:①由商业票据发行者向评级机构提出评级申请,并根据评级机构的要求提供评级的书面资料;②评级机构与商业票据发行公司的主要负责人就书面资料中的问题和有关情况提出询问;③评级机构对发行公司的财务、金融状况进行核实和分析;④评级机构评级后,一方面通知发行公司,一方面将评级结果公布于众。

【专栏6-4】

美国的商业票据评级

美国主要有4家机构对商业票据进行评级,它们是穆迪投资服务公司、标准普尔公司、德莱·费尔普斯信用评级公司和费奇投资公司。商业票据的发行人至少要获得其中的一个评级,大部分获得两个。商业票据的评级分为投资级和非投资级。美国证券交易委员会认可两种合格的商业票据:一级票据和二级票据。要想成为一级票据,必须有两家评级机构对所发行的票据给予"1"的评级;成为二级票据必须有一家给予"1"的评级,至少有一家或两家的评级为"2"。二级票据为中等票据,货币市场基金对其投资会受到限制。

三、银行承兑汇票市场

银行承兑汇票市场,是专门交易银行承兑汇票的市场。与商业票据市场不同的是,由于票据经过银行承兑,因而信用风险较小。

（一）银行承兑汇票的原理

在商品交易活动中，售货人为了向购货人索取货款而签发的汇票，经付款人承诺到期付款，在票面上写明"承兑"字样并签章后，就成为承兑汇票。经购货人承兑的汇票称为商业承兑汇票，经银行承兑的汇票即为银行承兑汇票。由于银行承兑汇票是由银行承担最后付款责任，实际上就是银行将其信用出借给企业，企业需要向银行交纳一定的手续费。

银行承兑汇票是为方便商业交易活动而创造出的一种工具，在对外贸易中运用较多。当一笔国际贸易发生时，由于双方之间不了解信用情况，且没有其它的信用协议，由于出口方担心对方不付款或不按时付款，进口方担心对方不发货或不按时发货，交易很难进行。这时，进口商会要求本国银行开立信用证（信用证授权国外出口商开出以开证银行为付款人的汇票）作为向国外出口商的保证。若汇票是即期的，开证行/付款银行见票付款；若是远期汇票，开证行/付款银行在汇票正面签"承兑"字样，填到期日，并盖章为凭。这样，银行承兑汇票就产生了。在国际贸易中运用银行承兑汇票，至少具有3方面的优点：①出口商可以立即获得货款进行生产，避免由货物装运引起的时间耽搁；②由出口商所在国银行以本国货币支付给出口商，避免了国际贸易中的不同货币结算的麻烦和汇率风险；③由于有财力雄厚、信誉卓著的银行对贷款的支付作担保，出口商无需花费财力和时间去调查进口商的信用状况。

（二）银行承兑汇票的市场交易

银行承兑汇票市场的参与者主要是承兑银行、市场经纪人和投资者。主要由发行市场和二级市场构成。

1. 初级市场

是指银行承兑汇票的发行市场，由出票和承兑两个环节构成。

（1）出票。

出票是指出票人签发票据并将其交付给收款人的票据行为。出票行为由两个步骤组成，一是按照法定格式做成票据，二是将票据交付给收款人。汇票是一种要式凭证，因此各种票据行为必须有一定的款式。票据设定的权利义务关系因出票行为而发生，所以出票是基本的票据行为。

（2）承兑。

承兑是指汇票付款人承诺在汇票到期日支付汇票金额的票据行为。在汇票承兑以前，付款人只处于被提示承兑或被提示付款的地位，只有经过承兑才对汇票的付款承担法律上的责任。付款人一经承兑就是汇票的主债务人。

汇票承兑一般分为3个步骤：①提示承兑。提示承兑是指汇票的持票人在应进行承兑的期限内，向付款人出示汇票，请求付款人予以承诺付款的行为。②承兑。汇票的付款人对向其提示承兑的汇票，应当自收到提示承兑的汇票之日起的一定期间内承兑或拒绝承兑。由于承兑属于要式行为，所以付款人的承兑意思表示必须在汇票上做出，也即在汇票正面记载"承兑"字样和承兑日期并签章。③交还票据。付款人将汇票交还持票人，持票人接到付款人归还的汇票或接到付款人的书面承兑通知后，承兑的程序完成。

2. 二级市场

汇票持有人为避免资金积压，不会将银行承兑汇票持有至到期再收款；大多数情况下会立即将银行承兑汇票予以转让以融通短期资金。经过银行承兑的汇票，信用程度会显著提高。银行承兑汇票的二级市场，就是银行承兑汇票不断流通转让的市场；由票据交易商、商业银行、中央银行、保险公司以及其他金融机构等参与者和贴现、转贴现及再贴现等交易行为组成。

（1）背书。

背书是以将票据权利转让给他人为目的的票据行为。银行承兑汇票的贴现、转贴现及再贴现等票据转让行为，都必须以背书为前提。

经过背书，汇票权利由背书转移给被背书人。背书人是汇票的债务人，要承担保证其后手所持汇票承兑和付款的责任，并证明前手签字的真实性和背书的连续性。背书的次数越多，汇票的负责人也就越多，汇票的担保行也越强，持票人的权利就越有保障。

（2）贴现。

贴现是指汇票持有人为了取得现款，将未到期的银行承兑汇票以贴付利息的方式向银行或其他贴现机构所作的汇票转让。通过贴现，急需资金的持票人以其持有的未到期票据，经过背书转让给银行，向银行兑取现款。银行从票面额中扣除自贴现日起至汇票到期日为止的利息，将余额支付给持票人；票据到期时，由银行向票据付款人按票面额索回票款。

（3）转贴现。

转贴现是指办理贴现业务的银行，将其贴现收进的未到期票据再向其他银行或贴现机构进行贴现的票据转让行为，是金融机构之间相互融通资金的一种形式。对申请转贴现的银行来说，通过转贴现可提前收回垫付于贴现票据的资金，解决临时资金需要；对接受转贴现的银行来说，这是运用闲置资金的有利途径。

（4）再贴现。

再贴现是指商业银行或其他金融机构，将贴现所获得的未到期汇票向中央银行进行再次贴现的票据转让行为。一般情况下，再贴现是最终贴现，票据会退出流通转让过程。中央银行的再贴现率一般低于商业银行的贴现率。

四、大额可转让定期存单市场

（一）大额可转让定期存单的产生及发展

大额可转让定期存单（Negotiable Certificates of Deposits，CDs），是银行发行的、可在市场上流通转让的定期存款凭证。其既是定期存款，也是有价证券。大额可转让定期存单一般由规模较大、资金实力较强的商业银行发行。这些机构的信誉较高，可以相对降低筹资成本，且发行规模大，容易在二级市场流通。

大额可转让定期存单和传统的定期存款相比，主要区别表现为：①定期存款记名，不可流通转让；大额可转让定期存单不记名，可以流通转让。②定期存款金额不固定；可转让定期存单金额较大，美国向机构投资者发行的 CDs 面额最少为 10 万美元，向个人投资者发行的 CDs 面额最少为 100 万美元，二级市场上的交易单位为 100 万美元。③定期存款利率固定；可转让定期存单利率既有固定的也有浮动的，且比同期限的定期存款利率高。④定期存款可以提前支取，提前支取时要损失一部分利息；可转让存单不能提前支取，但可在二级市场流通转让。

大额可转让定期存单是金融环境变革的产物，产生于美国。20 世纪 60 年代以后，美国的商业银行因受 Q 条例存款利率上限的限制，不能支付较高的市场利率。为了增加临时闲置资金的利息收益，大公司的财务主管纷纷将资金投资于安全性较好又具有一定收益的货币市场工具，导致以企业为主要客户的银行存款数额急剧下降。为了阻止存款外流，美国花旗银行在 1961 年设计了大额可转让定期存单来吸引企业的短期资金。1970 年，伴随着美国通货膨胀率的持续上涨，美国取消了对大额可转让定期存单的利率限制，使之成为美国商业银行筹集信贷资金的重要工具。此后，许多国家纷纷效仿美国建立大额可转让定期存单市场。

（二）大额可转让定期存单的基本类型

大额可转让定期存单有不同类型。以美国为例，按照发行者的不同，大额可转让定期存单主要包括以下 4 种类型：

1. 国内存单

由美国国内银行发行。存单上注明存款的金额、到期日、利率及利息期限。国内存单的期限由银行和客户协商确定，可以根据客户的流动性要求灵活安排。

2. 欧洲美元存单

欧洲美元存单是由美国境外银行（外国银行和美国银行在外国的分支机构）发行的以美元为面值的可转让定期存单。欧洲美元存单最早出现于 1966 年。由于可以不受金融管制的限制而为国内的放款筹资，欧洲美元存单的数量迅速增加。

3. 扬基存单

扬基存单是外国银行在美国的分支机构发行的可转让定期存单，存单期限一般较短。

4. 储蓄机构存单

储蓄机构存单是由一些非银行金融机构（储蓄贷款协会、互助储蓄银行、信用合作社）发行的可转让定期存单。由于储蓄机构存单不能流通转让，其二级市场规模很小。

（三）大额可转让定期存单的基本特点

1. 利率和期限

大额可转让定期存单起初主要以固定利率的方式发行，存单上注明特定的利率，并在指定的到期日支付。既注重收益又要求流动性的投资者，偏好购买短期可转让存单；注重收益的投资者，偏好购买期限稍长的存单。20 世纪 60 年代后期开始，金融市场利率波动加剧趋于上升；投资者都希望投资于短期信用工具，大额可转让定期存单的期限大大缩短。

2. 风险和收益

对投资者来说，大额可转让定期存单的风险主要有两种：第一是信用风险，指发行存单的银行在存单期满时无法偿付本息的风险。由于存单面额大，市场上金融风波不断，信用风险有加大的趋势。第二是市场风险，指存单持有者急需资金时，无法将存单在二级市场上立即出售变现或者不能以较合理价格出售的风险。

大额可转让定期存单的收益取决于 3 个因素：发行银行的信用评级、存单的期限和存单的供求量。其收益一般会高于同期国库券收益，但国库券市场的流动性较高。

【专栏 6-5】

我国的大额可转让定期存单

我国的大额可转让定期存单市场产生于 1986 年。1986 年，中国银行和交通银行开始发行大额可转让定期存单。1989 年 5 月和 11 月，中国人民银行分别下发《大额可转让定期存单管理办法》和《关于大额可转让定期存单问题的通知》，对大额可转让定期存单的期限、面值、利率、计息办法和转让问题做出规定。1990—1993 年，每年各商业银行发行大额可转让定期存单总量约 500 亿元，由中国人民银行实行指标管理。此时的大额可转让定期存单市场有着不同于外国典型存单市场的独特特征：①面额小。我国的大额可转让定期存单个人购买的最低面额仅为 500 元，企业购买的最低面额仅为 1 万元，远低于国外存单的面额。②存单的购买者绝大部分是城乡居民个人，少数为企业和事业单位。③由于存单的利率比同期限定期存款利率高 5%~10%，投资者购入存单后通常持有到期，流动性很差，未能形成二级市场。大额可转让定期存单成为我国商业银行变相高息揽存的手段。1998 年，中国人民银行停止了大额可转让定期存单的发行①。

2004 年，中国人民银行在《中国货币政策执行报告》中正式提出开展对大额可转让定期存单的研究工作。2010 年 5 月，工行在纽约发行首批海外大额存单。2013 年 7 月 19 日，中国人民银行宣布全面放开金融机构贷款的利率管制，我国的利率市场化进入了一个新的阶段。在 2013 年 12 月先期发行同业存单的基础上，2015 年 6 月 2 日，人民银行发布《大额存单管理暂行办法》。2015 年 6 月 15 日，首批 9 家银行开始发行大额存单。7 月 30 日，中国外汇交易中心发布《关于扩大大额存单发行主体范围的通知》，将发行机构由市场利率定价自律机制核心成员扩大到基础成员中的全国性金融机构和具有同业存单发行经验的地方法人金融机构及外资银行，机构个数由 9 家扩大至 102 家。经过几轮扩容，截至 2018 年 8 月 16 日，发行机构已达 1 197 家。

五、回购市场

回购市场是指通过回购协议进行短期资金融通交易的市场。回购协议是指在出售有价证券的同时，与证券的购买商签订协议，约定在一定期限后按原定价格或约定价格购回所卖证

---

① 李健.金融学［M］.北京：高等教育出版社，2011.

券，从而获取即时可用资金的一种交易行为。

上述交易也被称为正回购。与此相反的交易操作，被称为逆回购或逆回购协议，也即证券的买入方在获得证券的同时，与证券的卖方签订协议，双方约定在将来的某一日期由证券的买方按约定的价格再将其购入的证券如数买回。回购协议和逆回购协议是一个事物的两个方面。同一项交易，从证券提供者的角度看是回购协议，卖出证券取得资金的一方同意按约定期限以约定价格购回所卖出证券；从资金提供者的角度看是逆回购协议，买入证券的一方同意按约定期限以约定价格出售其所买入证券。从本质上说，回购协议是一种抵押贷款，抵押品为有价证券。

（一）回购交易的原理

回购协议签订后，资金获得者向资金供应者出售政府债券或政府代理机构债券以及其他债券，以换取即时可用的资金。回购协议期满时，再用即时可用资金做相反交易。出售债券的人实际上是借入资金的人，购入债券的人实际上是借出资金的人。出售一方必须在约定的日期，以原来买卖的价格再加上若干利息购回该证券。在回购交易中，若贷款或证券购回的时间为一天，则成为隔夜回购；如果时间长于一天，则成为期限回购。

回购协议的期限可长可短，比较灵活，可以使非金融企业、政府机构和证券公司等避免对放款的管制，满足部分市场参与者的需要。期限较长的回购协议还可以套利，即在分别得到资金和证券后，利用再一次换回之间的间隔期进行借出或投资，以获得短期利润。

（二）回购市场的基本状况

回购协议市场与国库券市场、同业拆借市场及其他长期债券市场具有十分密切的联系，交易大多以电信方式进行。大多数交易由资金供应方和资金获得者之间直接进行。大银行和政府证券交易商是回购协议市场的主要资金需求者。银行利用回购协议取得的资金不属于存款负债，不用缴纳存款准备金。资金雄厚的非银行金融机构和地方政府是主要的资金供给方。对于中央银行来说，通过回购交易可以实施公开市场操作，是执行货币政策的重要场所。

尽管回购协议中使用的是高质量的抵押品，但是交易的双方当事人也会面临信用风险。如果到约定期限后交易商无力购回政府债券等证券，客户只有保留这些抵押品；如果恰巧债券利率上升，则手中持有的证券价格就会下跌，客户所拥有的债券价值就有可能小于其借出的资金价值。回购协议中有价证券的交付一般不采用实物交付的方式，但是为了防范资金需求者在回购协议期间将证券卖出或与第三方做回购所带来的风险，一般要求资金需求方将抵押证券交到贷款人的清算银行的保管账户中，或保留在借款人专用的证券保管账户中。

在回购市场中，利率的决定取决于多种因素，主要包括：①用于回购的有价证券的质量。证券的信用度越高，流动性越强，回购利率就越低。②回购期限的长短。期限越长，不确定因素越多，利率一般较高。③交割的条件。如果采用实物交割的方式，回购利率就会较低。④货币市场其他子市场的利率水平。回购利率一般是参照同业拆借市场利率确定的。表6－2给出了2016年4月我国银行间债券回购市场的利率行情。

表 6-2　　　　　　2019 年 4 月全国银行间债券回购市场利率行情

质押式回购		买断式回购	
品种	加权利率（%）	品种	加权利率（%）
R001	2.3847	OR001	2.4446
R007	2.7475	OR007	2.8016
R014	3.0744	OR014	3.0097
R021	2.9866	OR021	3.1126
R1M	3.1187	OR1M	2.9740
R2M	3.0871	OR2M	3.8707
R3M	3.0019	OR3M	2.9650
R4M	3.2081		
R6M	3.6896		
R9M	4.4921		
R1Y	3.7423		
合计	2.4601	合计	2.5089

资料来源：中国货币网：http://www.chinamoney.com.cn/chinese/mtmoncjgl/。http://www.chinamoney.com.cn/chinese/mtmoncjgl/。

【专栏 6-6】

我国回购市场的发展

　　我国的债券回购业务始于 1991 年。为了提高债券流动性，全国证券交易自动报价系统于 1991 年 7 月宣布试办债券回购交易。随后，以武汉证券交易中心为代表的各证券交易中心也纷纷推出了债券回购业务。然而，作为一种新的金融交易方式，债券回购市场在我国出现后不久就暴露出了诸多问题，如交易形式和资金用途不规范，金融机构违规吸纳资金，利用回购资金绕开中央银行的信贷规模控制扩张贷款等。1995 年 8 月，我国开始对债券回购市场进行规范清理，场外交易基本被遏止，回购市场的混乱状况有了明显改善。进行清理之后，我国的债券回购主要在上海证券交易所进行交易，实现了集中交易和集中托管。由于商业银行广泛参与到交易所的债券回购交易中，一些证券公司和机构投资者通过债券回购从商业银行获得大量资金后，转而投资于股票市场，这种状况使商业银行面临较大风险。1998 年，我国再次对债券市场进行改革，将商业银行的债券交易业务从交易所分离出来，组建了专门提供商业银行之间进行债券回购交易的银行间市场。2000 年起，证券公司、基金管理公司等金融机构只要满足一定的条件，也可以进入银行间债券市场参与回购交易。自此，我国的货币市场与资本市场正式建立起了资金流通的正规渠道和机制①。

　　目前，我国银行间债券市场上的回购业务主要包括质押式回购和买断式回购两种业务类型。

---

①　张亦春，郑振龙，林海．金融市场学［M］．北京：高等教育出版社，2009.

六、短期政府债券市场

短期政府债券是政府部门以债务人身份承担到期偿付本息责任、期限在一年以内的债务凭证。

对于短期政府债券的划分方法不尽相同。如：从广义上看，政府债券不仅包括国家财政部门发行的债券，还包括地方政府以及政府代理机构发行的证券。而狭义的短期政府债券仅指国库券，因此，短期政府债券市场主要是指国库券市场。另外，对于短期政府债券的称呼也不尽相同。如，国外一般将1年以内的政府债券称为国库券，将1年以上的政府中长期债券称为公债；而在国内，由政府财政部门发行的政府债券统称为国库券。

（一）短期政府债券市场的特点

政府发行短期债券，一方面可以满足政府部门短期资金周转的需要，另一方面是为中央银行的公开市场业务提供可操作的工具。同其他货币市场的信用工具相比，短期政府债券具有一些明显的投资特征：

1. 违约风险小

由于短期政府债券是国家债务，因而被认为是没有违约风险的。相反，即使是信用等级最大的其他货币市场票据，如商业票据、可转让存单等，都存在一定的风险。这种无违约风险的特征增加了短期政府债券对投资者的吸引力。

2. 流动性强

短期政府债券能在交易成本较低、价格风险较低的情况下迅速变现。

3. 面额小

对许多小投资者来说，短期政府债券是唯一能够直接从货币市场购买的有价证券。

4. 收入免税

因此，地方所得税税率越高，短期政府债券的吸引力就越大；市场利率水平越高，短期政府债券的吸引力也越大。

（二）短期政府债券的发行

投资者投资短期政府债券的收益，是债券的购买价与债券面额之间的差额。短期政府债券大多是通过拍卖方式发行。投资者可以用以下两种方式来投标：

1. 竞争性方式

竞标者报出认购短期政府债券的数量和价格（拍卖中长期国债时通常为收益率），所有竞标根据价格从高到低（收益率从低到高）排序。竞争性招标可分为单一价格（荷兰式）招标和多价格（美国式）招标。荷兰式招标中，所有中标者按最低中标价格（最高收益率）获得短期政府债券。美国式招标中，中标者按各自申报价格（收益率）获得短期政府债券。

2. 非竞争方式

由投资者报出认购数量，并同意以中标的平均竞价购买。竞标结束时，发行者首先将非竞争性投标数量从拍卖总额中扣除，剩余数额分配给竞争性投标者。发行者从申报价最高（收益率最低）的竞争性投标开始依次接受，直至售完。当最后中标标位上的投标额大于剩余招标额时，该标位中标额按等比分配原则确定。

七、货币市场共同基金市场

货币市场共同基金是美国20世纪70年代以来出现的一种新型投资理财工具。所谓"共同基金"，是将众多的小额投资者的资金集合起来，由专门的经理人进行市场运作，赚取收益后按一定的期限及持有的份额进行分配的一种金融组织形式。主要在货币市场上运作的共同基金被称为货币市场共同基金。

（一）货币市场共同基金的产生及发展

货币市场共同基金最早出现于1972年。当时，由于美国政府出台了限制银行存款利率的Q条例，银行存款的吸引力下降，许多投资者急于为自己的资金寻找新的能够获得货币市场现行利率水平的收益途径，货币市场共同基金由此应运而生。目前，在发达市场经济国家，货币市场共同基金在全部基金中所占比重最大。

（二）货币市场共同基金的特点

货币市场共同基金是基金的一种，也是专门投资货币市场工具的基金。与一般基金相比，除了具有专家理财、分散投资等特点外，货币市场共同基金还具有以下投资特征：

1. 投资于货币市场中高质量的证券组合

货币市场共同基金是规避利率管制的一种金融创新，其目的最初是为了给投资者提供稳定的或高于商业银行等存款金融机构利率的市场利率水平。早期的货币市场共同基金投资的证券级别是没有限制的；但由于一些货币市场共同基金为追求高回报而投资于高风险的证券，导致发生巨额亏损，损害了投资者的利益，从而引起了监管者的重视。1991年，美国证券交易委员会要求货币市场基金提高在顶级证券（由全国性证券评级机构中的至少两家评级在最高的两个等级的证券）上的投资比例，规定投资在比顶级证券低一档次的证券数量不超过5%，对单个公司发行的证券持有量不超过净资产的1%。货币市场基金所投资的高质量证券流动性高、收益稳定、风险小，满足了小额资金投资者投资货币市场获取稳定收益的要求。

2. 提供了一种有限制的存款账户

货币市场共同基金的投资者可以签发以基金账户为基础的支票来取现或进行支付，实际上发挥了能获得短期证券市场利率的支票存款的作用。但货币市场共同基金在法律上不是存款，不需要提取存款准备金及受利率最高限的限制。

3. 所受到的法规限制相对较少

货币市场共同基金是一种绕过存款利率最高限的金融创新，最初的发展中几乎没有对其进行限制的法规，其经营较为灵活，这使货币市场共同基金在与银行等金融机构在资金来源的竞争中占有一定的优势。另外，货币市场共同基金不用缴纳存款准备金，所以其支付的利息高于银行储蓄存款利息。

(三) 货币市场基金的发行与交易

货币市场共同基金属开放式基金，可以随时购买和赎回份额。基金的初次认购按面额进行，一般不收取或收取很少的手续费。货币市场共同基金的交易，是指基金购买者增加持有或退出基金的选择过程。货币市场共同基金的购买或赎回价格所依据的净资产值是不变的，一般是每个基金单位1元。同时，对基金所分配的盈利，基金投资者可以选择转换为新的基金份额或领取现金。由于货币市场基金的净资产值是固定不变的，因此衡量基金表现的指标是其投资收益率。

第二节 资本市场

资本市场是指期限在一年以上的金融资产交易的中长期市场。广义的资本市场包括两大部分：一个是银行的中长期信贷市场，另一个是有价证券市场，是股票、债券、基金等有价证券的发行和流通市场。后者为狭义的资本市场。本章重点介绍狭义的资本市场。

资本市场与货币市场的主要区别表现为：（1）期限的差别。资本市场上交易的金融工具期限均在一年以上，长者可达数十年，有些甚至无期限；货币市场上交易的是一年以内的金融工具，期限最短的只有几日或几小时。（2）作用不同。货币市场所融通的资金大多用于工商企业的短期资金周转；资本市场融通的资金大多用于企业的创建、更新、扩充设备和储存原料，而政府在资本市场上筹集长期资金主要用于兴办公共事业和保持财政收支平衡。（3）风险程度不同。货币市场的信用工具期限短，流动性高，价格不会发生剧烈变化，风险较小；资本市场的信用工具期限长，流动性低，价格变动幅度较大，风险较高。

资本市场的基本功能是实现并优化投资与消费的跨时期选择。按市场工具来划分，资本市场通常由股票市场、债券市场和投资基金构成。

一、股票市场

由于股票是一种权益工具，因而股票市场也被称为权益市场[①]。

（一）股票的概念

股票是投资者向公司提供资本的权益合同，是股份公司发给股东的所有权凭证（证书），股票的持有者是公司的股东。股东权益在利润和资产分配上表现为索取公司对债务还本付息后的剩余收益，即剩余索取权。同时，股东有权投票决定公司的重大经营决策，股东对公司的控制表现为合同规定的经理职责范围之外的决策权，也即剩余控制权。因此概括而言，在公司正常经营状态下，股东拥有剩余索取权和剩余控制权，这两者构成了公司的所有权。

---

① 参看本书第五章有关内容。

(二) 股票的种类

将剩余索取权和剩余控制权划分为不同层次并进行组合,可以设计出不同种类的股票。

1. 普通股

普通股是在优先股要求权得到满足后才能参与公司利润和资产分配的股票合同,代表着最终的剩余索取权;普通股股东一般有出席股东大会的会议权、表决权和选举权、被选举权等,通过投票来行使剩余控制权。除此以外,普通股股东还具有优先认股权,当公司增发新的普通股时,现有股东有权按其原来的持股比例认购新股,以保持对公司所有权的控制。普通股的价格受公司的经营状况、经济政治环境、心理因素、供求关系等因素的影响,波动没有范围限制。因此,普通股的投资风险较大,预期收益率高。

【专栏 6-7】

普通股的种类

根据风险特征的不同,普通股可以分为以下几类:

1. 蓝筹股,指具备稳定盈利记录、能定期分派股利、被公认具有较高投资价值的普通股。多指长期稳定增长的、大型的、传统工业股及金融股。

2. 成长股,指销售额和利润迅速增长,且增长速度快于整个国家及其所在行业的公司所发行的股票。一般只对股东支付较低红利,而将大量收益用于再投资;随着公司的成长,股票价格上涨,投资者可以从中得到大量收益。

3. 收入股,指当前能支付较高收益的普通股。

4. 周期股,指收益随着经济周期波动而波动的公司所发行的股票。

5. 防守股,指在面临不确定因素和经济衰退时期,高于社会平均收益且具有相对稳定性的公司所发行的普通股。公用事业公司发行的普通股是典型的防守股。

6. 概念股,指适合某一时代潮流的公司所发行的、股价起伏较大的普通股。

7. 投机股,指价格极不稳定或公司前景难以确定、具有较大投机潜力的普通股。

2. 优先股

优先股是指剩余索取权较普通股优先的股票,其应在普通股之前分得固定股息。但是优先股股东在剩余控制权方面劣于普通股,并且优先股股东通常没有投票权。由于优先股股息是固定的,因此优先股的价格与公司经营状况不太密切,而主要取决于市场利率,风险小于普通股,预期收益率也低于普通股。

如果考虑跨时期、可转换、复合型及可逆性等因素,优先股可分为不同种类:

①按剩余索取权是否可以跨时期累积,分为累积优先股和非累积优先股。累积优先股是指如果公司在某个时期内所获盈利不足以支付优先股股息时,则可以累积到以后某一年盈利时一并发放;非累积优先股是指当公司盈利不足以支付优先股股息时,所欠部分不会在以后年度补发。

②按剩余索取权是否为股息和红利的复合,分为参与优先股和非参与优先股。参与优先股是指除了按规定的股息率获得股息外,还可以分享公司的剩余收益。其可进一步分为无限

参与优先股和有限参与优先股,前者是指优先股股东可以无限制地与普通股股东分享公司的剩余收益,后者则指优先股股东只能在一定限度内与普通股股东分享公司的剩余收益。非参与优先股是指只能获取固定股息而不能参加公司额外分红的优先股。目前大多数公司发行的优先股都属于非参与优先股。

③按是否可以转换为普通股,分为可转换优先股和不可转换优先股。前者是指在规定的时间内,优先股股东可以按一定的转换比率把优先股换成普通股。这实际上是给予优先股股东寻找不同的剩余索取权和剩余控制权的权利。后者则指任何时间和条件下都不可转换为普通股的优先股。

④按是否可以赎回,分为可赎回优先股和不可赎回优先股。前者是指允许公司按发行价格加上一定比例的补偿收益予以赎回的优先股,后者则为任何条件下都不允许赎回的优先股。显然,可赎回优先股在剩余索取及剩余控制方面对股东不利。

(三) 股票的一级市场

股票的一级市场也被称为发行市场,是指公司直接或通过中介机构向投资者出售新发行的股票所形成的市场。新发行的股票包括初次发行和再发行的股票,前者是公司第一次向投资者出售的原始股,后者是在原始股的基础上增加新的份额。一级市场的整个运作过程通常由咨询与管理、认购与销售两个阶段构成。

1. 咨询与管理

这是股票发行的前期准备阶段,发行人需要听取投资银行的咨询意见并做出决策。主要包括以下内容:

(1) 股票发行方式的选择。

股票的发行方式一般分为公募和私募两种方式。公募方式是指面向市场上大量的、非特定的投资者公开发行股票。优点是可以扩大股票的发行量,提高发行者的知名度和股票的流动性。缺点是工作量大、难度大,通常需要承销商的协助;必须向证券管理机构办理注册手续,必须在招股说明书中如实公布有关情况以供投资者做出正确决策。私募方式是指只向少数特定的投资者发行股票,其对象主要是个人投资者和机构投资者。私募的优点是具有节省发行费、不必向证券管理机关办理注册手续、有确定的投资者而不必担心发行失败等优点;但也存在着需向投资者提供高于市场平均条件的特殊优厚条件、发行者的经营管理易受干预、股票难以转让等缺点。

(2) 选定作为承销商的投资银行。

公开发行股票一般都通过投资银行(证券承销商)来进行[①]。许多公司都与某一特定承销商建立牢固的关系,承销商为公司发行股票提供必要的金融服务。在某些场合,公司需要通过竞争性招标方式选择承销商,这种方式有利于降低发行费用,但不利于与承销商建立持久牢固的关系。当发行数量很大时,常由多家投资银行组成承销辛迪加或承销银团来负责整个发行,其中会有一家投资银行作为牵头主承销商来起主导作用。

---

① 关于投资银行业务,参看本书第五章。

在私募的情况下，发行条件一般由发行公司和投资者直接商定，投资银行通常承担寻找可能的投资者、帮助准备文件、进行尽责调查和指定发行日程等职能。

（3）编制招股说明书。

招股说明书是公司公开发行股票的书面计划说明，是投资者准备购买的依据。招股说明书必须包括财务信息和公司经营历史的陈述、高级管理人员的状况、筹资目的和使用计划等。在招股书明书的准备过程中，发行公司的管理层在律师的协助下负责招股说明书的非财务部分，作为承销商的投资银行负责股票承销合约部分，发行公司内部的会计师准备所有的财务数据，独立的注册会计师对账务、账目适当性的提供咨询和审计。招股说明书通常包括发行股票的大部分主要事实，但不包括价格。招股说明书起草完毕后，需将其连同上市登记表一起交送证券管理机关审查。在认定没有虚假陈述和遗漏后，证券管理机构批准注册；此时的招股说明书被称为法定说明书，应标明发行价格。

在私募的情况下，发行公司通常会雇佣投资银行代理起草招股备忘录；其不包括证券管理机构认为是"实质"的信息，也不需要送证券管理机构审查。

（4）确定发行价格。

首次公开发行（IPO）的股票通常要进行3次定价：第一次定价是在发行公司选定牵头投资银行的时候，发行公司要求竞争承销业务的投资银行报出各自的发行价格估计数；在其他条件相同的情况下，发行公司倾向于选择估价较高的投资银行作为主承销商。第二次定价是在编制招股说明书的时候，牵头投资银行在完成尽职调查工作、对发行公司的业务和经营状况有了全面了解后，与发行公司谈判协商确定合适的价格区间。第三次定价是在证券管理机构批准注册后，牵头投资银行与发行公司商讨确定最后的、具备法律约束力的价格。

2. 认购与销售

发行公司完成准备工作后，即可按照预定的方案发售股票。对于承销商来说，就是执行承销合同批发认购股票，然后出售给投资者。具体方式有以下几种：

（1）包销。

承销商以低于发行定价的价格把公司发行的股票全部买进，再转卖给投资者，承销商承担销售过程中股票价格下跌的全部风险。承销商得到的买卖差价，是对承销商提供的咨询服务以及承担风险的补偿。如果到截止期时股票销售任务尚未完成，承销商必须按与发行公司签订的合同付清价款。

（2）代销。

承销商许诺尽可能多地销售股票，但不保证能够完成预定销售额，没有出售的股票可退给发行公司，承销商不承担风险。

（3）备用包销。

通过认股权来发行股票的公司并不需要投资银行的承销服务，但发行公司可与投资银行协商签订备用包销合同。该合同要求投资银行作为备用认购者买下未能售出的剩余股票，而发行公司向其支付备用费。

私募条件下的认购和销售较为简单，通常是根据认购协议直接出售给投资者，投资银行因安排投资者和提供咨询而得到薪金收入。

(四) 股票的二级市场

二级市场也称交易市场,是投资者之间买卖已发行股票的场所。这一市场为股票创造了流动性,使股票能够迅速换取现值。通常,二级市场包括两种类型:证券交易所和场外交易市场。

1. 证券交易所

证券交易所是由证券管理部门批准的、为证券的集中交易提供固定场所和设施、并制定各项规则以形成公正合理价格的正式组织。

世界各国证券交易所的组织形式大体可分为两类:会员制和公司制。会员制证券交易所是以会员协会形式成立的、不以营利为目的的组织,主要由证券商组成;只有会员及享有特许权的经纪人才有资格在交易所中进行证券交易,会员对证券交易所的责任仅以交纳的会费为限。公司制证券交易所是由银行、证券公司、投资信托机构及各类公司等共同出资入股建立起来的,以营利为目的公司法人。

中国证监会于2017年11月发布的《证券交易所管理办法》规定,证券交易所实行会员制,设会员大会、理事会、总经理和监事会。

根据价格决定的特点,证券交易制度一般可以分为以下两种:

(1) 做市商交易制度。

做市商交易制度,也称报价驱动制度。证券交易的买卖价格由做市商给出,买卖双方并不直接成交,而是向做市商买进或卖出证券。做市商的利润主要来自买卖差价。在买卖过程中,由于投资者的买卖需求均衡,做市商会有证券存货(多头或空头),面临价格变动的风险。做市商需要根据买卖双方的需求、存货水平和竞争程度来调整买卖报价,从而决定价格。

(2) 竞价交易制度。

竞价交易制度,也称委托驱动制度。买卖双方直接进行交易或将委托通过经纪商送到交易中心,由交易中心进行撮合成交。一般来说,按证券交易在时间上是否连续,竞价交易制度又分为集合竞价制度和连续竞价制度。

①集合竞价制度下,交易中心将规定时间段内收到的所有交易委托集中起来,在该时段结束时形成一个成交价格,所有委托价在成交价之上的买进委托和委托价在成交价之下的卖出委托都按成交价格成交。成交价的确定原则通常是最大成交量原则,即在所确定的成交价格上满足成交条件的委托股数最多。集合竞价是多边交易制度,最大优点在于信息集中功能。很多交易所在开盘、收盘和暂停交易后的重新开市时都采用集合竞价制度。

②连续竞价制度,是指证券交易可在交易日的交易时间连续进行。当新进入一笔买进委托时,若委托价≥已有的卖出委托价,则按卖出委托价成交;当新进入一笔卖出委托时,若委托价≤已有的买进委托价,则按买进委托价成交;若新进入的委托不能成交,则按"价格优先,时间优先"的顺序排队等候。连续竞价制度是双边交易制度,优点是交易价格具有连续性。

证券交易委托时投资者通知经纪人进行证券买卖的指令,主要种类包括:

①市价委托,指委托人委托经纪人按市面上最有利的价格买卖证券。优点是成交速度快,缺点是当行情变化较快时,执行价格可能与发出委托时的市场价格相差较大。

②限价委托,指投资者委托经纪人按规定的价格或比限定价格更有利的价格买卖证券。对于限价买进委托,成交价只能低于或等于限定价格;对于限价卖出委托,成交价只能高于或等于限定价格。

③停止损失委托,是一种限制性的市价委托,投资者委托经纪人在证券价格上升到或超过指定价格时按市价买进证券,在价格下跌到或低于指定价格时按市价卖出证券。

停止损失限价委托,指当市价达到指定价格时,该委托就自动变成限价委托。

2. 场外交易市场

凡是在证券交易所之外的股票交易都可称作场外交易。场外交易市场没有固定的集中场所,由自营商来组织交易。他们投入资金买入证券,然后卖给客户,维持市场的流动性和连续性。价格也是通过商议达成的,一般是由自营商挂出各种证券的买入和卖出两种价格。场外交易比证券交易所受到的管制少,灵活方便,可以为中小型公司和具有发展潜质的新公司提供二级市场。

【专栏6-8】

纳斯达克市场(NASDAQ)

1971年,美国的全国证券交易商协会(National Association of Securities Dealers,NASD)启用了电子报价系统,成为全国证券交易商协会自动报价系统(National Association of Securities Dealers Automated Quotations System,NASDAQ)。NASDAQ的出现,改变了以前依靠粉纸市场(pink sheet)和电话来查询行情的做法,允许市场通过电话或互联网进行直接交易,而不拘束在交易大厅进行,并且交易的内容大多与新技术、尤其是计算机方面相关,是世界第一家电子证券交易市场,对美国场外交易市场的发展起了革命性的作用。

早在1994年,NASDAQ的交易值就超过了伦敦证券交易所和东京证券交易所。目前,除了交易值和市值外,NASDAQ上市公司数量、成交量、市场表现、流动性比率、机构持股比率等方面都超过了纽约证券交易所;是全球第二大证券市场,被称为"21世纪的证券市场"。

二、债券市场

(一)债券的含义

债券是投资者向政府、公司或金融机构提供资金的债权债务合同,该合同载明了发行者在指定日期支付利息并在到期日偿还本金的承诺。

债券的要素包括期限、面值与利息、税前支付利息、求偿等级、限制性条款、抵押与担保、选择权等,这些要素使得债券具有与股票不同的特征:①股票一般是永久性的,无需偿还;债券是有期限的,到期日必须偿还本金。②股东从公司税后利润中分享股利,股票本身增值或贬值的可能性较大;债券持有者从公司税前利润中得到固定利息收入,债券面值本身增值或贬值的可能性不大。③当公司由于经营不善等原因破产时，债权人有优先取得公司财产的权利，其次是优先股股东，最后才是普通股股东。④债权人一般没有投票权，但在债务合同中常常会包括限制经理及股东职责的条款。⑤权益资本是一种风险资本，不涉及抵押担保问题；债务资本则可要求以某些特定资产作为保证，降低债务人无法按期还本付息的风险。⑥在选择权方面，股票主要表现为可转换优先股和可赎回优先股。债券一方面附有赎回条款，公司可按预定价格提前从债券持有者手中购回债券；一方面附有可转换条款，可按转换比率或转换价格转换成股票。

（二）债券的类型

按发行主体，债券主要可以分为政府债券、金融债券和公司债券。

1. 政府债券

政府债券是指中央政府、政府机构和地方政府发行的债券。其以政府信誉作保证，无需抵押品，风险在各种投资工具中是最小的。包括以下几种类型：

（1）中央政府债券。

中央政府债券，是由中央政府（通常委托财政部）发行的、以国家财政收入为保证的债券，也称国家公债、金边债券、国库券等。基本特点是：安全性高，流通性强，收益稳定，有免税待遇。主要用于弥补财政收支不平衡，为国家筹集建设资金等。

（2）政府机构债券。

政府机构债券是指由除中央政府以外的其他政府部门或机构发行的债券，其收支偿付一般不列入政府预算，而是由发行单位自行负责。政府机构债券通常以中长期为主，流动性不如政府债券；因最终以中央政府作后盾，所以安全性较好，信誉较高；一般无需缴纳地方政府所得税，因而税后收益较高。

（3）地方政府债券。

地方政府债券也称"市政债券"，是由地方政府担保发行的债券，主要用于交通、通讯、住宅、教育、医院、市政等地方性公共设施方面建设的资金需要。其信用风险仅次于国债及政府机构债券，同时也具有税收豁免的特征。

按偿还的资金来源的性质，地方政府债券可分为普通债券和收益债券。普通债券是以发行人的无限征税能力为保证来筹集资金，其偿还列入地方政府的财政预算；收益债券是为了给某一特定项目筹资而发行，其偿付依靠项目建成后的营运收入。

2. 金融债券

金融债券是银行等金融机构为筹集资金而发行的债券。金融机构可以根据经营管理的需要，主动选择适当的时机发行必要数量的债券；发行金融债券，通常被看作是银行等金融机构的"主动型负债"，是其进行资产负债管理的重要手段。由于银行等金融机构的资信度比一般公司要高，所以金融债券的信用风险较公司债券低。

3. 公司债券

公司债券是公司为筹措营运资本而发行的债券，其风险一般小于股票。公司债券的种类很多，通常包括以下几类：

（1）按抵押担保状况，分为信用债券、抵押债券、担保信托债券和设备信托证。

①信用债券，是完全凭公司信誉、不提供任何抵押品而发行的债券，持有者的求偿权位于抵押债权人求偿权之后。发行公司必须有较好的声誉，且债券的期限较短、利率较高。

②抵押债券，是以土地、房屋等不动产为抵押品而发行的债券。如果公司不能按期还本付息，债权人有权处理抵押品以资抵偿。担保信托债券，是以公司特有的动产或有价证券为抵押品而发行的公司债券。用作抵押品的证券必须交由受托人保管。

③设备信托证，是指公司为了筹资购买设备而以该设备为抵押品而发行的公司债券。发行公司购买设备后即将设备所有权转交给受托人，再由受托人以出租人的身份将设备租赁给发行公司，发行公司以承租人的身份分期支付租金，由受托人代为保管及还本付息，到债券本息全部还清后，该设备的所有权才转交给发行公司。

（2）按利率状况，分为固定利率债券、浮动利率债券、指数债券和零息债券。

①固定利率债券，是事先确定利率、每半年或一年付息一次或一次还本付息的债券。浮动利率债券，是在某一基础利率上加一个固定溢价的债券。

②指数债券，是通过将利率与通货膨胀率挂钩来保证债权人不至于因物价上涨而遭受损失的债券。

③零息债券，是以低于面值的贴现方式发行，到期按面值兑现、不另付利息的债券。

（3）按内含选择权状况，分为可赎回债券、偿还基金债券、可转换债券和带认股权证的债券。

①可赎回债券是允许发行公司于到期日前购回全部或部分债券。

②偿还基金债券要求发行公司每年从盈利中提存一定比例存入信托基金，定期偿还本金。

③可转换债券，赋予债券持有人按预先确定的比例转换为普通股的选择权。

④带认股权证的债券，把认股权证作为公司债券合同的一部分附带发行，允许债券持有人购买发行人的普通股。

（三）债券一级市场

债券一级市场是指债券的发行市场。债券的发行与股票类似，不同之处主要在于债券评级和偿还环节。

1. 债券评级

债券违约风险的大小与投资者的利益密切相关，也直接影响着发行者的筹资能力和成本。为了能够较客观地估计债券的违约风险，通常需要由专门的中介机构——债券评级机构进行评级。

信用评级机构一般会根据债券发行人提供的材料，通过调查、预测等手段，对其拟发行债券资金使用的合理性和按期偿还债券本息的能力做出综合评价。债券评级机构在债券评级过程中所评价的主要因素，如表6-3所示。

表 6-3　　　　　　　　　　　　　　　债券评级的有关因素

主要因素	具体因素
债券发行人的偿还能力	预期盈利
	负债比例
	能否按期还本付息
债券发行人的资信状况	金融市场上的信誉
	历次偿债情况
	历史上是否如期偿还债务
投资者承担的风险水平	破产可能性的大小
	破产后债权人所能受到的保护程度
	破产后债权人所能得到的投资补偿程度

信用评级机构中，目前世界上比较具有权威性的是标准普尔公司和穆迪公司。上述两家机构对于债券评级的基本评定标准，如表 6-4 和表 6-5 所示。

表 6-4　　　　　　　　　　　　　　标准普尔的等级评定系统

级别	特征
AAA	最高级：债务人有非常强的本息偿还能力
AA	高级：债务人有很强的本息偿还能力
A	中上级：债务人本息偿还能力强，但可能受到经济因素和环境变化的不良影响
BBB	中级：债务人有充分的本息偿还能力，但受经济因素和环境变化的影响较大
BB	中低级：不断发生一些可能导致不安全能力的事件
B	投机级：具有可能损害其本息偿还能力或意愿的不利情况
CCC	强投机级：现在就有可能违约
CC	超强投机级
C	保留收入债券：已经停止付息，但还保留收入
D	残值债券：不可能偿付本息，只能按一定比例兑付残值

表 6-5　　　　　　　　　　　　　　　穆迪的等级评定系统

级别	特征
Aaa	最佳：质量最高，风险最小，本息偿还有充分的保证
Aa	高级：证券保护措施不如 Aaa 级，且其中某些因素可能使远期风险略大于 Aaa 级
A	中高级：担保偿付本息的措施适当，但含有某些将起损害作用的因素
Baa	中低级：担保偿付本息的措施在短期内适当，但远期不适当
Ba	投机级：担保偿付本息的措施似乎可以，但有投机因素和其他不确定因素
B	不宜长期投资：不具备吸引投资的特点，长远看本息偿付的保护不可靠
Caa	较差：低等级债券，本息偿付将被延迟，甚至危及支付
Ca	有较高投机性：经常发生本息推迟偿付或者其他明显问题
C	最低等级债券

标准普尔主权评级

根据标普主权信用评级准则，决定一国主权信用评级有以下5个主要因素：政治制度的有效性与政治风险；经济结构与增长前景；外部流动性与国际投资者头寸；财政表现和灵活性以及债务负担；货币灵活性。

根据以上准则，标普的长期主权信用评级主要分为投资级和投机级，信用级别由高到低。投资级分为 AAA、AA、A 和 BBB；投机级分为 BB、B、CCC、CC 和 SD/D 级。AAA 级表示偿债能力极强，为最高评级。从 AA 级到 CCC 级可加上"+""-"号，表示评级在各主要评级分类中的相对强度。当债务到期而发债人未能按期偿还债务的即为 D 级，发债人有选择对某些债务或某类债务违约时为 SD（选择性违约）评级。

此外，标普还对各主权信用评级推出评级展望和信用观察。评级展望评估长期信用评级的中长期潜在变化方向，一般为 6 个月至 2 年。其中，"正面"表示评级有上升趋势，"负面"表示有下降趋势，"稳定"表示基本不会改变，"待定"表示有待决定。信用观察则主要评估短期潜在趋势，一般为 90 天。信用观察分为"正面""负面"和"待定"①。

2. 债券的偿还

一般来说，债券的偿还可分为定期偿还和任意偿还两种方式。定期偿还，是指在经过一定宽限期后，每过半年或一年偿还一定金额的本金，到期时还清余额；一般适用于发行数量巨大、偿还期限长的债券。任意偿还，是指债券发行一段时间后，发行人可以任意偿还债券的部分或全部。

（四）债券的二级市场

债券的二级市场也即债券的流通转让市场。在证券交易所上市的债券主要是公司债券；政府债券享有上市豁免权，一般不用申请即可上市。然而，大多数债券是在场外市场交易的，因而场外交易市场是债券二级市场的主要形态。

三、投资基金市场

（一）投资基金的概念

投资基金是通过发行收益凭证将投资者分散的资金集中起来，由专业基金管理人进行投资管理，并将基金所得的收益按出资比例分享的一种投资工具。

世界各国（地区）对投资基金的称谓有所不同。如，美国称为共同基金，英国和我国香港特别行政区称为单位信托基金，欧洲一些国家称为集合投资基金或集合投资计划，日本和我国台湾地区则称为证券投资信托基金。虽然称谓有所不同，但其并无本质区别。

一般来说，投资基金具有以下几个特点：①规模经营，低成本。投资基金将小额资金汇集起来，其经营具有规模优势，可以降低交易成本。②分散投资，低风险。投资基金将资金

---

① 新华网：http://news.xinhuanet.com/.

分散投到多种证券或资产上，通过有效组合最大限度地降低非系统风险。③专家管理。投资基金由具有专业化知识的人员进行管理，能够更好地利用各种金融工具，抓住各个市场的投资机会，创造更好的收益。④服务专业化。投资基金从发行、收益分配、交易、赎回都有专门的机构负责，使整个投资过程轻松简便。

（二）投资基金的种类

投资基金的类型多样，可以按照不同的方式进行划分。

1. 根据组织形式，分为公司型基金和契约型基金

公司型基金是依据公司法成立的、以营利为目的的股份有限公司形式的基金。基本特点是：基金本身是股份制的投资公司，基金公司通过发行股票筹集资金，投资者通过购买基金公司股票成为股东。

公司型基金又可细分为开放型基金和封闭型基金。开放型基金，是指基金可以无限地向投资者追加发行股份，并且随时准备赎回发行在外的基金股份，总数不固定。而封闭型基金的总数固定，在规定的封闭期限内投资者不得向基金管理公司赎回，只能在二级市场上挂牌转让。两者的具体区别如表6-6所示。

表 6-6　　　　　　　　　开放式基金与封闭式基金的区别

比较项目	开放式基金	封闭式基金
规模	不固定	固定
存续期限	不确定，可以无限期存续	确定
交易方式	不上市，通过向基金管理公司申购赎回	上市流通
交易价格	按照每日基金单位资产净值	根据市场行情变化
信息披露	每日公布基金单位资产净值	每周公布基金单位资产净值
投资策略	强调流动性管理，基金资产中要保持一定的现金和流动资产	可以进行长期投资

契约型基金是依据信托契约组织起来的基金，作为委托人的基金管理公司通过发行受益凭证筹集资金，并将其交由受托人保管，本身负责基金的投资运作。

公司型基金与契约型基金的基本区别表现为以下几点：①信托财产的法人资格不同。公司型基金具有法人资格，契约型基金没有法人资格。②信托资产运用的依据不同。公司型基金依据公司章程规定运用信托财产，契约型基金依托信托契约运用信托财产。③投资者的地位不同。公司型基金的投资者是公司的股东，可以参加股东大会、行使股东权利。契约型基金的投资者是委托人和受益人。

2. 根据投资目标划分

收入型基金是以获得最大的当期收入为目标的投资基金，本金损失的风险小，但长期成长潜力较小，适合较保守的投资者。成长型基金是以追求资本的长期增值为目标的投资基金，风险较大、可获取的收益也较大，适合能承受高风险的投资者。平衡型基金是以净资产的稳定、可观的收入及适度的成长为目标的投资基金，风险适中、成长潜力一般。

3. 根据地域划分

国内基金是把资金投资于国内证券，且投资者多为本国公民的投资基金。国家基金是指在境外发行基金份额筹集资金,然后投资于某一特定国家或地区资本市场的投资基金。区域基金是把资金分散投资于某一地区各个不同国家资本市场的投资基金,风险较国内基金和国家基金小。国际基金,也称全球基金,它不限定国家和地区,将资金分散投资于全世界各主要资本市场,最大限度地分散风险。

4. 根据投资对象划分

①股票基金,投资对象是股票。②债券基金,是投资于债券的基金。③货币市场基金,是投资于存款证、短期票据等货币市场工具的基金。④专门基金,是从股票基金发展而来的、投资于单一行业股票的基金。⑤衍生基金和杠杆基金,投资于衍生金融工具。⑥对冲基金又称套期保值基金、避险基金,是在金融市场上进行套期保值交易,利用现货市场和衍生市场对冲的基金,能最大限度地避免和降低风险。⑦套利基金,是在不同金融市场上利用价格差异低买高卖进行套利的基金。⑧雨伞基金,是在一组基金(母基金)下再组成若干个子基金,以方便和吸引投资者在其中自有选择和低成本转换。⑨基金中的基金,是以本身或其他基金单位为投资对象的基金,其选择面比雨伞基金更广,风险也进一步分散、降低。

(三) 投资基金的设立和募集

1. 投资基金的设立

基金发起人一般要具备下列条件:至少有一家金融机构,实收资本在基金规模一半以上,均为公司法人,有两年以上盈利记录,首次认购基金份额不低于20%,基金存续期内持有基金份额不低于10%。另外,基金发起人要确定基金的性质并制定相关的要件,规定基金管理人、保管人和投资者之间的权利义务关系,会计师、律师、承销商的有关情况以及基金的投资政策、收益分配、变更、终止和清算等重大事项。基金发起人在准备好各项文件后,报送主管机关申请设立基金。

2. 投资基金的募集

投资基金的设立申请获主管机关批准后,发起人就可以发布基金招募说明书,发行基金收益凭证以募集资金。

(四) 基金的运作和投资

基金的运作与投资依据不同类型的基金而有所不同。如,对于封闭型基金,可以通过自营商或经纪人在基金二级市场上自由转让;而对于开放型基金,投资者向基金管理公司认购或赎回受益凭证,认购或赎回价格按当日净资产价值来计算。此外,基金的投资就是投资组合的实现,不同种类的投资基金根据各自的投资对象和目标确定和构建不同的证券组合。

第三节 金融衍生工具市场

随着金融全球化和自由化的发展,由传统金融工具创新出来的金融衍生工具交易量迅速增长,市场规模也急速扩大。

一、概述

（一）金融衍生工具的定义

金融衍生工具是指由基础性金融工具创造出的新型金融工具，一般表现为合约。合约的价值由交易的金融资产的价格决定。金融衍生工具具有高度的财务杠杆作用，是一种高风险的投资工具。

一般来说，金融衍生工具包括远期合约、期货合约、期权合约、互换协议等类型。由于具有套期保值、防范风险的作用，金融衍生工具的种类和市场还在不断增多和扩大。

（二）金融衍生工具的分类

根据标的资产的不同，金融衍生工具主要可以分为以下几种类型：

1. 股票衍生工具

股票衍生工具，是指以股票或股票指数为基础资产的金融衍生工具，主要包括股票期货、股票期权、股票指数期货、股票指数期权等。

2. 利率衍生工具

利率衍生工具，是指以利率为基础资产的金融衍生工具，主要包括远期利率协议、利率期货、利率期权、利率互换等。

3. 货币衍生工具

货币衍生工具，是指以货币作为基础资产的金融衍生工具，主要包括远期外汇合约、货币期货、货币期权、货币互换等。

4. 信用衍生工具

信用衍生工具，是指以贷款或债券的信用状况为基础资产的金融衍生工具。它是一种双边金融合约安排，在这一合约下，交易双方同意互换商定的现金流，而现金流的确定依赖于预先设定的未来一段时间内信用事件的发生。

（三）金融衍生工具市场的产生及发展

1. 客观背景

金融衍生工具产生的主要动力来自金融市场上的价格风险。1973年布雷顿森林体系崩溃后，以美元为中心的固定汇率制解体，西方主要国家纷纷实行浮动汇率制。20世纪70年代以后的国际资本流动频繁，外汇市场的汇率变动无常，金融市场上的投资者以及借贷者都暴露在高利率的风险中。汇率、利率以及股市价格的频繁变动，使企业、金融机构和个人迫切需要规避市场风险，作为新兴风险管理手段的金融衍生工具应运而生。

20世纪80年代以后，美、英、日等发达国家不断放松金融管制，实行金融自由化措施，创造了更为宽松的金融竞争环境。一方面使得利率、汇率的波动更加频繁，规避风险的要求进一步扩大；另一方面也为新市场的创立和新业务的开展提供了更多机会，从而促进了金融衍生工具的持续发展。

2. 新技术的推动

通讯技术和电子计算机信息处理技术的飞速发展及其在金融业的运用,大大降低了金融交易的成本,提高了金融交易的效率,并使金融交易突破了时间和空间的限制,创造了全球性的金融市场。与此同时,高新技术的发展也为金融衍生工具的发展提供了坚实的技术基础。高效率的信息处理系统能提供有关汇率、利率的瞬间动向,帮助交易者识别、衡量、监控证券组合中的风险。

3. 银行等金融机构的内在压力和积极推动

银行等金融机构积极参与了金融衍生工具的市场开发与普及,主要基于以下两方面的压力:

(1) 巨大的市场竞争压力。

20世纪70年代以来,随着世界经济的发展,银行业务经营的环境发生了很大变化。受金融自由化和证券化的影响,非银行金融机构利用富有竞争力的金融工具,与银行展开了争夺资金来源和信贷市场的竞争,投资人和筹资人更多地通过证券市场直接融资,使银行传统的存贷业务萎缩,银行在金融市场上的份额急剧下降。与此同时,银行面临着日益加剧的利率、汇率风险,迫切需要各种有效的避险工具。

(2) 国际金融监管的外在压力。

世界金融市场的动荡和各国金融管制的放松,使得银行等金融机构在竞争压力下片面追求资产规模的扩张,致使信贷资产质量恶化,坏账金额不断增加,危机频繁发生。为此,国际金融业加强了对银行等金融机构的联合监管,对银行的资本充足性提出了更高的要求。银行表内资产表外化的热潮因而涌现,而金融衍生工具的交易,可以在不增加银行资产的情况下为银行带来丰厚的费用收入,从而成为银行新的利润增长点。

【专栏 6—10】

我国的金融衍生品市场

1992年6月,认股权证交易出现在我国的沪深股市,虽然1996年6月被迫关闭,但却是我国金融衍生品的首次亮相。作为新中国金融衍生品的又一次尝试,1993年10月推出的国债期货交易也由于种种原因被迫于1995年5月暂停。我国金融衍生品市场在尚未成型时即遭受了沉重的打击,市场发展也因此停滞了将近十年。

进入21世纪,特别是加入WTO以后,随着金融市场的逐步开放,我国金融衍生品市场的建设也重回正轨。1990年10月12日,经国务院批准,中国郑州粮食批发市场开业。该批发市场以现货交易起步,逐渐引入期货交易机制,迈出了我国期货市场发展的第一步。1997年中国银行独家授权开展的远期人民币外汇交易业务在2003—2004年扩大试点至7家银行,并于2005年8月全面在银行间市场展开。2006年4月,人民币外汇掉期业务被推向市场。2007年12月,人民币对美元等5个币种的货币掉期业务正式开始上线。此外,利率衍生品市场也逐渐形成。2005年6月,工商银行与兴业银行达成了首笔债券远期交易。2006年3月,人民币利率互换登上了历史舞台。2007年10月,远期利率协议正式开始启动。同时，含权类结构性理财产品及债券也开始蓬勃发展[1]。

历经 20 多年的发展，我国的金融衍生品市场从无到有，从小到大，从无序逐步走向有序，逐渐发展并走向成熟，进入到健康稳定发展、经济功能日益显现的良性轨道，市场交易量迅速增长，交易规模日益扩大。截至 2018 年 10 月，我国期货市场已上市 59 个期货和期权品种，涵盖了农业、金属、能源、化工、金融等国民经济重要领域，国际市场成熟商品期货品种大多已在中国上市。过去十年，中国商品期货成交量年均增速达到 23.7%，成交量连续 9 年居世界前列。2018 年上半年，商品期货成交量达 14 亿手，全球占比为 48%；持仓量 1439 万手，全球占比 18.7%；成交金额 96 万亿元，全球占比 27%[2]。

二、金融远期合约

（一）金融远期合约的定义和特点

金融远期合约是指双方约定在未来某一确定时间、按确定的价格买卖一定数量的某种金融资产的合约。远期合约是为规避现货交易风险而产生的。

金融远期合约是非标准化合约，一般不在交易所交易，而在金融机构之间或金融机构与客户之间通过谈判签署达成。在签署远期合约前，交易双方可以就交割地点、交割时间、交割价格、合约规模、标的物品质等进行谈判。因此，金融远期合约的主要特点是灵活性较大。但是，其也有明显的缺点：首先，远期合约没有固定的、集中的交易场所，不利于信息交流和传递，不利于形成统一的市场价格，市场效率低。其次，合约千差万别，给远期合约的流动造成极大不便。最后，远期合约的履约没有保证，违约风险较高。

（二）金融远期合约的种类

金融远期合约一般包括远期利率协议、远期外汇合约和远期股票合约。

1. 远期利率协议

远期利率协议（FRA），是指买卖双方同意从未来某一商定的时期开始、在某一特定时期内按协议利率借贷一笔数额确定、以具体货币表示的名义本金的协议。远期利率协议的买方是名义借款人，订立远期利率协议的目的是规避利率上升的风险；卖方是名义贷款人，订立远期利率协议的目的是规避利率下降的风险。借贷双方不必交换本金，只是在结算日根据协议利率和参考利率之间的差额以及名义本金数额，由交易一方付给另一方结算金。

为了进一步理解远期利率协议，以下用一个实例来说明远期利率的交易流程。假定：2012 年 3 月 5 日是星期一，双方同意成交一份 "3×6"、名义金额为 100 万美元、协定利率为 4.75% 的远期利率协议。其中，"3×6" 是指起算日和结算日之间为 3 个月，起算日至名义贷款最终到期日之间为 6 个月。交易日与起算日一般隔 2 个交易日。本例中，起算日是 2012 年 3 月 7 日星期三，结算日是 2012 年 6 月 7 日星期四，到期时间是 2012 年 9 月 7 日星

---

[1] 王屯，于金酉. 金融危机背景下中国金融衍生品市场的发展 [J]. 金融论坛，2010，2 (170).
[2] 证监会副主席. 上半年商品期货成交量达 14 亿手，全球占比为 48% [J/OL]. 和讯期货，http: // futures. hexun. com/2018 - 10 - 16/194847893. html，2018. 10. 16.

期五,合同期为2012年6月7日至2012年9月7日。在结算日之前的2个交易日(即2012年6月5日星期二)为确定日,确定参照利率。假定参照利率为5.5%,这样,在结算日,由于参照利率高于合同利率,名义贷款方就要支付结算金给名义借款方。

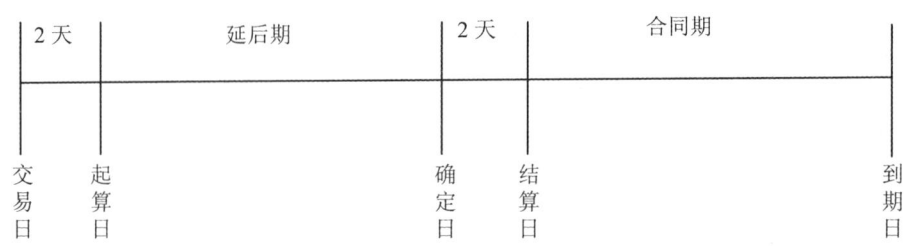

图6-5 远期利率协议流程图

在远期利率协议下,如果参照利率超过合同利率,那么卖方就要支付给买方结算金,以补偿买方在实际借款中因利率上升而造成的损失。

远期利率协议最重要的功能在于:通过固定将来实际支付的利率而避免利率变动的风险。签订远期利率协议后,不管市场利率如何波动,协议双方将来收付资金的成本或收益总是固定在合同利率水平上。当参照利率上升时,协议购买方的资金成本加大,但可以从协议出售方得到参照利率与协议利率的差价,从而弥补加大了的资金成本。另外,远期利率协议交易的本金不用交付,利率是按差额结算的,资金流动量较小;简便、灵活,能充分满足交易双方的特殊需求。但是,远期利率协议不需要支付保证金,信用风险和流动性风险较大。

2. 远期外汇合约

远期外汇合约,是指双方约定在将来某一时间、按约定的远期汇率买卖一定金额的某种外汇的合约。交割时,名义本金并未交割,而只交割合同中规定的远期汇率与当时的即期汇率之间的差额。主要目的是规避汇率风险。

3. 远期股票合约

远期股票合约以股票为基础资产,它允许合约双方在将来某一特定日期按特定价格购买或出售一定数量单种股票或一揽子股票的协议。远期股票合约出现的时间不长,总交易规模不大。

三、金融期货合约

20世纪70年代初,西方国家出现了严重的通货膨胀,固定汇率制被浮动汇率制所取代,国内外经济环境和体制安排的转变使经济活动的风险增大。金融市场上的利率、汇率以及证券价格急剧波动,原有的远期交易由于流动性差、信息不对称、违约风险高等缺陷而无法满足人们急剧增长的需要,因此金融期货交易应运而生。

(一) 金融期货合约的定义

金融期货合约是指协议双方同意在约定的将来某个日期按约定的条件(包括价格、交割地点、交割方式)买入或卖出一定标准数量的某种金融资产的标准化协议。金融期货交易具有如下特点：

①期货合约均在交易所内进行，交易双方不直接接触，而是各自与交易所的清算部或清算公司结算。清算公司充当所有期货买方的卖方和所有期货卖方的买方，因此交易双方无需担心对方违约。

②期货合约的买者或卖者可在交割日之前采取对冲交易平仓，无需进行最后的实物交割。

③期货合约的合约规模、交割日期、交割地点等都是标准化的，无需双方再商定。

④期货交易是每天进行结算的，买卖双方在交易前都必须在经纪公司开立专门的保证金账户。每天交易结束时，保证金账户要根据期货价格的涨跌进行调整，以反映交易者的浮动盈亏。当天结算价格高于昨天的结算价格时，高出部分就是多头的浮动盈利或空头的浮动亏损。浮动盈亏在当天晚上加入多头的保证金账户、并从空头的保证金账户中扣除。当保证金账户的余额超过初始保证金水平时，交易者可随时提取现金或用于开新仓；而当保证金账户的余额低于交易所规定的维持保证金水平时，经纪公司就会通知交易者限期把保证金补足到初始保证金水平，否则就会被强制平仓。

（二）金融期货的种类

按标的物的不同，金融期货可分为利率期货、外汇期货和股票指数期货。

外汇期货，是指交易双方约定在未来特定的时期进行外汇交割，并限定了标准币种、数量、交割月份及交割地点的标准化合约。

利率期货，是指标的资产价格依赖于利率水平的期货合约，这些金融资产只是作为计算利率波动的基础，通常在合同期满时并不需要实际交割金融资产，而只是通过计算市场的涨跌结算利率期货合同的实际价值。

股票指数期货的标的物是股价指数，双方在交易时只需把股价指数的点数换算为货币单位进行结算，没有实物的交割。

（三）期货合约与远期合约的比较

期货合约和远期合约虽然都是在交易时约定在将来某一时间按预定的条件买卖一定数量的某种标的物的合约，但它们也存在诸多区别，如表6-7所示。

表6-7　　　　　　　　　　　期货合约与远期合约的区别

区别	远期合约	期货合约
标准化程度不同	遵循"契约自由"的原则，具有很大的灵活性；但流动性差，二级市场不发达	标准化合约，流动性强
交易场所不同	没有固定的场所，是一个效率较低的无组织分散市场	在交易所内交易，是一个有组织、有秩序、统一的市场
违约风险不同	合约的履行仅以签约双方的信誉为担保，违约风险很高	合约的履行由交易所或清算公司提供担保，违约风险几乎为零
价格确定方式不同	交易双方直接谈判并私下确定的，存在信息不对称，定价效率很低	在交易所内通过公开竞价确定，信息较为充分、对称，定价效率较高

续表

区别	远期合约	期货合约
履约方式不同	绝大多数只能通过到期实物交割来履行	绝大多数是通过平仓来了结
合约双方关系不同	必须对对方的信誉和实力等方面做充分的了解	可以对对方完全不了解
结算方式不同	到期才进行交割清算，期间不进行结算	每天结算，浮动盈亏损，体现在保证金账户上

专栏 6-11

我国的期货交易所

我国目前有 4 家经国务院批准的期货交易所。其中，郑州商品交易所、大连商品交易所、上海期货交易所以商品期货交易为主。2006 年 9 月 8 日挂牌成立的中国金融期货交易所，则是专门从事金融期货、期权等金融衍生品交易与结算的公司制交易所①。

郑州商品交易所成立于 1990 年 10 月 2 日，是我国首家期货市场试点单位，目前上市交易有普通小麦、优质强筋小麦、早籼稻、晚籼稻、粳稻、棉花、油菜籽、菜籽油、菜籽粕、白糖、苹果、动力煤、甲醇、精对苯二甲酸（PTA）、玻璃、硅铁和锰硅等 18 个期货品种和白糖、棉花期权。范围覆盖粮、棉、油、糖、果和能源、化工、纺织、冶金和建材等多个国民经济重要领域②。大连商品交易所成立于 1993 年 2 月 28 日，目前上市有玉米、玉米淀粉、黄大豆 1 号、黄大豆 2 号、豆粕、豆油、棕榈油、鸡蛋、纤维板、胶合板、线型低密度聚乙烯、聚氯乙烯、聚丙烯、乙二醇、焦炭、焦煤、铁矿石共计 17 个期货品种和豆粕、玉米两个期权品种，并推出了棕榈油、豆粕、玉米、焦炭、焦煤和铁矿石等 14 个期货品种和两个期权品种的夜盘交易③。上海期货交易所交易目前挂牌交易铜、铝、锌、铅、镍、锡、黄金、白银、螺纹钢、线材、热轧卷板、原油、燃料油、石油沥青、天然橡胶、纸浆 16 个期货品种以及铜、天然橡胶两个期权合约④。

四、金融互换

（一）金融互换的含义

金融互换是约定两个或两个以上当事人按照商定条件，在约定时间内交换一系列现金流的合约。金融互换是 20 世纪 80 年代、在平行贷款和背对背贷款的基础上发展起来的，因此三者既有联系又有区别。

---

① 中国金融期货交易所：http://www.cffex.com.cn/gk/.
② 郑州期货交易所：http://www.czce.com.cn/.
③ 大连期货交易所：http://www.dce.com.cn/.
④ 上海期货交易所：http://www.shfe.com.cn/.

1. 平行贷款

20世纪70年代，平行贷款首先在英国出现，是为逃避外汇管制而创新的一种业务。其是指在不同国家的两个母公司分别在国内向对方公司在本国境内的子公司提供金额相当的本币贷款，并承诺在指定到期日各自归还所借货币。具体流程如图6-6所示。

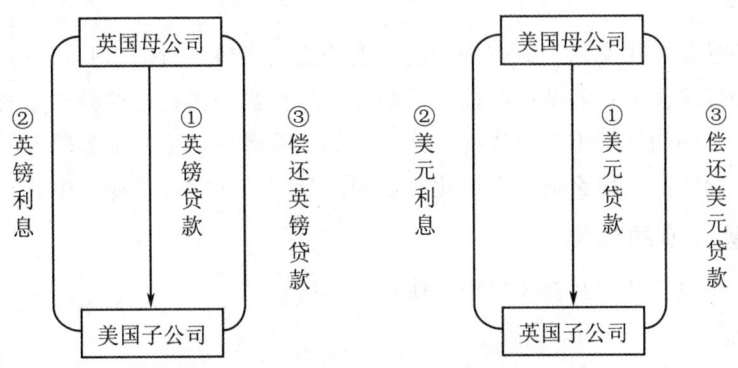

图6-6 平行贷款流程图

平行贷款既可满足双方子公司的融资需要，又可逃避外汇管理。但是平行贷款存在着信用风险，因为它包含两个分别具有法律效力的、独立的贷款协议，其权利义务不相联系，当一方出现违约时另一方仍不能解除履约义务。

2. 背对背贷款

背对背贷款是为了解决平行贷款中的信用风险而产生的，是指两个国家的母公司相互直接贷款，贷款币种不同但币值相等，贷款到期日相同，各自支付利息、到期各自偿还原借款货币。具体流程如图6-7所示。

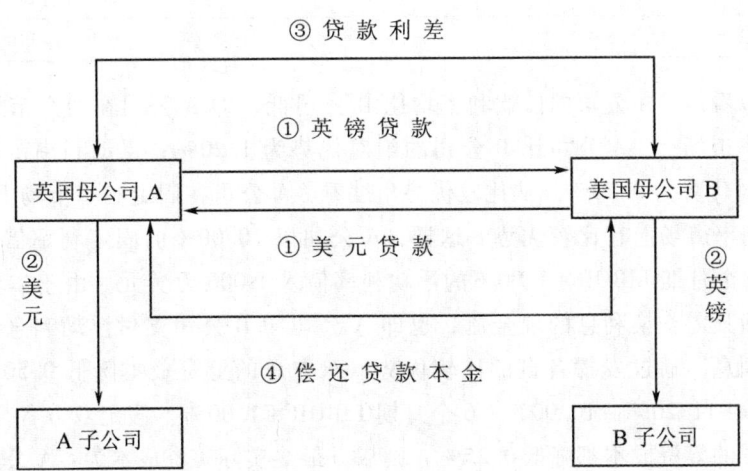

图6-7 背对背贷款流程图

背对背贷款有两笔贷款，但只签订了一个贷款协议，若一方违约另一方有权抵消应尽义务，这就大大降低了信用风险。但是，背对背贷款涉及跨国借贷问题，是在1979年英国取消外汇管制后作为一种金融创新工具出现的。

背对背贷款虽然非常接近货币互换，但二者有着本质的区别：背对背贷款是一种贷款行为，在法律上会产生新的资产和负债，从而影响资产负债结构。而货币互换是一种表外业务，并不改变资产负债结构，其现金的流出和流入是互为条件的。

3. 互换原理

金融互换交易是利用交易双方在筹资成本上的比较优势进行的，其理论基础是比较优势理论。比较优势理论认为：若两国都能生产两种产品，当一国在这两种产品的生产上均处于有利地位，而另一国均处于不利地位的条件下，如果前者专门生产优势较大的产品，后者专门生产劣势较小的产品，那么通过专业化分工和国际贸易，双方仍能从中获益。

（二）金融互换的种类

金融互换主要包括利率互换和货币互换两种类型。

1. 利率互换

利率互换一般是指两笔货币相同、债务额相同（本金数额相同）、期限相同的资金，作固定利率与浮动利率的调换。进行利率互换的主要原因在于：交易双方在固定利率和浮动利率市场上分别具有比较优势。

假定，A、B公司都想借入5年期的1 000万美元的借款，A公司想借入与6个月期相关的浮动利率借款，B公司想借入固定利息借款。但两家公司信用等级不同，市场向它们提供的利率也不同，具体如表6-8所示。

表6-8　　　　　　　　市场提供给A、B公司的借款利率

	固定利率（%）	浮动利率（%）
A公司	10.00	6个月期LIBOR+0.30
B公司	11.20	6个月期LIBOR+1.00

从表中可以看出，A公司的借款利率均比B公司低，即A公司在两个市场都具有绝对优势：固定利率市场上，A公司比B公司的绝对优势为1.20%；浮动利率市场上，A公司比B公司的绝对优势为0.70%。从比较优势角度看，A公司在固定利率市场上有比较优势，B公司在浮动利率市场上有比较优势。这样，A公司以10.00%的固定利率借入1 000万美元，B公司以6个月期LIBOR+1.00%的浮动利率借入1 000万美元。由于本金相同，双方不必交换本金而只需交换利息的现金流，也即A公司向B公司支付浮动利息，B公司向A公司支付固定利息。通过发挥各自的比较优势，双方总的筹资成本降低0.50%：6个月期LIBOR+0.30%+11.20%-10.00%-6个月期LIBOR+1.00%。假定双方各分享50%的互换利益，即双方的筹资成本都降低0.25%，则双方最终实际筹资成本为：A公司支付6个月期LIBOR+0.05%的浮动利率，B公司支付10.95%的固定利率。这样双方就可根据借款成本与实际筹资成本的差异（A公司：9.95%-LIBOR，B公司：LIBOR-9.95%）计算各自向对方支付的现金流，也即A公司向B公司支付按LIBOR计算的利息，B公司向A公司支付按9.95%支付的利息。

2. 货币互换

货币互换,是将一种货币的本金和固定利息与另一种货币的等价本金和固定利息进行交换。货币互换涉及本金互换,所以当汇率变动很大时双方就会面临一定的信用风险。

假定英镑和美元的汇率为1英镑=1.5000美元。A公司想借入5年期的1 000万英镑借款,B公司想借入5年期的1 500万美元借款。但由于A公司的信用等级高于B公司,两国金融市场提供的利率不同,如表6-9所示。

表6-9　　　　　　市场向A、B公司提供的借款利率　　　　　　单位:%

	美元	英镑
A公司	8.0	11.6
B公司	10.0	12.0

从表中可以看出,A公司的借款利率均比B公司低,也即A公司在两个市场上具有绝对优势。从比较优势来看,A公司在美元市场上的绝对优势为2.0%,在英镑市场上的绝对优势为0.4%。因此,A公司在美元市场上有比较优势,B公司在英镑市场上有比较优势。这样,A公司可以用8.0%的利率借入5年期的1 500万美元借款,B公司可以用12.0%的利率借入5年期的1 000万英镑借款。假定A、B公司平分互换收益,则A、B公司都将使筹资成本降低0.8%,双方最终的实际筹资成本为:A公司支付10.8%的英镑利率,B公司支付9.2%的美元利率。双方可根据借款成本与实际筹资成本的差异计算向对方支付的现金流,也即A公司向B公司支付10.8%的英镑借款的利息(108万英镑),B公司向A公司支付8.0%的美元借款的利息(120万美元)。

五、金融期权

(一) 金融期权合约的定义

金融期权是指其购买者有权在规定期限内按双方约定的价格购买或出售一定数量某种金融资产的权利的合约。金融期权的类型很多,主要包括以下几种:

①按期权买者的权利,可分为看涨期权和看跌期权。凡是赋予期权买者购买标的资产权利的合约就是看涨期权,凡是赋予期权买者出售标的资产权利的合约就是看跌期权。

②按期权买者执行期权的时限,可分为欧式期权和美式期权。欧式期权的买者只能在期权到期能执行期权,美式期权允许买者在到期前的任何时间执行期权。

③按期权合约的标的资产,可分为利率期权、货币期权、股票指数期权、股票期权等现货期权及利率期货期权、外汇期货期权、股票指数期货期权等期货期权。

期权合约与远期合约不同:远期合约要求多头方必须买入、空头方必须卖出。而对期权买方来讲,期权合约赋予的只有权利,没有任何义务;其可以在合约有效期内行使权利或放弃权利。对期权卖方来讲,只有履行合约的义务,而没有任何权利;当期权买方按合约规定行使权利时,期权卖方必须依约卖出或买入标的资产。

(二) 金融期权与金融期货的区别

金融期权交易与金融期货交易的主要区别表现在以下几点:

1. 交易场所与品种不同

与金融期货交易不同的是,金融期权交易不仅有正规的交易所,还有一个规模庞大的场外交易市场。一般来说,交易所交易的是标准化的期权合约,场外交易的是非标准化的期权合约。对于场内交易的金融期权来说,合约的有效期一般不超过 9 个月,以 3 个月和 6 个月最为常见。与期货交易一样,由于交割月份不同,同一种标的资产可以有多个期权品种。另外,同一标的资产可以规定不同的协议价格,同一标的资产、相同期限、相同协议价格的期权也可分为看涨期权和看跌期权,因此,期权品种比期货品种多得多。

2. 权利和义务不同

金融期货合约的双方都被赋予相应的权利和义务,这种权利和义务在到期日必须行使。而金融期权合约只赋予买方权利,卖方只有在对方履约时才有进行对应买卖标的物的义务。

3. 标准化要求不同

金融期货合约都是标准化的,在交易所中交易。而金融期权交易并非如此。以美国为例,其场外交易的现货期权是非标准化的,而在交易所交易的现货期权和所有的期货期权是标准化的。

4. 盈亏风险不同

金融期货交易双方承担的盈亏风险都是无限的,金融期权则不然。金融期权交易卖方的亏损风险既可能是无限的(看涨期权),也可能是有限的(看跌期权),盈利风险是有限的(以期权费为限)。而期权交易买方的亏损风险是有限的(以期权费为限);盈利风险既可能是无限的(看涨期权),也可能是有限的(看跌期权)。

5. 保证金不同

金融期货交易的买卖双方都必须交纳保证金。金融期权的买方无需交纳保证金,卖方则视情况不同而有所不同。在交易所交易的期权卖方要交纳保证金,场外交易的期权卖方是否需要交纳保证金取决于当事人的意愿。

6. 套期保值的风险不同

运用金融期货进行套期保值,在把不利风险转移出去的同时也把有利风险转移了出去。而运用金融期权进行套期保值时,只把不利风险转移出去、而把有利风险留给自己。

7. 买卖匹配不同

金融期货合约的买方到期必须买入标的资产,而金融期权合约的买方在到期日或到期前有买入(看涨期权)或卖出(看跌期权)标的资产的权利。期货合约的卖方到期必须卖出标的资产,而期权合约的卖方在到期日或到期前根据买方意愿相应卖出(看涨期权)或买入(看跌期权)标的资产的义务。

(三) 金融期权的价格

金融期权价格或价值,是指期权买卖双方在达成期权交易时,由买方向卖方支付的购买该项期权的金额,主要包括期权的内在价值和时间价值。期权的内在价值,是指多方行使期权时可以获得收益的现值。期权的时间价值，是指在期权尚未到期时，标的资产价格的波动为期权持有者带来收益的可能性所隐含的价值。

影响金融期权价格的主要因素包括下列5个方面，它们是通过影响期权的内在价值和时间价值来影响期权的价格的。

1. 标的资产的市场价格与期权的协议价格

如，对于看涨期权，其收益等于标的资产的价格与协议价格之差。因此，标的资产价格越高、协议价格越低，看涨期权的价格越高。而对于看跌期权，由于执行时其收益等于协议价格与标的资产市价的差额，因此，标的资产价格越低、协议价格越高，看跌期权的价格越高。

2. 期权的有效期

如，对于美式期权，由于它可以在有效期内的任何时间执行，有效期越长，多头获利机会就越大，而且有效期长的期权包含了有效期短的期权的所有执行机会，因此，有效期越长，价格越高。而对于欧式期权，由于它只能在期末执行，有效期长的期权不一定包含有效期短的期权的所有执行机会，这使欧式期权的有效期与期权价格之间的关系较为复杂。

3. 标的资产价格的波动率

标的资产价格的波动率是用来衡量标的资产未来价格变动不确定性的指标。如，对于期权多头来说，其最大亏损仅限于期权价格，最大盈利取决于执行期权时的标的资产市场价格与协议价格的差额，因此波动率越大，对期权多头就有利，期权价格就越高。

4. 无风险利率

如，当利率上升时，高利率降低了执行价格的现值，此时，看涨期权价值增加，看跌期权价值下降。

5. 红利支付

标的资产分红付息等将会减少标的资产的价格。如，在期权有效期内标的资产产生的收益，将使看涨期权价格下降、看跌期权价格上升。

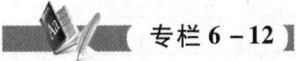

【专栏 6-12】

股指期货市场的产生和发展①

股指期货是以某种股票指数为标的资产的标准化期货合约。在合约到期后，买卖双方按照事先约定的价格水平以现金结算差价的方式进行交割。

1982年2月24日，在获得美国联邦政府商品交易委员会CFTC正式批准后，美国堪萨斯交易所KCBT上市了世界上第一个股指期货合约——价值线指数（Value Line Composite Index）期货合约。虽然较商品期货、外汇期货等较早诞生的金融期货品种相比，股指期货只有30年左右的历史，但是股指期货的市场影响力不断增加，发展十分迅速。

---

① 徐旭初. 股指期货的国际比较研究——模型、实证及中国课题[D]. 复旦大学，2003.

作为金融创新工具，股指期货在国际资本投资中得到广泛运用，特别是进入20世纪90年代以后，随着全球证券市场的迅猛发展，国际投资日益广泛，机构投资者对于套期保值工具的需求猛增，这使得近10年来股指期货的数量增长很快。股指期货已经成为全球金融衍生品市场中最具活力的组成部分。

股指期货有力地推动了美国金融期货市场规模和交易量的扩张，同时也加快了世界其他国家和地区开发股指期货合约的进程。随着国际金融自由化和资本市场一体化，市场对风险管理工具提出了更高的要求。在此背景下，发达证券市场和新兴证券市场竞相推出股指期货合约。截至2010年底，已有一百多种股指期货合约在世界各地交易，在地理分布上，全球主要股指期货集中于美洲、欧洲和亚太地区（见表6-10）。

表6-10　　　　　　　　　　　　　世界上主要的股指期货

地区	股指期货名称	交易所
北美		
美国	S&P 500 指数期货	芝加哥商业交易所（CME）
	RUSSELL 2000 指数期货	芝加哥商业交易所（CME）
	MMI 指数期货	芝加哥期货交易所（CBOT）
	NYSE 指数期货	纽约期货交易所（NYFE）
	价值线股价指数期货	堪萨斯期货交易所（KCBT）
加拿大	TORONTO 35 指数期货	多伦多期货交易所（TFE）
欧洲		
英国	FTSE 100 指数期货	伦敦国际金融期货期权交易所（LIFFE）
	FTSE 250 指数期货	伦敦国际金融期货期权交易所（LIFFE）
德国	DAX 指数期货	欧洲期货交易所（EUREX）
瑞士	SMI 指数期货	欧洲期货交易所（EUREX）
法国	CAC 40 指数期货	泛欧交易所（EURONEXT）
荷兰	EOE 指数期货	泛欧交易所（EURONEXT）
比利时	BEL 20 指数期货	泛欧交易所（EURONEXT）
西班牙	IBEX 35 指数期货	西班牙衍生品交易所（MEFF）
意大利	MIB 30 指数期货	意大利衍生品交易所（IDEM）
瑞典	OMX 指数期货	斯德哥尔摩交易所（OMX）
奥地利	ATX 指数期货	奥地利期货期权交易所（OTOB）
亚太地区		
日本	NIKKEI 225 指数期货	大阪证券交易所（OSE）
	NIKKEI 300 指数期货	大阪证券交易所（OSE）
	TOPIX 指数期货	东京证券交易所（TSE）
新加坡	NIKKEI 225 指数期货	新加坡交易所衍生品交易有限公司（SGX-DT）
	NIKKEI 300 指数期货	新加坡交易所衍生品交易有限公司（SGX-DT）
	MSCI 指数期货	新加坡交易所衍生品交易有限公司（SGX-DT）
中国香港	HANG SENG 指数期货	香港期货交易所（HKFE）
中国台湾	TAIFEX 指数期货	台湾期货交易所（TAIFEX）
韩国	KOSPI 200 指数期货	韩国证券交易所（KSE）
澳大利亚	ASE 所有普通指数期货	悉尼期货交易所（SFE）

随着各个国家和地区股指期货合约的推出，世界股指期货市场的品种越来越多，交易规模越来越大，市场影响力也与日俱增。2006年9月，经国务院同意，证监会批准成立了中国金融期货交易所。随后，中国金融期货交易所完成了沪深300指数期货的合约设计、规则制定以及股指期货挂盘交易的各项技术系统建设工作。2010年1月8日，国务院原则同意开展证券公司融资融券业务试点和推出股指期货品种。目前我国有三个股指期货品种：2010年4月16日推出的沪深300指数，2015年4月16日推出的中证500股指期货和上证50股指期货。

本章小结

以标的物作为划分标准，我们可以将金融市场划分为货币市场、资本市场、外汇市场、黄金市场和衍生工具市场。本章仅介绍了下列3种市场：

货币市场，是指以期限在一年及一年以下金融资产为交易标的物的短期金融市场，主要功能是保持金融资产的流动性，以便随时可以获得现实的货币。主要包括：同业拆借市场，商业票据市场，银行承兑票据市场，大额可转让定期存单市场，回购市场，短期政府债券市场以及货币市场共同基金。

资本市场，通常由股票市场、债券市场和投资基金市场构成。股票是投资者向公司提供资本的权益合同，是公司的所有权凭证。按剩余索取权和剩余控制权的不同划分，有不同种类的股票，最基本的分类是普通股和优先股。债券是投资者向政府、公司或金融机构提供资金的债权债务合同，可分为政府债券、公司债券和金融债券三大类。投资基金则通过发行收益凭证将投资者分散的资金集中起来，由专业基金管理人进行投资管理，并将基金所得的收益按出资比例分享的一种投资工具。股票市场和债券市场，都可分为一级市场和二级市场。一级市场是发行市场，二级市场是买卖已发行股票和债券的市场。每个市场均有自身的特点。

金融衍生工具，是指由基础性金融工具创造出的新型金融工具，一般表现为合约。合约的价值由交易的金融资产的价格决定。金融衍生工具具有高度的财务杠杆作用，是一种高风险的投资工具。金融衍生工具主要包括远期合约、期货合约、期权合约、互换协议等类型，金融衍生工具市场主要也包括这几种类型，并且不同的市场具有不同的特点。

关键术语

同业拆借市场	回购协议	逆回购协议	商业票据
银行承兑票据	大额可转让定期存单	政府债券	优先股
连续竞价	集合竞价	可转换债券	可赎回债券
开放型基金	封闭型基金	公司型基金	契约型基金
金融远期合约	远期利率协议	远期外汇协议	金融期货合约
利率期货	股指期货	外汇期货	利率互换
货币互换	金融期权	看涨期权	看跌期权
欧式期权	美式期权		

复习思考题

1. 货币市场的主要功能有哪些？
2. 与货币市场相比，资本市场有什么特征？
3. 简述货币市场共同基金的特征。
4. 股票有哪些特征？
5. 证券的发行方式可分为哪几种？
6. 证券交易委托的种类有哪几种？
7. 债券与股票的区别是什么？
8. 简述期货合约与远期合约的区别。
9. 试比较银行可转让大额存单与普通定期存款的区别。
10. 请简要阐述影响回购协议利率的因素。
11. 金融期权包括哪些要素？
12. 假设某金融机构的资产组合中有如下一些金融资产。请指出其中哪些属于货币市场中的金融工具？

①民生银行的股票；

②期限为一年的央行票据；

③封闭型基金（股票型）——基金开元；

④由国家开发银行发行的期限为10年的政策性金融债券；

⑤在同业拆借市场上拆入期限为7天的资金；

⑥还有3个月到期的银行承兑汇票；

13. 一个航空公司的高级主管说："我们没有理由使用石油期货，因为将来油价上升和下降的机会是均等的。"请对此说法加以评论。

14. 某投资者买进一份看涨期权，同时卖出一份相同标的资产、相同期限、相同协议价格的看跌期权，请描述该投资者的状况。

主要参考文献

1. 郑振龙. 各国股票市场比较研究 [M]. 北京：中国发展出版社，1996.
2. 吴晓求. 证券投资学 [M]. 北京：中国人民大学出版社，1999.
3. 黄亚钧. 现代投资银行的业务和经营 [M]. 上海：立信会计出版社，1996.
4. （美）富兰克林·艾伦，道格拉斯·盖尔著，王晋斌等译. 比较金融系统 [M]. 北京：中国人民大学出版社，2002.
5. 张亦春. 现代金融市场学 [M]. 北京：中国金融出版社，2002.
6. 王玮，陈力峰. 债券投资法律实务 [M]. 北京：中信出版社，2003.
7. 郑振龙，陈蓉. 金融工程 [M]. 北京：高等教育出版社，2007.

第七章 投资组合与资产定价

【学习目标】

本章主要介绍投资组合的基本概念和理论方法、资本资产定价模型、套利定价模型以及资产配置的有关方法。通过学习：

1. 了解并掌握证券投资组合管理的基本含义、作用、特点以及基本的管理方法。
2. 了解并掌握投资组合的收益衡量，理解投资组合的风险度量。
3. 理解如何构建一个最优资产组合，了解投资组合理论的具体应用。
4. 了解资本资产定价模型的理论基础及资本市场线、证券市场线、β系数的基本含义；理解资产定价理论的应用。
5. 了解套利定价模型的基本含义，理解套利定价模型的运用。
6. 了解资产配置的基础知识，掌握资产配置的基本方法和基本类别。

"不要把所有的鸡蛋放在一个篮子里"。这句古老的投资谚语揭示了一个道理：为了避免风险，人们需要进行多元化的投资，需要进行科学的证券组合以及金融资产的合理配置。而科学的定价方法，是实现资产收益最大化和风险最小化的基础。现代投资组合理论，也为证券投资组合和资产配置提供了理论依据。本章阐述了证券投资组合的基本含义和理论方法，介绍了资本资产定价模型、套利定价模型的基本原理，以及资产配置的有关方法和策略。

第一节 证券投资组合管理

一、证券投资组合管理的含义

证券投资组合管理（Securities Portfolio Management），简称证券组合，是指投资者通过进行投资的计划、分析、调整和控制，将投资资金分配给若干不同的证券资产，如股票、债券及衍生产品，从而形成合理的资产组合，以实现资产收益最大化和风险最小化的经济行为。

根据一定的标准，可以划分证券组合的类型。比较常见的是：以投资对象为标准，将证券组合分为收入型、增长型、混合型、货币市场型、国际型及指数化型、避税型等不同类型。

1. 收入型证券组合

目的是追求基本收益,也即利息或股息收益的最大化。能够带来基本收益的证券主要有:附息债券、优先股以及一些避税债券。

2. 增长型证券组合

以资本升值、也即因证券投资未来价格上升而带来的价差收益为主要目标。增长型组合往往会选择相对于市场而言、低风险高收益或收益与风险成正比的证券。符合增长型证券组合标准的证券一般具有以下特征:①收入和股息稳步增长;②收入增长率非常稳定;③低派息;④高预期收益;⑤总收益高,风险低。此外,还需对投资对象做深入细致的分析,如企业的产品需求、竞争对手情况、经营特点、公司管理状况等。

3. 收入和增长混合型证券组合

这种组合试图在基本收入与资本增长之间达到某种均衡,因此也被称为均衡组合。一般来说,均衡可以通过以下两种组合方式来获得:一种是使组合中的收入型证券和增长型证券达到均衡;另一种是选择那些既能带来收益、又具有增长潜力的证券资产。

4. 货币市场型证券组合

证券组合主是由各种货币市场工具构成,如国库券、高信用等级的商业票据等。这种组合的安全性较好。

5. 国际型证券组合

这种组合主要投资于海外的不同国家,是组合管理的发展潮流。实证研究结果表明,这种证券组合的业绩,总体上强于只在本土投资的组合。

6. 指数化证券组合

这种组合通过模拟某种市场指数而做出。信奉有效市场理论的机构投资者通常会倾向于这种组合,以求获得市场平均的收益水平。根据模拟指数的不同,指数化型证券组合可以分为两类:一类是模拟内涵广大的市场指数;另一类是模拟某种专业化的指数,如:道琼斯公用事业指数。

7. 避税型证券组合

通常主要投资于市政债券。因为这种债券一般会享有各种免税待遇。

二、证券投资组合管理的意义和特点

(一)证券组合管理的意义

证券组合管理,通过采用适当的方法选择多种证券作为投资对象,能够达到:在一定预期收益的前提下投资风险最小或是在控制风险的前提下投资收益最大化的目标,从而避免投资过程的随意性。因此,证券组合管理的意义,主要表现在两个方面:一是可以最大限度地降低投资风险,并将风险控制在投资者可以承受的范围内;二是可以提高投资收益。

随着资本市场的发展和日益成熟,证券组合管理具有越来越重要的意义。同时,由于证券投资组合管理专职人员的增加以及机构的增多，证券投资组合管理也就成为了一种专门的行业。

（二）证券组合管理的特点

证券组合管理的基本特点，主要表现在以下两个方面：

1. 投资的分散性

证券组合的风险，可以随着组合所包含证券数量的增加而降低；尤其是证券间关联性极低的多元化证券组合，可以有效地降低非系统风险，使证券组合的投资风险趋向于市场平均风险水平。因此，组合管理非常强调构成组合的证券应该多元化。

2. 风险与收益的匹配性

投资收益是对承担风险的补偿。一般来说，承担风险越大，收益越高；承担风险越小，收益越低。因此，组合管理强调投资的收益目标应与风险的承受能力相适应。

三、证券投资组合管理的方法和步骤

（一）证券组合管理的主要方法

根据管理者对市场效率的看法，证券组合管理的方法可大致分为两种类型：

1. 被动管理方法

被动管理方法，是指通过长期、稳定持有模拟市场指数的证券组合以获得市场平均收益的管理方法。采用此种方法的管理者认为，证券市场是有效市场[①]，凡是能够影响证券价格的信息均已在当前证券价格中得到反映。此时，证券价格的未来变化是无法估计的，任何企图预测市场行情或挖掘定价错误的证券、并借此频繁调整持有证券的行为，都无助于提高投资的期望收益，而只会浪费大量的经纪佣金和精力。因此，应该坚持"买入并长期持有"的投资策略。当然，这并不意味着无视投资风险而随便选择某些证券进行长期投资。恰恰相反，正是由于承认存在投资风险并认为组合投资能够有效降低公司的特定风险，所以通常应该购买分散化程度较高的投资组合，如各种市场指数基金或类似的证券组合。

2. 主动管理方法

主动管理方法，是指通过预测市场行情或寻找定价错误的证券，并以此为依据频繁调整证券组合、从而获得尽可能高的投资收益的管理方法。采用此种方法的管理者认为：市场并不总是有效的。因而，加工、分析某些信息，可以帮助预测市场行情趋势、发现定价过高或过低的证券，进而对买卖证券的时机和种类做出选择，能够实现尽可能高的收益。

[①] 有效市场是有效市场假说（Efficient Market Hypothesis, EMH）的核心概念之一，由尤金·法玛（Eugene Fama）在1970年提出。法玛认为，如果在一个证券市场中，价格完全反映了所有可以获得的信息，这样的市场就是"有效市场"。有效市场假说认为，在一个充满信息交流和信息竞争的社会里，一个特定的信息在市场上会迅速被投资者所知晓；而参与市场的投资者都有足够的理性。这时，证券市场的竞争会驱使股票价格充分并且及时地反映该组信息，从而使得所进行的交易不存在非正常报酬，投资者只能赚取风险调整后的平均市场报酬率。按照证券价格是否充分反映信息的状况，有效市场假说将市场分为三个基本类型：强式有效市场、半强式有效市场、弱式有效市场。

（二）证券组合管理的基本步骤

证券组合管理的目标是实现投资收益的最大化。具体来说，是使投资者在获得一定收益水平的同时承担最低的风险，或在可接受的风险水平之内获得最大的收益。实现这个目标，需要科学、有效的组合管理过程。一般来说，获得合理的证券组合，通常包括以下几个基本步骤：

1. 确定证券投资政策

证券投资政策，是投资者为实现投资目标应遵循的基本方针和基本准则，包括确定投资目标、投资规模、投资对象以及应采取的投资策略和措施等。其中，投资目标是指投资者在承担一定风险的前提下，期望获得的投资收益率。由于证券投资属于风险投资，并且风险和收益之间呈现出一种正相关关系；所以，客观和合适的投资目标，应该是在盈利的同时承认可能发生的亏损。因此，投资目标的确定应该包括风险和收益两项内容。投资规模是指用于证券投资的资金数量。投资对象是指证券组合管理者准备投资的证券品种，其是根据投资目标而确定的。

确定证券投资政策是证券组合管理的第一步，其反映了证券组合管理者的投资风格，并最终反映在投资组合所包含的金融资产的类型特征上。

2. 进行证券投资分析

证券投资分析是证券组合管理的第二步，是指对证券组合所确定金融资产中的个别证券或证券组合的具体特征进行考察分析。目的之一是明确这些证券的价格形成机制以及影响证券价格波动的诸因素及其作用机制；另一个目的是发现那些价格偏离其价值的证券。

3. 构建证券投资组合

构建证券投资组合是证券组合管理的第三步，主要是确定具体的证券投资品种及其相应的投资比例。在构建证券投资组合时，投资者需要注意3个主要问题：①个别证券的选择，主要是预测个别证券的价格走势及其波动情况。②投资时机选择，主要是预测和比较各种不同类型证券的价格走势和波动情况，如，预测普通股相对于公司债券等固定收益证券的价格波动。③多元化，是指在一定的现实条件下，组建一个在一定收益条件下风险最小的投资组合。

4. 投资组合的修正

作为证券组合管理的第四步，投资组合的修正实际上是定期重温前三步的过程。随着时间的推移，过去构建的证券组合对投资者来说，可能已经不再是最优组合，原因可能是因为投资者改变了对风险和回报的态度，或者是因为其预测发生了变化。作为应对变化的一种反映，投资者需要对现有的组合进行调整，并确定一个新的最佳组合。当然，进行任何调整都需要支付交易成本。因此，投资者应该在某种范围内进行个别调整，使得在剔除交易成本后，在总体上能够最大限度地改善现有证券组合的风险回报特性。

5. 投资组合的业绩评估

证券组合管理的第五步，是通过定期对投资组合进行业绩评估，来评价投资的表现。业绩评估,不仅是证券组合管理过程的最后一个阶段,也是一个连续操作过程的组成部分,也即可以把它看成证券组合管理过程中的一种反馈与控制机制。由于投资者在获得收益的同时,还承担着相应的风险,获得较高收益可能是建立在承担较高风险的基础之上;因此,在对证券投资组合业绩进行评估时,不能仅仅比较投资活动所获得的收益,而应该综合衡量投资收益和所承担的风险情况。

四、投资组合管理理论

20世纪50年代以前,分散投资的理念已经存在。人们从不同角度分析、论证分散投资、风险补偿以及资产选择等有关问题。

1952年3月,美国经济学家哈里·马科维茨(Harry M. Markowitz)在"资产组合选择"一文中,阐述了证券收益和风险水平确定的主要原理和方法,首次提出了投资组合理论。1959年,马科维茨出版了《资产组合的选择：分散化投资的有效性》一书,建立了均值方差模型和投资组合有效边界模型,投资组合理论的主要框架得以建立。

由于马科维茨的理论模型要求计算所有资产的协方差矩阵,因而严重制约了其在实践中的应用。如,实际证券市场中的价格变动十分频繁,证券组合的选择和确定由此而面临大量繁重和复杂的计算过程。这不仅使得缺乏数学基础和计算技术的投资者深感困难,即便是具备良好数学基础和计算技术的投资者也不胜其烦。1963年,马科维茨的学生威廉·夏普(William. F. Sharpe)提出了可以对协方差矩阵加以简化估计的夏普单因素模型,从而极大地推动了投资组合理论的实际应用。

此外,1964年,威廉·夏普在《金融学学刊》上发表了《资本资产价格：在风险条件下的市场均衡理论》的论文,第一个提出了资本资产定价(Capital Asset Pricing Model,CAPM)模型；随后,约翰·林特纳(John Lintner)于1965在《经济学和统计学评论》上发表的《风险资产评估与股票组合中的风险资产选择以及资本预算》以及简·莫森(Jan Mossin)于1966年在《计量经济学》上发表的《资本资产市场中的均衡》,也提出了CAPM模型。因此,著名的资本资产定价模型也被称为夏普—林特纳—莫森模型。该模型建立在马科维茨的理论模型基础上,提供了一个评价收益——风险的可运作框架,也为投资组合分析、基金绩效评价等提供了重要的理论基础。

1976年,理查德·罗尔对CAPM模型提出了批评,因为该模型无法用经验事实来检验。与此同时,斯蒂芬·罗斯(Stephen A. Ross)提出了一种替代的资本资产定价模型,也即套利定价理论(Arbitrage Pricing Theory,APT)模型,由此推动了多指数投资组合分析方法的广泛应用。

上述理论组成了广义的现代投资组合理论(Modern Portfolio Theory,MPT)的主要内容。现代投资组合理论的发展,极大地改变了过去主要依赖基本分析[①]的传统分析方法和投资管

---

① 基本分析,也称基本面分析,是指以证券的内在价值为依据,着重对于影响证券价格及其走势的各项因素如：宏观经济、政治、行业发展状况、产品市场情况、公司销售和财务状况等的分析,并预测它们对股市的影响,以此做出投资决策。

理，使得现代投资管理日益朝着系统化、科学化、组合化的方向发展。上述理论也成为金融市场领域、甚至是现代金融学理论体系的基础和核心内容。

由于在金融、经济学方面的开创性贡献，马科维茨、夏普与默顿·米勒三人共同获得了1990年第13届诺贝尔经济学奖。

马科维茨投资组合理论的主要贡献

在马科维茨之前，尽管人们也会顾及投资的各种风险因素，但是由于不能对风险进行有效的衡量，只能将主要注意力放在投资的收益方面。马科维茨用投资回报的期望值（均值）表示投资收益（率），用方差（或标准差）表示收益的风险，从而解决了对资产的风险衡量问题。其建立的均值方差模型以及由此而开创的投资组合理论，为有效投资组合的构建和投资组合分析，提供了相应的理论基础和一整套的分析体系。马科维茨理论的主要贡献，突出表现在以下几个方面：

1. 首次对风险和收益这两个投资管理中的基础性概念进行了准确的定义。与此同时考虑风险和收益，并将其作为描述合理投资目标缺一不可的两个参数。

2. 投资组合理论关于分散投资的阐述，不仅对其合理性提供了理论上的解释，而且也提供了有效分散投资的实际指引；其也为基金管理业的存在提供了重要的理论依据。

3. 马科维茨提出的"有效投资组合"的概念，使得基金经理从过去仅关注于单个证券的分析转向了重视构建有效投资组合，投资管理也从以往专注于选股而转为对分散投资和组合中资产之间相互关系的分析上来。因此，投资组合理论将投资管理的概念扩展为组合管理，使得投资管理的实践发生了革命性的变化。

4. 投资组合理论目前已被广泛应用到了投资组合中各主要资产类型的最优配置的活动中，并被实践证明是行之有效的。

第二节　证券投资组合分析

马科维茨认为，要使投资风险、也即方差变小，仅靠分散投资是不够的，还应避免投资于与自身组合收益高度相关的证券。马科维茨以数学方法证明：人们可以找出一系列证券组合，这些组合在风险一定时的期望收益率最高；与此同时，也可以在期望收益率一定时确定风险最低的证券组合；这些资产组合被称为有效组合。他还进一步证明：只要投资者的目标是在收益和风险之间进行权衡，最为经济有效的做法，就是在有效组合中进行选择。以下简要介绍该理论涉及的主要内容。

一、证券投资的收益和风险

（一）证券的投资收益与风险

人们一般会将投资收益理解为投资者所获得的各种收入，而将投资风险理解为投资资出现损失的可能性。但这其实仅仅是收益和风险概念的一部分。

金融学中对于风险的基本界定是：金融变量的各种可能值偏离其期望值的可能性和幅度；或者也可以将金融风险解释为：资产未来现金流的不确定性。因此，金融变量的可能值可以高于或低于期望值；资产的未来现金流可多可少，可以是意外损失，也可以是超额盈余。所以，风险并非是亏损的同义词。风险中既包含了对市场行为主体不利的一面，同时也包含了有利的一面。风险大的金融资产的最终实际收益率，不一定低于风险小的金融资产的最终实际收益率，并且经常会出现风险大、收益也大的情况。收益和风险的基本关系被总结为：高收益必然伴随着高风险，但高风险未必会带来高收益。所以，在处理收益与风险的关系时，投资者一般总是希望在风险既定的情况下获得最大的收益率，或是在收益率既定的条件下使风险最小。显然，对于风险和收益的度量和平衡，成为投资者关注的一个重要问题。

1. 投资收益

相对于风险来说，投资收益是指投资者放弃当前消费和承担风险的补偿。

一般来说，收入可以分解为消费和储蓄，而储蓄在一定条件下可以转化为投资。人们进行投资的直接动机是获得收益，投资决策的目标是收益最大化。投资是投资者放弃了当前的消费，目的是为了将来更多的消费，但是由于存在货币的时间价值，同样货币支出的当前消费会比将来消费能给人带来更大的满足，所以，投资者会要求对放弃当前消费给予补偿。不仅如此，由于投资在前、收益在后，收益是投资的结果，其也会受到许多不确定因素的影响，投资者承担了风险，同样需要补偿。

2. 投资风险

投资风险投资对象不同、投资方式不同，会带来不同的投资风险，投资风险产生的原因和程度也不尽相同。对于风险的分类方法很多。比较常见的投资风险分类方法，包括以下两种：

（1）按风险产生的原因划分。

①市场风险。这种风险来自于市场买卖双方供求不平衡引起的价格波动，价格波动使得投资者在投资到期时可能得不到投资决策时所期望的收益率。

②偶然事件风险。这种突发性风险的剧烈程度和时效性因事、因时而异。自然灾害、异常气候、战争危险的出现；法律诉讼、专利申请、高层改组、兼并谈判、产品未获批准、信用等级下降及其各种意外事件等，都可能引起证券价格的急剧变化，这些都是投资者在进行投资决策时无法预料的。

③通货膨胀风险。一般来说，投资收益可分为名义收益和实际收益，由于投资者所期望的是实际收益，因而名义收益和实际收益的差别亦至关重要，两者之间的差别通过通货膨胀来反映。通货膨胀可以被分为"期望型"和"意外型"，前者是投资者根据以往的数据资料对未来通货膨胀的预计，也是他们对未来投资索求补偿的依据；后者则是他们始料不及的。通常，短期债券和具有浮动利率的中长期债券由于考虑了通货膨胀补偿，可以降低期望型贬值风险；而股票和固定利率的长期债券的投资者则需要同时承受这两种风险，期限越长，贬值风险越大。

④破产风险。这是股票、债券特别是中小型或新创公司的投资者必须面对的风险。当公司由于经营管理不善或其他原因导致负债累累,难以维持时,可能会申请破产法的保护,策划公司的重组,甚至宣布倒闭等。破产风险表现为当公司宣布破产时,股票、债券价格急剧下跌,以及在公司真正倒闭时,投资者可能血本无归。

⑤违约风险。这是投资于"固定收入证券"的投资者所面临的风险。这类证券在发行时向投资者保证,他们可以在未来一段时间内得到确定金额的收入,这笔金额可能是在证券到期时一次性发放,也可能在有效期内多次性发放。然而,当公司现金周转不灵、财务出现危机时,这种事先承诺可能无法兑现。

⑥利率风险。一般来说,债券价格与利率呈反向变动关系:利率升高,债券价格下降;反之亦然。相对于违约与破产风险而言,其仅是少数债券的不良表现;而利率风险则比违约风险和破产风险涉及面更广,影响力更大,时效更长,因为债券价格会更频繁、更强烈地受到利率变化的影响。

⑦政治风险。各国的金融市场都与其政治局面、经济运行、财政状况、外贸关系、投资环境等息息相关,因此投资于外国有价证券时,投资者除了承担汇率风险外,还面临这种宏观风险。

(2)按风险性质以及应对措施划分。

①系统性风险,是指由那些影响整个金融市场的风险因素所引起的风险,这些因素包括经济周期、国家宏观经济政策的变动等。系统性风险一般是与市场整体运动相关联的,通常表现为某个领域、某个金融市场或某个行业部门的整体变化。其涉及面广,往往会使一类或一组证券的价格产生波动。这类风险因其主要来源于宏观因素变化对市场整体的影响,所以亦被称为"宏观风险"。前面提及的市场风险、通货膨胀风险、利率风险和政治风险等,均属系统性风险。

②非系统风险,是一种与特定公司或行业相关的风险,一般只同某个具体的股票、债券相关联,而与其他有价证券无关,也即与整个市场无关。这种风险来自于企业内部的微观因素,如:企业的生产经营、市场流通、财务运营等,所以也被称为"微观风险"。前面提到的偶然事件风险、破产风险、违约风险等,均属此类。

应付上述两类风险的措施是完全不同的。对于非系统性风险,可以采用分散投资来弱化甚至消除,因此,非系统性风险也被称为"可分散风险"。但是,分散投资却丝毫不能改变系统性风险,人们通常可以看到当股市剧烈波动时,只有极少数股票能幸免,即便是投资完全分散化的指数型证券投资基金也不例外。所以,系统性风险也被称为"不可分散风险"。

(二)投资收益的度量

一般来说,任何一项投资的结果,都可以用收益率来衡量。通常,收益率的计算公式为:

$$收益率 = \frac{收入 - 支出}{支出} \times 100\%$$

投资期限一般用年来表示;如果期限不是整数,则转换为年。

证券投资的收益,一般有两个主要来源:股利收入(或利息收入),资本利得(或资本损失）；如，在股票投资中，投资收益就等于期内股票红利收益和买卖价差收益之和。因此，投资收益率（r）的计算公式可以表示为：

$$r = \frac{期末市价总值 - 期初市价总值 + 红利}{期初市价总值} \times 100\%$$

通常情况下，收益率会受到许多不确定因素的影响，因而其是一个随机变量。我们可以假定收益率服从某种概率分布，也即已知每一收益率出现的概率，可以用表 7-1 表示：

表 7-1　　　　　　　　　　　　不同收益率对应的概率

收益率/%	r_1	r_2	r_3	r_4	…	r_n
概率	p_1	p_2	p_3	p_4	…	p_n

数学中，求解期望收益率或收益率平均数 $[E(r)]$ 的公式如下：

$$E(r) = \sum_{i=1}^{n} r_i p_i$$

【例 7-1】假定证券 A 的收益率分布如表 7-2 所示：

表 7-2

收益率/%	-40	-10	0	15	30	40	50
概率	0.03	0.07	0.30	0.10	0.05	0.20	0.25

那么，该证券的期望收益率为：

$E(r) = [(-0.4) \times 0.03 + (-0.1) \times 0.07 + 0 \times 0.30 + 0.15 \times 0.10 + 0.3 \times 0.05 + 0.4 \times$
$\quad\quad 0.20 + 0.5 \times 0.25] \times 100\%$
$\quad = 21.60\%$

在实际进行投资决策时，需要使用期望收益率的具体值。由于各种因素所限，事实上企图得到一个较好的估计值是一件十分困难的事情。并且，由于收益率的分布并不随时间的推移而发生变化，实际收益率的变化来自于同一分布的不同表现，因而期望收益率并不随时间而变化。这样，我们可以从收益率的历史数据得到估计，也即样本均值。

假设，证券的月或年实际收益率为 $r_t(t = 1, 2, \cdots, n)$，那么估计期望收益率（r）的计算公式为：

$$\bar{r} = \frac{1}{n} \sum_{i=1}^{n} r_i$$

（三）投资风险的度量

如果投资者以期望收益率为依据进行决策，也就意味着其正冒着得不到期望收益率的风险。因为实际收益率与期望收益率会有偏差，期望收益率是使可能的实际值与预测值的平均偏差达到最小（最优）点的估计值。可能的收益率越分散，其与期望收益率的偏离程度就越大，投资者承担的风险也就越大。因而，风险的大小是由未来可能收益率与期望收益率的偏离程度来反映。在数学上，这种偏离程度，可以用收益率的方差来度量；也即：如果偏离程度用 $[r_i - E(r)]^2$ 来度量，则平均偏离程度被称为方差，记为 σ^2。

$$\sigma^2(r) = \sum_{i=1}^{n}[r_i - E(r)]^2 p_i$$

式中：σ 为标准差；σ^2 为方差；p_i 为可能收益率发生的概率。

【例 7-2】假定证券 A 的收益率（r_i）的概率分布如表 7-3 所示。

表 7-3

收益率 r_i/%	-2	-1	1	3
概率 p_i	0.20	0.30	0.10	0.40

那么，该证券的期望收益率 $E(r)$ 为

$E(r) = [(-0.02) \times 0.20 + (-0.01) \times 0.30 + 0.01 \times 0.10 + 0.03 \times 0.40] \times 100\%$
$\quad\quad = 0.60\%$

该证券的方差为

$\sigma^2 = (-0.02 - 0.006)^2 \times 0.20 + (-0.01 - 0.006)^2 \times 0.30 + (0.01 - 0.006)^2 \times 0.10 +$
$\quad\quad (0.03 - 0.006)^2 \times 0.40$
$\quad\quad = 0.000444$

同样，在实际中，也可以使用历史数据来估计方差。假设证券的月或年实际收益率为 r_t ($t = 1, 2, \cdots, n$)，那么估计方差（S^2）的公式为：

$$S^2 = \frac{1}{n-1} \sum_{i=1}^{n} (r_i - \bar{r})^2$$

当 n 较大时，也可使用下述公式估计方差：

$$S^2 = \frac{1}{n} \sum_{i=1}^{n} (r_i - \bar{r})^2$$

二、证券投资组合的收益与风险

如前所述，单一证券投资的收益率和风险，可以用期望收益率和方差来计量。那么，证券组合的风险和收益应该如何衡量呢？证券组合是由一定数量的单一证券构成的，每一个证券在证券组合中都会占有一定的比例，因而我们也可以将证券组合视为一只证券，而证券组合的期望收益率和方差，就可以通过由其构成的单一证券的期望收益率和方差来表达。

以下讨论两种和多种证券组合的投资收益和风险。

（一）两种证券组合的收益和风险

设有两种证券 A 和 B，某投资者将一笔资金以 x_A 的比例投资于证券 A，以 x_B 的比例投资于证券 B，且 $x_A + x_B = 1$，也即该投资者拥有一个证券组合 P。如果投资到期时，证券 A 的收益率为 r_A，证券 B 的收益率为 r_B，则证券组合 P 的收益率 r_P 为：

$$r_P = x_A r_A + x_B r_B$$

需要说明的是，现代证券市场上普遍存在着信用交易。所谓信用交易，也被称为"保证金交易"或"垫头交易"；其是指证券交易的当事人在买卖证券时，只向证券公司交付一定数额的保证金或是一定数量的有价证券；当其应支付的价款或证券不足时，由证券公司提

供融资或融券来完成交易。信用交易具体又分为融资买入和融券卖出两种。其中，融资买入，被称为"买空"；融券卖出，被称为"卖空"。

在讨论证券投资组合的收益和风险时，人们引入了卖空机制。在此，卖空被视为不持有证券的情况下能够出售证券的能力，并且一般假定在卖空的过程中没有交易成本。显然，上述证券组合中的权数可以为负，比如 $x_A < 0$。其表示该组合卖空了证券 A，并将所得资金连同自有资金买入证券 B，因为 $x_A + x_B = 1$，故有 $x_B = 1 - x_A > 1$。

投资者在进行投资决策时并不知道 r_A 和 r_B 的确切值，因而 r_A、r_B 应为随机变量，对其分布的简化描述是期望值和方差。此时，投资组合 P 的期望收益率 $E(r_P)$ 和收益率的方差 σ_P^2 为：

$$E(r_P) = x_A E(r_A) + x_B E(r_B) \tag{7.1}$$

$$\begin{aligned}\sigma_P^2 &= \text{cov}(r_P, r_P) \\ &= \text{cov}(x_A r_A + x_B r_B, x_A r_A + x_B r_B) \\ &= x_A^2 \sigma_A^2 + x_B^2 \sigma_B^2 + 2 x_A x_B \text{cov}(A, B) \\ &= x_A^2 \sigma_A^2 + x_B^2 \sigma_B^2 + 2 x_A x_B \sigma_A \sigma_B \rho_{AB}\end{aligned} \tag{7.2}$$

公式中：ρ_{AB} 为相关系数；$\sigma_A \sigma_B \rho_{AB}$ 为协方差，记为 $\text{cov}(A, B)$。

显然，选择不同的组合权数，可以得到包含证券 A 和证券 B 的不同的证券组合，并得到不同的期望收益率和方差。投资者可以根据自己对收益率和方差（风险）的偏好，选择自己最满意的组合。

【例 7-3】 已知证券组合 P 是由证券 A 和 B 构成，证券 A 和 B 的期望收益、标准差以及相关系数如表 7-4 所示。

表 7-4

证券名称	期望收益率	标准差	相关系数	投资比重
A	10%	6%	0.12	30%
B	5%	2%		70%

那么，组合 P 的期望收益为：

$$E(r_P) = (0.10 \times 0.30 + 0.05 \times 0.70) \times 100\% = 6.5\%$$

组合 P 的方差为：

$$\begin{aligned}\sigma_P^2 &= 0.30^2 \times 0.06^2 + 0.70^2 \times 0.02^2 + 2 \times 0.30 \times 0.70 \times 0.06 \times 0.02 \times 0.12 \\ &= 0.0327\end{aligned}$$

（二）多种证券组合的收益和风险

沿用上述做法，我们可以将把两个证券组合的讨论拓展到任意多个证券组合的情形。

设有 N 种证券，记作 A_1，A_2，A_3，…，A_N，证券组合 $P = (x_1, x_2, x_3, \cdots, x_N)$ 表示将资金分别以权数 x_1，x_2，x_3，…，x_N，投资于证券 A_1，A_2，A_3，…，A_N。如果允许卖空，则权数可以为负，负的权数表示卖空证券占总资金的比例。正如两种证券的投资组合情形一样，证券组合的收益率等于各单个证券的收益率的加权平均。

也即，设 A_i 的收益率为 $r_i (i = 1, 2, \cdots, N)$，则证券组合 $P = (x_1, x_2, x_3, \cdots, x_N)$ 的收益

率为：

$$r_P = x_1 r_1 + x_2 r_2 + \cdots + x_N r_N = \sum_{i=1}^{N} x_i r_i$$

经过推导，可得证券组合 P 的期望收益率和方差为：

$$E(r_P) = \sum_{i=1}^{N} x_i E(r_i) \tag{7.3}$$

$$\sigma_P^2 = \sum_{i=1}^{N} x_i^2 \sigma_i^2 + 2 \sum_{1 \leq i \leq j \leq N} x_i x_j \sigma_i \sigma_j \rho_{ij} \tag{7.4}$$

式中，σ_i^2 为 A_i 的收益率 r_i 的方差；ρ_{ij} 为 r_i 与 r_j 的相关系数（i、$j=1, 2, \cdots, N$）。

由公式（7.3）和公式（7.4）可知，要估计 $E(r_P)$ 和 σ_P^2，当 N 非常大时，计算量会十分巨大。

在计算机技术尚不发达的 20 世纪 50 年代，证券组合理论不可能运用于大规模市场，只有在不同种类的资产间，如股票、债券、银行存单之间分配资金时，才可能运用这一理论。20 世纪 60 年代后，威廉·夏普提出了单指数模型以简化这种计算。目前，随着计算机技术的发展，人们已经开发出计算 $E(r_P)$ 和 σ_P^2 的专用计算机运用软件，如 Matlab、SPSS 和 Eviews 等，大大方便了投资者。

三、证券投资组合的可行域

为了说明有效边界及最优证券组合，有必要引入可行域的概念。证券投资的可行域（Feasible Set），是指由 N 种证券所形成的所有组合的集合，是包括了现实生活中所有可能的组合。也就是说，所有可能的组合都将位于可行域的边界上或内部。

1. 两种证券组合的可行域

如果用期望收益率和标准差来描述证券，那么任意一种证券，都可以用在以期望收益率为纵坐标、标准差为横坐标的坐标系中的一点来表示。相应的，任何一个证券组合都可以由组合的期望收益率和标准差来确定出其在坐标系中的位置，其将随着组合的权数变化而变化。因此，两种证券组合的轨迹就是经过证券 A 和证券 B 的一条连续曲线，这条曲线也被称为证券 A 和证券 B 的组合线。组合线实际上就是在期望收益率和标准差的坐标系中描述了证券 A 和证券 B 所有可能的组合。

根据公式（7.1）、（7.2）以及 $x_A + x_B = 1$，A、B 的证券组合 P 的结合线可以由下述方程确定：

$$E(r_P) = x_A E(r_A) + (1 - x_A) E(r_B) \tag{7.5}$$

$$\sigma_P^2 = x_A^2 \sigma_A^2 + (1 - x_A)^2 \sigma_B^2 + 2 x_A (1 - x_A) \sigma_A \sigma_B \rho_{AB} \tag{7.6}$$

因此，给定证券 A、B 的期望收益率和方差，证券 A 与证券 B 的不同的关联性将决定 A、B 的不同的结合线。具体可以分为以下 3 种情况：

（1）完全正相关下的结合线。

完全正相关下，$\rho_{AB} = 1$，公式（7.3）和（7.4）可以变化为：

$$E(r_P) = x_A E(r_A) + (1 - x_A) E(r_B)$$

$$\sigma_P^2 = x_A^2 \delta_A^2 + (1-x_A)^2 \sigma_B^2 + 2x_A(1-x_A)\sigma_A\sigma_B$$
$$\delta_P = |x_A\delta_A + (1-x_A)\delta_B|$$

假定不允许卖空，也即 $0 \leq x_A, x_B \leq 1$，则：

$$\sigma_P = x_A\sigma_A + (1-x_A)\sigma_B \tag{7.7}$$

因为，$E(r_P)$ 与 x_A 是线性关系，而 σ_P 与 x_A 是线性关系，所以，σ_P 与 $E(r_P)$ 之间也是线性关系。为了得到该直线，令 $x_A = 1$，则 $x_B = 0$，$E(r_P) = E(r_A), \sigma_P = \sigma_A$，可以得到直线上的一点；令 $x_B = 1$，则 $x_A = 0$，$E(r_P) = E(r_B), \sigma_P = \sigma_B$，可以得到直线上的另一点，连接这两点得到一条直线。具体如图 7-1 所示。

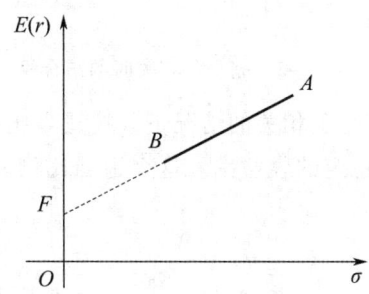

图 7-1 完全正相关时的结合线

假设证券 A 与 B 风险状况不同，即 $\sigma_A \neq \sigma_B$（此时 A、B 不会落在一条垂直于横坐标的直线上），由公式（7.7），令 $\sigma_P = 0$，解得：

$$x_A = \frac{\sigma_B}{\sigma_B - \sigma_A} \quad x_B = 1 - x_A = \frac{-\sigma_A}{\sigma_B - \sigma_A} \tag{7.8}$$

在图 7-1 中，$\sigma_B < \sigma_A$，故 $x_B < 0$；为得到无风险组合，需卖空证券 B，卖空占自有资金的比例是 $x_B = \frac{-\sigma_A}{\sigma_B - \sigma_A}$，无风险组合将落在自 A 到 B 连线的延长线的 F 点上。

将公式（7.6）代入公式（7.5），得到无风险的收益率为：

$$E(r_P) = \frac{\sigma_B E(r_A) - \sigma_A E(r_B)}{\sigma_B - \sigma_A}$$

所以，图 7-1 中，无风险组合的坐标为 $(0, \frac{\sigma_B E(r_A) - \sigma_A E(r_B)}{\sigma_B - \sigma_A})$。

综上所述，在 A、B 完全正相关的情形下，只要 $\sigma_A \neq \sigma_B$，无论将来证券 A 和证券 B 的收益率状况如何，总可以选择组合得到一个恒定的无风险收益率；该组合也被称为一个无风险组合或 0 方差组合。为了得到这个无风险组合，要卖空方差较小的证券。因为证券 A 与 B 完全正相关时，它们完全同向变化，通过卖空一种证券，可以使得它们成为完全反向的证券，从而可以通过组合抵消风险。

（2）完全负相关下的结合线。

完全负相关情况下，$\rho_{AB} = -1$，公式（7.5）和（7.6）可以变为：

$$E(r_P) = x_A E(r_A) + (1-x_A)E(r_B)$$
$$\sigma_P^2 = x_A^2\sigma_A^2 + (1-x_A)^2\sigma_B^2 - 2x_A(1-x_A)\sigma_A\sigma_B$$

$$\sigma_P = |x_A \delta_A - (1 - x_A) \delta_B| \qquad (7.9)$$

这时，σ_P 与 $E(r_P)$ 是分段线性关系，其结合线如图 7 - 2 所示。

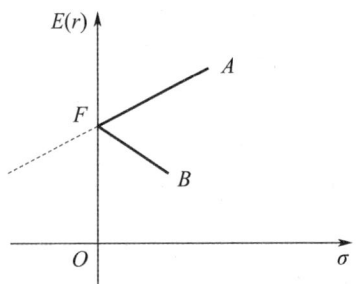

图 7 - 2　完全负相关时的结合线

从图 7 - 2 可以看出，在完全负相关的情况下，按适当比例买入证券 A 和证券 B 可以形成一个无风险组合，得到一个稳定的收益率。这个适当比例通过公式（7.9）中的 $\delta_P = 0$ 可以得到：

$$x_A = \frac{\sigma_B}{\sigma_A + \sigma_B} \qquad x_B = \frac{\sigma_A}{\sigma_A + \sigma_B}$$

因为 x_A，x_B 均大于 0，所以必须同时买入证券 A 和 B。因为证券 A 和 B 完全负相关，二者完全反向变化，因而同时买入两种证券可以抵消风险。所能得到的无风险收益率为：

$$E(r_P) = \frac{\sigma_B E(r_A) + \sigma_A E(r_B)}{\sigma_B + \sigma_A}$$

（3）不相关情形下的结合线。

当证券 A 与 B 的收益率不相关时，$\rho_{AB} = 0$，公式（7.5）和（7.6）可以变为：

$$E(r_P) = x_A E(r_A) + (1 - x_A) E(r_B)$$
$$\sigma_P^2 = x_A^2 \sigma_A^2 + (1 - x_A)^2 \sigma_B^2 \qquad (7.10)$$

该公式确定的 δ_P 与 $E(r_P)$ 的曲线是一条经过 A 和 B 的双曲线，如图 7 - 3 所示：

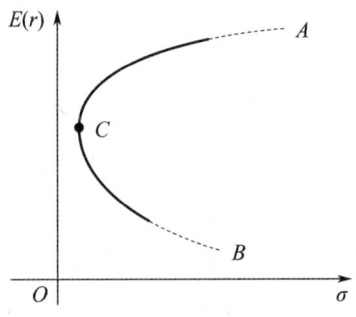

图 7 - 3　不相关时的结合线

为了得到方差最小的证券组合，对公式（7.10）求极小值：

$$\frac{d\sigma_P^2}{dx_A} = 2x_A \sigma_A^2 - 2(1 - x_A) \sigma_B^2$$

令 $\dfrac{d\sigma_P^2}{dx_A}=0$，解出 x_A：

$$x_A = \dfrac{\sigma_B^2}{\sigma_A^2+\sigma_B^2} \qquad x_B = \dfrac{\sigma_A^2}{\sigma_A^2+\sigma_B^2}$$

显然，$0 \leqslant x_A$，$x_B \leqslant 1$；分别以 x_A，x_B 的比例买入证券 A 和 B，可获得最小方差 $\dfrac{\sigma_A^2 \sigma_B^2}{\sigma_A^2+\sigma_B^2}$ $< \min(\sigma_A^2,\sigma_B^2)$。也即，人们可以通过按适当比例买入两种证券，获得比两种证券中任何一种风险都小的证券组合。

图 7-3 中，C 点为最小方差组合。结合线上介于 A 与 B 之间的点代表的组合，由同时买入证券 A 和 B 构成；越靠近 A，买入 A 越多，买入 B 越少。而 A 点的东北部曲线上的点代表的组合由卖空 B、买入 A 形成，越向东北部移动，组合中卖空 B 越多；反之，B 的东南部曲线上的点代表的组合由卖空 A，买入 B 形成，越向东南部移动，组合中卖空 A 越多。

（4）结合线的一般情形及性质。

不完全相关的情形下，由于 $0 \leqslant |\rho_{AB}| \leqslant 1$，公式（7.5）、公式（7.6）不会有任何简化，公式（7.5）、（7.6）在一般情形下所确定的曲线是一条双曲线。相关系数决定结合线在 A 与 B 之间的弯曲程度，随着 ρ_{AB} 的增大，弯曲程度将降低。当 $\rho_{AB}=1$ 时，弯曲程度最小，呈直线；当 $\rho_{AB}=-1$ 时，弯曲程度最大，呈折线；不相关是一种中间状态，比完全正相关弯曲程度大，比完全负相关弯曲程度小。

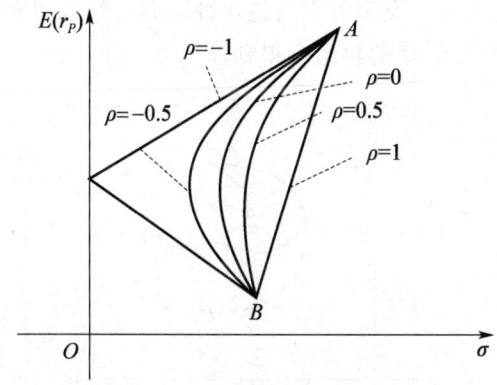

图 7-4　相关系数不同的证券组合

从结合线的形状来看，相关系数越小，在不卖空的情况下，证券组合可获得越小的风险，特别是完全负相关的情况下，可获得无风险组合。在不相关的情况下，虽然得不到一个无风险组合，但可得到一个风险小于 A、B 中任何一个单个证券的风险组合。当 A 与 B 的收益率不完全负相关时，结合线在 A、B 之间，比不相关时更弯曲，因而可以找到一些风险小于 A 和 B 的风险的组合，比如图（7-5）中 $\rho_{AB}=-0.5$ 的情形。但当图中 $\rho_{AB}=0.5$ 时，则得不到一个不卖空的组合，能够使得风险小于单个证券的风险。可见在不卖空的情况下，组合降低风险的程度由证券之间的关联程度决定。

下列推导可以证明上述说法：

设 $\sigma_A > \sigma_B$，当且仅当 $\rho_{AB} < \dfrac{\sigma_B}{\sigma_A}$ 时，才能在不卖空的情况下获得一些组合，使其风险小于单个证券的风险；当 $\rho_{AB} = \dfrac{\sigma_A}{\sigma_B}$ 时，将资金全部投资于单个证券 B（即 $x_B = 1$，$x_A = 0$）时风险最小；如果 $\rho_{AB} = \dfrac{\sigma_B}{\sigma_A}$，则必须卖空证券 B 才能获得某些组合，使得风险小于单个证券的风险。从整体上看，如果不允许卖空，ρ_{AB} 越小，在同等风险的情况下，证券组合的期望收益率越大；或从另一角度来说，在相同的期望收益率下，承担的风险越小。由此可见，证券之间的相关性越小，证券组合创造的潜在收益率越大。

2. 多种证券组合的可行域

在允许卖空的情况下，如果只考虑投资于两种证券 A 和 B，投资者可以在结合线上获得任意自己满意的位置，也即结合线上的组合都是可行的、合法的。如果不允许卖空，则投资者只能在结合线上介于 A、B 之间（包括 A 和 B）获得一个组合，因而投资组合的可行域就是结合线上的 AB 曲线段。

假设，可供选择的证券有 3 种：A、B 和 C。这时，可能的投资组合便不再局限于一条曲线上，而是坐标系中的一个区域，如图 7-5 所示。在不允许卖空的情况下，A、B、C 3 种证券所能得到的所有合法组合将落入并填满坐标系中结合线 AB、BC、AC 围成的区域，该区域称为：不允许卖空时，证券 A、B 和 C 的证券组合可行域。每一个合法的组合被称为一个可行组合。因为区域内的每一点都可以通过 3 种证券的组合得到，如区域内的 F 点可以通过证券 C 与某个 A 与 B 的组合 D 的再组合得到。

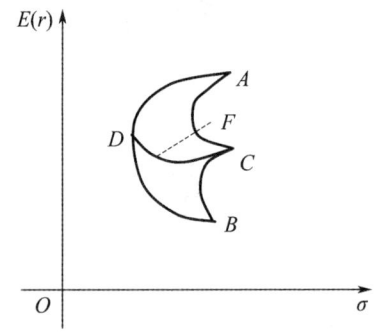

图 7-5 不允许卖空时 3 种证券组合的可行域

如果允许卖空，3 种证券组合的可行域不再是如图 7-5 的有限区域，而是包含该有限区域的一个无限区域，如图 7-6 所示。

证券组合的可行域是所有合法证券组合构成的 $E - \sigma$ 坐标系中的一个区域。这个区域的形状依赖于可供选择的单个证券的特征（$E(r_i)$ 和 σ_i）以及它们收益率之间的相互关系（ρ_{ij}），还依赖于投资组合中权数的约束。如，权数除满足基本约束 $\sum\limits_{i=1}^{N} x_i = 1$ 以外，还需满足约束条件 $h_i \leq x_i \leq H_i$，h_i 和 H_i 为投资比例的上、下限，约束表明 $(x_1, x_2, x_3, \cdots, x_N)$ 局限于 N 维空间的有限区域，这时可行组合将局限于 $E - \sigma$ 坐标系中的一个有限区域内，最常见的

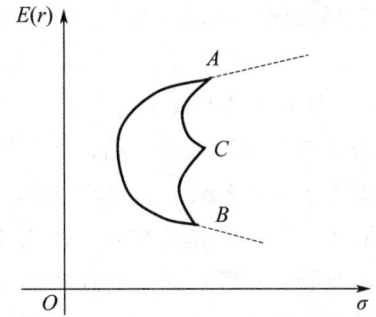

图 7-6　允许卖空时 3 种证券组合的可行域

约束是不允许卖空，也即要求权数 $(x_1, x_2, x_3, \cdots, x_N)$ 满足 $0 \leq x_i \leq 1$；最极端的情况是：允许对任意证券无限制地卖空，也就是权数除满足基本约束之外，没有其他约束。

可行域需要满足的一个共同特点是：左边缘必然向外凸或呈线性，也就是说不会出现凹陷。在图 7-7 中，左边缘自 W 到 V 之间出现凹陷，是因为 W、V 是可行组合，W 与 V 的组合也是可行的，而 W、V 的结合线是连接 W、V 的直线段，或者是向外弯曲的曲线，W、V 的组合作为一个可行组合却落在图中区域的右面，因而该区域不可能是一个可行域。

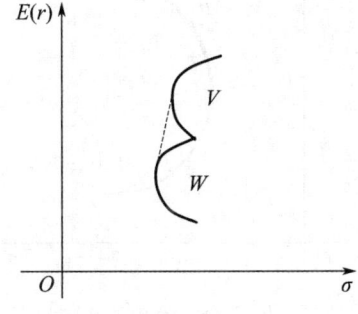

图 7-7　可行域外凸或线性

四、证券投资组合的有效边界

如前所述，证券组合的可行域表示了所有可能的证券组合，它为投资者提供了一切可行的投资组合机会。投资者需要做的就是：在其中选择自己最满意的证券组合来进行投资。由于不同的投资者对期望收益率和风险的偏好有区别，因而其所选择的最佳组合将会不同。与此同时，投资者的偏好也具有某些共性，在这个共性下，某些证券组合将被所有投资者视为较差组合，需要将这种证券组合剔除掉。

大量事实表明，投资者普遍喜好期望收益率而厌恶风险，因而人们在投资决策时希望期望收益率越大越好，风险越小越好。这种态度反映在证券组合的选择上，可以用下述规则来描述：

①如果两种证券组合具有相同的收益率方差和不同的期望收益率，也即 $\sigma_A^2 = \sigma_B^2$，而 $E(r_A) > E(r_B)$，那么投资者会选择期望收益率高的组合，也即 A。马柯维茨将其称为 "不满足假设"。

②如果两种证券组合具有相同的期望收益率和不同的收益率方差,也即 $E(r_A) = E(r_B)$,而 $\sigma_A^2 < \sigma_B^2$,那么投资者会选择方差较小的组合,也即 A。马柯维茨将其称为"风险厌恶假设"。这种选择原则,也被称为"投资者的共同偏好规则"。

人们可以在所有可行的投资组合中进行选择。如果证券组合的特征由期望收益率和收益率标准差来表示,则投资者需要在 $E - \sigma$ 坐标系中的可行域中寻找最好的点,但不可能在可行域中找到的每一个点都被所有投资者认为是最好的。按照投资者的共同偏好规则,可以排除那些被所有投资者都认为差的组合;排除后余下的这些组合,被称为"有效证券组合"。

根据有效组合的含义,有效证券组合不止一个。如图 7-8 所示的粗实线部分,是可行域的上边缘部分,被称为"有效边界"。对于可行域内部及下边缘上的任意可行组合,均可以在有效边界上找到一个有效组合比它好。但有效边界上的不同组合,比如 B 和 C,按共同偏好规则是无法区分好和差的。因而,有效组合实际上是指,有可能被某位投资者在有效边界上选作为最佳组合的候选组合。一个厌恶风险的理性投资者,不会选择有效边界以外的点。此外,A 点是一个特殊的位置,其是上边缘和下边缘的交汇点,所代表的组合在所有可行组合中方差最小,因而也被称作最小方差组合。

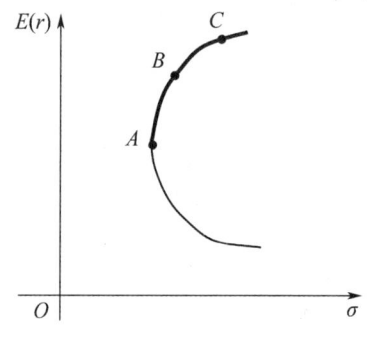

图 7-8 有效边界

五、最优证券组合

(一)投资者的个人偏好与无差异曲线

按照投资者的共同偏好规则,有些证券组合不能区分优劣,其根源在于投资者个人除遵循共同的偏好规则外,还有其特殊的偏好。

一般来说,共同规则不能区分的是这样的证券组合:$\sigma_A^2 < \sigma_B^2$,且 $E(r_A) < E(r_B)$。证券组合 B 虽然比 A 组合能够承担更大的风险,但同时也带来更高的期望收益率,这种期望收益率的增量可被认为是对增加风险的补偿。由于不同投资者对期望收益率和风险的偏好不同,当风险从 σ_A^2 增加到 σ_B^2 时,期望收益率将得到补偿:$[E(r_B) - E(r_A)]$。当然,这种补偿是否能够满足投资者个人的风险补偿要求,因人而异。投资者将会按照各自不同的偏好,对两种组合做出不同的比较结果。

投资者的目标是投资效用最大化,而投资效用取决于投资的预期收益率和风险:预期收益率可以带来正的效用,风险可以带来负的效用。对于一个不满足和厌恶风险的投资者而言,预期收益率越高,投资效用越大;风险越大,投资效用越小。但是,不同的投资者对风险的厌恶程度和对收益的偏好程度是不同的。为了更好地反映收益和风险对投资者效用的影响程度,需要引入"无差异曲线"(Indifference Curve)。

所谓无差异曲线,是指对于投资者而言具有相同的效用、但风险和预期收益率不同的资产组合构成的曲线。一个特定的投资者,任意给定一个证券组合,根据其对风险的态度,按照期望收益率对风险补偿的要求,都可以得到一系列满意程度相同(无差异)的证券组合。如图7-9中,某投资者认为所有经过 A 点的曲线上的证券组合的满意程度都相同,这条曲线就被称为该投资者的无差异曲线。有了无差异曲线,任何证券组合都可以与之进行比较。如,按该投资者的偏好,组合 B 与组合 A 无差异; C 曲线上的组合比无差异曲线上的任何组合都好;而 D 曲线上的组合比无差异曲线上的组合都差,因为其落在无差异曲线的下方。

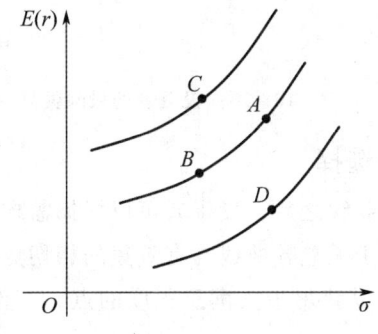

图7-9 无差异曲线

无差异曲线代表了给投资者带来同等满足程度的预期收益率和风险的所有投资组合。通常,无差异曲线具有以下几个基本特征:

①曲线是斜向上弯曲的。这是因为风险给投资者带来负效用,而收益带来正效用,为了使投资者的满足程度相同,高风险的投资就必须有高的预期收益率。

②该曲线是下凸的。这就意味着要使投资者多冒风险,给予其的补偿——预期收益率也就高。无差异曲线的这一特点是由预期收益率边际效用递减规律决定的。

③同一个投资者有无限多条无差异曲线,而且任意两条无差异曲线之间可以找到第三条无差异曲线。越靠左上方的无差异曲线,代表的满足程度越高、效用越高;这是因为风险相同的情况下,投资者可以获得一个更高的收益率。

④同一投资者在同一时间、同一时点的任何两条无差异曲线都不能相交。

⑤无差异曲线的斜率表示风险和收益之间的替代率。斜率越高,表明为了让投资者多冒同样的风险,对其提供的收益补偿也应越高,同时也说明该投资者越厌恶风险。反之,斜率越小,表明该投资者厌恶风险程度较轻。

偏好不同的投资者拥有不同的无差异曲线。图7-10反映了几种不同偏好投资者的无差异曲线。图(a)的投资者对风险毫不在意,只关心期望收益率;图(b)的投资者只关心风险,风险越小越好,而对期望收益率毫不在意;图(c)和图(d)表明一般的风险态度,图(d)的投资者比图(c)的投资者相对保守一些。也即,在相同的风险状态下,前者对风险的增加要求更多的风险补偿,反映在无差异曲线上,前者的无差异曲线更陡峭一些。

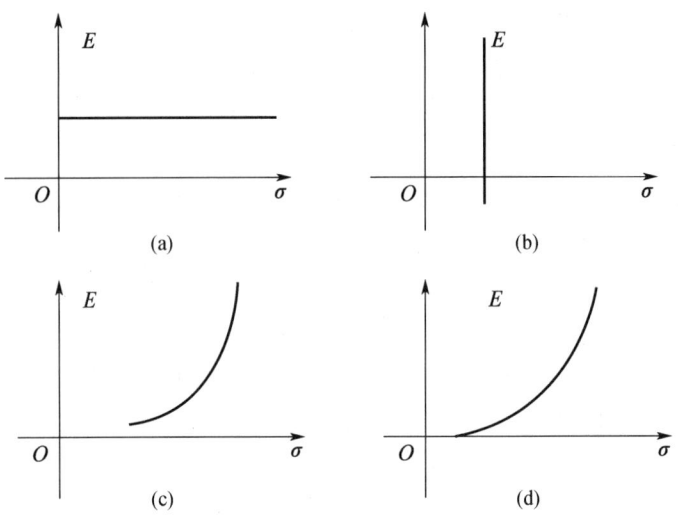

图 7-10 不同投资者的风险偏好

(二) 最优证券组合的选择

确定了有效边界和无差异曲线之后,投资者可以根据需求选择能使自己投资效用最大化的最优投资组合。这个组合位于无差异曲线与有效集的相切点 B,如图 7-11 所示。这是因为 B 点在所有有效组合中是可以获得最大满意程度的点,其他有效边缘上的点都落在 B 下方的无差异曲线上。

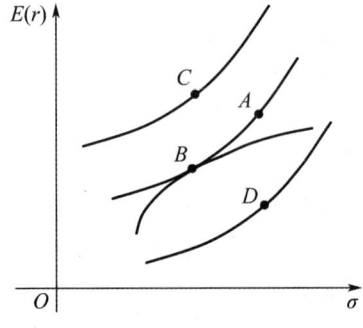

图 7-11 投资者的最优证券组合

对于投资者而言,有效边界是客观存在的,是由证券市场决定的;而无差异曲线则是主观的,是由投资者自己的风险——收益偏好决定的。有效边界向上凸的特性和无差异曲线向下凸的特性,决定了有效集和无差异曲线的相切点只有一个,也就是说最优投资组合是唯一的。

第三节 资本资产定价模型

一、资本资产定价模型的主要内容

在资本市场中,影响资产价格的因素是多种多样的,人们若想对资产定价进行定量研究,就必须借助于相关模型。资本资产定价模型(Capital Asset Pricing Model,CAPM)由此应运而生。

CAPM 模型是由威廉·夏普、约翰·林特纳和简·莫森三人分别于 1964 年、1965 年和 1966 年独立提出的,是在马科维茨现代资产组合理论的基础上发展起来的。其研究的是在不确定条件下证券资产的均衡定价问题,主要采用资本市场线、证券市场线、β 系数等分析工具对有关问题进行了解释。CAPM 模型开创了现代资产定价理论的先河。

(一) CAPM 模型的假设条件

CAPM 模型基于下列一系列严格的假设:①所有的投资者都是风险厌恶者,其投资目标遵循马科维茨模型中的期望效用最大化原则;②资本市场是一个完全竞争的市场,所有的投资者都是资产价格的接受者,单个投资者的买卖行为不会对资产的价格产生影响;③资产是无限可分的,投资者可以以任意数量的资金投资于每种资产;④存在无风险资产,也就是说投资者可以以无风险资产借入或贷出任意数量的资金;⑤不存在卖空限制、个人所得税以及交易费用等额外成本,也就是说资本市场是无摩擦的;⑥每个资产或资产组合的分析都是在单一时期进行。资本市场是有效的市场,信息可以在该市场中自由迅速地传递。

(二) 资本市场线

1. 无风险证券对有效边界的影响

根据 CAPM 模型的假设条件,投资者面对的是一个存在无风险证券的市场,并依照马科维茨理论构建最优证券组合。此时,投资者面对的证券组合可行域及有效边界不再纯粹是由风险证券构成,而是包含了无风险证券。具体如图 7-12 所示。

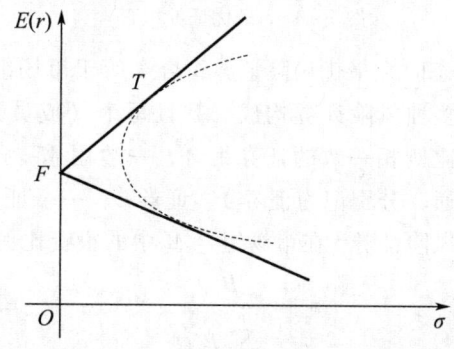

图 7-12 存在无风险证券时的组合可行域和有效边界

在图 7-12 中，由无风险证券 F 出发并与原有风险证券组合可行域的上下边界相切的两条射线所夹角形成的无限区域，是在现有假设条件下所有证券组合形成的可行域；射线 FT，是在现有假设条件下所有证券组合形成的可行域的有效边界。

2. 证券组合 T 的特征及其经济意义

有效边界 FT 与可行域的切点，也即证券组合 T，在资本资产定价模型中占有核心地位。其具有 3 个重要特征：①T 是有效组合中唯一不含无风险证券而仅由风险证券构成的组合；②有效边界 FT 上的任意证券组合也即有效组合，均可视为无风险证券 F 与 T 的再组合；③T 完全由市场确定，与投资者的偏好无关。

证券组合 T 的经济意义表现为：

（1）所有投资者拥有完全相同的有效边界。

由于一种证券或组合在均值标准差平面上的位置是由该证券或组合的期望收益率和标准差所确定的，假定所有投资者对证券的收益、风险及证券间的关联性具有完全相同的预期，因此，同一种证券或组合在均值标准差平面上的位置，对于不同的投资者来说是完全相同的。也即，所有投资者拥有同一个证券组合可行域和有效边界。

（2）投资者依据自己风险偏好，选择最优证券组合 P 进行投资。

风险投资部分均可视为对 T 的投资，如图 7-13 所示。每个投资者按照各自偏好购买各种证券，其最终结果是：每个投资者手中持有的全部风险证券所形成的风险证券组合在结构上恰好与切点证券组合 T 相同。因此，T 也被称为最优风险证券组合或最优风险组合。

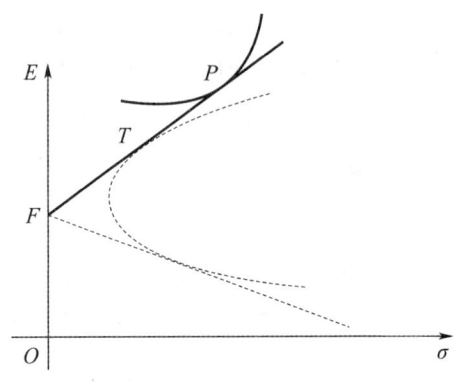

图 7-13 最优证券组合

（3）当市场处于均衡状态时，最优风险证券组合 T 等于市场组合。

所谓市场组合，是指由多种风险证券构成、并且每个（成员）证券的投资比例与整个市场上风险证券的相对市值比例相一致的证券组合，一般用 M 表示。根据定义，如果市场上共有 n 种风险证券正在流通，分别记为证券 1、证券 2、……证券 n，那么市场组合 M 中包含了这 n 种风险证券，则风险证券 i 在市场组合 M 中的投资比例 x_i 为：

$$x_i = \frac{P_i Q_i}{\sum_{k=1}^{n} P_k Q_k}$$

公式中：P_i 为证券 i 的市场价格；Q_i 为证券 i 的流通股数。

市场组合 M 是对整个市场的定量描述,代表整个市场。在均衡状态下,最优风险组合 T 等于市场组合 M。

3. 资本市场线方程

在均值标准差平面上,所有有效组合刚好构成连接无风险资产 F 与市场组合 M 的射线 FM,这条射线被称为资本市场线(Capital Market Line,CML)。具体如图7-14所示:

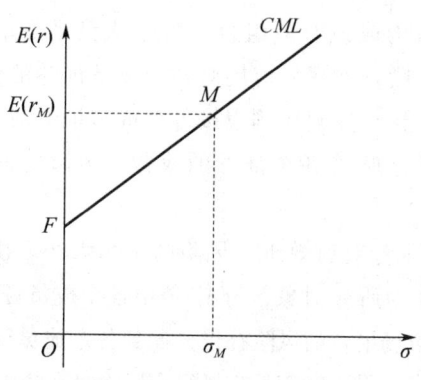

图7-14 资本市场线

资本市场线揭示了有效组合的收益和风险之间的均衡关系。这种均衡关系可以用资本市场线的方程来描述:

$$E(r_P) = r_F + \left[\frac{E(r_M) - r_F}{\sigma_M}\right]\sigma_P \tag{7.11}$$

式中:$E(r_P)$、σ_P 为有效组合 P 的期望收益率和标准差;$E(r_M)$、σ_M 为市场组合 M 的期望收益率和标准差;r_F 为无风险证券收益率。

4. 资本市场线的经济意义

①当所有的资金都投入有效的风险证券组合时,$r_P = r_M$;

②任意有效投资组合的期望收益率等于无风险收益率与风险补偿率之和。其中,无风险利率 r_F 是由时间创造的,是对放弃即期消费的补偿;$\left[\frac{E(r_M) - r_F}{\sigma_M}\right]\sigma_P$ 是对承担风险 σ_P 的补偿,通常被称为风险溢价,其与承担的风险的大小成正比;系数 $\left[\frac{E(r_M) - r_F}{\sigma_M}\right]$ 代表了对单位风险的补偿,通常被称为风险的价格。

③$(r_M - r_F)/\sigma_M$,为 CML 的斜率,表明每单位市场风险的报酬,决定了为补偿一单位风险变化所需的额外收益,也被称为风险的市场价格。

④在 CML 的方程中,r_P 是一个有效投资组合中 P 的预期收益率。对于所有投资者,其有效投资组合都包含无风险借贷和市场组合(或反映市场组合的风险证券组合)。由于不同的投资者有不同的偏好,无风险借贷和市场组合在其有效投资组合中所占的资金比例不同。

(三) 证券市场线

1. 证券市场线

资本市场线揭示了有效组合的收益风险均衡关系,但是并没有给出单个证券或组合的收益风险关系,因此需要进行进一步的分析。

由资本市场线可以看出,在均衡状态下,市场能够对有效组合的风险(标准差)提供补偿。有效组合的风险,是由构成该有效组合的各个成员证券的风险共同组合而成的。因而,市场对有效组合的风险补偿,可视为市场对各个成员证券的风险补偿的总和,其可以按一定的比例分配给各个成员证券;分配比例应按各个成员证券对有效组合风险贡献的大小来进行。实现了这种分配,也就意味着各个证券的收益、风险之间建立了某种关系。一般来说,分配的基本步骤如下:

首先,需要知道各个成员证券对有效组合风险的贡献大小。由于市场组合 M 也是有效组合,因此可以将市场组合 M 作为研究对象,分析 M 中各个成员证券对市场组合风险的贡献大小,随后再按照贡献大小,把市场组合的风险补偿分配到各个成员证券。为了能够分辨各个成员证券对市场组合风险贡献的大小,需要对衡量市场组合风险水平的指数——方差 σ_M^2 进行考察。

运用数学公式,市场组合 M 的方差 σ_M^2 可以分解为:

$$\sigma_M^2 = x_1\sigma_{1M} + x_2\sigma_{2M} + \cdots + x_i\sigma_{iM} + \cdots + x_n\sigma_{nM} \tag{7.12}$$

式中:X_i 为第 i 种成员证券在市场组合 M 中的投资比例;σ_{iM} 为第 i 种成员证券与市场组合 M 之间的协方差。

把市场组合的方差改写成公式(7.12)的形式,能够清晰地从中分离出单个成员证券对市场组合风险的贡献大小。因为公式(7.12)中的 $x_i\sigma_{iM}$,可被视为投资比重为 x_i 的第 i 种成员证券对市场组合 M 的风险贡献大小的绝对度量;而 $\dfrac{x_i\sigma_{iM}}{\sigma_M^2}$,被视为投资比重为 x_i 的第 i 种成员证券对市场组合 M 的风险贡献大小的相对度量。

其次,期望收益率 $[E(r_i) - r_F]$,可被视为市场对市场组合 M 的风险补偿,也即相当于对方差 σ_M^2 的补偿。于是,分配给单位资金规模的证券 i 的补偿,按其对 σ_M^2 作出的相对贡献应为:

$$\frac{x_i\sigma_{iM}}{\sigma_M^2}[E(r_M) - r_F]$$

最后,单位资金规模的证券 i 的补偿等于 $[E(r_i) - r_F]$。其中,$E(r_i)$ 表示证券 i 的期望收益率。于是有:

$$E(r_i) - r_F = [E(r_M) - r_F]\frac{\sigma_{iM}}{\sigma_M^2}$$

记 $\beta_i = \dfrac{\sigma_{iM}}{\sigma_M^2}$,则上述公式可改写为

$$E(r_i) - r_F = [E(r_M) - r_F]\beta_i \tag{7.13}$$

该公式表明,单个证券 i 的期望收益率 $[E(r_i)]$,与其对市场组合方差的贡献率 β_i 之间

存在着线性关系。从定价角度考虑，单个证券的风险用 β_i 来测定更为合理。β_i 也被称为：证券 i 的 β 系数（贝塔系数）。

对任何一个证券组合 P，设其投资于各种证券的比例分别为 x_1，x_2，$\cdots$，x_n，则有：

$$E(r_P) = x_1 E(r_1) + x_2 E(r_2) + \cdots + x_n E(r_n)$$
$$= x_1 \{r_F + [E(r_M) - r_F]\beta_1\} + x_2 \{r_F + [E(r_M) - r_F]\beta_2\}$$
$$+ \cdots + x_n \{R_F + [E(r_M) - r_F]\beta_n\}$$

令 $\beta_P = x_1\beta_1 + x_2\beta_2 + \cdots + x_n\beta_n$，称为证券组合 P 的 β 系数，于是上述等式改写成

$$E(r_P) = r_F + [E(r_M) - r_F]\beta_P \tag{7.14}$$

公式（7.13）与公式（7.14）具有相同的形式。可见，无论单个证券还是证券组合，均可将 β 系数作为风险的合理测定；其期望收益与由 β 系数测定的系统风险之间存在线性关系。这个关系在以 $E(r_P)$ 为纵坐标、β_P 为横坐标的坐标系中代表一条直线，这条直线也被称为证券市场线，具体如图 7-15 所示。

当 P 为市场组合 M 时，$\beta_P = 1$，因此，证券市场线经过点 $[1, E(r_M)]$；当 P 为无风险证券时，β 系数为 0，期望收益率为无风险利率 r_F，因此，证券市场线亦经过点 $[0, E(r_F)]$。

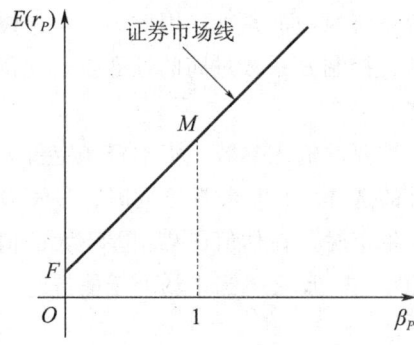

图 7-15　证券市场线

2. 证券市场线的经济意义

证券市场线公式（7.14）对任意证券或组合的期望收益率和风险之间的关系提供了十分完整的阐述。也即，任意证券或组合的期望收益率由两部分构成：一部分是无风险利率 r_F，是由时间创造的，是对放弃即期消费的补偿；另一部分则是 $[E(r_F) - r_F]\beta_P$，是对承担风险的补偿，通常称为"风险溢价"。它与承担的风险 β_P 的大小成正比。其中的 $[E(r_P) - r_F]$ 代表了对单位风险的补偿，通常称之为风险的价格。

（四）β 系数的含义及其应用

1. β 系数的含义

（1）β 系数反映了证券或证券组合对市场组合方差的贡献率。

从公式（7.12）可以看出，市场组合方差是市场中每一证券（或组合）与市场组合协方差的加权平均值，加权值是单一证券（或组合）的投资比例，因此，$\beta_P (=\sigma_{iM}/\sigma_M^2)$ 可以作为单一证券（组合）的风险测定。

（2）β 系数反映了证券或组合的收益水平对市场平均收益水平变化的敏感性。

公式（7.14）可以改写为：

$$E(r_P) = r_F + \beta_P E(r_M) - r_F \beta_P$$

从该式可以看出，证券或组合的收益与市场指数收益呈线性相关，β 系数为直线斜率，其反映了证券或组合的收益水平对市场平均收益水平变化的敏感性。β 系数值绝对值越大，表明证券或组合对市场指数的敏感性越强。

（3）β 系数是衡量证券承担系统风险水平的指数。

按照特征线公式，证券或组合的风险为：

$$\sigma_P = \beta_P^2 \sigma_M^2 + \varepsilon_P^2$$

很明显，证券或组合的风险分为两部分，其中 $\beta_P^2 \sigma_M^2$ 为系统性风险，ε_P^2 为非系统风险。因此，β 系数可以用来衡量证券承担系统风险的大小。

2. β 系数的应用

在发达国家的证券市场中，β 系数被广泛应用于证券分析、投资决策与风险控制中，特别是基金管理之中。主要包括：

（1）测定证券风险。

由于 β 系数是证券或组合系统风险的量度，因此，风险控制部门或投资者通常会利用 β 系数对证券投资进行风险控制，控制 β 系数过高的证券投资比例。

（2）投资组合的重要参数。

作为投资组合选择的一个重要的输入参数，资本资产定价模型的应用中就包含利用 β 系数这一重要参数进行投资组合的选择。市场状况不同时，投资者对证券的选择通常有不同的要求。一般而言，当市场处于牛市时，在估值优势相差不大的情况下，投资者会选择 β 系数较大的股票，以期获得较高的收益；反之，当市场处于熊市时，投资者会选择 β 系数较小的股票，以减少股票下跌的损失。

（3）考察证券的风险大小。

由于其具有反映证券组合的特性，因此在考察证券收益高低时，可以根据 β 系数考察证券的风险大小。

二、资本资产定价模型的运用

（一）资产估值

在资产估值方面，资本资产定价模型主要被用来判断证券是否被市场错误定价。根据资本资产定价模型，每一证券的期望收益率应等于无风险利率加上该证券由 β 系数测定的风险溢价：

$$E(r_i) = r_F + [E(r_M) - r_F] \beta_i$$

一方面，当人们获得市场组合的期望收益率的估计和该证券的风险 β_i 展的估计时，就能计算市场均衡状态下证券 i 的期望收益率 $E(r_i)$；另一方面，市场对证券在未来所产生的收入流（股息加期末价格）有一个预期值，这个预期值与证券 i 的期初市场价格及其预期收益率 $E(r_i)$ 之间有如下关系：

$$E(r_i) = \frac{E(\text{股息} + \text{期末价格})}{\text{期初价格}} - 1$$

在均衡状态下,上述两个 $E(r_i)$ 应有相同的值。因此,均衡期初的价格应定为:

$$\text{均衡的期初价格} = \frac{E(\text{股息} + \text{期末价格})}{1 + E(r_i)}$$

我们可以将现行的实际市场价格与均衡的期初价格进行比较。两者不等,说明市场价格被误定,被误定的价格应该有回归的要求。利用这一点,便可获得超额收益。具体来讲,当证券的实际价格低于均衡价格时,说明该证券是廉价证券,应该购买该证券;相反,则应卖出该证券,将资金转向购买其他廉价证券。

(二) 资产配置

资本资产定价模型在资源配置方面的一项重要应用,是根据对市场走势的预测,选择具有不同 β 系数的证券或组合以获得较高收益或规避市场风险。因为证券市场线表明,β 系数反映证券或组合对市场变化的敏感性。因此,当有很大把握预测牛市到来时,应选择那些高 β 系数的证券或组合。这些高 β 系数的证券将成倍地放大市场收益率,带来较高的收益。相反,在熊市到来之际,应选择那些低 β 系数的证券或组合,以减少因市场下跌而造成的损失。

【专栏 7-2】

基金开元的资产配置①

根据基金实际组合的 β 值与市场组合 β 值的关系式 β_{PM},也即 $\beta_{PM} = \beta_P - 1$;可以考察我国封闭式基金"基金开元"(基金代码 184688)的资产配置状况。

根据计算结果(见图 7-16),我们看到,基金开元 β_{PM} 值的几个相对高点(也即其实际组合 β 值较高)分别出现在"1999 年上半年、2000 年上半年、2003 年下半年和 2004 年下半年"几个时期内。

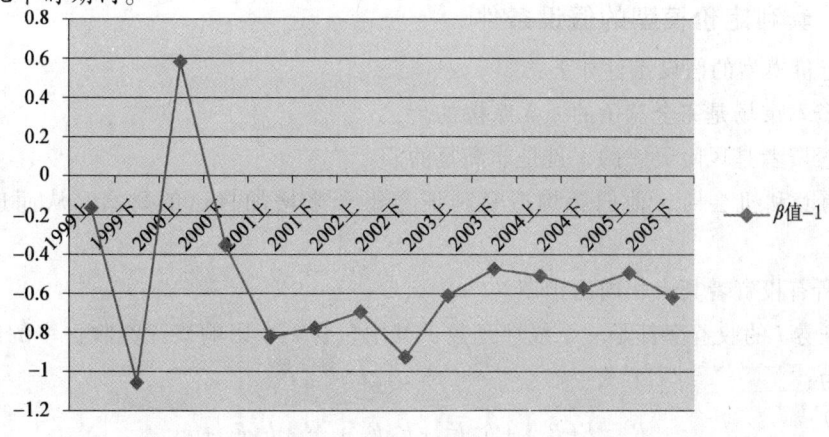

图 7-16 基金开元的组合 β 值

---

① 李雪峰,张舰. 我国证券投资基金行为是否成熟?——基于投资组合与投资策略匹配性视角的研究 [J]. 学习与实践,2006.

从图中可以看到：基金开元的相对低点（也即其实际组合 β 值较低）位于"1999年下半年、2001年上半年至2003年下半年、2005年下半年"的几个时期。将这一情况与各时期市场的实际走势相结合，我们看到，实际 β 值高点往往出现在单边上升行情中，而低点往往出现在震荡平盘以及单边下跌的行情中。由此说明，基金开元的资产配置是符合CAPM的资产配置原则的。

第四节 套利定价模型

一、套利定价模型的基本原理

如前所述，CAPM模型为精准计算投资风险和资产的均衡价格提供了理论依据，并且在历经半个多世纪以来依然保持着在现代金融学中的重要地位。当然，其也不断受到来自多方的质疑，并在此基础上不断衍生出新的定价理论模型。

1976年，理查德·罗尔对CAPM模型提出了批评，因为该模型无法用经验事实来检验。与此同时，斯蒂芬·罗斯提出了一种替代的定价模型——套利定价理论（Arbitrage Pricing Theory，APT）模型，从另外一个角度探讨了风险资产的定价问题。

所谓套利，是指利用同一种实物资产或证券的不同价格来获取无风险收益的行为。一般来说，套利是利用资产定价的错误、价格联系的失常以及市场缺乏有效性的其他机会，通过买进价格被低估的资产，卖出价格被高估的资产来获得无风险利润的机会。包括：空间套利、时间套利、工具套利、风险套利以及税收套利等形式。虽然套利是市场无效率的产物，但是套利的结果却会促使市场效率的提高。因此，人们会利用套利来进行市场交易活动。

（一）套利定价模型的假设条件

套利定价模型的假设条件如下：

（1）资本市场是完全竞争的，无摩擦的。

（2）投资者是风险厌恶的，且是非满足的。

当具有套利机会时，他们会构造套利证券组合来增加自己的财富，从而追求效用最大化。

（3）所有投资者具有相同的预期。

任何证券 i 的收益率都是一个线性函数，其中包含 k 个影响该证券收益率的因素，其函数表达式为：

$$\tilde{R}_i = E(\tilde{R}_i) + b_{i1}\tilde{F}_1 + b_{i2}\tilde{F}_2 + \cdots + b_{ik}\tilde{F}_k + \varepsilon_i$$

其中，$\tilde{R}_i$ 为证券 i 的实际收益率，它是一个随机变量；$E(\tilde{R}_i)$ 为证券 i 的期望收益率；$\tilde{F}_k$ 为第 k 个影响因素的指数；b_{ik} 为证券 i 的收益对因素 k 的敏感度；ε_i ——影响证券 i 的收益率的随机误差，$E(\varepsilon_i) = 0$。

（4）市场上的证券品种 n 必须远远超过模型中影响因素的种类 k。

（5）误差项 ε_i 是用来衡量证券 i 收益中的非系统风险部分，它与所有影响因素及证券 i 以外的其他证券的误差项是彼此独立不相关的。

（二）套利组合

根据套利定价理论，投资者会尽力发现并构造一个套利组合的可能性，以便在不增加风险的情况下，提高组合的预期收益率。一般来说，如果一个证券组合同时满足下列 3 个条件，就称这种证券组合为套利组合。

1. 初始价格为零

也即套利组合是一个不需要投资者追加任何额外投资的组合。

令 $\omega_i = \Delta w_i$，表示某投资者投资证券 i 占其总投资比例的变化值。要满足证券 i 所占投资比例变化而总投资不变的条件，可以通过以卖出某些证券的收益来买进其他一些证券的方式来解决，而不需要追加投资。

也即：
$$\sum_{i=1}^{n} \omega_i = 0 \tag{7.15}$$

其中，n 表示该投资者持有证券的种类数。

此时，该组合的收益变化为：
$$\begin{aligned}\tilde{R}_A &= \sum_{i=1}^{n} \omega_i \tilde{R}_i \\ &= \sum_{i=1}^{n} \omega_i E(\tilde{R}_i) + \sum_{j=1}^{k} \sum_{i=1}^{n} \omega_i b_{ij} \tilde{F}_j + \sum_{i=1}^{n} \omega_i \varepsilon_i\end{aligned}$$

当市场达到均衡时，组合的预期收益率为零。

2. 组合的风险为零，即该组合既没有系统性风险，又没有非系统性风险

为了得到无风险的证券组合，必须消除系统性风险（因素风险）和非系统性风险（非因素风险）。满足下面 3 个条件的证券组合，能够符合这一要求：①选择的投资比例 ω_i 充分小；②所包括的证券种类尽量多，以分散风险；③选择特定的投资比例 ω_i，使得各影响因素的系数 b_{ik}，即证券收益率对该因素的敏感度，与投资比例的加权平均数等于零。用数学式子表示，上述 3 个条件如下：

① $\omega_i \approx \dfrac{1}{n}$；

② n 很大；

③ 对每个因素而言，$\sum_{i=1}^{n} \omega_i b_{ik} = 0$。 (7.16)

因为随机变量是独立的。根据大数定律，当 n 增大时，随机项的加权和会趋向于 0；也即通过分散化，不需要花费任何成本就能消去组合中的非系统风险。因此，可以得到：

$$\tilde{R}_A = \sum_{i=1}^{n} \omega_i \tilde{R}_i = \sum_{i=1}^{n} \omega_i E(\tilde{R}_i) + \sum_{j=1}^{k} \sum_{i=1}^{n} \omega_i b_{ij} \tilde{F}_j$$

从形式上看，这是一个随机量，但是由于 $\sum_{i=1}^{n} \omega_i b_{ik} = 0$，所以所有的因素风险为零。由于我们选择的权数（各证券的变化量）消除了所有的风险，最后证券组合的收益率变为一个常数，也即：

$$\tilde{R}_A = \sum_{i=1}^{n} \omega_i E(\tilde{R}_i)$$

3. 组合的收益为正

根据条件1、2可知，该组合既不需要追加投资，又没有任何风险，如果该组合的收益不为零时，它就是一个套利组合。当资本市场达到均衡时，这是不可能的。因此满足条件2中的3个条件的证券组合其收益率一定为零，也即：

$$\tilde{R}_A = \sum_{i=1}^{n} \omega_i E(\tilde{R}_i) = 0 \tag{7.17}$$

根据线性代数的知识，式 $\sum_{i=1}^{n} \omega_i = 0$ 和式 $\sum_{i=1}^{n} \omega_i b_{ik} = 0$ 表示一组正交条件，而式 $\tilde{R}_A = \sum_{i=1}^{n} \omega_i E(\tilde{R}_i) = 0$ 又产生了 ω_i 必须满足的另一个正交条件。由于 ω_i 已经满足公式（7.15）和公式（7.16），所以只需 $E(\tilde{R}_i)$ 为这 $k+1$ 个向量的线性组合即可。

由 Farkas 引理，存在 $k+1$ 个常数 $\lambda_0, \lambda_1, \cdots, \lambda_k$，使得：$E(\tilde{R}_i) = \lambda_0 + \lambda_1 b_{i1} + \cdots + \lambda_k b_{ik}$。

当证券 i 是一种无风险资产时，表示它不受任何因素的影响，即 $b_{ij} = 0$，$j = 1, 2, \cdots, k$，令该种无风险资产的收益率为 R_f，则：$R_f = \lambda_0$。我们得到：

$$E(\tilde{R}_i) = R_f + \lambda_1 b_{i1} + \cdots + \lambda_k b_{ik}$$

（三）套利定价模型

套利定价模型主要包括以下几种类型：

1. 单因素模型

如果影响证券 i 收益率的因素只有一种因素 k 时，$E(\tilde{R}_i) = R_f + \lambda_k b_{ik}$。如果考虑一个对因素 k 有单位敏感度的资产组合，则此时 $b_{ik} = 1$。令该组合的期望收益率为 $\bar{\delta}_i$，则 $\bar{\delta}_i$；所以，$\lambda_k = \bar{\delta}_i - R_f$，其是单位敏感度的资产组合的预期超额回报率，也被称为因素风险酬金。

证券收益率的单因素模型可以表示为：

$$E(\tilde{R}_i) = R_f + (\bar{\delta}_k - R_f) b_{ik} \tag{7.18}$$

2. 多因素模型

若影响证券 i 收益率的因素 $k > 1$，此时的 $\bar{\delta}_k$ 表示对第 k 个因素有单位敏感度。但对因素敏感度为零的证券组合的期望收益率，λ_k 表示对第 k 个因素有单位敏感度、但对别的因素敏感度为零的证券组合的风险酬金，所以：

$$E(\tilde{R}_i) = R_f + (\bar{\delta}_1 - R_f) b_{i1} + \cdots + (\bar{\delta}_k - R_f) b_{ik} \tag{7.19}$$

公式（7.19）为套利定价理论的一般表达式。

二、套利定价模型的应用

在实践中,套利定价模型的应用一般主要有两个方面:一是,事先仅能猜测某些因素可能是证券收益的影响因素,但并不确定知道这些因素的影响。于是,人们可以运用统计分析模型对证券的历史数据进行分析,以分离出那些统计上显著影响证券收益的主要因素。二是,预测收益。人们可以通过对证券的历史数据进行回归,以获得相应的灵敏度系数,再运用公式(7.19)来预测证券的收益。

【专栏 7-3】

CAPM 模型与 APT 模型的区别与联系

作为两个最为著名的定价模型,APT 模型与 CAPM 模型,既有区别又有联系。

(一)两者的区别

1. CAPM 是一种均衡定价模型,APT 不是,这是两者最为本质的区别。

2. CAPM 主要针对证券收益率的分布以及个体的效用函数做出假设,而 APT 并没有这方面的假设。

3. APT 认为资产的收益率受到多种因素风险的影响;而 CAPM 认为资产的收益只取决于市场组合一种因素。APT 并不特别强调市场组合的作用,而 CAPM 则强调市场组合必须是一个有效的组合。

4. CAPM 是一个时间模型,是建立在马科维茨的有效组合基础之上的。投资者可以根据预期收益和方差选择资产组合,均衡的导出是一个静态的过程。而 APT 理论中,资产均衡的得出是一个动态的过程,是建立在一价定理的基础之上的。

(二)两者的联系

1. 具有一些相同的假设。主要包括:①投资者有相同的预期;②投资者最求效用最大化;③资本市场是完备的。

2. 如果把市场的收益率作为唯一因子,APT 所导出的风险与收益率的关系和 CAPM 完全相同。因此,CAPM 可以被看作是 APT 的一个特例。

第五节 资产配置管理

一、概述

(一)资产配置的含义

资产配置,是指根据投资需求将投资资金在不同资产类别之间进行分配,通常表现为投资者将资产在低风险、低收益的证券和高风险、高收益的证券之间进行分配。资产配置是一种理财概念,投资者可以根据其投资计划的时限以及可承受的风险,配置资产组合。资产配置,也是投资过程中最重要的环节之一,是构建投资组合的先决条件,同时也是决定投资组合业绩的主要因素。

一般来说,可以进行资产配置的资产类型主要包括:①股票,包括成长型、周期型、防守型等不同类型的股票;②固定收益类证券,如:国债、金融债、企业债、可转换债、认股权证、国库券、可转让大额定期存单、银行承兑汇票、商业本票和国债回购等;③现金;④另类资产,如房地产项目、信托产品、黄金等。

资产配置主要致力于解决4个基本问题:①确定现金资产和非现金资产的配置比例。②确定以股票为主的风险资产和以固定收益类证券为主的无风险资产之间的配置比例。③确定常规资产和另类资产的最佳资产配置比例。④确定国内资产和国际资产的资产配置比例。

(二) 影响资产配置的主要因素

影响资产配置的因素,主要包括以下几个方面:

①投资者的风险偏好、对价格风险和购买力风险等因素的风险承受能力及其效用函数。主要包括:投资者的年龄或投资周期、资产负债状况、财务变动状况与趋势、财富净值和风险偏好等因素。

②影响各种资产类别在投资期间的预期风险收益及其相关关系的市场因素。主要包括:国际经济形势、国内经济状况与发展动向、通货膨胀、利率变化、经济周期波动和监管等。

③在投资者可承受的风险水平上构造能够提供最优收益率的投资组合。

④投资者是否对投资组合的资产配置进行再平衡,是倾向于定期还是不定期的资产配置。投资者在具有不同到期日的资产之间进行选择时,需要考虑投资期限的安排问题。

(三) 资产配置的基本分析方法

进行资产配置,可以采用以下基本的分析方法:

1. 历史数据法

历史数据法,假定未来与过去相似,其以长期历史数据为基础,根据过去的数据推测未来的资产收益。这里的历史数据主要包括:各类型资产的收益率、以标准差衡量的风险水平以及不同类型资产之间的相关性等。进行预测时,一般需要按照通货膨胀的预期进行调整,以使调整后的实际收益率与过去保持一致。

更为复杂的历史数据法,还可以结合不同历史时期的经济周期进行进一步分析:考察在不同经济周期状况下,各类型资产的风险收益状况及相关性;结合对目前和未来一定时期内的经济趋势,预测各类资产的风险收益状况及相关性。由于不同类型的资产在特定的经济环境中具有不同的表现,经济状况的改变,会在很大程度上改变不同类型资产的绝对表现和相对表现。因此,通过对历史资料进行细分,可以使分析者正确地确认与未来最相关的历史资料构成,有助于确认未来可能发生的类似经济事件和资产类别表现。

2. 情景综合分析法

与历史数据法相比,情景综合分析法在预测过程中的分析难度和适用的时间范围不同,要求更高的预测技能,由此得到的预测结果也更有价值。一般来说,情景综合分析法的预测期间在3~5年左右,这样既可以超越季节因素和周期因素的影响,也能更有效地着眼于社会、经济变化趋势及其对股票价格和利率的影响,为短期投资组合决策提供了适当的视角,为战术性资产配置提供了运行空间。

运用情景综合分析法进行预测的基本步骤包括:①分析目前与未来的经济环境,确认经济环境可能存在的状态范围,即情景。例如,经济可能会出现的高速增长和低通货膨胀、反通货膨胀、通货紧缩、通货再膨胀、滞胀等状态。②预测在各种情景下,各类资产可能的收益与风险,各类资产之间的相关性。例如利息率、股票价格、持有期回报率等。③确定各情景发生的概率。④以情景的发生概率为权重,通过加权平均的方法估计各类资产的收益与风险。

二、资产配置的基本方法

(一)战略性资产配置

战略性资产配置,是指根据投资者的风险承受能力,对资产做出事前的、整体性的规划和安排,是在一个较长时期内以追求长期回报为目标的配置方法。战略性资产配置的时间跨度,可能是三五年,甚至更长。其重在长期回报,因此往往忽略资产的短期波动。

战略性资产配置包括4个核心要素:①投资者需要确定投资组合中合适的资产;②投资者需要确定这些合适的资产在持有期间或计划范围的预期回报率;③在对回报率和风险做出估计后,运用最优化技术找出在每一个风险水平上能提供最高回报率的投资组合混合;④在可容忍的风险水平上选择能提供最优回报率的投资组合。

根据对风险收益的权衡取舍,战略性资产配置可以分成三大类型:①高收益高风险型。采用这种配置战略的投资目标是,注重资本增值,使投资者的资金能在一定时间内获得较大的成长幅度。②长期成长与低风险型。采用这种配置战略的投资目标是,注重长期投资,使投资者获得较为稳定的投资报酬,避免投资风险。③一般风险与收益平衡型。采用这种配置战略的投资目标是,根据市场的变化,适时调整投资组合,实现收益与风险平衡,使投资者能定期得到合理的收益,并将部分收益转化为再投资。

(二)战术性资产配置

战术性资产配置,是根据市场环境及其经济条件,对资产配置状况进行动态调整,从而增加资产配置价值的积极战略。这是投资者在短期市场波动中获利的重要技术手段。有效制定并执行科学的战术资产配置,不仅能够分散投资的潜在风险,同时也能获得更多的短期回报。

战术性资产配置一般倾向于客观分析而不是主观判断,通过运用包括回归分析和最优化方法在内的分析工具来帮助预测和决策。大多数战术性资产配置过程一般具有相同的原则,但结构与实施准则却各不相同。

一般来说,战术性资产配置具有如下主要特征:①是建立在一些分析工具基础上的客观、量化过程。主要分析工具包括回归分析或优化决策等,量化分析的结果有助于投资者更为有效地执行既定规则。②主要受某种资产类别的预期收益率的客观测度趋势影响,属于以价值为导向的过程。主要因素包括:在现金收益、长期债券的到期收益率基础上计算股票的预期收益，或按照股票市场股息贴现模型评估股票预期收益变化等。③可以客观地测度出哪种资产类别已经失去市场注意力，并引导投资者进入这一不受人关注的资产类别。一般来说，不被市场关注的投资类别，通常需要支付更高的收益率才能够吸引资本的流入，因此预期收益率较高。

（三）战略性资产配置与战术性资产配置的比较

作为主要的资产配置方法，上述两种方法的区别主要在于：

1. 对投资者的风险承受能力和风险偏好的认识和假设不同

如，与战略性资产配置过程相比，战术性资产配置策略在动态调整资产配置状态时，需要根据实际情况的改变、预测不同资产类别的预期收益情况，但不重新估计投资者偏好与风险承受能力的变化。而在风险承受能力方面，战术性资产配置假设投资者的风险承受能力不随市场和自身资产负债状况的变化而改变，这一类投资者将在风险收益报酬较高时比战略性投资者更多投资于风险资产。因而，从长期来看，将会获得更高的投资回报。

2. 对资产管理人把握资产投资收益变化的能力要求不同

如，战术性资产配置的风险收益特征与资产管理者对资产类别收益变化的把握能力密切相关。如果管理者能够准确地预测资产收益变化的趋势，并采取及时有效的行动，则使用战术性资产配置将带来更高的收益。如果管理者不能准确预测资产收益变化的趋势，或者能够准确预测但不能采取及时有效的行动，则投资收益将劣于购买并持有最初的投资组合时的情况。因此，运用战术性资产配置的前提条件是资产管理者能够准确的预测市场变化，并及时采取有效行动。

三、资产配置的主要策略

一般来说，资本市场环境、经济条件以及投资者的风险偏好变化等，对资产管理者的资产配置决策有重要的影响。资产管理者可以依据市场的实际情况，对资产配置状态进行动态调整，从而增加投资组合价值，提高资产配置效率或者克服某些客观条件的限制。当然，基于不同资产管理者的投资特征，其资产配置策略会表现出多样化的风格，投资行动的依据、风险与收益状况等也都会存在一定的差异。

（一）资产配置策略的主要类型

一般来说，根据资产配置调整的依据，可将资产配置管理的调整过程分为3种类型：买入并持有策略、恒定混合策略和投资组合保险策略。

1. 买入并持有策略

买入并持有策略的特点是：购买初始投资组合并在长时间内保持有这种投资组合，也即在确定恰当的资产配置比例并构造了某个投资组合之后，在诸如3～5年的适当持有期间内不改变资产配置状态、并保持这种组合。买入并持有策略是一种"不作为"的策略，也被称为被动策略。不管资产的相对价值发生了怎样的变化，这种策略都不会特意进行主动调整，因此，该资产配置策略在分析和操作上都十分简单。

在买入并持有策略下,资产的投资组合完全暴露于市场风险之下。虽然其具有最小交易成本和管理费的优势,但是放弃了从市场环境变动中获利的可能,也放弃了因投资者的效用函数或风险承受能力的变化而改变资产配置状态、从而提高投资组合效用的可能。因此,买入并持有策略适于在资本市场环境和投资者偏好变化不大,或者改变资产配置状态时的成本大于收益时的状态下使用。

一般而言,采取买入并持有策略的投资者通常忽略市场的短期波动,而着眼于长期投资。就风险承受能力来说,由于投资者投资于风险资产的比例与其风险承受能力正相关,采取买入并持有策略的投资者,其风险承受能力不随市场的变化而变化,投资组合也不随市场的变化而变化。如果所投资资产中含有以股票资产为主的风险性资产,则买入并持有策略的投资组合价值与股票市场价值将保持同方向、同比例的变动,并最终取决于最初的战略性资产配置所决定的资产构成。因而,买入并持有策略的一般特点是:投资组合的价值与股票市场价值是线性相关的,投资组合的价值随股票市场价值增长,其斜率为股票在投资组合中的比例,图 7-17 反映了这种关系。

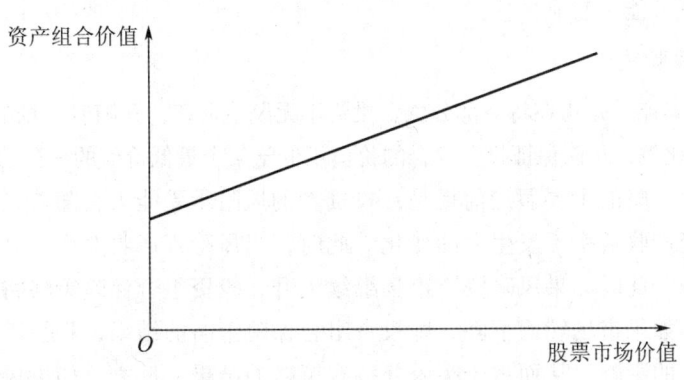

图 7-17 买入并持有策略

2. 恒定混合策略

恒定混合策略,也称恒定比例策略,是指在资产配置过程中保持投资组合中各类资产的固定配置比例。如,投资组合中只有股票和债券两种资产,为保持这一恒定资产配置,投资者需要在股票市场变化时,对投资组合进行再平衡。如,当股票市场价值上涨时,股票在投资组合中的比例将上升;所以,投资者需要在股票市场上升时卖出股票并且再投资于债券;反之,当股票市场下跌时,股票在投资组合中所占比例将变小,投资者需要减少在债券的资产,并且再投资于股票。

与上述买入并持有策略的线性支付模式相比,恒定混合策略在股票市场上涨时卖出股票、在股票市场下跌时买进股票的过程所得出的支付模式为一条曲线。具体如图 7-18 所示,其中的虚线为恒定混合策略支付曲线。

一般来说,在较高的市场水平上,恒定混合策略的回报率低于购买并持有策略。因为在股票市场上涨时,恒定混合策略通过卖出股票减少了有较高回报率的资产所占的比例。而在较低的股票市场水平上,恒定混合策略的回报率减少,这是因为在股票市场下跌时,该策略

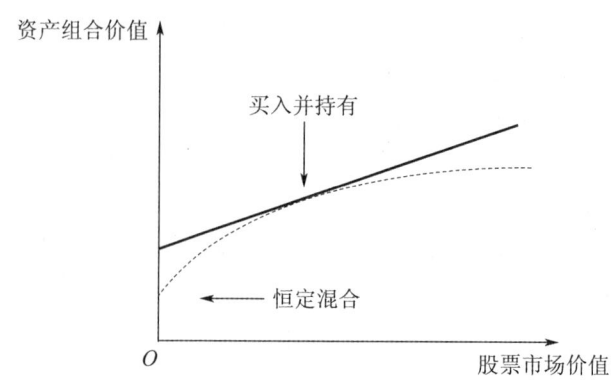

图 7-18 恒定混合策略

实施了购买股票的方案。换句话说,当市场表现为强烈上升或下降趋势时,恒定混合策略的业绩表现将逊于买入并持有策略。因为这种策略在市场向上运动时放弃了利润,而在市场向下运动时增加了损失。然而,恒定混合策略在市场易变、且有多次逆转,或上升运动紧跟着下降运动的情况下可能是有利的。

3. 投资组合保险策略

投资组合保险策略,是指在将一部分资金投资于无风险资产,并随着市场的变动调整风险资产和无风险资产的比例,从而保证投资组合的价值不低于某个最低价值的一种动态调整策略。

投资组合保险策略的主要假定前提是:投资者的风险承受能力将随着投资组合的价值提高而上升;各类资产收益率不发生大的变化。此时,当风险资产收益率上升时,风险资产的投资比例随之上升;此时如果风险资产市场继续上升,投资组合保险策略将取得优于买入并持有策略的结果;如果市场转而下降,则投资组合保险策略的结果,将会因为风险资产比例的提高而受到更大的影响,从而劣于买入并持有策略的结果。反之,如果风险资产市场持续下降,则投资组合保险策略的结果较优;而如果风险资产市场由降转升,则投资组合保险策略的结果劣于买入并持有策略的结果。

与恒定混合策略相反,投资组合保险策略在股票市场上涨时提高股票投资比例,而在股票市场下跌时降低股票投资比例,从而既保证了投资组合的总价值不低于某个最低价值,同时也不放弃资产升值潜力。具体如图 7-19 所示,其中的虚线为投资组合保险策略支付曲线。

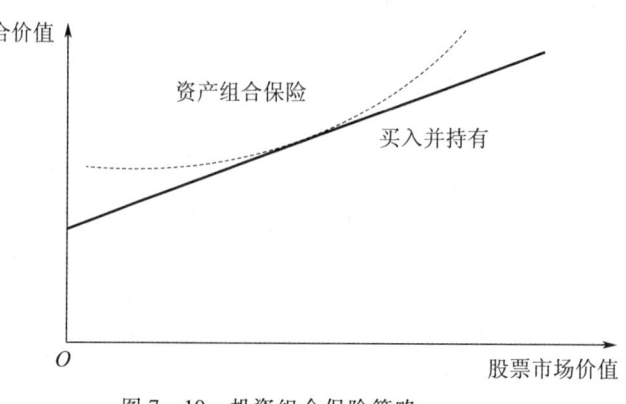

图 7-19 投资组合保险策略

（二）不同资产配置策略的比较

上述 3 种动态资产配置策略，是在投资者风险承受能力不同的基础上进行的投资管理，因而具有不同的策略特征；在不同的市场环境中，其具有不同的表现和流动性要求。表 7-5 对 3 种资产配置策略的做了具体特征比较。

表 7-5　　　　　　　　　　　　资产配置策略特征

资产配置策略	市场变动时的行动方向	支付模式	有利的市场环境	要求的市场流动性
买入并持有策略	不行动	直线	牛市	小
恒定混合策略	下降时买入，上升时卖出	凹型	易变，波动性大	适度
投资组合保险策略	下降时卖出，上升时买入	凸型	强趋势	高

具体来看，3 种策略的差异，主要反映在以下 3 个方面：

1. 从支付模式看

买入并持有策略是消极性的资产配置策略，其在市场变化时不采取行动，支付模式为直线。而恒定混合策略和投资组合保险策略为积极性的资产配置策略，当市场变化时需要采取行动，其支付模式为曲线。其中，恒定混合策略在下降时买入股票而在上升时卖出股票，支付曲线为凹型；投资组合保险策略在下降时卖出股票并在上升时买入股票，其支付曲线为凸型。

2. 从收益情况看

当资产配置中，股票资产的价格保持单方向持续运动时，恒定混合策略的表现劣于买入并持有策略；而投资组合保险策略的表现优于买入并持有策略。当股票价格由升转降或由降转升，也即市场处于易变、无明显趋势的状态时，恒定混合策略的表现优于买入并持有策略；而投资组合保险策略的表现劣于买入并持有策略。当市场具有较强的保持原有运动方向的趋势时，投资组合保险策略的效果优于买入并持有策略，也优于恒定混合策略。

3. 从流动性要求看

买入并持有策略只在构造投资组合时要求市场具有一定的流动性。恒定混合策略要求对资产配置进行实时调整，但调整方向与市场运动方向相反，因此对市场流动性有一定的要求但要求不高。对市场流动要求最高的是投资组合保险策略，因为其需要在市场下跌时卖出、而在市场上涨时买入，该策略的实施有可能导致市场流动性的进一步恶化，甚至最终导致市场崩溃。

对一般投资者而言，很难确定上述哪一种资产配置策略"最好"。这是因为：首先，配置策略适用性好坏的关键在于，这种策略的风险支付与投资者的风险忍受程度的适应程度。其次，要看市场走势情况。一个高水平的市场对买入并持有策略和投资组合保险特别有利，因为其在经济衰退时提供了更大的保护；而易变的、无趋向的市场对恒定混合策略最为有利，但对投资组合保险不利。最后，要看市场及所持有资产的流动性。如，买入并持有策略要求的流动性仅仅是在开始实施时，而恒定混合策略要求有一定的流动性，投资组合保险策略则要求最大的流动性。因此，确定资产配置策略时，需要考虑投资者的风险厌恶程度，市场的走势以及对流动性的要求等多种因素。

本章小结

证券投资组合管理，简称证券组合，是指投资者通过进行投资的计划、分析、调整和控制，将投资资金分配给若干不同的证券资产，如股票、债券及衍生产品，从而形成合理的资产组合，以实现资产收益最大化和风险最小化的经济行为。其意义主要表现在两个方面：一是可以最大限度地降低投资风险，并将风险控制在投资者可以承受的范围内；二是可以提高投资收益。

根据管理者对市场效率的看法，证券组合管理的方法可以分为：被动管理方法和主动管理方法。证券组合管理的目标是实现投资收益的最大化。实现这个目标，需要科学、有效的组合管理过程和基本步骤。

马科维茨、夏普、罗斯等人创建的投资组合理论、资本资产定价模型、套利定价模型等构成现代金融市场领域、甚至是现代金融学理论体系的基础和核心内容现代投资组合理论的发展，极大改变了传统的分析方法和投资管理方法，使得现代投资管理日益朝着系统化、科学化、组合化的方向发展。

马科维茨的投资组合理论认为，要使投资风险变小，仅靠分散投资是不够的，还应避免投资于与自身组合收益高度相关的证券。马科维茨以数学方法证明：有效证券组合是可以实现风险一定时的期望收益率最高、或期望收益率一定时的风险最低的证券组合。其理论主要涉及投资风险与投资收益的关系、证券投资组合的可行域、有效边界、无差异曲线、最优证券组合等基本概念和有关理论。

资本资产定价模型是在马科维茨现代资产组合理论的基础上发展起来的，开创了现代资产定价理论的先河。其研究的是不确定条件下证券资产的均衡定价问题，主要采用资本市场线、证券市场线、β系数等分析工具对有关问题进行了解释。

套利定价模型则是以收益率形成的多因素模型为基础，用套利的概念来定义均衡，是用来描述市场均衡条件下证券收益与各风险因素之间关系的定量分析模型。

资产配置，是指根据投资需求将投资资金在不同资产类别之间进行分配，通常表现为投资者将资产在低风险、低收益的证券和高风险、高收益的证券之间进行分配。资产配置是一种理财概念，也是投资过程中最重要的环节之一，是构建投资组合的先决条件，同时也是决定投资组合业绩的主要因素。

资产配置的基本分析方法包括历史数据法和情景综合分析法。资产配置的基本方法包括战略性资产配置和战术性资产配置，两者各具特征。根据资产配置调整的依据不同，可将资产配置管理的调整过程分为3种：买入并持有策略、恒定混合策略和投资组合保险策略。3种策略各具特点，需要考虑投资者的风险厌恶程度，市场的走势以及对流动性的要求等多种因素进行确定。

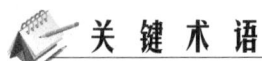

证券组合管理　　　　　　被动管理方法　　　　　　主动管理方法

投资组合理论　　　　　投资收益　　　　　　　投资风险
可行域　　　　　　　　有效边界　　　　　　　无差异曲线
最优证券组合　　　　　资本资产定价模型　　　资本市场线
证券市场线　　　　　　β 系数　　　　　　　套利定价模型
资产配置　　　　　　　历史数据法　　　　　　　情景综合分析法
战略性资产配置　　　　战术性资产配置　　　　买入并持有策略
恒定混合策略　　　　　投资组合保险策略

复习思考题

1. 简述证券组合管理的意义和特点。
2. 证券组合管理的方法和步骤都有哪些？
3. 你认为投资收益和投资风险两者之间是什么关系？
4. 投资收益如何度量？
5. 为什么可以利用资产收益率的方差或标准差来度量资产的风险？
6. 资本资产定价模型和套利定价模型的前提假设分别有哪些？
7. 谈谈你对资本市场线、证券市场线的理解。
8. 你认为 β 值在现实投资管理中有哪些作用？
9. 战略性资产配置与战术性资产配置的区别是什么？
10. 资产配置管理的策略包括哪些？请比较这些策略的异同。

主要参考文献

1. 张亦春. 现代金融市场学（第二版）[M]. 北京：中国金融出版社，2007.
2. 黄济生. 资产组合分析与管理 [M]. 上海：立信会计出版社，2009.
3. 张亦春. 金融市场学（第三版）[M]. 北京：高等教育出版社，2009.
4. 乔治·彭纳奇. 资产定价理论 [M]. 中文版. 大连：东北财经大学出版社，2007.
5. 李雪峰、周爱民. 投资管理 [M]. 北京：机械工业出版社，2010.
6. 冯科. 投资管理 [M]. 北京：中国发展出版社，2009.
7. 中国证券业协会. 证券投资基金 [M]. 北京：中国财政经济出版社，2012.
8. 中国证券业协会. 证券投资分析 [M]. 北京：中国财政经济出版社，2012.
9. 斯蒂芬·罗斯等. 公司理财，中文第八版 [M]. 北京：机械工业出版社，2010.
10. Williams J B. Theory of investment value：Fraser Publishing Com.，1938.
11. Eeton E J, et al. Modern portfolio theory and investment analysis [M]. 6th ed. New York：John Wiley &Sons, Inc., 2003.

第八章 企业资本结构与融资

> 【学习目标】
> 本章主要介绍企业资本预算、资本成本、资本结构以及融资决策等。通过学习：
> 1. 了解并掌握企业资本预算决策的含义、特点、原则及其方法。
> 2. 掌握资本成本的基本概念，了解投资决策的方法。
> 3. 了解资本结构，理解 MM 定理及其结论。
> 4. 了解并掌握融资的分类及其特点，理解融资顺序理论。

市场经济是一种资金约束性经济。企业是现代经济的细胞，企业的发展主要取决于能否获得稳定的资金来源，融资因此成为企业发展的关键。另外，现代企业以资本经营为核心，追求企业资本价值（或市场价值）的最大化。企业的市场价值是企业自有资本价值与债务价值的总和，而企业自有资本与负债的比例结构也就构成了企业的资本结构。因此，在业务运行过程中，企业还必须确定并保持一个优化的资本结构，利于其根据资金来源的成本、风险以及效益的核算和对比，选择最佳融资方式和理想的融资组合，做出科学的融资决策，从而实现融资成本的最小化或企业价值的最大化。

第一节 资本预算与投资分析

随着市场经济的发展，企业更加注重自身的长远利益，力图通过制定企业发展的长期战略，在持续发展的过程中不断发展壮大。资本预算是实现这一目标的强有力的工具。另外，企业战略目标的实现最终要靠投资战略来实现，只有所投资项目与企业战略相关，并且能够对其具有支持作用，所投资的项目才是可行的。因此，资本预算和投资项目分析是企业形成良好的资本结构、科学进行融资的前提。

一、资本预算的含义与种类

（一）资本预算的含义

资本预算是企业管理的重要内容之一，是现代企业优化资源配置的一项主要内容，其与业务预算、财务预算一起共同构成全面预算体系。具体而言，资本预算（Capital Budgeting），是指确定并评价公司长期投资项目的过程，这些资本项目是公司未来现金流的来源。资本预算的实质，是在对长期投资项目的支出现金流量和收入现金流量进行预测和分析的基础上，运用相关决策指标对项目的收益性和可行性进行分析，通过比较项目观察能否为投资者带来资本的增值，并从财务（或资本回报）的角度做出项目是否可行的判断[①]。任何对公司未来收益有影响的资本决策都属于资本预算范围，如是否购置新设备、是否在其他地区拓展业务、是否迁移公司总部等决策，都可以通过资本预算进行分析。

资本预算的投资金额大、影响持续时间长、回收慢、风险多。市场环境下的资本预算，对企业的生存与发展极为重要：一是，投资通常对企业未来的现金流量产生重大影响，尤其是那些在企业承受多年现金流出之后才可能产生现金流入的投资。很多投资的回收在投资发生时是不能准确预知的，投资决策存在着风险。二是，一旦做出某个投资决策，一般不可能收回该决策，至少这么做的代价很大，因此，对投资项目实施过程中的控制至关重要。三是，好的资本预算项目在企业生产、营销水平不变的情况下，可获得资产较大的增值；反之，企业会发生财务拮据，资金难以为继，甚至有破产的风险。四是，从公司战略的高度来讲，任何公司的战略决策都应该是使公司能够获得长期的获利能力，而战略决策的效果取决于资本预算项目的获利能力。

（二）资本预算的分类

根据投资的目的划分，资本预算一般可以分为以下几类：

1. 重置设备

这是最常见的资本预算种类。重置设备又可以细分为两种：其一，为了维持公司原有的业务而进行的置换设备；项目的关键点是分析现有项目是否可以持续，若可以则通过重置项目维持原有的公司业务。其二，重置设备以削减成本；这种情况一般是因为设备虽然过时，但仍能继续使用，不过出于成本考虑要被置换。

2. 扩张项目

也即扩充现有的生产和市场、或者扩充到新产品和新市场中去的项目。通过扩张项目，可以拓展公司业务、扩大公司规模，这类项目需要对未来的需求进行精确的预测。

3. 新产品或新市场的开发

这些投资项目将使公司面临巨大的不确定因素，因而需要更加细致的分析和复杂的资本预算决策。

4. 强制性项目

这些项目一般是在政府机关或保险公司强制要求下实施的项目，通常与安全或环境有关。其可能不能够为公司带来收入，但是当公司进行一项能够产生收入的新项目时，往往被附带要求实施该强制性项目。

此外，根据资本预算项目之间的关系划分，还可以分为相互独立的项目、相互排斥的项目和相互关联的项目等。

---

① 刘力．公司财务 [M]．北京：北京大学出版社，2007．

二、资本预算的基本原则与步骤

（一）资本预算的基本原则

资本预算一般应遵循以下几个基本原则：

1. 决策的基础是现金流，而不是会计收益

与资本预算相关的现金流，不是会计意义上的净收入，而是增量现金流，也即当且仅当项目被接受时所导致的现金流。这些现金流代表了由于实施项目而对企业总现金流所造成的影响。

此外，在决策增量现金流时，还有两个特别需要注意的概念：

（1）沉没成本。

沉没成本，是指即使项目不实施时仍要投入的不可避免的成本。这部分成本的投入不会因项目是否实施而改变，因此在进行资本预算分析时不应将其考虑在内。例如，当一家公司就是否应该推出一款新的产品而进行市场调查时所产生的费用就属于沉没成本，该项费用不应纳入资本预算分析中。

（2）外部性。

外部性，是指当实施某个项目时对公司其他项目产生的影响。因为主要产生的是负面影响，因此也常被称为负外部性。常见的情况是当实施某个新项目时，新项目创造的新市场会抢占了原有市场的份额。例如，当一家电脑制造商推出新一代的平板电脑时，可能会导致公司传统 PC 市场份额的下降。故在对资本项目进行资本预算分析时，应该纳入外部性这一因素。当然，某些项目也存在正外部性，也即项目的实施会对公司其他项目产生正面影响。

2. 现金流获得的时间很重要

资本预算分析与现金流获得的时间有关，越早获得的现金流越有价值，所以分析时应当对现金流产生的时点进行精确的预测。

3. 现金流分析要基于机会成本进行分析

所谓机会成本，是指由于公司实施了某个项目而放弃实施其他项目所能够产生的最高收益。进行资本预算分析应从机会成本的角度出发，项目成本中要包括机会成本。例如，当公司用自己拥有的土地建造厂房时，即使公司现在拥有该土地，就要把土地成本考虑进去。因为从沉没成本的角度看，公司如果不用该土地建造厂房，则可以把该土地出卖或者出租从而获得收益。

4. 现金流的分析要基于税后的现金流进行分析

考虑资本预算时必须考虑税收的因素，因为公司价值是基于流入公司的净现金流，而不是上交的税金。

5. 项目的融资成本要反映在项目的必要收益率中

资本预算所用到的贴现率、也即必要收益率，已经考虑了项目的融资成本。必要收益率隐含了项目的风险因素，其是风险的函数。

(二) 资本预算的步骤

一般来说，资本预算通常由以下 4 个步骤组成：

1. 提出各种可能的投资方案

形成好的投资方案是资本预算中最重要的步骤。好的方案可以有很多来源，可以出自公司的管理层、职能部门、员工，甚至可以来自公司外部。

2. 分析方案

由于做出接受或者拒绝某个资本项目的决策是基于这个项目未来的期望现金流，因此必须针对每个方案进行现金流预测，并判断其期望收益。此外，还要估计预期现金流量的风险程度，并据此对现金流量进行风险调整。

3. 制定公司层面的资本预算

某些在公司层面上考量时是劣质的项目，在单独考量时却可能是优质项目。所以，公司应根据项目现金流的时间、拥有的资源以及整体发展战略等因素，综合制定符合公司发展的资本预算决策。

4. 监督和项目后评估

在项目开始执行后，需对项目的执行情况进行后续的跟踪监督，将项目执行的真实结果与原先预测的结果进行对比，对不同的地方需要进行评估和解释。这是资本预算的反馈阶段，是资本预算的重要组成部分。其作用在于：①有助于监督资本预算背后的预测和分析；通过该步骤，诸如过分乐观的预算等系统错误将易于被察觉。②有助于提高公司的运营能力，倘若出现销售或成本等与原先预测不符的情况，可以通过各种方法努力将项目的业绩表现带回到预期的目标上来。③监督和项目后评估能够为未来投资提供具体的参照标准或依据。

三、项目的现金流量分析

一个项目是否可行、是否能够带来盈利主要取决于项目的现金流量。所谓项目的现金流量，是指一段时间内流入企业和流出企业的现金或现金等价物的数量。

与现金流量相对应的概念是净现金流量，是指现金流入和现金流出的差额。净现金流量是正值，代表企业现金的净流入；净现金流量是负值，代表企业现金的净流出。净现金流量反映了一段时间内企业各类活动形成的现金流量的最终结果。

对项目现金流量的分析，是资本投资决策的基础。这种分析并不仅仅是分析投资该项目所产生的现金流量，而应该将项目现在和未来产生的净现金流作为整体来进行考察。也就是说，企业在进行项目资本投资决策分析时，应综合分析该项目整体现金流的影响，判断其是否能够增加公司价值。

一般情况下，一个项目的现金流量由初始现金流量、经营现金流量和终结现金流量三部分构成。初始现金流量，是指项目投资初期，企业必须投入资金以使得项目建成、运行而产生的现金流量。其通常是一笔净现金流出，代表项目初始时的投资支出。经营现金流量，是指项目投入运行后,在整个项目经营周期内项目正常经营活动所产生的现金流量。通常情况下其会给企业带来净现金流入;少数情况下,项目的净经营现金流量为负。终结现金流量,是指一个项目周期结束后,终结项目投资时产生的各种现金流量。其可能是一笔净现金流入,也可能是净现金流出,亦可能为零。

四、项目投资的分析方法

项目投资的评价方法,主要是净现值法(NPV)和内涵报酬率法(IRR)。两种方法的主要共同特征是:都考虑了不同时点的货币有不同的价值,其计算的结果(NPV和IRR)都属于贴现指标。

(一)净现值法(NPV)

从定量上看,净现值(Net Present Value,NPV)等于项目中所有期望增量现金流的现值之和,其中的贴现率是根据项目风险水平调整后的资本成本。一般来说,一个项目期初会产生一笔净现金流出,之后将产生一系列的税后净现金流入,而净现值就是这些期望现金流的现值减去项目期初的成本,用公式表示为:

$$NPV = CF_0 + \frac{CF_1}{(1+k)^1} + \frac{CF_2}{(1+k)^2} + \cdots + \frac{CF_n}{(1+k)^n}$$

$$= CF_0 + \sum_0^n \frac{CF_t}{(1+k)^t}$$

式中,CF_0 = 项目初始的支出(净现金流出,通常为负数);CF_t = t时刻的税后净现金流;k = 项目的必要收益率。

净现值为正的项目,将会增加的公司价值;净现值为负的项目,将给公司带来损失;而净现值为零的项目,则对公司的价值不产生影响。因此,对于相互独立的项目,利用净现值法进行决策的规则是:接受任何净现值为正的项目,拒绝任何净现值为负的项目。

【例8-1】利用表8-1中提供的关于项目的现金流计算每个项目的净现值,并根据净现值法判断是否应该接受或者拒绝该项目。其中,假设项目的资本成本均为8%。

表8-1 各项目税后现金流 单位:万元

年(t)	项目A	项目B
0	-5 000	-5 000
1	2 500	1 000
2	2 000	1 500
3	1 500	2 000
4	1 000	2 500

注:"-":表示现金支出。

解:项目A:

$$NPV_A = -5\,000 + \frac{2\,500}{(1+8\%)^1} + \frac{2\,000}{(1+8\%)^2} + \frac{1\,500}{(1+8\%)^3} + \frac{1\,000}{(1+8\%)^4}$$

$$= -5\,000 + 2\,314.81 + 1\,714.68 + 1\,190.75 + 735.03$$
$$= -5\,000 + 5\,955.27$$
$$= 955.27\text{（万元）}$$

项目 A 未来现金流的现值为 5 955.27 万元，由于该项目要求在期初有成本为 5 000 万元的支出，意味着公司用在期初 5 000 万元的支出换取了现值为 5 955.27 万元的投资项目，最终公司价值增长了 955.27 万元，也即该项目的净现值。

同理，项目 B：
$$NPV_B = -5\,000 + \frac{1\,000}{(1+8\%)^1} + \frac{1\,500}{(1+8\%)^2} + \frac{2\,000}{(1+8\%)^3} + \frac{2\,500}{(1+8\%)^4} = 637.17\text{（万元）}$$

项目 A 和项目 B 的净现值都为正值，两个项目都能够增加公司的价值，故应接受两个项目。此外，从表 8-1 可以看出，虽然项目 A 和项目 B 的现金流量相同，但是由于现金流获得的时间不同，故计算得出的净现值并不相同。这也充分印证了资本预算第二条基本原则：现金流获得的时间很重要，越早获得的现金流越有价值。

（二）内涵报酬率法（IRR）

内涵报酬率（Internal Rate of Return，IRR），是资本预算和证券分析中最常使用的概念，是使项目税后增量现金流的现值等于项目期初支出成本的贴现率。更一般意义上的内涵报酬率，是使得项目期望现金流入现值等于项目期望现金流出现值的贴现率，也即：PV（现金流入）= PV（现金流出）。

通常，内涵报酬率是使得一个项目净现值为零时的贴现率，也即：
$$NPV = 0 = CF_0 + \frac{CF_1}{(1+IRR)^1} + \frac{CF_2}{(1+IRR)^2} + \cdots + \frac{CF_n}{(1+IRR)^n}$$
$$= CF_0 + \sum_0^n \frac{CF_t}{(1+IRR)^t}$$

从上式可以看出，内涵报酬率的计算公式类似于净现值的计算公式。不同的是：内涵报酬率计算公式中，用内涵报酬率（IRR）替代了必要收益率（r）作为贴现率，利用内涵收益率（IRR）贴现，净现值（NPV）等于零。

关于内涵报酬率（IRR）的计算，通常有两种方法：一种是利用试误的方法，通过猜测内涵报酬率带入上述公式检验直到找到正确的解；另一种方法是利用金融计算器求解。

利用内涵报酬率法进行决策的基本规则是：首先，计算项目的必要收益率，它通常是公司的资本成本。需要注意的是，项目的必要收益率可能高于或低于公司的资本成本，这是因为必要收益率通常是根据项目风险与公司平均的项目风险调整后得出的。然后，根据以下规则进行判断：当项目的内涵报酬率大于必要收益率时，接受该项目；当项目的内涵报酬率小于必要收益率时，拒绝该项目。

【例 8-2】沿用 [例 8-1] 中关于项目 A 和项目 B 的现金流量，假设两个项目间是相互独立的，必要收益率为 8%，计算每个项目的内涵报酬率（IRR）并判断是否应该接受该项目。

解：

项目 A：$0 = -5\,000 + \dfrac{2\,500}{(1+IRR_A)^1} + \dfrac{2\,000}{(1+IRR_A)^2} + \dfrac{1\,500}{(1+IRR_A)^3} + \dfrac{1\,000}{(1+IRR_A)^4}$

解得：$IRR_A = 17.80\%$

项目 B：$0 = -5\,000 + \dfrac{1\,000}{(1+IRR_B)^1} + \dfrac{1\,500}{(1+IRR_B)^2} + \dfrac{2\,000}{(1+IRR_B)^3} + \dfrac{2\,500}{(1+IRR_B)^4}$

解得：$IRR_A = 12.83\%$

由于项目 A 和项目 B 的内涵报酬率 IRR 均大于必要收益率 8%，所以可以接受两个项目。

（三）净现值法与内涵报酬率法的比较

净现值法和内含报酬率法都是较好的投资评估方法，都考虑了资金的时间价值，能够比较客观准确地反映投资项目的经济效益。但两者也各自具有特点：

净现值法的主要优点是：可以直观预期能够增加的公司价值，直接度量项目对股东的货币好处。净现值法被认为是最好的资本预算方法，因为可以以其为依据，从理论上得出最正确的资本预算决策。净现值法的缺点是：没有充分考虑项目大小不同所带来的差异。例如，对于期初投入 100 万元的项目来说，净现值为 10 万元是相当有吸引力的；但是，对于期初投入为 10 亿元的项目来说，净现值为 10 万元，却不见得是好项目。

内涵报酬率法的优点是：度量盈利能力的指标以百分比的形式体现，度量了百分比的收益状况，表示每一单位投资所带来的回报。内涵报酬率显示了项目能够承受的最高的资本成本。根据内涵报酬率与项目实际回报率的比较，可以判断当项目实际回报率下降多少百分比时，该项目将变得不可行。内涵报酬率法的缺点是：①当存在多个互斥的项目时，内涵报酬率得出的结论可能与净现值法得出的结论相悖。②采用内涵报酬率法可能会遇到一个项目存在多个内涵报酬率或者不存在内涵报酬率的情形。如，当一个项目除了期初的初始支出之外，如果在项目周期或者结束时还存在其他现金流时，该项目可能存在不止一个内涵报酬率，也即存在不止一个能够使项目净现值为零的贴现率。

相比之下，净现值法一般不会遇到上述两个问题。即使出现上述两种情况，净现值法依然能够给出合适的决策结果。这是因为，净现值法决策使用的是最贴近现实的贴现率——利用资金的机会成本进行贴现。因此，如果出现净现值法与内含报酬率法的决策结果不一致时，通常以净现值法为准。

需要说明的是，用这两种方法评估现金流量规则变动（即：期初产生一次性的成本支出，之后是连续多期现金流入的传统形式）的独立项目时，会得到一致的结论。但当评估两个以上互斥项目时，可能会得出相反的结论。这可能是由于现金流产生的模式不同或者项目规模、投资周期的不同而导致。如，可能存在项目 A 的净现值大于项目 B，但项目 B 的内涵报酬率高于项目 A 的情况。

【例 8-3】因现金流产生的形式不同可能导致的决策冲突

假设：项目 A 和项目 B 有一样的期初成本支出，但未来的现金流不同。项目 A 相对于项目 B 较早地回收了投入。表 8-2 列示了两个项目的现金流情况和各自的净现值（NPV）

与内涵报酬率（IRR），假设两个项目的必要收益率均为8%。

表8-2　　　　项目的现金流、净现值（NPV）及内涵报酬率（IRR）　　　　　单位：万元

年（t）	现金流					NPV	IRR
	0	1	2	3	4		
项目 A	-500	200	200	200	200	162.43	21.86%
项目 B	-500	0	0	0	1 000	235	18.92%

如果 A 和 B 两个项目是相互独立的项目，可以同时投资这两个项目，因为根据决策规则观察它们都能够产生盈利，增加公司价值。但如果这两个项目是互斥的项目，则只能选择项目 A（拥有更高的内涵收益率 IRR）或项目 B（拥有更高的净现值 NPV）。根据前述分析，如果两种方法得到的结果冲突，应采用净现值法评价。由于项目 B 拥有更高的净现值 NPV，故应当选择项目 B。

此外，项目规模的不同，也会使两种方法的决策结果出现不一致。例如，假设项目 A 的初始支出为 1 000 000 元，项目 B 的初始支出为 1 000 000 000 元。显而易见项目 A 规模显著小于项目 B。此时可能出现：项目 A 的内涵报酬率 IRR 较高，但其净现值 NPV 较小，也即该项目能够增加较少的公司价值；项目 B 尽管其内涵报酬率 IRR 较低，但其净现值 NPV 较大，即该项目能够增加较多的公司价值。根据前述分析，应采用净现值法评价的结果，也即选择项目 B。

五、项目投资决策的选择

一般来说，企业会持续投资于那些能够带来正净现值的项目，直到项目的边际回报率等于边际资本成本。如此做的前提是，企业拥有无限的资金作为支撑。倘若企业无法筹措到足够的资金，或者企业因成长过快而缺乏足够的管理人员对众多投资项目进行管理，就必须进行合理的投资决策选择，以在资金有限的情况下，对众多可以接受的投资项目进行最合理的搭配组合。

因此，项目投资决策的选择就是：在资金有限的前提下，在一系列符合条件的项目中进行合理的配置，以达到实现企业股东财富最大化的目的。在资金有限的约束下，企业应选择能够带来最大总净现值的项目。

【例8-4】某公司有 1 000 000 元的资金预算。目前，公司有 5 个投资项目可供选择，每个项目的初始投资和项目的净现值如表 8-3 所示。试判断该公司应该投资哪些项目？

表8-3　　　　　　　　　　公司可投资的项目　　　　　　　　　　　　　单位：元

	项目初始投资	净现值 NPV
项目 1	-400 000	150 000
项目 2	-250 000	90 000
项目 3	-200 000	50 000
项目 4	-180 000	40 000
项目 5	-150 000	-30 000

根据计算可以看到：项目 1、2、3、4 的净现值为正，是能够带来盈利的项目，而项目 5 净现值为负，会带来损失，所以可投资的项目该从项目 1、2、3、4 中选择。但是，投资这 4 个项目需要投资 1 030 000 元，超过了该公司的资本预算，该公司只能从这 4 个项目中选择项目进行组合投资。该公司投资决策的最后结果是：投资项目 1、2、3。因为该项目组合的初始投资为 850 000 元，总的净现值为 290 000 元；该组合拥有最大的净现值，初始投资没有超过公司设定的资金预算，资金预算中剩余的 150 000 元还可以用于公司运营的其他方面。

值得注意的是，进行多个项目投资决策的目的，是在资金预算有限的条件下实现整体净现值的最大化，因此并不一定要选择那些拥有最大净现值的单个项目。

第二节 资本成本

一、资本成本的概念

资本成本是指筹资者为筹集和使用资本而付出的代价，如向权益资本提供者（股东）支付的报酬，向债务资本提供者支付的利息等。企业从事生产经营活动所需要的资本，通常来自权益融资与债务融资两个主要渠道。这两类不同来源的资本所承担的风险不同，要求的必要报酬率也不同，成本因此也不同。一般来说，通过债务融资需要定期付息、到期还本，投资者风险较小，企业对债务资本只负担较低的成本。而权益资本不用还本、收益不定；并且，与债权人相比，权益投资者（公司股东）承担的投资风险大，因而要求的必要报酬率也更高。所以，权益资本的成本往往高于债务资本的成本。

从企业管理者的角度看，资本成本是企业投资行为所必须达到的最低程度的报酬率水平。从投资者的角度看，资本成本是其投资要求的必要回报率，其与投资项目的风险程度呈正向关系。所以，人们常常将资本成本与必要回报率、期望回报率等视为同义词，相互交叉使用。

资本成本是企业筹资决策的重要依据，是评价和选择投资项目的重要标准，也是衡量企业资金效益的临界基准。

二、加权平均资本成本

加权平均资本成本（Weighted Average Cost of Capital，WACC），是指企业各种形式的个别资本（资本的各组成部分）成本的加权平均，其权重为该类资本在企业资本总额中所占的比例。常见的个别资本形式包括普通股、优先股、长期负债等。

企业的加权平均资本成本与企业的资本结构有关，特别是债务资本与权益资本之间的组合情况。通常，加权平均资本成本（WACC）可用下式计算：

$$WACC = \sum_{i=1}^{n} W_i R_i$$

其中，W_i 为第 i 个资本在企业资本总额中所占的比例（权重）；R_i 为第 i 个资本的资本成本。当企业资本中只有债务资本与权益资本时，可用 D 表示债务资本，用 E 表示权益资本，则企业的资本总额为 $(D+E)$，那么债务资本和权益资本所占的权重分别为 $W_D = \dfrac{D}{D+E}$、$W_E = \dfrac{E}{D+E}$。此时，企业的加权平均资本成本可表示为：

$$\text{WACC} = W_D \times R_D + W_E \times R_E = \frac{D}{D+E} \times R_D + \frac{E}{D+E} \times R_E$$

【例 8–5】假设，某企业拥有发行在外的普通股市值 10 000 000 元，此外还拥有价值 5 000 000 元的长期债券。已知普通股的资本成本为 15%，长期债券税后的资本成本为 9%。试计算该企业的加权平均资本成本。

解：已知 $E = 10\,000\,000$，$D = 5\,000\,000$

$$R_D = 15\%，R_E = 9\%$$

代入加权平均资本成本 WACC 的计算公式，得到：

$$\text{WACC} = W_D \times R_D \times W_E \times R_E = \frac{D}{D+E} \times R_D + \frac{E}{D+E} \times R_E$$

$$\begin{aligned}\text{WACC} &= \frac{10\,000\,000}{10\,000\,000 + 5\,000\,000} \times 15\% + \frac{5\,000\,000}{10\,000\,000 + 5\,000\,000} \times 9\% \\ &= 10\% + 3\% \\ &= 13\%\end{aligned}$$

该企业的总资本是由 66.67% 的资本成本为 15% 的普通股和 33.33% 的税后资本成本为 9% 的长期债券共同构成，其加权平均资本成本（WACC）为 13%。

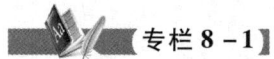
【专栏 8–1】

加权平均资本成本的影响因素

在许多国家，债券的利息具有抵税的作用，因此会更关注税后的资本成本，需要对企业债务资本的资本成本进行调整，也即根据企业的边际税率调整为税后的债务资本成本。而对于权益资本而言，普通股和优先股的股利分红不具有抵税的作用，因此不需对其进行调整。当考虑了税后之后，加权平均资本成本可用下式表示：

$$\text{WACC} = w_d \times [k_d(1-t)] + w_{ce} \times k_{ce} + w_{ps} \times k_{ps}$$

其中，w_d 为债券所占的权重；k_d 为税前债券的资本成本，通常企业可以以该比率发行新债券；$k_d(1-t)$ 为税后债券的资本成本，其中 t 为企业的边际税率；w_{ce} 为普通股所占的权重；w_{ps} 为优先股所占的权重；k_{ce} 为普通股的资本成本，通常为普通股的必要收益率；k_{ps} 为优先股的资本成本。

从加权平均资本成本的定义来看，影响企业加权平均资本成本的主要因素有二，一是个别资本成本，二是企业的资本结构。个别资本成本和资本结构又主要受利率水平、税收政策、公司的融资政策、利润分配政策和投资政策等因素的影响。其中，市场利率水平和政府的税收政策是企业无法控制的因素，而公司的融资政策、利润分配政策和投资方向的选择等，在一定程度上是企业可以自己控制的因素[1]。

---

[1] 刘力. 公司财务 [M]. 北京大学出版社，2007.

三、加权平均资本成本与投资决策

加权平均资本成本的主要用处在于:当一个项目需要资金投入时,可以通过对比加权平均资本成本与该项目的回报率进行决策,决定是否实施该项目。那些内涵报酬率大于资金成本的项目,被认为能够给公司创造价值,应该采纳;而那些内涵报酬率低于资金成本的项目,往往会侵蚀公司的价值,应该拒绝。此外,加权平均资本成本常被用作贴现率来计算项目的净现值。如果一个项目能够产生足够多的投资收益被用以满足每个个别资本的投资收益要求,那么用加权平均资本成本贴现后的该项目的净现值必然大于或等于零,该项目可以被采纳。显然,前述资本预算以及项目投资决策中需要考虑的资本成本并不是单一的资本成本,而是加权平均资本成本。

由于加权平均资本成本反映的是一个企业所有项目的平均风险,因此其并不能够很好的评价企业所有的新项目。所以,应该根据项目风险与平均风险的对比,相应提高或者降低加权平均资本成本。

第三节 资本结构与资本结构理论

一、资本结构的含义

为了追求股东财富的最大化,企业应尽量降低资本成本,这需要能够正确的评估资本成本和合理地确定资本结构。所谓资本结构,是指企业各种资本的价值构成及其比例,通常是指企业债务资本(D)与权益资本(E)的比值(D/E)。由于资本结构主要反映企业债务资本与权益资本的比例关系,因而在很大程度上决定着企业的偿债能力和再融资能力,决定着企业未来的盈利水平,是衡量企业财务状况的一项重要指标。当企业资本结构为最优时(也即实现最优资本结构,或达成企业的"目标资本结构"),股东财富和企业价值将实现最大化,企业的资本成本也最低。通过发挥财务杠杆的调节作用,企业可以获得更大的自由资金收益率。

二、资本结构理论

公司资本结构与公司价值之间的关系一直是现代公司金融理论研究的热点。1958年6月,美国经济学家莫迪格利尼亚(Franco Modigliani)和米勒(Merton Miller)在其代表性论文《资本成本、公司理财和投资理论》中,对此进行了开创性研究,并在此后陆续进行了深入研究和修正,形成了著名的MM理论(MM定理)。

MM理论的基本观点是:在一系列假设前提条件下,公司价值与其资本结构无关。公司价值决取于它的实际资产,而非各类债权、所有权的市场价值。MM理论奠定了现代企业资本结构的基础,其从企业经营者目标和行为以及投资者目标和行为的角度出发,探索了在一定的市场环境下这种目标和行为的相互冲突与一致,被认为是资本结构理论史上的里程碑。

(一) MM 理论的主要假设前提

MM 理论是建立在严格的理论基本假设之上的,主要的基本假设有:

①资本市场是一个完美的市场。在这样的完美市场中不存在交易成本、税收和破产费用,没有政府的限制可以自由地交易,而且资本资产可以无限分割。

②投资者具有同质性的假设,也即投资者对公司产生的现金流具有一致的期望。

③投资者能够以无风险利率进行借贷活动。

④不存在代理成本,也即公司的经营者与股东之间不存在利益冲突,公司经营者总是尽力实现股东财富最大化。

⑤投资决策与融资决策相互独立、不互相影响,也即公司的营业收入不受公司资本结构变化的影响。

上述假设中,许多与现实经济世界相比是不相符的。但是,这些假设为探究资本结构提供了基础,并为分析资本结构对公司价值的影响提供了出发点。之后的所有研究及结论都是在上述假设的基础上进行相应的改进所得。

(二) 无税收时的 MM 理论

1. MM 定理 I (无税收):资本结构无关论

根据以上假设,莫迪格利尼亚和米勒提出了在无公司所得税情况下的资本结构与公司价值的命题 I,也即无税收时的 MM 定理 I:在完美市场条件下,在不考虑公司所得税,且企业经营风险相同而只有资本结构不同时,公司的资本结构与公司的市场价值无关。该理论也被称为资本无关论。

根据 MM 定理 I,当公司的债务比率由 0% 增加到 100% 时,企业的资本总成本及总价值不会发生任何变动,即企业价值与企业是否负债无关,不存在最佳资本结构的问题。也就是说,在完美市场结构下,企业企图通过改变资本结构来提供企业的市场价值是徒劳的。倘若把一个公司的资本比作一个大蛋糕,根据公司资本构成的结构可以将蛋糕分成若干份,其中每份代表着某种单一资本(如权益资本、债务资本等)在公司所有资本中所占的比例;根据 MM 定理 I,蛋糕的大小与如何进行蛋糕分割无关。

MM 理论的贡献在于它阐明了企业的经营者并不能简单地通过改变公司资本结构来创造价值。这是因为,公司的营业收入是归它的资本提供者所有的,当一家公司只有权益资本没有债务资本(也即公司不负债)时,公司所有的营业收入都将归股东所有。此时,公司的价值是这些收入贴现而成的现值。当一家公司的资本部分由权益资本构成,其余部分由债务资本构成,那么公司的营业收入就需要在这两个公司资本提供者之间进行分配。在市场均衡的情况下,公司的所有债权和股权的总和应该等于该公司的价值。换句话说,一家公司的价值仅仅是由它的现金流决定,而与它的资本结构无关。所以,采用资本杠杆的公司(由权益资本和债务资本构成的公司)的总价值 V_L,等于无杠杆公司(仅由权益资本构成的公司)的总价值 V_U,用公式表示也即:

$$V_L = V_U$$

2. MM 定理 II（无税收）：股权成本与杠杆比率

在 MM 定理 I 的基础上，MM 定理 II 讨论了公司资本结构对其权益资本成本和加权平均资本成本的影响。MM 定理 II 指出，在无税收的情况下，公司的股权资本成本与公司的财务杠杆成线性关系。

MM 定理 II 仍然假设存在无摩擦的完美资本市场（也即不存在税收和破产成本），投资者具有同质预期。根据该假设，由于债权人对公司的资产和收益具有优先偿付权，故债务资本的成本低于权益资本成本。但是，随着公司提高财务杠杆，也即提高债务比例，权益资本收益率的波动增大，则公司股东承担的风险也会加大，从而导致其相应的权益资本成本增加。因此，大量采用成本低廉的债务资金作为融资来源，以及提高公司的债务比例等所带来的好处，会被由此导致的权益资本成本上升所抵消，最终使得公司的加权平均资本成本 WACC 不发生改变，因而公司的整体价值并不会因为债务资本的比例增加而增加。

根据 MM 定理 II，存在杠杆的公司（即有负债的公司）的权益资本成本等于同风险等级的无负债公司的权益资本成本加上一定的风险报酬，该风险报酬通常等于无负债公司的权益资本成本减去负债公司的债务资本成本后与负债公司债务权益比的乘积，可用下式表示：

$$r_e = r_0 + \frac{D}{E}(r_0 - r_d)$$

其中，r_e 为杠杆公司的权益资本成本；r_0 为不存在杠杆的公司的资本成本；r_d 为债务资本的成本；D 为债务资本的价值，E 为权益资本的价值，$\frac{D}{E}$ 为债务权益比。

随着公司财务杠杆的增加（债务权益比 $\frac{D}{E}$ 上升），权益资本的成本会随之增加，但是平均加权资本成本 WACC 和债务资本成本维持不变。

MM 定理 II 的结论支持 MM 定理 I 的结论，这是因为公司的低债务成本会由增加的权益资本成本抵消，公司资本结构中权益资本与债务资本的比例变化不会影响公司整体的价值。在无税收的情况下，公司的资本结构与其加权平均资本成本无关，增加资本并不会降低公司的加权平均资本成本。

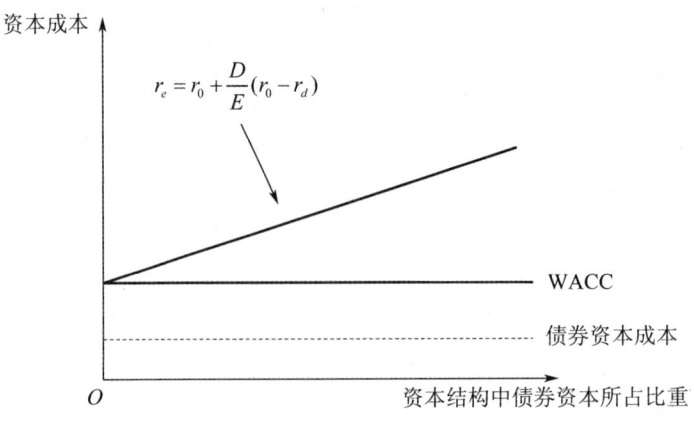

图 8-1 无税收时权益资本、债务资本和加权平均资本成本

【专栏 8-2】

无税收时的 MM 定理的证明

1. 无税收时 MM 定理 I 的证明

杠杆公司股东的收益：$EBIT - r_D \times D$

债权人的收益：$r_D \times D$

属于股东和债权人的总收益：$(EBIT - r_D \times D) + r_D \times D$

这一现金流的现值是 V_L

显然有：$(EBIT - r_D \times D) + r_D \times D = EBIT$

这一现金流的现值是 V_U

所以，$V_L = V_U$

2. 无税收时 MM 定理 II 的证明

$$r_{WACC} = \frac{D}{D+E} \times r_D + \frac{E}{D+E} \times r_E$$

令 $r_{WACC} = r_0$，则有：

$$\frac{D}{D+E} \times r_D + \frac{E}{D+E} \times r_E = r_0$$

等式两边乘以 $\frac{D+E}{E}$，得：

$$\frac{D}{D+E} \times \frac{D+E}{E} \times r_D + \frac{E}{D+E} \times \frac{D+E}{E} \times r_E = \frac{D+E}{E} \times r_0$$

即

$$\frac{D}{E} \times r_D + r_E = \frac{D+E}{E} \times r_0$$

整理得

$$r_E = \frac{D+E}{E} \times r_0 - \frac{D}{E} \times r_D$$

$$= r_0 + \frac{D}{E}(r_0 - r_D)$$

（三）有税收时的 MM 定理

1. MM 定理 I（有税收）：公司在 100% 负债的情况下价值最大

无税收情况下的 MM 理论的重要前提假设是存在完美的资本市场，但是这一假设与企业实际经营环境差别较大，限制了该理论的实用价值。进入 20 世纪 60 年代，经济学家们对以往的 MM 理论进行了批评和争论，放松了 MM 理论的假设条件，使其更贴近现实。1963 年，针对企业的市场价值并非只与期望税后报酬相关的现实，莫迪格利尼亚和米勒突破性地引入了税收制度，提出了修正的 MM 定理，也就是存在公司所得税情况下的 MM 理论。

由于许多国家税法中规定利息在税前扣除，也即利息是税前费用，所以利息具有抵税的功能。然而，支付给股东的股息则是在企业扣除税费的基础上进行分配的。税收的处理方式促使企业采取债务融资。由于负债有利于减轻企业的税负，增加股东的税后收益，采用高负债率利于实现企业股东价值最大化，所以负债具有提供税盾的功能①。税盾等于企业的边际

---

① 税盾：是指可以产生避免或减少企业税负作用的工具或方法。一般是由于将免税额从应税收入中扣除而产生的降低所得税的效应。债务利息一般是免税支出，因此负债会产生税盾。

税率乘以企业资产结构中债务的总量。换句话说,杠杆公司的价值等于无杠杆公司的价值加上税盾,可用下式表示:

$$V_L = V_U + (T_C \times D)$$

其中,V_L 为杠杆公司的价值;V_U 为无杠杆公司的价值;T_C 为公司的边际税率;D 为公司资本结构中债务的价值。

假设 MM 理论中其他假设不变(如不存在破产成本等),公司的价值随着公司的财务杠杆的提高而增加,显然,当负债比率达到 100% 时,企业价值达到最大。

2. MM 定理 Ⅱ(有税收):WACC 在 100% 债务下达到最大

与无税收的 MM 定理 Ⅱ 相同,有税收情况下的 MM 定理 Ⅱ 也是讨论公司的权益资本成本。假设公司的边际税率不为零,然后用加权平均资本成本 WACC 来表示权益资本成本,可以得到有税收时的 MM 定理 Ⅱ,杠杆公司的权益资本成本等于具有同等风险的无杠杆公司的权益资本成本加上一定的风险补偿,可用下式表示。

$$r_E = r_0 + \frac{D}{E} \times (1 - T_C) \times (r_0 - r_D)$$

其中,T_C 为公司的边际税率。

随着公司财务杠杆的提高如图 8-2 所示,因为负债税盾效应导致平均加权资本成本 WACC 下降。当平均加权资本成本 WACC 最小时,公司的价值最大,此时公司的资本结构为 100% 负债。

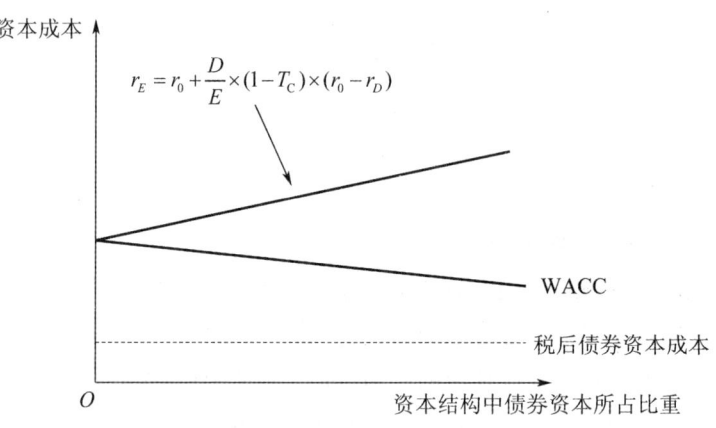

图 8-2 有税收时权益资本、债务资本和加权平均资本成本

【专栏 8-3】

有税收时的 MM 定理的证明

1. 有税收时 MM 定理 Ⅰ 的证明

杠杆公司股东的收益:$(EBIT - r_D \times D) \times (1 - T_C)$

债权人的收益:$r_D \times D$

所以,属于股东和债权人的总收益为:

$$(EBIT - r_D \times D) \times (1 - T_C) + r_D \times D$$

这一现金流的现值是 V_L，显然：

$$(EBIT - r_D \times D) \times (1 - T_C) + r_D \times D$$
$$= EBIT \times (1 - T_C) - r_D \times D \times (1 - T_C) + r_D \times D$$
$$= EBIT \times (1 - T_C) + r_D \times D \times T_C$$

第一项的现值是 V_U，第二项的现值是 $T_C \times D$

所以：
$$V_L = V_U + T_C \times D$$

2. 有税收时 MM 定理 II 的证明

从有税收时的 MM 定理 I 开始：$V_L = V_U + T_C \times D$

因为：$V_L = E + D \rightarrow E + D = V_U + T_C \times D$

得：
$$V_U = E + D \times (1 - T_C)$$

等式两边的现金流量应该相等：

$$E \times r_E + D \times r_D = V_U \times r_0 + T_C \times D \times r_D$$
$$E \times r_E + D \times r_D = [E + D \times (1 - T_C)] \times r_0 + T_C \times D \times r_D$$

等式两边同时除以 E，得：

$$r_E + \frac{D}{E} \times r_D = \left[1 + \frac{D}{E} \times (1 - T_C)\right] \times r_0 + \frac{D}{E} \times T_C \times r_D$$

化简，得：
$$r_E = r_0 + \frac{D}{E} \times (1 - T_C) \times (r_0 - r_D)$$

三、其他成本与资本结构

尽管 MM 理论为探究资本结构与公司价值之间的关系提供了理论依据和出发点，但是 MM 理论与现实经济社会还是存在差异的。如，根据有税收时的 MM 理论，公司价值会随着负债的增加而增加；当公司资本全部来自于债务资本时，公司价值将达到最大。这一现象显然与经济社会的现实不符。之所以得出这样的结论，主要是由于 MM 理论的基本假设是一种完美市场的假设，其假设债务的风险是恒定的，也即公司的债务资本成本不会因为公司债务资本数量的变化而发生变化。然而，现实经济社会中的债务是有风险的，这种风险的存在会产生相应的成本，从而造成了现实世界的结论与 MM 理论结论的不同。

为此，企业在确定资本结构时，需要关注其他一些与资本结构相关的成本。

（一）财务危机成本

如果企业经营不善，会陷入财务危机，财务危机是指企业在履行偿债义务方面遇到了极大的困难，暂时或永久无法履行某些偿债义务。财务危机风险对应财务危机成本。所以，财务危机成本是指因为收益降低而导致公司面临大量债务而需要增加的成本支出。当企业出现财务危机甚至破产的可能，会对企业价值产生负面影响，公司股东将承担由此产生的财务危机成本。值得注意的是，造成企业价值降低的是财务危机的成本，而不是财务危机风险。

财务危机成本一般由两个主要部分构成：

（1）财务危机成本和破产成本。

该成本可以划分为直接成本和间接成本。直接成本是指包括与破产相关的现金费用，一般只占公司价值很小一部分，如律师费用、管理费用等。间接成本包括失去的机会成本以及失去客户、债权人、供应商和公司雇员信任的成本等。

（2）财务危机和破产产生的概率。

财务危机和破产产生的概率，是指公司采用运营杠杆和财务杠杆而可能导致财务危机产生的可能性。一般而言，高杠杆导致财务危机的可能性增大。由于公司的总杠杆等于运营杠杆和财务杠杆的乘积，意味着公司的财务危机与公司的运营风险、财务风险都有关，并且具有放大作用。此外，影响财务危机概率的其他因素还包括公司的管理层、公司的治理结构等。

关于资本结构的决策，经常是引发财务危机的关键性因素。如，对于权益资本数量确定的企业来说，调整企业资本结构就是调整企业的负债数量，所以资本结构决策实质上就是企业负债决策。一般而言，企业的负债率越高，财务风险发生的可能性就越大，期望的财务危机成本就越大。在其他条件不变的情况下，如果公司的财务危机成本较大，则必然影响公司的资本结构。所以，合理的资本结构应该是在充分考虑企业当前财务杠杆水平的基础上确定的，在企业债务的容纳能力范围内。

【专栏 8—4】

美国安然公司因财务危机而倒闭

曾经轰动一时的美国安然公司倒闭事件，就是一个因为财务危机而导致公司价值骤降的典型例子。在 2001 年宣告破产之前，安然公司拥有约 21 000 名雇员，是世界上最大的电力、天然气以及电讯公司之一，2000 年其披露的营业额达 1 010 亿美元之巨。安然公司财务造假丑闻只是其破产倒闭的导火线，而真正使得这家商业巨贾最终不得不申请破产保护的主要原因是：当为其提供信贷支持的债权人拒绝继续提供融资支持后，投资者纷纷抛售安然公司的股票并最终导致其破产。根据一份安然公司破产之后十天发布的资料显示，安然公司的股票价格由每股 80 美元暴跌至其公布申请破产保护前的每股 1 美元，公司市值在短短几日之内蒸发了 250 亿美元。

安然公司市值的巨额损失，主要受以下几个具体因素影响：①投资者和债权人对其失去了信心；②安然公司的债权人过分紧张；③由于不能够通过债务再融资，短期内到期的债务远远超过了其经营的现金流；④美国能源商 Dynegy 退出了收购安然的计划；⑤2001 年 9 月 28 日，安然公司债券等级被下调。

（二）股权代理成本

由于许多公众公司和大型私有企业不是由其所有者进行管理，从而催生了股权代理问题。股权代理问题是现代公司治理中普遍面临的一个问题，是指由于委托人与代理人目标不一致，存在不确定性及信息不对称，代理人有可能偏离委托人设立的目标，而委托人又难以观察和监督，从而产生的委托人与代理人之间出现利益冲突的现象。

股权代理问题导致股权代理成本的产生。股权代理成本是指管理者（代理人）和公司股东（委托人）之间因利益冲突而产生的成本。由于管理者与公司运营者之间不存在利益关系，不需承担因超额的公司福利或过多风险而产生的成本，因而管理者可能会为了自己的利益目标而损害公司股东的利益。而公司股东会采取相应措施降低这些损害，如要求管理者提供经过审计的公司资产负债表等，从而产生股权代理成本。

股权代理成本主要包括以下3个部分：①监管成本，是由监管管理者而引起的费用，包括支付给董事会的薪水以及向股东定期提供财务报告的费用。严密的公司治理体系能够减小监管成本。②契约成本，是促使管理者为股东利益最大化而努力工作的额外报酬。常见的契约成本包括：非竞争性的雇佣合同所隐含的内在成本，为促使管理者达到特定目标所付出的成本等。③额外损失，是指即使存在足够的监管合约仍不能达到预期目标而造成的损失。

根据代理理论，使用债务资本会迫使管理者合规使用债务资金，因为管理者不能自由的将债务资金为己谋利。也就是说，财务杠杆的增加将会降低代理成本。

（三）信息不对称成本

信息不对称成本，是指由于公司管理者通常要比股东和债务人拥有更多、更全面的关于公司经营状况和前景的信息而造成的成本。其源于公司管理者与所有者之间信息不对称而产生的成本，并导致更高的债务和股权的必要收益率。由于股东和债权人已经意识到信息不对称问题，他们会选择管理者信息比较透明的公司进行投资。

一般情况下，如果公司管理者要求公司董事会通过举债进行融资，表明管理者看好公司的未来，对公司未来债务本息的偿还有信心。如果公司管理者要求董事会通过发行股票进行融资，通常会被认为是一个负面的信息，因为其表明管理者认为此刻公司的股票被高估了，故选择进行权益融资。因此，信息不对称成本会随着资本结构中权益资本比重的上升而增加。

四、静态资本结构理论

如前所述，财务危机会导致企业的债务资本成本随着债务数量的增加而增大；但债务本身又具有税盾的功效，并且负债带来的税盾作用会随着公司债务数量的增加而增大，上述两者对公司价值产生了相反方向的影响。也即：财务危机成本降低了公司价值，但负债的税盾作用却使得公司价值增加，因而需要综合两种因素的影响。

静态资本结构理论正是综合考虑了上述因素合并后的影响，是 MM 理论的一种扩展。静态资本结构理论，也被称为权衡理论，其所要寻求的目标是：公司在使用债务融资时，相应的节税利益和财务危机成本之间应达到一种平衡，此时的负债量为最佳负债量，也即形成最优资本结构。

考虑到财务危机成本后，根据 MM 理论，杠杆公司的价值可用下式表示：

$$V_L = V_U(T_C \times D) - PV$$

其中，V_L 为杠杆公司的价值；V_U 为无杠杆公司的价值；T_C 为公司的边际税率；D 为公司资本结构中债务的价值；PV 为公司的财务危机成本。

静态资本结构理论的基本原理，如图 8-3 所示。

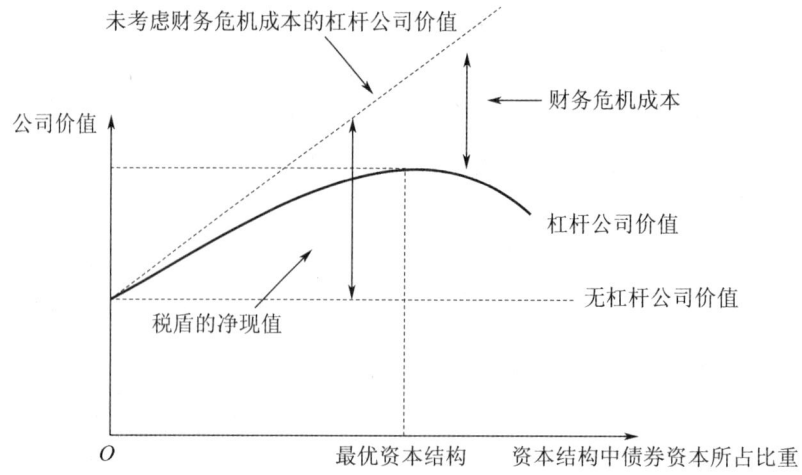

图 8-3 静态资本结构理论：公司价值与资本结构

值得注意的是，每个公司都有各自不同的最优资本结构，它主要取决于每家公司的经营风险、销售风险、税收环境、公司治理结构、行业影响力以及其他因素。

五、企业资本结构的选择

（一）公司资本结构对管理者决策的含义

上述资本结构理论从理论方面为管理者提供了一定的决策依据。如：无税收时 MM 理论得到了两个结论：一是公司的价值与公司的资本结构无关，公司的价值是由公司贴现后的经营收益决定。二是债务资本的增加，会由增加的股权资本成本抵消，从而导致公司加权平均资本成本 WACC 不变。显然，无税收的 MM 理论的启示是：管理者的决策不用考虑公司的资本结构。而有税收的 MM 理论，则认为为利息费用所带来的税盾收益使得负债变得有价值，负债可以增加节税收益。静态资本结构理论认为债务融资会有节税收益，但是同时也会增加财务危机成本。只有当边际融资的财务危机成本超过节税收益时才是最优的资本结构。因此，管理者应根据公司特有的因素，平衡负债带来的收益与其产生的财务危机成本，从而找到公司最优的资本结构。

（二）目标资本结构

公司的目标资本结构是公司长时期融资所维持的资本结构。公司管理者所使用的目标资本结构表明公司最优资本结构的存在。如果管理者想使公司的价值最大化，应该使公司的目标资本结构与其最优资本结构一致。所谓企业的最优资本成本是指：当企业的资本结构为最优时，在一段时期内，企业筹措资本的加权平均资本成本 WACC 最低，同时企业的价值达到最大化。

由于以下两个原因，公司的实际资本结构会围绕目标资本结构上下波动：

（1）公司管理者可能选择使用短时机会获得较为有利的融资。

例如，如果公司的股价短时内上涨，公司可以充分利用时机，在这个时间窗口新发行股票，从而使公司的实际资本结构中权益资本的比重超过目标资本结构中相应的比重。

（2）市场价值波动的存在。

股票市场和债券市场的变化，会造成公司股票价格和债券价格的波动。因为公司资本结构的权重是由市值决定的，股票市场和债券市场上频繁的波动，会使公司的实际资本结构短时偏离目标资本结构。

第四节　企业融资

一、企业融资的概念

（一）企业融资的含义

由于扩大生产规模、购置先进设备、提高公司竞争力等原因，企业往往需要大量的资金投入，因此企业需要进行资金的筹集，也即融资。融资，是指企业根据自身的生产经营情况、资金状况以及未来经营发展的需要等，通过科学的预测和决策，采用一定的方式和方法，从一定的渠道向投资者和债权人筹集资金，以保证正常生产和经营管理活动所需要资金的活动。

总体来说，企业融资活动的目的是为了获取投资所需要的资金。具体而言，企业融资目的又可以细化为：①设立融资，为了建立企业而筹集企业建立和投入运营所需要的资本金（股本）；②扩张融资，企业为了扩大生产经营规模而进行的融资活动；③偿债融资，企业为了偿还到期债务而筹集资金；④生存性融资，由于经营不善或其他原因，企业可能会陷入资金周转困难的财务困境，为了应对此种情况企业需要进行融资以保证生存；⑤混合融资，也即企业融资活动是同时出于上述多个目的或原因而进行的。

（二）企业融资决策与资本预算的比较

企业融资决策与资本预算决策是公司金融中两大基本决策。但是二者具有较为显著的不同：

1. 融资决策与资本预算决策的目的不同

企业融资决策的主要目的，是通过不同的融资方式和融资渠道建立起适合公司发展的资本结构，也即最优资本结构或目标资本结构，以便能够以合理的成本为企业投资需求及其他资金需求筹集足够的资金。而资本预算决策的目的，则是通过投资能够给企业带来有价值的项目，追求企业价值最大化。

2. 融资决策与资本预算决策的市场条件不同

企业进行融资决策的市场是一个接近完全竞争的市场，因为融资市场上存在许许多多的资金提供者和资金需求者，企业的融资资本因而变得相对公开、透明，企业能够根据自身的风险状况和经营状况，选择合理的融资方式和融资成本。而资本预算决策则是针对企业个别的投资项目，企业可以根据自身的分析、能力和经验针对个别项目进行投资，形成自己的垄断优势，但是同时也面临着承担投资失败的风险。

3. 融资决策与资本预算决策的选择余地不同

企业融资活动所面临的、可供选择的融资渠道和金融工具种类繁多，从而为企业融资决策提供了多样化的选择。而资本预算决策由于受企业自身能力和经营范围的约束，企业在投资方面的选择显得相对有限。

4. 融资决策与资本预算决策的变更成本不同

在发达的金融市场和证券市场的环境下，由于大量的融资渠道和融资工具的存在，企业进行融资决策变更的成本相对较低。而企业资本预算决策一旦做出并付诸实践，则其变更成本较高，前期的投资往往难以收回。

二、企业融资的方式

（一）企业融资的主要方式

1. 权益融资与债务融资

根据企业资金来源的性质划分，可分为权益融资与债务融资，这是最为常见的划分方法。目前，资本市场大多也是以这种分类为基础进行划分的：权益融资对应的是资本市场中的股票市场，债务融资对应的是资本市场中的债券市场。

权益融资，是指资金供给者以所有者（也即股东）的身份向企业提供资金，通过增加权益资本，如吸引新的投资者、发行新股票、追加投资等来实现筹资目的的融资方式。对于权益资本，企业可以长期使用，无须偿还。

债务融资，是指由债权人向企业投入资金，通常包括银行贷款、发行债券和票据等方式。债务融资构成企业负债，企业应依约使用并按期偿还约定的本息。此外，债权人通常不参与企业的经营决策。当然，有些借入的债务资本可以按事先的约定转化为权益资本，如可转换公司债。

2. 直接融资与间接融资

按照筹资者与投资者之间有无金融中介参与，可分为直接融资与间接融资。直接融资是指资金需求者直接从资金供给者手中获得资金，资金供给者与资金需求者之间建立了直接的借贷关系或权益资本投资关系，是一种没有金融机构作为中介参与的融通资金的方式，大多以股票、债券为主要金融工具。

间接融资是指资金供给者与资金需求者通过金融中介机构实现融资的目的。间接融资中，资金供给者并不直接投资于企业等资金需求者，而是将手中多余的资金以存款等形式投资于有关的金融机构，如商业银行、信托机构等，再由这些金融机构以借款等形式将集中起来的资金投资于企业等资金需求者，从而实现资金融通。

3. 内源融资与外源融资

按照资金的来源渠道，可分为内源融资与外源融资。内源融资是指融资资金来源来自企业运作所产生的资金,来自企业内部,主要是通过计提折旧或留用利润等方式获得资金。由于资金来源于企业内部,一般不需要花费融资费用。外源融资则是指融资资金来源于企业外部,主要通过发行股票、债券,向银行借款等方式进行的融资。外源融资会发生融资费用,如股票、债券的发行费用,银行借款的利息、费用成本等。

一般来说,内源融资的融资成本要远远低于外源融资的融资成本,因此,内源融资是企业首选的融资方式。当然,内源融资的能力大小取决于企业的利润水平、净资产规模、投资者预期等因素,只有当内源融资无法满足资金需求时,企业才会转向外源融资。

(二)权益融资与债务融资的具体特点

在融资过程中,企业如何能够有效地利用各种融资渠道或方式,获得低成本的资金来源,是其进行融资决策的核心。而找到一个最佳的债务权益比例,实现公司价值的最大化,是解决这个核心问题的关键所在。由于企业资金主要是由权益资本和负债两部分组成,而权益融资与债务融资的成本不同,并且企业资本的总成本会随着其资本结构,也即权益性资本与债务性资本的比例变化而变化。因而,将融资分为权益融资与债务融资就变得特别重要。了解这两种融资方式的特点,具有十分重要的意义。

1. 权益融资

如前所述,权益融资是以筹措股本方式来扩充资本实力的一种方式,具有以下几个特点:①其构成企业自有资金来源,是企业最基本的资金来源,为企业的长期稳定发展提供基本前提。此时,投资者成为股东,有权参与企业的经营决策,有权定期获得企业的分红,但投资者无权撤离资金,只能通过转让的形式退出投资。②权益融资是企业其他融资方式的基础。因为其可为债权人提供保障,增强公司的举债能力等。③权益融资不需还本,不具有债务融资的杠杆收益,并且会稀释股权,从而引起企业股权控制权、收益分配和剩余财产索取权的分散。

股票融资是典型的权益融资类型。股票、特别是普通股股票一般具有永久性,不存在到期日,不需要归还,发行股票的企业没有还本付息的压力,因此财务负担相对较小。另外,由于股票融资是直接融资方式,筹措资金的风险较小,股票交易方便,股权转让较为灵活,因而股票融资成为企业青睐的重要融资渠道。

2. 债务融资

债务融资是企业向债权人筹措资金的一种方式。其基本特点是:①债务融资可以发生于公司生命周期的任何时期,是企业负债。债务投资者成为企业的债权人,采取"有借有还"的方式。企业需要根据相关的协议条款,按期偿还约定的本金和利息。②债务融资不会对企业股权产生稀释作用,从而有利于保持现有股东对企业的控制能力。这是因为债权人一般不参与企业的经营治理活动和决策,对企业经营活动不具有表决权,也无对企业利润和留存收益的享有权。③一般而言,债务融资能够有效降低企业的加权平均资本成本。这主要是因为债务融资的资金成本通常低于权益融资的资金成本。并且与权益融资相比,债务融资的程序较为简单,资金到位较快,企业可以迅速筹集资金以解决企业面临的困难,因此越来越受企业青睐。通过债务融资,不仅可以解决企业经营资金的问题,还可以使企业资金来源呈现多元化的趋势。

当然，债务融资有时也会给企业带来风险，导致企业陷入财务危机，甚至面临倒闭。如果企业过度负债，还可能降低其再融资能力，致使企业筹资风险增大。因此，当进行债务融资时，应该保证其投资收益高于债务融资的资金成本，否则企业将会收不抵支甚至出现亏损。

三、企业融资顺序的选择

上述融资方式各有其优缺点，在实际运作中，应该先使用哪种方式，各种方式应按何顺序排列，就形成融资顺序问题。融资顺序选择也是融资决策的一部分。企业融资时需要考虑目标资本结构、各种融资方式利弊等，以便确定适宜的融资结构及融资次序。

（一）最优融资顺序理论

从西方发达国家企业融资结构来看，资金主要来自企业的自有资本、银行信贷和债券，发行股票所占比例的并不高。如，股票融资份额最高的加拿大，只不过占企业外部融资总量的25%，美国企业股票融资部分只占外部融资总量的2%。为什么会产生这样的现象呢？这涉及资本市场信息披露的效率问题。

从总体上看，资本市场虽然为企业和投资者之间的信息交流提供了良好的激励机制，但资本市场并不能完全解决激励机制问题，现实中并不存在完全信息的有效市场。因此，企业经营者比投资者更了解企业的内部信息，两者处于一个典型的非对称信息环境中，投资者只能借助企业经营者披露的信息间接地评价其市场价值。

最优融资顺序理论，也称啄食顺序理论（The Pecking Order Theory），是基于上述信息不对称情况，由美国经济学家梅耶（Mayer）于1984年首先提出。该理论认为，企业融资应该根据成本最小化原则，在综合各种因素之后依次选择融资方式：首先应选择无交易成本的内源融资，如企业经营利润的积累；其次选择交易成本较低的债务融资；而对于信息约束条件最严、并可能导致企业控制权分散、价值被低估的股权融资则被排在末位。也就是说，啄食顺序原则上应该是：①内源融资；②外源融资；③间接融资；④直接融资；⑤债券融资；⑥股票融资。也即：在内源融资和外源融资中首选内源融资；在外源融资中的直接融资和间接融资中首选间接融资；在直接融资中的债券融资和股票融资中首选债券融资。显然，该理论认为存在一个可以使公司价值最大化的最优资本结构，并且可以用对不同性质的资金来源进行排序的方式，给决策者提供一个应当遵循的行为模式。

（二）西方国家企业融资顺序的现实选择

西方企业的资本结构大致遵循上述原则，也即：先采取留存收益融资的内源融资方式，再依靠债务融资、股权融资等外源融资。如，1966—1972年，美国、英国、西德和法国四国的留存收益融资在资本结构中所占比重分别为69.4%、54.1%、63.1%和65%，就连严重依赖外部资金的日本也达到40%。1970—1985年，西德与英国的融资结构更能说明问题，其内部留存收益融资占比分别为67.1%和74.2%，债务融资（银行贷款和债券）为21.1%和23.7%，股权融资则分别仅占2.1%和4.9%。

(三) 我国上市公司的融资方式与顺序

与西方企业相比，在内部融资、债务融资、股权融资这三者中，作为我国资本市场上目前最活跃、最重要的参与者，上市公司的经营者对融资方式的选择更偏好于股权融资，这是我国上市公司与国外成熟市场的上市公司在再融资方式选择方面的重大差异。主要表现为：

1. 内源融资所占比例明显偏低，股利政策侧重于股本的扩张

有分析表明，我国上市公司的内源融资额虽然呈逐年上升的趋势，但公司的留存利润占总融资规模的比例平均在20%~30%。与西方企业相比，内源融资占比明显偏低。而且，上市公司不分配或少分配红利，已成为我国证券市场的一个普遍现象，并且以现金分配方式进行股利分配的比例越来越低。同时，上市公司将配股也视为利润分配，上市公司偏好股票股利或股票细分（资本公积金转增股本），热衷于股本的迅速扩张。

2. 对配股和增发表现出强烈的偏好

国家规定的配股资格是一种权利，上市公司达到这一条件后，并不意味着一定要配股。而要不要配股，企业应根据其自身的发展战略和资金的紧缺状况以及间接融资的难易来综合考虑。但在我国的上市公司中则表现为，上市公司中具备了配股条件的公司一般都不会放弃配股机会，力争进行配股。

3. 股权融资比重大大高于债券融资

上市公司对企业债券市场的参与程度是很低的，从二级市场看，债市与股市的差距更加明显。2008年金融危机之后，中国股票市场陷入长期低迷，而债券市场渐渐成为资本市场的投资热点。虽然近年来，债券市场无论从债券品种还是从市场规模都有了飞速的增长，但是同国际上成熟市场相比，我国债券市场的成熟度依旧偏低，债券融资的规模依然偏小。

本章小结

资本预算是企业管理的重要内容之一，是现代企业优化资源配置的一项主要内容，与业务预算、财务预算共同构成企业的全面预算体系。资本预算投资金额大，影响持续时间长，回收慢，风险多，对企业的生存与发展极为重要。资本预算需要依照具体的步骤及基本原则进行。

对项目现金流量的分析，是资本投资决策的基础。项目投资的评价方法主要是净现值法（NPV）和内涵报酬率法（IRR），两者的共同特征是都考虑了不同时点的货币具有不同的价值，计算结果都属于贴现指标。投资决策的选择就是在资金有限的前提下，在一系列符合条件的项目中进行合理的配置，以达到实现公司股东财富最大化的目的。

资本成本是指筹资者为筹集和使用资金而付出的代价。权益融资与债务融资是资金来源的两个渠道。这两类资本因其所承担的风险不同，必要报酬率不同，因而成本也不同。资本预算中需要考虑加权平均资本成本（WACC）。

资本结构是指企业各种资本的价值构成及其比例，通常是指企业债务资本 D 与权益资本 E 的比值 D/E。资本结构反映的是企业债务资本与权益资本的比例关系，很大程度上决定着企业的偿债能力和再融资能力，决定着企业未来的盈利水平，是企业财务状况的一项重要指标。一般来说，当企业资本结构最优时，股东财富和企业价值将最大化，同时企业的资本成本最低。

著名的 MM 理论的基本观点是：在一系列假设前提条件下，公司价值与其资本结构无关。公司价值决取于它的实际资产，而非各类债权、所有权的市场价值。研究者拓展了 MM 理论的研究范围，如：加入税收因素，考虑财务危机成本等，因而得到了一些有价值的结论。

融资，是指企业根据自身的生产经营情况、资金状况以及未来经营发展的需要等，通过科学的预测和决策，采用一定的方式和方法，从一定的渠道向投资者和债权人筹集资金，以保证企业正常生产和经营管理活动所需要资金的活动。企业融资与资本预算不同。企业融资包括多种类型：权益融资与债务融资、直接融资与间接融资、内源融资与外源融资等，每种方式各具特点。企业在融资时需要考虑目标资本结构，各种融资方式的利弊，以便确定融资结构及融资次序。著名的理论是最优融资顺序利率，也即啄食顺序理论。西方国家的企业大多遵循这一理论，而我国企业的情况则相反。

关键术语

资本预算	沉没成本	外部性
净现值 NPV	内涵报酬率 IRR	资本成本
加权平均资本成本	MM 理论	资本结构
财务危机成本	股权代理成本	信息不对称成本
静态资本结构理论	企业融资	权益融资
债务融资	直接融资	间接融资
内源融资	外源融资	最优融资顺序理论

复习思考题

1. 什么是资本预算？它有哪些分类？
2. 资本预算的原则和步骤有哪些？
3. 试对比净现值法与内涵报酬率法。
4. 简述有税收时的 MM 理论与无税收时的 MM 理论及其应用。
5. 简述静态资本结构理论的基本思想。
6. 试比较融资决策与资本预算决策的区别。
7. 你认为企业资金来源可以划分为哪几类？企业应该如何选择融资顺序？
8. 某复印店正在考虑购买一台价值 5 000 元的复印机，假设必要收益率为 10%，打印店老板预测该复印件的使用寿命为三年，在这期间这台复印件能够带来的现金流如下：第一年，3 000 元；第二年，2 000 元；第三年，2 000 元。请问：该购买复印件项目的净现值

NPV 为多少？该项目的内涵报酬率 IRR 为多少？

9. 分析师获得了某公司准备开始的 A、B 两个项目的相关数据，这两个项目的必要收益率都为 12%，其他信息如表 8-4 所示：

表 8-4

	项目 A	项目 B
项目初始投入（元）	15 000	20 000
项目周期（年）	5	4
项目期间产生的现金流（元/年）	5 000	7 500

（1）如果 A、B 两个项目是相互独立的两个项目，请问应该如何决策？

（2）如果 A、B 两个项目是相互互斥的两个项目，请问应该如何决策？

10. 福林机械公司正准备投资 4 亿元用于建设新的产业设备。通过公司项目部门的评估，建设该新产业设备所带来的未来税后现金流的净现值 NPV 为 7 亿元。目前，福林机械有 2 亿股普通股股票发行在外，其目前的市场价值为每股 36 元。请问理论上该项目的执行将对福林机械的股价产生什么影响？

（1）公司股价将下跌至每股 33.5 元。

（2）公司股价将上涨至每股 37.5 元。

（3）公司股价将上涨至每股 39.5 元。

11. 分析师获得了关于某公司的下列数据，如表 8-5 所示。

表 8-5

资本结构	必要收益率（%）
30% 债券	10
20% 优先股	11
50% 普通股	18

假设税率为 40%，请问投资该公司的税后收益率为多少？

12. 下列为有关某公司资本结构的信息，如表 8-6 所示。

表 8-6

资本类型	资本结构中的占比（%）	税前的成本（%）
债券	40	7.5
优先股	5	11
普通股	55	15

假设边际税率为 40%，试计算该公司的加权平均资本成本 $WACC$。

主要参考文献

1. 刘力. 公司财务 [M]. 北京：北京大学出版社，2007.

2. 冯瑞河，王德河．金融学［M］．北京：中国金融出版社，2011．

3. 华继，王淑丽．资本结构理论的发展与我国上市公司的融资选择［M］．山东经济，2004.3．

4. 谭克．中国上市公司资本结构影响因素研究［M］．北京：经济科学出版社，2005．

5. 陆正飞．我国企业资本结构与融资行为：回顾、评述和展望——纪念我国会计改革与开放30周年［J］．财会通讯（综合版），2008.10．

6. 阎达五，耿建新，刘文鹏．我国上市公司配股融资行为的实证研究［M］，2001.9．

7. 黄少安，张岗．中国上市公司股权融资偏好分析［J］．经济研究，2001（11）．

第九章　国际收支与国际储备

> 【学习目标】
> 本章主要介绍国际收支体系及其调节、国际储备等相关概念及基本运作原理、管理方法等。通过学习：
> 1. 掌握国际收支的基本概念，了解国际收支平衡表和国际投资头寸表的编制原理。
> 2. 了解并掌握国际收支失衡的类型及其影响。
> 3. 了解国际收支的自动调节机制，掌握国际收支失衡的各种政策调节措施。
> 4. 掌握国际储备的组成，了解国际储备的管理方法。

当今世界是一个开放的世界，各国之间的经济往来日益频繁，国与国之间的各种经济活动，最终都以国际收支体现出来。国际收支已经成为决定和影响一个国家国际储备、货币汇率与国内外经济协调发展的一个重要因素。本章介绍了国际收支的概念，阐述了国际收支平衡表和国际投资头寸表的基本原理，介绍了国际收支平衡与失衡、国际收支的调节以及国际储备管理等相关方面的内容。

第一节　国际收支的基本内容

一、国际收支的概念

国际收支的概念最初出现于 17 世纪。由于国际经济发展的局限性和国际信用关系的不发达，当时国际经济交易的主要形式是国与国之间、有形商品的贸易交往，黄金是国际上的主要支付手段，因此人们只是把国际收支简单解释为"一个国家的对外贸易收支"。随着国际经济的交易内容、交易范围的不断扩大，国际收支的内涵也经历了由狭义到广义的演变。

狭义的国际收支概念是在第一次世界大战之后到第二次世界大战结束，各国所采用的概念。是指：一国在一定时期内（通常为一年）同其他国家，为清算到期的债权债务所发生的外汇收支的总和。具有两个特点：一是以支付为基础，也即只有现金支付的国际经济交易才能计入国际收支；二是外汇收支必须是立即结清的，也即未到期的债权债务不计入该报告期的国际收支。

广义的国际收支概念在第二次世界大战以后广泛流行起来。第二次世界大战后，国际经济交往迅速发展，国际贸易和国际资本流动相互渗透、相互推动，使得国际经济交易的内容更加丰富。随着补偿贸易、无偿援助的发展,广义的国际收支概念应运而生,并逐渐被人们所接受。广义的国际收支是指:在一定时期(一般是一年)内,一国居民与非居民之间全部经济交易的、系统的货币记录。

为了保证国际收支状况的国际可比性以及历史可比性,国际货币基金组织(IMF)制定了《国际收支手册》(简称"手册"),指导成员国采用统一的定义和标准来编制和发布本国的国际收支状况。2008年12月正式发布的《国际收支手册(第六版)》(以下简称"手册第六版")①,是目前指导各成员国开展国际收支统计工作的最新国际统计标准,也是各国进行国际收支管理遵循的努力方向。

【专栏9-1】

《国际收支手册》第六版的变化

随着世界经济、技术及其市场的变化,《国际收支手册》也历经变化,迄今为止已编制了共六版。第一版于1948年发布,内容仅包括国际收支平衡表标准项目的列示。第二版和第三版分别发布于1950年和1961年,其中第三版中包含了一整套世界各国适用的国际收支原则。1977年第四版发布,详尽地解释了居民、计值和其他会计原则。手册的第五版于1993年正式公布,其在定义、术语等方面与《1993年国民账户体系》相协调,并首次引入国际投资头寸的内容。

手册第六版的修订工作自2001年开始启动,经多次征求意见,最终于2008年12月定稿并在IMF官方网站发布,全称为《国际收支和国际投资头寸手册(第六版)》。该版手册的基本特点是:①考虑全球化带来的经济形势变化,如货币联盟、跨境生产过程、结构复杂的跨国公司以及与国际劳动力流动等有关问题,提高了数据的国际可比性;②考虑了金融市场的发展动态,金融和技术创新,提出了新的处理方法,并对一系列问题,例如证券化和特殊目的实体,进行了详细阐述;③加强国际账户统计和其他宏观经济统计之间的内在联系;④改变了手册的名称,将国际投资头寸加进了书名,强调国际投资头寸统计的重要性;⑤吸收了1993年以来编制的其他指引和手册中有关内容②。

手册第六版保持了第五版的总体框架,与之具有高度连贯性。根据《国际收支和国际投资头寸手册(第六版)》中的说明,新版手册对上一版进行的最为重大的修改包括③:①修改了有关加工贸易和转手买卖的处理办法;②修改了金融服务的计量办法,包括间接测算的金融中介服务,证券买卖价差以及保险和养老金服务的计量;③细化了直接投资的内容,与经合组织《外国直接投资基准定义》保持一致,主要包括对控制与影响重新定义、投资链和联属企业处理、在资产和负债全值基础上列示数据以及按照方向原则列示数据等;④介绍了与储备有关的负债、标准化担保和未分配黄金账户等概念;⑤介绍了用以计量国际汇款的新概念;⑥更重视资产负债表及其脆弱性问题;⑦加强了与《国民账户体系》之间的协调,

---

① 国际货币基金组织.《国际收支和国际投资头寸手册》(第六版),中文版:http://www.imf.org/external/chinese/pubs/ft/bop/2007/bopman6c.pdf.

② 陈之为、韩健,国际收支统计的修订及对我国的影响[J]. 统计研究,2008,25(6):16-19.

③ IMF. Balance of Payments and International Investment Position Manual Sixth Edition. December 2008. 17.

例如，全面阐述了《国民账户体系》和《货币与金融统计手册》对金融工具的分类，采用了相同的术语，例如：初次收入和二次收入等。

手册第六版的实施，需在做好组织、经费、人员、技术保障的基础上，按照统筹考虑、分步实施、先易后难、突出重点、加大宣传、参与国际合作的原则进行。IMF 建议的第六版实施时间是 2012 年或 2013 年。

"手册第六版"规定，一经济体的国际账户概括了该经济体居民与非居民之间的经济关系，包括以下 3 部分：

①国际投资头寸（IIP），是显示某一时点上价值的报表。

其内容包括：一经济体居民对非居民的债权或作为储备资产持有的金块等金融资产，以及一经济体居民对于非居民的负债。资产和负债之间的差额为净国际投资头寸，是对世界其他地方的净债权或净负债。

②国际收支是特定时期居民与非居民之间的经济交易汇总表。

组成部分包括：货物和服务账户、初次收入账户、二次收入账户、资本账户和金融账户等。

③金融资产和负债其他变化账户。该账户显示的是，用以协调特定时期国际收支和国际投资头寸的其他流量，也即：除居民与非居民之间交易以外的经济事件引起的变化。

对此，我国国家外汇管理局（以下简称"外管局"）给出了更加明确的说明[①]：

①国际收支是反映一个经济体（或国家/地区）与其他经济体之间发生的进出口贸易、投融资往来等各类经济交易的经济过程或者现象，以及对外金融资产负债的存量状况。

②国际收支统计数据是全面反映一个经济体对外的贸易、金融投资及收益的变动以及金融资产负债存量等情况的重要统计信息。国际收支统计数据通过汇总整理最终形成国际收益平衡表（Balance of Payments，BOP）和国际投资头寸表（International Investment Position，IIP）。

③国际收支中的"经济体"由经济领土、经济领土内的居民、居民的经济活动共同组成。其中。经济领土[②]是指一个政府或国际组织有效实施经济管理的管辖或地理区域。使用经济体概念的目的是为了便于确定国际收支统计的范围和进行国际比较。

④国际收支记录的是经济体中的"居民"和"非居民"之间所有的经济交易。判断一项交易是否应当包括在国际收支的范围内，依据是交易双方是否有一方为本国居民。因而，居民与非居民的界定成为关键。不同于法律意义上的"公民"概念，这里的"居民"是个经济学概念。经济体内的"居民"是指一个机构或个人在该经济体内有某种场所、住所、生产地或者其他建筑物，并且在这些地方无限期地或者有限期但长期地从事一定规模的经济活动和交易，也即该机构/个人的经济利益中心在该经济体内。在实际操作时，IMF 将经济

[①] 中国外管局，《国际收支和国际投资手册》（第六版）实施系列宣传之一——国际收支统计简介及手册修订概况，http：//www.safe.gov.cn/safe.gov.cn/safe/2014/0926/3874.html，2014 年 9 月。

[②] 根据"手册第六版"的解释：经济领土包括陆地区域；领空；领海；在海上领土上属于该领土的岛屿；在世界其他地方的领土飞地等。

利益中心的认定时间定义为一年或一年以上,主要是为了避免实际操作中统计口径的不一致,同时也便于数据的国际比较。

2015年6月18日,我国国家外汇管理局发布的《通过银行进行国际收支统计申报业务实施细则》① 第五条规定:根据《国际收支统计申报办法》,机构居民身份认定的主要依据是在中国境内依法成立,个人居民身份认定的主要依据是在中国境内居住一年以上(含一年)。实践中按照身份证、永久居留证、护照等有效证件中的国籍来认定其是否为居民个人。

二、国际收支平衡表

如上所述,为了全面准确地反映一国的对外经济情况,需要建立一个完整的国际收支统计体系。目前的国际收支统计体系主要包括国际收支平衡表和国际投资头寸表。

(一) 国际收支平衡表的概念和账户设置

国际收支平衡表是一国将其一定时期内(通常为一年)的全部国际经济交易,按照特定账户分类,并以复式记账原则表示的会计报表。国际收支平衡表所包括的内容很多。基于各类交易的重要性、统计资料来源的便利性等的不同,以往各国编制的国际收支平衡表内容不尽相同。

2008年12月正式发布的"手册第六版"规定,国际收支是某个时期内居民与非居民之间的交易汇总统计表,主要组成部分包括:

1. 经常账户

该账户显示的是居民与非居民之间货物、服务、初次收入和二次收入的流量,是国际收支中重要的账户类别。其中,货物和服务账户显示货物和服务交易。初次收入账户显示:作为允许另一实体暂时使用劳动力、金融资源或非生产非金融资产的回报,而应付和应收的金额。二次收入账户显示收入的再分配,也即:一方提供用于当前目的的资源,但该方没有得到任何直接经济价值回报。

经常账户差额显示的是出口和应收收入之和与进口和应付收入之和之间的差额。经常账户差额等于经济体的储蓄——投资缺口,因此,经常账户差额与国内交易有关。

2. 资本账户和金融账户

资本账户显示居民与非居民之间非生产非金融资产和资本转移的贷方分录和借方分录。它记录非生产非金融资产的取得和处置,例如:向使馆出售的土地,租赁和许可的出售,以及资本转移等。也就是:一方提供用于资本目的的资源,但该方没有得到任何直接经济价值回报。金融账户显示金融资产和负债的获得和处置净额。由于它们对资产和负债存量有影响,所以也列在完整的国际投资头寸表中。

经常账户差额与资本账户差额之和为经济体与世界其他地方之间的净贷款(顺差)和

---

① 国家外汇管理局. 国际收支平衡表编制原则与指标说明 [EB/OL]. http://www.safe.gov.cn/safe/2015/1230/6080.html, 2015-12-30.

净借款（逆差）。从概念上说，它等于金融账户的净差额。换言之，金融账户衡量的是，对非居民的净贷款和净借款是如何获得资金的。金融账户加上其他变化账户，也说明了期初与期末之间国际投资头寸的变化。

3. 错误和遗漏

尽管国际收支账户总体上是平衡的，但在实践中，由于源数据和编制的不理想，会带来不平衡问题。这种不平衡是国际收支数据的一个常见特点，被称为误差与遗漏净额，需要在公布的数据中应单独列出，而不应毫无区别地将其纳入其他项目。

误差与遗漏净额是作为残差项推算的，可按从金融账户推算的净贷款/净借款，减去从经常和资本账户中推算的净贷款/净借款来推算。误差与遗漏净额为正值时，将显示以下总体趋势：①经常和资本账户中的贷项值过低；②经常和资本账户中的借项值过高；③金融账户中资产净增加值过高；④金融账户中负债净增加值过低。上述趋势可能单独发生，也可能同时发生。而当误差与遗漏净额为负值时，这些趋势则相反。因此，编制人员应对误差与遗漏净额进行具体分析。

（二）国际收支平衡表的记账原理

手册第六版规定：国际收支统计以权责发生制为统计原则，并采用复式记账法。

1. 权责发生制原则

在国际经济交易中，签订买卖合同、货物装运、交货、付款等一般都是在不同日期进行的。关于一笔交易在什么时间被记录为国际收支，国际货币基金组织建议原则上采用"权责发生制"原则，也即采用与所有权变更相一致的原则。只要两国发生了债权债务关系，参与交易的实际资源或金融资产的所有权在法律上发生转移，即使并未实现现金收付，也要按转移时间即交易发生日期进行记录，并计入国际收支。同样，即使已经发生现金收付，但参与交易的实际资源或金融资产的所有权并未在法律上转移，也不能进行记录。因此，权责发生制是在经济价值被创造、转换、交换、转移或消失时，记录流量。

2. 复式记账原则

国际收支平衡表采用复式记账法，遵循"有借必有贷、借贷必相等"的会计记账原则。每笔交易都需要在国际收支平衡表的借方和贷方同时反映。借方表示实际资源进口和对外资产增加或对外负债减少，贷方表示实际资源进口和对外资产减少或对外负债增加。两次记录，科目不同，借贷不同，但是金额相同。

3. 计值原则

手册第六版规定，国际收支交易主要采用市场价格计价。在实际操作中，如果没有市场价值时，按照等价交易或等价物的市场价值，或者按面值来记值。国际投资头寸表也是按统计期末市场价格来对外金融资产和负债进行记值。

(三) 我国的国际收支平衡表

根据国家外汇管理局 2015 年 12 月 30 日发布的《国际收支平衡表编制原则与指标说明》[①]，中国国际收支平衡表是反映特定时期内我国（不含中国香港、澳门和台湾）与世界其他国家或地区的经济交易的统计报表。我国的国际收支平衡表，同样包括经常账户、资本账户和金融账户、错误和遗漏账户。其中，经常账户可细分为货物和服务账户、初次收入账户、二次收入账户。金融账户可细分为直接投资、证券投资、金融衍生工具、其他投资和储备资产。具体项目的含义如下：

1. 经常账户

经常账户包括货物和服务、初次收入和二次收入。

1.A. 货物和服务：包括货物和服务两部分。

1.A.a. 货物指经济所有权在我国居民与非居民之间发生转移的货物交易。贷方记录货物出口，借方记录货物进口。货物账户数据主要来源于海关进出口统计，但与海关统计存在以下主要区别：一是国际收支中的货物只记录所有权发生了转移的货物（如一般贸易、进料加工贸易等贸易方式的货物），所有权未发生转移的货物（如来料加工或出料加工贸易）不纳入货物统计，而纳入服务贸易统计；二是计价方面，国际收支统计要求进出口货值均按离岸价格记录，海关出口货值为离岸价格，但进口货值为到岸价格，因此国际收支统计从海关进口货值中调出国际运保费支出，并纳入服务贸易统计；三是补充部分进出口退运等数据；四是补充了海关未统计的转手买卖下的货物净出口数据。

1.A.b 服务包括加工服务，维护和维修服务，运输，旅行，建设，保险和养老金服务，金融服务，知识产权使用费，电信、计算机和信息服务，其他商业服务，个人、文化和娱乐服务以及别处未提及的政府服务。贷方记录提供的服务，借方记录接受的服务。

1.A.b.1 加工服务又称"对他人拥有的实物投入的制造服务"，指货物的所有权没有在所有者和加工方之间发生转移，加工方仅提供加工、装配、包装等服务，并从货物所有者处收取加工服务费用。贷方记录我国居民为非居民拥有的实物提供的加工服务。借方记录我国居民接受非居民的加工服务。

1.A.b.2 维护和维修服务指居民或非居民向对方所拥有的货物和设备（如船舶、飞机及其他运输工具）提供的维修和保养工作。贷方记录我国居民向非居民提供的维护和维修服务。借方记录我国居民接受的非居民维护和维修服务。

1.A.b.3 运输指将人和物体从一地点运送至另一地点的过程以及相关辅助和附属服务，以及邮政和邮递服务。贷方记录居民向非居民提供的国际运输、邮政快递等服务。借方记录居民接受的非居民国际运输、邮政快递等服务。

1.A.b.4 旅行指旅行者在其作为非居民的经济体旅行期间消费的物品和购买的服务。贷方记录我国居民向在我国境内停留不足一年的非居民以及停留期限不限的非居民留学人员和就医人员提供的货物和服务。借方记录我国居民境外旅行、留学或就医期间购买的非居民货

[①] 国家外汇管理局. 国际收支平衡表编制原则与指标说明 [EB/OL]. http://www.safe.gov.cn/safe/2015/1230/6080.html, 2015-12-30.

物和服务。

1. A. b. 5 建设指建筑形式的固定资产的建立、翻修、维修或扩建，工程性质的土地改良、道路、桥梁和水坝等工程建筑，相关的安装、组装、油漆、管道施工、拆迁和工程管理等，以及场地准备、测量和爆破等专项服务。贷方记录我国居民在经济领土之外提供的建设服务。借方记录我国居民在我国经济领土内接受的非居民建设服务。

1. A. b. 6 保险和养老金服务指各种保险服务，以及同保险交易有关的代理商的佣金。贷方记录我国居民向非居民提供的人寿保险和年金、非人寿保险、再保险、标准化担保服务以及相关辅助服务。借方记录我国居民接受非居民的人寿保险和年金、非人寿保险、再保险、标准化担保服务以及相关辅助服务。

1. A. b. 7 金融服务指金融中介和辅助服务，但不包括保险和养老金服务项目所涉及的服务。贷方记录我国居民向非居民提供的金融中介和辅助服务。借方记录我国居民接受非居民的金融中介和辅助服务。

1. A. b. 8 知识产权使用费指居民和非居民之间经许可使用无形的、非生产/非金融资产和专有权以及经特许安排使用已问世的原作或原型的行为。贷方记录我国居民向非居民提供的知识产权相关服务。借方记录我国居民使用的非居民知识产权服务。

1. A. b. 9 电信、计算机和信息服务指居民和非居民之间的通信服务以及与计算机数据和新闻有关的服务交易，但不包括以电话、计算机和互联网为媒介交付的商业服务。贷方记录本国居民向非居民提供的电信服务、计算机服务和信息服务。借方记录本国居民接受非居民提供的电信服务、计算机服务和信息服务。

1. A. b. 10 其他商业服务指居民和非居民之间其他类型的服务，包括研发服务，专业和管理咨询服务，技术、贸易相关等服务。贷方记录我国居民向非居民提供的其他商业服务。借方记录我国居民接受的非居民其他商业服务。

1. A. b. 11 个人、文化和娱乐服务指居民和非居民之间与个人、文化和娱乐有关的服务交易，包括视听和相关服务（电影、收音机、电视节目和音乐录制品），其他个人、文化娱乐服务（健康、教育等）。贷方记录我国居民向非居民提供的相关服务。借方记录我国居民接受的非居民相关服务。

1. A. b. 12 别处未提及的政府服务指在其他货物和服务类别中未包括的政府和国际组织提供和购买的各项货物和服务。贷方记录我国居民向非居民提供的别处未涵盖的货物和服务。借方记录我国居民向非居民购买的别处未涵盖的货物和服务。

1. B 初次收入指由于提供劳务、金融资产和出租自然资源而获得的回报，包括雇员报酬、投资收益和其他初次收入三部分。

1. B. 1 雇员报酬指根据企业与雇员的雇佣关系，因雇员在生产过程中的劳务投入而获得的酬金回报。贷方记录我国居民个人从非居民雇主处获得的薪资、津贴、福利及社保缴款等。借方记录我国居民雇主向非居民雇员支付的薪资、津贴、福利及社保缴款等。

1. B. 2 投资收益指因金融资产投资而获得的利润、股息（红利）、再投资收益和利息，但金融资产投资的资本利得或损失不是投资收益，而是金融账户统计范畴。贷方记录我国居民因拥有对非居民的金融资产权益或债权而获得的利润、股息、再投资收益或利息。借方记录我国因对非居民投资者有金融负债而向非居民支付的利润、股息、再投资收益或利息。

1.B.3 其他初次收入指将自然资源让渡给另一主体使用而获得的租金收入，以及跨境产品和生产的征税和补贴。贷方记录我国居民从非居民获得的相关收入。借方记录我国居民向非居民进行的相关支付。

1.C 二次收入指居民与非居民之间的经常转移，包括现金和实物。贷方记录我国居民从非居民处获得的经常转移，借方记录我国向非居民提供的经常转移。

2. 资本与金融账户

资本与金融账户包括资本账户和金融账户。

2.1 资本账户指居民与非居民之间的资本转移，以及居民与非居民之间非生产非金融资产的取得和处置。贷方记录我国居民获得非居民提供的资本转移，以及处置非生产非金融资产获得的收入，借方记录我国居民向非居民提供的资本转移，以及取得非生产非金融资产支出的金额。

2.2 金融账户指发生在居民与非居民之间、涉及金融资产与负债的各类交易。根据会计记账原则，当期对外金融资产净增加记录为负值，净减少记录为正值；当期对外负债净增加记录为正值，净减少记录为负值。金融账户细分为非储备性质的金融账户和国际储备资产。

2.2.1 非储备性质的金融账户，包括直接投资、证券投资、金融衍生工具和其他投资。

2.2.1.1 直接投资以投资者寻求在本国以外运行企业获取有效发言权为目的的投资，包括直接投资资产和直接投资负债两部分。相关投资工具可划分为股权和关联企业债务。股权包括股权和投资基金份额，以及再投资收益。关联企业债务包括关联企业间可流通和不可流通的债权和债务。

2.2.1.1.1 直接投资资产指我国作为直接投资者对在外直接投资企业的净资产，作为直接投资企业对直接投资者的净资产，以及对境外联属企业的净资产。

2.2.1.1.1 直接投资负债指我国作为直接投资企业对外国直接投资者的净负债，作为直接投资企业对直接投资者的净负债，以及对境外联属企业的净负债。

2.2.1.2 证券投资包括证券投资资产和证券投资负债，相关投资工具可划分为股权和债券。股权包括股权和投资基金份额，记录在证券投资项下的股权和投资基金份额均应可流通（可交易）。股权通常以股份、股票、参股、存托凭证或类似单据作为凭证。投资基金份额指投资者持有的共同基金等集合投资产品的份额。债券指可流通的债务工具，是证明其持有人（债权人）有权在未来某个（些）时点向其发行人（债务人）收回本金或收取利息的凭证，包括可转让存单、商业票据、公司债券、有资产担保的证券、货币市场工具以及通常在金融市场上交易的类似工具。

2.2.1.2.1 证券投资资产记录我国居民投资非居民发行或管理的股权、投资基金份额的当期净交易额。

2.2.1.2.2 证券投资负债记录非居民投资于我国居民发行或管理的股权、投资基金份额的当期净交易额。

2.2.1.3 金融衍生工具又称金融衍生工具和雇员认股权，用于记录我国居民与非居民金融工具和雇员认股权交易情况。

2.2.1.3.1 金融衍生工具资产又称金融衍生工具和雇员认股权资产，用于记录我国居民作为金融衍生工具和雇员认股权资产方，与非居民的交易。

2.2.1.3.2 金融衍生工具负债又称金融衍生工具和雇员认股权负债，用于记录我国居民作为金融衍生工具和雇员认股权负债方，与非居民的交易。

2.2.1.4 其他投资。除直接投资、证券投资、金融衍生工具和储备资产外，居民与非居民之间的其他金融交易。包括其他股权、货币和存款、贷款、保险和养老金、贸易信贷和其他。

2.2.1.4.1.1/2.2.1.4.2.1 其他股权指不以证券投资形式（上市和非上市股份）存在的、未包括在直接投资项下的股权，通常包括：在准公司或非公司制企业中的、表决权小于10%的股权（如分支机构、信托、有限责任和其他合伙企业、以及房地产和其他自然资源中的所有权名义单位）、在国际组织中的股份等。资产项记录我国居民投资于非居民的其他股权。负债项记录非居民投资于我国居民的其他股权。

2.2.1.4.1.2/2.2.1.4.2.2 货币和存款。货币包括由中央银行或政府发行或授权的，有固定面值的纸币或硬币。存款是指对中央银行、中央银行以外的存款性公司以及某些情况下其他机构单位的、由存单表示的所有债权。资产项记录我国居民持有外币及开在非居民处的存款资产变动。负债项记录非居民持有的人民币及开在我国居民处的存款变动。

2.2.1.4.1.3/2.2.1.4.2.3 贷款指通过债权人直接借给债务人资金而形成的金融资产，其合约不可转让。贷款包括普通贷款、贸易融资、透支、金融租赁、证券回购和黄金掉期等。资产项记录我国居民对非居民的贷款债权变动。负债项记录我国居民对非居民的贷款债务变动。

2.2.1.4.1.4/2.2.1.4.2.4 保险和养老金又称保险、养老金和标准化担保计划，主要包括非人寿保险技术准备金、人寿保险和年金权益、养老金权益以及启动标准化担保的准备金。资产项记录我国居民作为保单持有人或受益人所享有的资产或权益。负债项记录我国作为保险公司、养老金或标准化担保发行者所承担的负债。

2.2.1.4.1.5/2.2.1.4.2.5 贸易信贷又称贸易信贷和预付款，是因款项支付与货物所有权转移或服务提供非同步进行而与直接对手方形成的金融债权债务。如相关债权债务不是发生在货物或服务的直接交易双方，即不是基于商业信用，而是通过第三方或银行信用形式发生，则不纳入本项统计，而纳入贷款或其他项目统计。资产项记录我国居民与非居民之间因贸易等发生的应收款或预付款。负债项记录我国居民与非居民之间因贸易等发生的应付款或预收款。

2.2.1.4.1.6/2.2.1.4.2.6 其他（资产/负债）。除直接投资、证券投资、金融衍生工具、储备资产、其他股权、货币和存款、贷款、保险准备金、贸易信贷、特别提款权负债外的对非居民的其他金融债权或债务。资产项记录债权，负债项记录债务。

2.2.1.4.2.7 特别提款权负债指作为基金组织成员国分配的特别提款权，是成员国的负债。

2.2.2 储备资产指我国中央银行拥有的对外资产。包括外汇、货币黄金、特别提款权、在基金组织的储备头寸。

2.2.2.1 货币黄金指我国中央银行作为国际储备持有的黄金。

2.2.2.2 特别提款权是国际货币基金组织根据会员国认缴的份额分配的,可用于偿还国际货币基金组织债务、弥补会员国政府之间国际收支赤字的一种账面资产。

2.2.2.3 在国际货币基金组织的储备头寸指在国际货币基金组织普通账户中会员国可自由提取使用的资产。

2.2.2.4 外汇储备指我国中央银行持有的可用作国际清偿的流动性资产和债权。

2.2.2.5 其他储备资产指不包括在以上储备资产中的、我国中央银行持有的可用作国际清偿的流动性资产和债权。

3. 净误差与遗漏

国际收支平衡表采用复式记账法,由于统计资料来源和时点不同等原因,会形成经常账户与资本和金融账户不平衡,形成统计残差项,称为净误差与遗漏。

2017—2018 年我国的国际收支平衡表[①],如表 9-1 所示。

表 9-1　　　　　　2017—2018 年中国国际收支平衡表　　　　　　（单位：亿美元）

项目	2017 年	2018 年
1. 经常账户	1 951	491
贷方	27 450	29 136
借方	-25 499	-28 645
1.A 货物和服务	2 170	1 029
贷方	24 293	26 510
借方	-22 123	-25 481
1.A.a 货物	4 759	3 952
贷方	22 162	24 174
借方	-17 403	-20 223
1.A.b 服务	-2 589	-2 922
贷方	2 131	2 336
借方	-4 720	-5 258
1.A.b.1 加工服务	179	172
贷方	181	174
借方	-2	-3
1.A.b.2 维护和维修服务	37	46
贷方	60	72
借方	-23	-25
1.A.b.3 运输	-560	-669

---

① 国家外汇管理局. 中国国际收支平衡表时间序列数据（BPM6）[EB/OL]. http://www.safe.gov.cn/safe/2018/0928/10285.html.

续表

项目	2017年	2018年
贷方	373	423
借方	-933	-1 092
1. A. b. 4 旅行	-2 193	-2 370
贷方	386	404
借方	-2 579	-2 773
1. A. b. 5 建设	36	49
贷方	123	136
借方	-86	-86
1. A. b. 6 保险和养老金服务	-74	-66
贷方	41	49
借方	-115	-116
1. A. b. 7 金融服务	18	12
贷方	34	33
借方	-16	-21
1. A. b. 8 知识产权使用费	-239	-302
贷方	48	56
借方	-287	-358
1. A. b. 9 电信、计算机和信息服务	75	65
贷方	269	300
借方	-194	-235
1. A. b. 10 其他商业服务	169	191
贷方	593	662
借方	-424	-470
1. A. b. 11 个人、文化和娱乐服务	-20	-24
贷方	8	10
借方	-27	-34
1. A. b. 12 别处未提及的政府服务	-18	-27
贷方	17	18
借方	-35	-45
1. B 初次收入	-100	-514
贷方	2 876	2 348
借方	-2 976	-2 862
1. B. 1 雇员报酬	149	82
贷方	217	181
借方	-68	-99
1. B. 2 投资收益	-254	-614

续表

项目	2017 年	2018 年
贷方	2 652	2 146
借方	−2 906	−2 760
1.B.3 其他初次收入	4	18
贷方	7	21
借方	−3	−3
1.C 二次收入	−119	−24
贷方	282	278
借方	−400	−302
1.C.1 个人转移	−25	−4
贷方	70	62
借方	−95	−66
1.C.2 其他二次收入	−93	−20
贷方	212	216
借方	−305	−236
2. 资本和金融账户	179	1 111
2.1 资本账户	−1	−6
贷方	2	3
借方	−3	−9
2.2 金融账户	180	1 117
资产	−4 239	−3 721
负债	4 419	4 838
2.2.1 非储备性质的金融账户	1 095	1 306
资产	−3 324	−3 532
负债	4 419	4 838
2.2.1.1 直接投资	278	1 070
2.2.1.1.1 资产	−1 383	−965
2.2.1.1.1.1 股权	−1 363	−790
2.2.1.1.1.2 关联企业债务	−20	−175
2.2.1.1.1.a 金融部门	−178	−208
2.2.1.1.1.a 股权	−176	−200
2.2.1.1.1.2.a 关联企业债务	−2	−8
2.2.1.1.1.b 非金融部门	−1 205	−757
2.2.1.1.1.1.b 股权	−1 186	−590

续表

项目	2017 年	2018 年
2.2.1.1.1.2.b 关联企业债务	−18	−167
2.2.1.1.2 负债	1 661	2 035
2.2.1.1.2.1 股权	1 406	1 544
2.2.1.1.2.2 关联企业债务	255	491
2.2.1.1.2.a 金融部门	121	176
2.2.1.1.2.1.a 股权	90	149
2.2.1.1.2.2.a 关联企业债务	32	26
2.2.1.1.2.b 非金融部门	1 539	1 859
2.2.1.1.2.1.b 股权	1 316	1 395
2.2.1.1.2.2.b 关联企业债务	223	465
2.2.1.2 证券投资	295	1 067
2.2.1.2.1 资产	−948	−535
2.2.1.2.1.1 股权	−328	−177
2.2.1.2.1.2 债券	−620	−358
2.2.1.2.2 负债	1 243	1 602
2.2.1.2.2.1 股权	362	607
2.2.1.2.2.2 债券	881	995
2.2.1.3 金融衍生工具	4	−62
2.2.1.3.1 资产	15	−48
2.2.1.3.2 负债	−12	−13
2.2.1.4 其他投资	519	−770
2.2.1.4.1 资产	−1 008	−1 984
2.2.1.4.1.1 其他股权	0	0
2.2.1.4.1.2 货币和存款	−571	−731
2.2.1.4.1.3 贷款	−435	−818
2.2.1.4.1.4 保险和养老金	0	−6
2.2.1.4.1.5 贸易信贷	−194	−653
2.2.1.4.1.6 其他	191	224
2.2.1.4.2 负债	1 527	1 214
2.2.1.4.2.1 其他股权	0	0
2.2.1.4.2.2 货币和存款	1 079	514

续表

项目	2017年	2018年
2.2.1.4.2.3 贷款	501	321
2.2.1.4.2.4 保险和养老金	7	2
2.2.1.4.2.5 贸易信贷	-12	408
2.2.1.4.2.6 其他	-47	-31
2.2.1.4.2.7 特别提款权	0	0
2.2.2 储备资产	-915	-189
2.2.2.1 货币黄金	0	0
2.2.2.2 特别提款权	-7	0
2.2.2.3 在国际货币基金组织的储备头寸	22	-7
2.2.2.4 外汇储备	-930	-182
2.2.2.5 其他储备资产	0	0
3. 净误差与遗漏	-2 130	-1 602

三、国际投资头寸表

（一）国际投资头寸表的概念

国际投资头寸表是国际收支核算中的另一个重要的统计表。1993年公布的《国际收支手册（第五版）》中首次探讨了国际投资头寸统计这一重要领域。2008年公布的"手册第六版"直接将其列入国际收支统计的范围内。

国际投资头寸表是反映特定时点上一个国家或地区对世界其他国家或地区金融资产和负债存量的统计报表。国际投资头寸的变动是由特定时期内交易、价格变化、汇率变化和其他调整引起的。

国际投资头寸表在计价、记账单位和折算等核算原则上均与国际收支平衡表保持一致，国际投资头寸表的主要结构与国际收支平衡表中的金融账户完全一致，其与国际收支平衡表共同构成一个国家或地区完整的国际账户体系。两者不同的是：国际收支平衡表反映的是在特定时期内一个国家或地区与世界其他国家或地区发生的一切经济交易，是流量的概念；国际投资头寸表反映的是特定时点上一个国家或地区对世界其他国家或地区的金融资产和负债的存量状况。

（二）我国的国际投资头寸表及项目设置

自2015年一季度开始，我国国际投资头寸表按照手册第六版的标准编制并公布，记录特定时点上我国（不含中国香港、澳门和台湾）对世界其他国家或地区金融资产和负债存量情况。

我国国际投资头寸表的项目按资产和负债设置，具体情况见表9-2。

表 9-2　　中国国际投资头寸表（2010年末—2018年末）① 　　（单位：亿美元）

项目/年份	2010	2011	2012	2013	2014	2015	2016	2017	2018
净头寸	14 783	15 256	16 749	18 091	16 028	16 728	19 504	21 007	21 301
资产	41 189	47 345	52 132	59 861	64 383	61 558	65 070	71 488	73 242
1. 直接投资	3 172	4 248	5 319	6 605	8 826	10 959	13 574	18 090	18 990
1.1 股权	2 123	3 125	3 917	4 693	7 408	9 123	11 274	15 590	16 316
1.2 关联企业债务	1 050	1 123	1 403	1 911	1 418	1 836	2 300	2 501	2 674
1.a 金融部门	/	/	/	/	/	/	/	2 371	2 518
1.1.a 股权	/	/	/	/	/	/	/	2 276	2 416
1.2.a 关联企业债务	/	/	/	/	/	/	/	95	102
1.b 非金融部门	/	/	/	/	/	/	/	15 719	16 472
1.1.b 股权	/	/	/	/	/	/	/	13 314	13 900
1.2.b 关联企业债务	/	/	/	/	/	/	/	2 405	2 572
2. 证券投资	2 571	2 044	2 406	2 585	2 625	2 613	3 670	4 925	4 980
2.1 股权	630	864	1 298	1 530	1 613	1 620	2 152	2 977	2 700
2.2 债券	1 941	1 180	1 108	1 055	1 012	993	1 518	1 948	2 279
3. 金融衍生工具	0	0	0	0	0	36	52	59	62
4. 其他投资	6 304	8 495	10 527	11 867	13 938	13 889	16 797	16 055	17 530
4.1 其他股权	0	0	0	0	0	1	1	54	54
4.2 货币和存款	2 051	2 942	3 906	3 751	4 453	3 598	3 653	3 611	3 937
4.3 贷款	1 174	2 232	2 778	3 089	3 747	4 569	5 768	6 373	7 097
4.4 保险和养老金	0	0	0	0	0	172	123	101	106
4.5 贸易信贷	2 060	2 769	3 387	3 990	4 677	5 137	6 145	5 319	5 972
4.6 其他	1 018	552	457	1 038	1 061	412	1 107	597	364
5. 储备资产	29 142	32 558	33 879	38 804	38 993	34 061	30 978	32 359	31 680
5.1 货币黄金	481	530	567	408	401	602	679	765	763
5.2 特别提款权	123	119	114	112	105	103	97	110	107
5.3 在国际基金组织中的储备头寸	64	98	82	71	57	45	96	79	85
5.4 外汇储备	28 473	31 811	33 116	38 213	38 430	33 304	30 105	31 399	30 727
5.5 其他储备资产	0	0	0	0	0	7	2	5	-2
负债	26 406	32 089	35 382	41 770	48 355	44 830	45 567	50 481	51 941
1. 直接投资	15 696	19 069	20 680	23 312	25 991	26 963	27 551	27 257	27 623
1.1 股权	14 711	17 842	19 425	22 149	24 076	24 962	25 370	25 150	25 386
1.2 关联企业债务	985	1 227	1 255	1 163	1 915	2 002	2 181	2 107	2 237
1.a 金融部门	/	/	/	/	/	/	/	1 351	1 422

① 国家外汇管理局. 中国国际投资头寸表［EB/OL］. http：//www.safe.gov.cn/safe/2018/0928/10290.html, 2019-3-29.

续表

项目/年份	2010	2011	2012	2013	2014	2015	2016	2017	2018
1.1.a 股权	/	/	/	/	/	/	/	1 241	1 277
1.2.a 关联企业债务	/	/	/	/	/	/	/	110	145
1.b 非金融部门	/	/	/	/	/	/	/	25 906	26 201
1.1.b 股权	/	/	/	/	/	/	/	23 909	24 109
1.2.b 关联企业债务	/	/	/	/	/	/	/	1 997	2 092
2. 证券投资	4 336	4 113	5 276	5 734	7 962	8 170	8 111	10 994	10 964
2.1 股权	4 159	3 743	4 534	4 845	6 513	5 971	5 795	7 623	6 842
2.2 债券	178	371	742	889	1 449	2 200	2 316	3 370	4 122
3. 金融衍生工具	0	0	0	0	0	53	60	34	60
4. 其他投资	6 373	8 907	9 426	12 724	14 402	9 643	9 844	12 197	13 294
4.1 其他股权	0	0	0	0	0	0	0	0	0
4.2 货币和存款	1 650	2 477	2 446	3 466	5 030	3 267	3 166	4 365	4 833
4.3 贷款	2 389	3 724	3 680	5 642	5 720	3 293	3 205	3 922	4 169
4.4 保险和养老金	0	0	0	0	0	93	88	100	109
4.5 贸易信贷	2 112	2 492	2 915	3 365	3 344	2 721	2 883	3 523	3 931
4.6 其他	222	106	277	144	207	172	408	188	154
4.7 特别提款权	0	107	107	108	101	97	94	100	97

备注：1. 本表计数采用四舍五入原则。

2. 净头寸是指资产减负债，"+"表示净资产，"-"表示净负债。

3. 从 2015 年一季度开始，本表按照国际货币基金组织《国际收支和国际投资头寸手册》（第六版）标准进行编制和列示。

4. 2017 年年末以来贸易信贷数据根据最新调查结果修订，未追溯调整之前数据。

第二节 国际收支失衡

一、国际收支平衡与失衡

如前所述，国际收支账户是一种事后的会计性记录，复式记账法使其借贷双方在整体上总是平衡的，也即达到国际收支均衡。但在实际的经济生活中，国际收支经常存在不平衡，也就是说会出现不同程度的国际收支顺差或逆差，这就是国际收支失衡（Disequilibrium）的含义。

出现上述现象的主要原因在于：国际收支平衡表中的收支平衡实际上是会计意义上的平衡。事实上，国际收支平衡并不仅仅是一个收与支数量相等的简单的数字概念，而是一个需要考虑多种因素、与宏观经济、资本流动、货币汇率、国际储备等有密切关系的综合经济概

念。理解国际收支平衡需要注意以下几点:

(一) 国际收支平衡的含义

1. 自主性交易与补偿性交易

由于国际收支平衡的类型与国际经济交易活动的类型有关,因此有必要区分一下国际经济交易的基本类型。

根据交易目的和交易主体的不同,各种国际经济交易活动,可以分为自主性交易和调节性交易两大类型。所谓自主性交易,又称事前交易,是指经济体为某种自主性目的,如:追逐利润、旅游、汇款、赡养亲友、投机、资产保值等而从事的交易。自主性交易体现的是各经济主体的意愿,具有自发性和分散性的特点。所谓补偿性交易,又称事后交易或调节性交易,是指一国为弥补或调节自主性交易出现的差额而进行的经济交易。如,为弥补国际收支逆差而向外国政府或国际金融机构借款、动用储备资产等。

2. 国际收支平衡的类型

根据上述国际经济交易的基本类型,国际收支平衡可以划分为以下几种不同的类型:

(1) 主动平衡与被动平衡。

由于真正能反映国际收支状况的是自主性交易项目,因此在自主性交易收支均衡基础上实现的国际收支平衡,被称为自主平衡。而通过各种调节措施而达到的国际收支平衡被称为被动平衡。如:当一国自主性交易产生的外汇需求大于外汇供给时,为了平衡供求,金融当局需要动用本国的黄金、外汇等官方储备或通过外国中央银行、国际金融机构融通资金以弥补由此而带来的收支差额;或者利用错误与遗漏这个调整项目来最终在账面上达到平衡。

(2) 数额平衡与内容平衡。

一国国际收支即使达到主动平衡基础上的平衡,也只能说是达到数额或表面上的平衡,因为这种平衡未必对本国经济有利。考察一国的国际收支平衡,还需分析该国对外经济交易的内容。如果输出的货物是对本国财政经济都有利的交易,而输入货物并不妨碍本国生产事业的发展,才能达到国际收支内容上的平衡。如果出口货物是国内经济发展所短缺的,进口货物会明显对本国幼稚产业起打击作用,则即使国际收支平衡,也不是内容上平衡或真正的平衡。

(3) 开放经济下,国际收支平衡不是局部的均衡,而应是一般均衡。因此,观察一国的国际收支是否平衡,不能仅看该国国际收支各项目之间的数量关系,而应就国际收支与国内主要宏观经济变量(如:收入与支出、储备与投资等)关系及其相互影响状况来做考察。国际收支平衡因而存在着高水平平衡与低水平平衡的问题。如果为了达到国际收支平衡而抑制国内经济的发展,就是低水平的国际收支平衡,因为这是以牺牲国内平衡为代价的国际收支平衡。只有在国内经济发展与国际收支相互作用、相互促进下实现的均衡,才是高水平的国际收支平衡。

(二) 判断国际收支平衡需要注意的问题

判断一国国际收支是否平衡,需要注意以下几点:

①一般来说,一国的经常项目差额可以由正常的资本流动来弥补,货币汇率基本稳定,外汇储备水平能维持 2~3 个月进口需要,这个国家的国际收支就达到了平衡。当然,这也

仅仅是一种比较简单的判断标准，有些时候未必准确。

②国际收支平衡不是一个静态概念，而是一个动态概念。静态平衡是指某一时点存量的均衡，动态平衡则是指一定时期流量的均衡。因此，一国的国际收支平衡不能仅以一时或短期的数额为标准，而应着眼于长期。并且，影响国际收支差额的因素是多方面的、并且可能是综合作用的。所以，只有在进行较长时期的因素影响分析后，才能准确判断国际收支是否平衡。

（三）国际收支平衡与国际收支失衡

显然，国际收支平衡与失衡是国际收支的两种表现形态。国际收支平衡，大多时候是一种理论上的理想状态。现实中，由于影响国际经济交往的因素极为复杂并且不确定，实际的国际收支难以达到平衡，每个国家可能都会或多或少出现不平衡。也就是说，出现国际收支失衡是正常的现象。但是，如果是出现长期、大幅度的国际收支失衡，必然会对该国经济，甚至世界经济产生不利的影响。

二、国际收支失衡的分析内容

一般而言，各国都将国际收支平衡作为宏观调控、金融运行良好的指标，而把国际收支失衡作为政策调整的重要对象。但是仅仅根据国际收支失衡的定义是难以把握国际收支的真实情况的，需要以定量分析为基础，按照国际收支失衡的具体状况来进行政策判断。当然，从广泛意义上讲，国际收支平衡表中的每一个项目都可以作为国际收支失衡的分析内容。然而这种分析既不现实，也没有必要。一般来说，按照习惯和国际货币基金组织的传统做法，一国进行国际收支失衡分析，主要分析以下4个项目。

（一）贸易收支差额

贸易收支差额（Trade Balance，TB），是指包括货物与服务在内的进口、出口之间的差额。贸易账户余额在传统上经常作为整个国际收支的代表，这是因为对一些国家来说，贸易收支在国际收支中所占的比重相当大。同时，贸易收支的数字尤其是商品贸易收支的数字，易于及时通过海关的途径收集，能够快速反映出一国对外经济交往的情况。此外，贸易收支差额还表现了一个国家或地区的自我创汇能力，反映了一国的产业结构和产品在国际上的竞争力及在国际分工中的地位，是一国对外经济交往的基础，影响和制约着其他账户的变化。

（二）经常账户差额

经常账户差额（Current Account Balance，CA），是指包括商品、服务、收益和经常转移收支的净差额。它反映了实际资源在一国与他国之间的流动情况。国际货币基金组织特别重视各国经常账户的收支状况。这是因为：经常账户下涉及的交易只要发生就不可撤销。因此，通过经常账户差额可以衡量和预测经济发展和政策变化的效果，这也是制定国际收支政策和产业政策的重要依据。

（三）资本与金融账户差额

资本和金融账户差额（Capital and Financial Account Balance，KA），是指资本与金融账户下所有资本交易的净差额，由资本账户差额和金融账户差额构成。该差额具有十分复杂的经济含义，应当进行综合分析。

1. 资本与金融账户差额

通过资本与金融账记差额，可以看出一个国家资本市场的开放程度和金融市场的发达程度，从而为一国货币政策和汇率政策的调整提供有益的借鉴。因为一般而言，资本市场开放的国家资本与金融账户的流量总额较大。由于各国在利率、金融市场成熟度、本国经济发展程度和货币价值稳定程度等方面存在较大的差异，资本与金融账户差额往往出现较大的波动，要保持这一余额为零是非常困难的。

2. 资本与金融账户和经常账户之间具有融资关系

按照复式记录原则，国际收支平衡表中的一笔贸易流量通常对应着一笔金融流量，经常账户中实际资源的流动和资本与金融账户中资产所有权的流动是同一问题的两个方面。在不考虑错误与遗漏因素时，经常账户中余额与资本与金融账户余额之和等于零。当经常账户出现赤字或盈余时，必然对应着资本与金融账户的相应盈余与赤字。这意味着一国利用金融资产的净流入或动用储备资产为经常账户赤字融资，而经常账户盈余则意味着金融资产的净流出或储备资产的增加。

随着国际金融一体化的发展，资本与金融账户和经常账户之间的这种融资关系正逐步发生着深刻的变化。一方面，资本与金融账户为经常账户提供融资受到诸多因素的制约，比如流入的资本缺乏稳定性、借入外国资本的偿还问题等；另一方面，资本与金融账户已经不再是被动地由经常账户所决定，这一账户中的资本流动具有独立的运动规律，其流量已远远超过国际贸易的流量，从而在根本上摆脱了对贸易的依附关系。

（四）综合账户差额

综合账户差额（Overall Balance，OB），又称总差额，是指经常账户和资本与金融账户中的资本转移、直接投资、证券投资、其他投资账户所构成的余额，也就是将国际收支账户中储备资产账户剔除后的余额（不考虑错误与遗漏因素）。综合账户的意义在于可以衡量国际收支对一国储备持有所造成的压力，因为综合账户余额必然导致官方储备的相反方向变动。综合账户余额对实行固定汇率制的国家是极其重要的。当货币的汇率变动时，政府必须利用官方储备介入市场以实现供求平衡。而在浮动汇率制度下，政府原则上可以不动用储备而听任汇率变动来调节国际收支平衡，这一差额在分析意义上略有弱化。

上述项目是目前主要的统计失衡的口径。每个国家可以根据自身情况选用其中的一种或若干种，来判断自己在国际交往中的位和状况，并采取相应的对策。

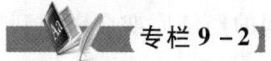
【专栏 9－2】

关于国际收支平衡状况的度量①

国际收支平衡，也称对外经济平衡，是宏观经济的四大目标之一。在开放经济条件下，

---

① 国家外汇管理局. 2011 年中国国际收支报告［EB/OL］. 2012 年 3 月 31 日，http://www.safe.gov.cn/safe/2012/0331/4956.html.

国内均衡和对外均衡之间存在着密切的相互决定、相互影响的关系。如果增长、就业和物价没有达到均衡状态，必然会从国际收支上来反映；如果国际收支不平衡，就不可能真正充分利用两个市场、两种资源，也就不可能真正扩大就业，促进经济社会协调发展。

在实践中，国际收支平衡的主要评判标准是经常项目差额是否可持续。在资本账户开放的经济体，资本项目通常是经常项目的对冲项，经常项目逆差时资本净流入，经常项目顺差时则资本净流出。相关国家国际收支危机的教训是，经常项目逆差是否超过GDP的4%~5%，这是一个非常关键的早期预警指标。否则，就容易因为资本流入（如对外借债）枯竭甚至逆转，发生本币贬值、债务危机，进而引发全面的金融经济危机。例如1994年的墨西哥、1997年的泰国和2001年的阿根廷。

过去，理论界对于经常项目顺差多少为宜并没有统一标准。进入21世纪以来，随着国际社会对全球经济失衡愈演愈烈的状况日益担忧，才开始关注经常项目顺差问题。2007年，国际货币基金组织通过《对成员国汇率政策监督的决定》，要求成员国避免引发外部不稳定，包括过大的经常项目顺差。2010年年底，在二十国集团首尔峰会上，美国等国家曾经动议，在"均衡、强劲、可持续增长"政策框架下，各国承诺将经常项目差额控制在GDP的±4%以内。后由于各方分歧较大，会上没有达成一致，而被一揽子参考性指南所取代，未设统一的量化标准。欧盟2011年12月出台了旨在提高经济财政一体化程度的"六项规则"，其中一项预警指标是经常项目逆差与GDP之比不应超过4%，顺差占比不应超过6%。

三、国际收支失衡的主要类型

按照国际收支失衡的原因，可以将国际收支失衡的类型划分为以下5种。

（一）偶然性失衡

偶然性失衡，是指由短期的、非确定性或偶然因素引起的国际收支失衡。国内外政局动荡、自然灾害等都有可能影响国际收支的变化。这种失衡一般程度较轻、持续时间不长，带有可逆性。固定汇率制下，一般不需要采用政策措施，只需要动用官方储备便能加以克服。浮动汇率之下，这种性质的失衡有时候也不需要政策调节，市场汇率的波动就能将其纠正。

（二）周期性失衡

周期性失衡，是指一国因经济周期波动而引起的国际收支失衡。如：当一国经济处于衰退期时，社会总需求下降，进口需要也相应下降，国际收支发生盈余；反之，当一国经济处于扩张和繁荣时期，则国内投资与消费需求旺盛，对进口的需求也相应增加，国际收支便会出现逆差。值得注意的是：在世界经济日益"一体化"的今天，一国的经济周期会影响到其他国家的生产、消费和国际收支，传播速度快，影响程度加深。

（三）收入性失衡

收入性失衡，是指由于经济条件的变化引起的国民收入的变动而造成的国际收支失衡。一般来说，如果一国的经济发展处于高速增长期，该国国民收入增加，会引起进口增长超过出口增长，从而使国际收支发生逆差。反之，则会出现顺差。

（四）货币性失衡

货币性失衡，是指因一国货币在国内实际购买力的变动而引起的国际收支失衡。一定的汇率条件下，如果一国通货膨胀严重，物价普遍上升，货币购买力下降，那么该国商品就会变得相对昂贵，该国商品在国际市场上的竞争力也将被削弱，于是该国的出口减少；另一方面，外国商品变得相对便宜。于是，该国进口增加，出口的减少，就容易产生国际收支逆差。反之，如果出现通货紧缩，则可能出现国际收支顺差。

（五）结构性失衡

结构性失衡，是指因国内经济、产业结构不能适应世界市场的变化而发生的国际收支失衡。如，大多数发展中国家的出口以初级产品为主，进口以制成品为主。如果国际市场上制成品价格大幅度上涨而初级产品价格增长缓慢，这些国家的贸易条件就将趋于恶化，从而导致国际收支上出现逆差或顺差。

上述五种类型的国际收支失衡中，影响最为严重、也是包括我国在内的发展中国家应尤为警惕和重视的，当属结构性失衡。当然，实际经济生活中，上述情况可能单独出现，也可能是综合多因素共同出现，呈现出一种极为复杂的状态。

四、国际收支失衡对经济的影响

如前所述，在现实经济生活中，一国的国际收支失衡是不可避免的。并且，在某种意义上，一定限度内的国际收支顺差或逆差甚至可能是有益而无害的。例如，一定的顺差会使一国的国际储备得到适度增长，增强对外支付和应付国际游资冲击的能力；一定的逆差可使一国适度地利用外国资源，加快国内经济的发展等。但是，一国的国际收支如果出现了持续、大量的不平衡而又得不到改善，也即出现了国际收支严重失衡甚或国际收支危机，那么，无论是对顺差国还是逆差国的经济发展来说，都会产生十分不利的影响。总体来说：

（一）国际收支持续大量逆差对经济发展的不利影响

主要表现为：① 致使本国积累的对外负债越来越多，可能引起偿还外债困难，甚至出现债务危机；② 消耗一国的国际储备，致使金融实力减弱，本币汇率下降，损害该国在国际上的信誉与地位；③ 由于出口收汇主要用于还本付息，因而无力进口本国经济发展所需要的生产要素，国民经济的增长必然受到影响。

（二）国际收支持续大量顺差对经济发展的不利影响

主要表现为：① 长期持续的国际收支顺差意味着一国实际资源的大量输出，国内可供使用的资源减少，在生产资源有限的情况下，势必影响一国国内需求的满足，特别是一些高投入、高耗能、高污染商品的持续大量出口将进一步加大国内资源与环境的压力；② 外汇资金的大量净流入，使本币面临升值压力，不利于商品的出口，央行为了维持汇率的稳定，必然要抛售本币，增加了国内通货膨胀的压力；③ 一国的国际收支顺差就是主要贸易伙伴国的逆差，如果顺差国不采取必要的措施缩减顺差，会引起国际摩擦，不利于国际经济的长远发展。

因此，如果一国出现了严重的国际收支失衡，就需要采取措施来加以调整或纠正。

第三节 国际收支调节

一、国际收支调节的一般原则

国际收支调节,主要分为自动调节和政策调节,两者各具特点。无论采用何种方法,在选择国际收支调节措施时,都应该注意以下原则:

(一) 具有针对性

如上所述,国际收支失衡的原因是多方面的,既有周期性、收入性的原因,又有货币性、结构性原因。因此,根据国际收支失衡的原因,对症下药采取不同的调节措施十分重要。如:若国际收支失衡是周期性因素造成的,意味着这种失衡是短期的,因而可以动用本国的国际储备或通过从国外获得短期贷款来弥补。若是货币性失衡,则应该考虑通过利率和汇率的调整,调节资金流出流入的规模和商品进出口的规模。若是结构性失衡,应加速产业结构调整。如果国际收支失衡是由于资本大量外逃或进口大量增加所致,则可采取对贸易、金融进行直接管制的措施,通过对商品的输出入和资本流动的限制,来恢复国际收支的平衡。

(二) 注重内外均衡

一国经济要健康发展,必须要有内外均衡的良好经济环境。内部均衡是指通货稳定、充分就业、经济增长。外部均衡是指国际收支平衡。一般来说,一国要同时实现宏观经济这四大目标,同时达到内外均衡是很困难的。因此,必须按照轻重缓急,在不同的时期和经济发展的不同阶段分别做出选择。在选择国际收支调节方式时,应充分考虑国内均衡,尽可能使其不发生矛盾。而要做到这一点,政策搭配就显得极为重要。

(三) 兼顾别国利益

各国对本国国际收支失衡的调节,首先会从本国利益出发进行。但是,有利于一国改善国际收支的调节方法,有可能损害他国利益或造成他国的国际收支失衡,从而引发他国采取报复性措施,并激化矛盾。因此,在选择调节国际收支的方式时,应尽量避免使用损人过甚的方式,以最大限度地降低来自他国的阻力。

二、国际收支的自动调节机制

国际收支的自动调节机制,是指国际收支失衡后引起市场经济系统内其他经济变量发生变化,而这些变化又反作用于国际收支,使国际收支失衡在某种程度上得到缓解、甚至自动恢复均衡。

国际收支的自动调节机制,在不同的货币制度下具有不同的特点:

1. 金本位制度下

由于黄金直接充当货币,可以自由兑换和自由输出入,因而国际收支差额会导致黄金的流动,从而影响一国的货币供应量,并通过物价变动而影响进出口,使国际收支不平衡得以调节。这个过程也被称为"价格—铸币机制"。

2. 纸币流通制度下

由于各国的汇率制度不同,国际收支自动调节机制也有所不同。如:浮动汇率制度下,汇率的自发变动具有自动调节国际收支失衡的功能。这是因为:如果一国国际收支出现逆差,则本国外汇市场上的外汇供给小于需求,将使本币发生贬值。本币贬值将刺激本国出口增加、进口减少,国际收支逆差得到改善。而固定汇率制度下,这种自动调节机制要相对复杂一些。当一国国际收支出现逆差时,中央银行为维持汇率稳定进行外汇干预,在外汇市场上抛出外汇回笼本币,货币供应量随之减少。于是出现:一方面,市场利率上升,本国资本外流减少,外国资本流入本国增加,进而改善本国资本账户收支状况(利率机制);另一方面,货币紧缩使国民收入下降,进口减少,进而使经常项目的收支状况得到改善(收入机制);同时,货币供应量的减少又导致国内工资、物价水平下降,使本国商品与外国商品的相对价格下降,引起出口增加和进口减少,经常项目得到改善(价格机制)。

显然,国际收支的自动调节机制,能够自发促进一国的国际收支趋于平衡,而不需要政府付出调节代价,并可避免各种人为的扭曲。因此,各国政府都会不同程度地为市场调节机制创造适宜的环境。但是,市场自动调节机制也有很多的局限性。因此,当一国发生国际收支不平衡时,政府往往根据各自的利益采取不同的经济政策,对国际收支进行人为干预和调节,使国际收支尽快恢复平衡。

三、国际收支的政策调节

国际收支的政策调节是指国际收支不平衡的国家通过改变其宏观经济政策,主动地对本国的国际收支进行调节,以使其恢复平衡。

政府调节国际收支的政策措施很多,主要可以归纳为:需求调节政策、供给调节政策与资金融通政策3大类,如图9-1所示。

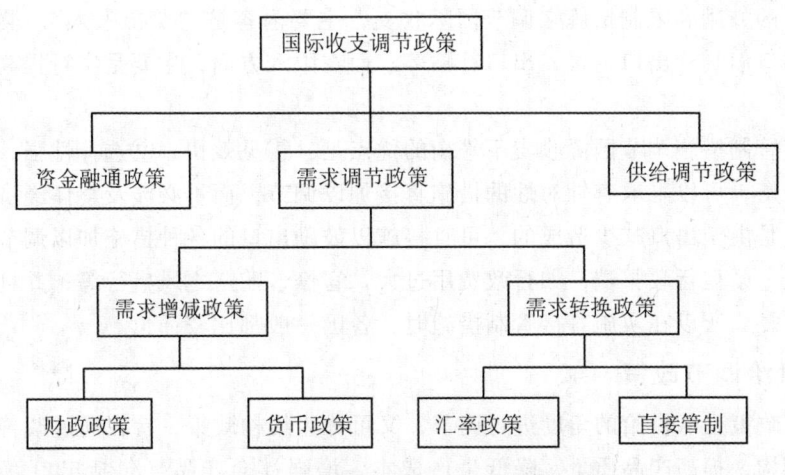

图9-1 政府调节国际收支的政策选择

(一) 需求调节政策

需求调节政策是指从需求的角度对国际收支进行调节。按照对需求的不同影响，又可以分为需求增减政策和需求转换政策两类。

1. 需求增减政策

需求增减政策是指通过改变社会总需求或者国民经济中支出总水平，来改变国内居民对外国商品、劳务和金融资产的需求，从而达到调节国际收支失衡的目的的政策。这类政策主要包括财政政策和货币政策，通过直接影响社会总需求来调节内部平衡。与此同时，社会总需求的变动又可以通过进、出口以及利率变化影响资金流动，由此调节达到内外平衡。

2. 需求转换政策

需求转换政策是指不改变社会总需求和总支出水平，而改变需求和支出的方向，进而调节国际收支的政策。这类政策主要包括汇率政策和直接管制政策。货币管理当局可以通过汇率制度的选择和汇率水平的变化、外汇管制以及贸易管制等政策工具，通过改变进口商品和进口替代品的相对价格或相对可获得性等来达到支出转换的目的。

（1）汇率政策。

汇率政策是指通过调整汇率来实现国际收支平衡的政策措施。主要包括：变动汇率制度、变动官方汇率和货币当局外汇市场干预3种形式。汇率调整政策在调节国际收支方面的优点是更加直接，效果较为明显。但是也存在较多缺陷，如：汇率变动对贸易收支的调节，受进出口商品价格弹性和时间滞后的影响；贬值容易给一国带来通货膨胀压力；汇率变动可能导致其他国家采取报复性措施，从而不利于国际关系的发展等。

（2）直接管制政策。

上述财政、货币和汇率政策的实施都要通过市场机制方能实现，政策的实施不能立即收到效果。因此，在某种情况下，各国还必需采取直接的管制政策来干预国际收支。

直接管制政策包括外汇管制和贸易管制两个方面。外汇管制，主要是通过对外汇买卖直接加以管制的方式来控制外汇市场的供求，维持本国货币对外汇率的稳定。贸易管制，就是通过对进出口的鼓励和限制措施来调节国际收支，主要内容是"奖出限入"。奖出方面常见的措施有：出口信贷、出口退税、出口补贴等。而在限入方面，主要是实行提高关税、进口配额等。

实施直接管制措施调节国际收支不平衡的优点是：①见效快；②选择性强，对局部性的国际收支不平衡，可以采取有针对性的措施直接加以调节，而不必涉及整体经济。如，若国际收支不平衡是由于出口减少造成的，可直接施以鼓励出口的各种措施加以调节等。但直接管制也会导致一系列行政弊端，如行政费用过大，官僚、贿赂之风盛行等；并且可能会激起相应国家的报复。所以在实施直接管制措施时，各国一般都比较谨慎。

(二) 供给调节政策

供给调节政策是从供给的角度进行调节，又可称为结构政策，旨在通过改善一国的经济结构和产业结构，提高产品质量，降低生产成本，增强社会产品（包括出口商品和进口替代品）的供给能力等，来达到调节国际收支的目的。供给调节政策包括：产业政策、科技政策、制度创新政策等。供给调节政策的特点是具有长期性，在短期内难以有显著的效果，但是可以从根本上提高一国的经济实力和科技水平，从而为实现内外均衡创造条件。

(三) 资金融通政策

资金融通政策，是指一国政府运用国际储备的变动或临时向外筹借资金等资金融通的方式，弥补国际收支失衡以实现经济稳定的一种政策。主要包括国际储备的使用和国际信贷的使用。

从一国宏观调控的角度看，资金融通政策主要体现为国际储备政策，也即一国可以运用所持有的一定数量的国际储备在外汇市场上买卖外汇，调节外汇供求，消除因国际收支不平衡而产生的汇率波动。当一国国际储备不足时，一国政府还可以通过国际信贷来达到弥补缺口的目的。如：政府可以进入国际金融市场，通过发行外币债券或者向银行贷款来筹措所需要的外汇，也可以向外国政府或国际金融机构贷款。

一般来说，资金融通政策是解决季节性、偶发性国际收支不平衡的简便而有利的政策措施，但不能解决持续性的长期国际收支逆差，比如结构性失衡问题。因为一国的国际储备毕竟有限，当一国货币币值不稳定、人们对该国货币的信心动摇，从而引起大规模资金外逃时，国际储备的作用无异于"杯水车薪"。而在这种情况下，国际借贷的条件也比较苛刻。所以，对于由于中长期因素导致的失衡，需要运用其他政策进行调整。但在调整期间，运用资金融通政策作为辅助手段，可以起到减小调整引起的震荡幅度、稳定经济的作用。因此，这一政策也常被称为外汇缓冲政策。

除了上述措施外，近年来，随着全球经济一体化的深入，国际经济与金融合作也在各国调整外部失衡过程中发挥着越来越重要的作用。

第四节 我国的国际收支

一、我国国际收支统计的发展变化

新中国成立以后相当一段时间内，我国实施高度集中的计划经济体制，强调自力更生，国际收支的主要项目是外贸收支和侨汇收入。因此很长一段时期内，我国并没有系统的国际收支平衡表，而用外汇收支平衡表来反映国际收支情况。

改革开放以后，随着对外交往的范围越来越广、内容越来越复杂，外汇收支平衡表已经很难全面反映我国的国际收支情况，需要建立适合我国实际需要的国际收支统计制度。此外，1980年，我国在国际货币基金组织和世界银行的合法席位得到恢复。作为国际货币基金组织的成员国，我国有义务定期向其送报国际收支平衡表。为此，我国于1980年开始试编国际收支平衡表，1981年制定了国际收支统计制度，1982年开始正式编制国际收支平衡表。1984年，我国对原有的国际收支统计制度进行了修改和补充；1985年9月，正式对外公布了"1982—1984年中国国际收支平衡表"。1996年开始，我国推出《国际收支统计申报办法》和《国际收支统计申报办法实施细则》(2003 年进行了修订),并采用《国际收支手册》第五版的定义和原则编制我国的国际收支平衡表,成为国际上最先采用《手册》第五版的会员国之一。

随着国际收支交易规模的不断扩大,交易内容和方式的日益多样化,对国际收支统计数据的及时性和完整性的要求不断提高,上述已经不能适应国际收支的变化形势。另外,国际货币基金组织也于 2008 年 12 月发布《国际收支和国际投资头寸手册(第六版)》。这些变化,既对我国国际收支的统计方法提出了更高的要求,也为建立符合国际标准的国际收支统计体系提供了良好的契机。在前期一系列准备工作的基础上,自 2015 年起,国家外汇管理局开始按照"手册第六版"的要求,编制和公布我国的国际收支平衡表和国际投资头寸表。

专栏 9 – 3

《国际收支手册》(第六版)标准下的我国国际收支统计变化①

我国从 2015 年开始按照《国际收支和国际投资头寸手册》(第六版)的标准编制和公布国际收支平衡表和国际投资头寸表。与第五版相比,第六版加强了对经济体脆弱性和可持续性的分析和监测,更加关注国际投资头寸和资产负债表情况。主要变化包括:

1. 主要项目名称有所调整。一类调整是项目的中文翻译改变,如"经常项目"改为"经常账户","资本和金融项目"改为"资本和金融账户"。另一类调整是项目的英文名称改变,为与国民账户体系等其他国际统计标准的相关概念相协调。如经常账户下的"收益"改为"初次收入","经常转移"改为"二次收入"等。

2. 项目归属及分类变化。一是"来料加工"在第五版下按照进口和出口分别记录在货物贸易贷方和借方,而第六版是按照"工缴费"净额记录在服务贸易贷方;"转手买卖"由服务贸易调整至货物贸易下,按净额记录在贷方。二是将"金融衍生工具"从证券投资中单列出来,成为与证券投资并列的分类。三是将储备资产列于金融账户下。为兼顾公众的使用习惯,我国在金融账户下设"非储备性质的金融账户"和"储备资产"两个大项,前者口径与以往公布表式的金融账户相同。

3. 列示方法变化。一是使用一列方式列示数据。二是金融账户按差额列示而不再列示借贷方。

4. 直接投资的统计方法发生变化。新版直接投资统计的变化主要体现在对直接投资企业对境外母公司投资(逆向投资)的处理方法上。

5. 改进了部分存量数据统计方法。根据手册的最新标准,全面采用市值法统计和编制国际投资头寸表中的各项数据,替代以往个别项目历史流量累计的方法。但是,由于部分重要数据的统计制度都是在近期开始实施,历史数据无法获得,因此,往期数据未能进行追溯调整,这样 2014 年前后的 IIP 数据存在不可比的情况。

---

① 国家外汇管理局.2015 年上半年中国国际收支报告 [EB/OL].http://www.safe.gov.cn/safe/2015/0930/6108.html, 2015 – 9 – 30.

二、我国的国际收支状况

改革开放以来,我国国际收支状况的总体表现为:收支总量以较快的速度增长,反映出我国对外开放程度的不断加深。

从经常账户、资本与金融账户两个主要账户差额和储备资产的变动情况看:1994年之前,波动较为明显,顺差和逆差交替出现。1994年以后,随着外汇体制等领域一系列改革措施的实施,我国国际收支状况有了显著的变化:经常账户和资本与金融账户持续双顺差,且顺差规模不断加大。尤其是2004年之后,双顺差规模出现迅速扩大的趋势,外汇储备也持续大幅度增加。这种账户格局成为2014年以前我国国际收支平衡表最突出和明显的特征,并引起世界各国的关注。2015—2016年,我国国际收支呈现"经常账户顺差、资本与金融账户(不含储备资产)逆差"格局。2017年,国际收支重现"双顺差"状况,2018年依然维持"双顺差"格局。

表9-3反映了1982—2018年,我国国际收支平衡表中四个主要账户差额的变动情况[1]。

表9-3　　　　1982~2018年中国国际收支简表(主要账户)　　　(单位:亿美元)

年份	经常账户差额	非储备性质的金融账户差额	储备资产变动额	净误差与遗漏
1982年	57	-17	-42	3
1983年	42	-14	-27	-2
1984年	20	-38	5	12
1985年	-114	85	54	-25
1986年	-70	65	17	-12
1987年	3	27	-17	-14
1988年	-38	53	-5	-10
1989年	-43	64	-22	1
1990年	120	-28	-61	-31
1991年	133	46	-111	-68
1992年	64	-3	21	-83
1993年	-119	235	-18	-98
1994年	77	326	-305	-98
1995年	16	387	-225	-178
1996年	72	400	-317	-155
1997年	370	210	-357	-223
1998年	315	-63	-64	-187

---

[1] 国家外汇管理局.中国国际收支平衡表时间序列数据(BPM6)[EB/OL].http://www.safe.gov.cn/safe/2018/0928/10285.html, 2019.3.29.

续表

年份	经常账户差额	非储备性质的金融账户差额	储备资产变动额	净误差与遗漏
1999 年	211	52	-85	-178
2000 年	204	20	-105	-118
2001 年	174	348	-473	-49
2002 年	354	323	-755	78
2003 年	431	549	-1 061	82
2004 年	689	1 082	-1 901	130
2005 年	1 324	912	-2 506	229
2006 年	2 318	453	-2 848	36
2007 年	3 532	911	-4 607	133
2008 年	4 206	371	-4 795	188
2009 年	2 433	1 945	-4 003	-414
2010 年	2 378	2 822	-4 717	-529
2011 年	1 361	2 600	-3 878	-138
2012 年	2 154	-360	-966	-871
2013 年	1 482	3 430	-4 314	-629
2014 年	2 360	-514	-1 178	-669
2015 年	3 042	-4 345	3 429	-2 130
2016 年	2 022	-4 161	4 437	-2 295
2017 年	1951	1095	-915	-2130
2018 年	491	1306	-189	-1602

专栏 9－4

从国际经验看当前我国国际收支风险状况①

2015 年下半年以来，我国跨境资金经历了较长一段时期的净流出，为衡量当前我国国际收支风险状况，我们选取 20 世纪 80 年代拉美债务危机中的墨西哥（1982）和巴西（1983），以及 90 年代亚洲金融危机中的泰国（1997）和韩国（1997）进行对比分析，基本结论是当前我国国际收支运行状况总体稳健，稳中有进的发展和改革思路有利于维护国际收支基本平衡。

一、我国国际收支主要指标处于合理水平，外部账户总体稳健

一是我国经常账户持续顺差。1994—2015 年，我国经常账户连续 22 年保持顺差，经常账户顺差与 GDP 的比值在 2007 年触及 10.0% 的历史高位后逐年回落，2015 年为 3.0%，仍处于合理均衡水平。历史经验表明，经常账户顺差是减缓资本外流冲击的重要屏障。墨西

---

① 国家外汇管理局. 2016 年上半年中国国际收支报告［EB/OL］. http://www.safe.gov.cn/safe/2016/0930/6110.html, 2016.9.30.

哥、巴西、泰国和韩国在危机爆发前（含当年）经常账户逆差分别持续 4 年、9 年、11 年和 4 年，年均逆差占 GDP 的比例分别为 4.8%、4.4%、5.2% 和 2.1%。

二是我国外债负担和违约风险较低。从负债率（外债总额/GDP）来看：2015 年末我国负债率为 13%，远低于国际通行的警戒水平（20%），我国对外整体债务负担并不高；而墨西哥、巴西和泰国危机爆发前一年负债率均远超警戒水平，分别为 31%、33% 和 62%，危机当年分别升至 50%、49% 和 73%。从短期外债与储备资产的比值看：2015 年年末我国该比值为 27%，外部债务违约风险较低；而墨西哥、巴西和泰国危机爆发前一年该比值分别为 503%、437% 和 123%，危机当年分别变为 1 474%、313% 和 141%。从借贷成本看：我国外债中具有实需背景的贸易融资和贸易信贷占比较高，此类外债以降低财务成本为主要融资目的，未来通常有相应的贸易收入作为对外支付的保障，2014 年人民币汇率双向波动以来，企业利用外汇衍生品对冲汇率波动风险的意识也有所提高，同时，当前全球低利率甚至负利率的环境下，外债利息支出负担总体较低；而拉美危机和亚洲金融危机的一个激发因素是外部利率短期大幅走高，并伴随美元指数快速上升，加重还本付息负担，其中 1980 年巴西向美国银行借贷的利率高达 21.5%。此外，从外汇储备的绝对规模来看，当前我国外汇储备规模稳居世界首位，是维护国际收支平稳运行的"定心丸"。

三是我国的境外资本流入中以稳定性较高的直接投资为主。直接投资、证券投资以及跨境借贷等其他投资是境外资本流入的主要形式，其中直接投资可以发挥"稳定器"的作用。在我国大量资本流入的 2003—2013 年，直接投资占全部境外资本流入（非储备性质金融账户负债方）的 62%，证券投资和其他投资（非直接投资）合计占 38%。即便是 2009—2013 年非直接投资项下境外资本流入较大的时期，其占比仅升至 41%。而墨西哥（1979—1981 年）、巴西（1975—1982 年）、泰国（1988—1996 年）和韩国（1990—1996 年）在危机前境外资本流入较大的时期，非直接投资占比分别高达 87%、78%、85% 和 93%。除韩国外，其他三个国家更是以债务类的其他投资资本流入为主。短期资本流入占比过高助长了危机期间的资本外流压力。

二、我国经济发展和相关政策改革稳中有进，有利于维护国际收支基本平衡

一是我国良好的经济基本面是国际收支平稳运行的根本保障。当前我国经济面临一定下行压力，经济结构转型升级过程中，部分领域难免会出现暂时困难甚至风险事件，但在全球经济普遍低迷的背景下，我国经济增速在世界范围内仍处于较高水平，经济增长的质量和效率不断提高，贸易竞争力依然较强，投资环境继续改善，市场发展潜力巨大，这是我国长期保持贸易盈余和国际资本长期看好我国的基础。相反，当年拉美国家和东南亚国家经济增长方式存在较明显"软肋"。比如，墨西哥和巴西严重依赖外部借贷支持本国庞大的经济发展计划，出口产品结构单一，易受国际市场波动的影响；泰国也依赖外资维持经济高速增长，大量外来资本涌入房地产和股市，最终酿成资产泡沫破灭。

二是我国资本账户开放和汇率、利率等市场化改革协调推进，合理引导了国际资本有序流动。在国内汇率、利率等尚未实现市场化改革之前过早放开资本市场管制，是导致 20 世纪 90 年代末亚洲金融危机的历史教训。一直以来，我国有选择、分步骤地放宽对跨境资本交易活动的限制，汇率、利率市场化改革协同推进，长期资本与短期资本有序进出。目前，

我国汇率弹性不断增强，国际收支自主平衡的能力进一步提升，逐步构建并完善跨境资本流动宏观审慎管理体系，加强与市场的有效沟通，不断完善政策预案，可以有效防范跨境资金流动异常波动风险，避免发生信任危机。

第五节 国际储备

一、国际储备的概念与构成

（一）国际储备的基本含义

国际储备，是指一国货币当局为弥补国际收支逆差、维持本国货币汇率稳定、应付各种紧急支付而持有的，在国际间可以被普遍接受的流动资产的总称。能够作为国际储备的资产，一般具有以下3个特征：

1. 官方特有性

作为国际储备的资产，必须是该国货币当局集中掌握的。非官方金融机构、企业和私人持有的资产，不是国际储备资产。因此，国际储备有时也被称为官方储备。

2. 普遍接受性

作为国际储备的资产，必须能够被世界各国普遍认同和接受，否则无法作为国际支付手段用于弥补国际收支逆差。

3. 充分流动性

作为国际储备资产，必须具有充分的流动性，能够在各种储备形式之间自由兑换，而且各国政府和货币当局必须能随时动用。

（二）国际储备的构成

国际储备有广义和狭义之分。广义的国际储备包括自有储备和借入储备，狭义的国际储备仅指自有储备。自有储备是指由黄金储备、外汇储备、在国际货币基金组织的储备头寸、特别提款权等4种形式构成的储备；其中的前两项资产是任何一个国家都具有的储备形式，后两种储备资产则只有国际货币基金组织成员国才能持有。因此，自有储备的数量也反映了一国在国际经济、金融领域的地位。借入储备则主要包括：备用信贷、互惠信贷和支付协议、本国商业银行的对外短期可兑换资产等3项储备资产内容。上述两种储备之和也被称为国际清偿力，反映了一国货币当局干预外汇市场的总体能力。

通常所讲的国际储备是狭义的国际储备，主要包括以下内容：

1. 黄金储备

黄金储备，是指货币当局作为金融资产持有的黄金。金本位制度下，黄金是全世界最主要的国际储备资产，但因其储量有限，再加上非货币性用途的增加，越来越难以满足世界贸易和国际投资扩大的需求。于是，能自由兑换黄金的货币，如美元、英镑等，就取代而成为主要的国际储备资产。随着金本位的解体,尤其是在黄金非货币化之后,黄金作为国际储备的功能越来越弱。但是,由于黄金本身的贵金属特性,即便是在当今纸币本位的信用货币制度下,它仍然被人认为是最后的支付、清偿手段,所以各国货币当局仍然会在国际储备中保留一部分黄金。

目前,黄金储备具有如下特点:①规模比较稳定地维持在一个水平上。近几十年来,世界黄金储备的实物量变动很小,一直徘徊在10亿盎司左右。②随着储备总额的增加,黄金储备的规模在整个国际储备中的份额越来越小。③世界各国货币当局在动用国际储备时,并不能直接以黄金实物对外支付,而只能在黄金市场上出售黄金,换成可兑换的货币。所以可以说,黄金实际上已不是直接的国际储备,而是间接的国际储备。

2. 外汇储备

外汇储备,是一国货币当局持有的可以随时使用的可兑换货币资产,是目前各国国际储备的主体。充当国际储备的货币必须具备以下条件:①能自由兑换成其他储备货币;②在国际货币体系中占据重要地位;③其购买力必须具有稳定性。在各国的非黄金储备资产中,外汇储备的比例是最高的。

3. 储备头寸

在国际货币基金组织的储备头寸,也被称为普通提款权,是国际货币基金组织给各会员国提供的一项贷款。国际货币基金组织犹如一个股份制性质的储备互助会,当一个国家加入基金组织之后,必须按一定的份额向该组织缴纳一笔钱,作为入股基金,称之为份额。按规定,该缴费额的25%必须以可兑换货币缴纳,其余75%用本国货币缴纳。当成员国发生国际收支困难时,就有权向基金组织申请普通贷款。所以,储备头寸是国际货币基金组织最基本的一项贷款,主要用于解决会员国国际收支不平衡的问题,但不能用于成员国贸易与非贸易的经常项目支付。

4. 特别提款权

特别提款权是国际货币基金组织为了补充国际储备资产不足,按成员国在基金中的份额分配、可在成员国之间、成员国与基金组织之间使用的一种储备资产和记账单位,是普通提款权的一种补充。成员国在发生国际收支逆差时,可用其向基金组织指定的其他会员国换取外汇,以偿付国际收支逆差或偿还基金组织的贷款;还可与黄金、自由兑换货币一样充当国际储备。但由于其只是一种记账单位,不是真正的货币,因此使用时必须先换成其他货币,而不能直接用于贸易或非贸易的支付。

【专栏 9-5】

人民币加入 SDR

北京时间2015年12月1日凌晨1点,IMF正式宣布,人民币将于2016年10月1日加入 SDR(特别提款权)。IMF 总裁拉加德在发布会上表示:"人民币进入 SDR 将是中国经济融入全球金融体系的重要里程碑,这也是对于中国政府在过去几年在货币和金融体系改革方面所取得的进步的认可。"人民币因此成为与美元、欧元、英镑和日元并列的第五种 SDR 篮子货币。

人民币"入篮",对于我国具有重要的意义:一是对我国成为世界第二大经济体、第一大货物贸易国的必然反映。二是增加了我国人民币在 SDR 国际储备份额。三是人民币可作为国际货币基金组织成员从 IMF 信贷货币的一种选择。四是人民币可作为国际货币基金组织成员的国际储备货币[①]。其对于加快人民币国际化进程的作用也是显而易见的。

二、影响国际储备变化的因素

(一) 国际收支差额

国际收支可以改变国际储备:顺差会使国际储备增加,逆差会使国际储备减少;国际收支顺差是国际储备最主要和最直接的来源。其中,经常项目顺差是比资本与金融项目顺差更为直接和稳定的国际储备来源。这是因为:经常项目顺差表明一国的商品和劳务具有较强的国际竞争力,是增加国际储备的可靠力量;而资本与金融项目顺差虽然也能够增加国际储备,但由于国际资本流动特别是短期资本流动的不稳定性,使得由资本流入引起的储备增加也具有相当程度的不稳定性。

(二) 货币当局对外汇市场的干预

货币当局对外汇市场进行干预,也可以改变一国的国际储备存量。如:当本国货币面临较大升值压力时,货币当局为避免汇率波动对国内经济和对外贸易带来不利影响,会进入外汇市场抛售本币、收购外汇,由此买入的外汇可以补充国际储备;当本国货币面临较大的贬值压力时,为维持汇率的稳定,该国货币当局在外汇市场上抛售外汇、购进本币,从而使本国国际储备的减少。

(三) 黄金数额的变化

黄金数额的变化,会改变国际储备的数量。增加黄金储备一般主要有两条渠道:一是从国内收购并由中央银行窖藏的黄金;二是在国际黄金市场上收购黄金。对大多数国家而言,由于其货币不被国际上广泛接受,所以在国际市场上收购黄金仅仅改变了国际储备的构成,而国际储备的总量不会有太大变化。

(四) 在基金组织的储备头寸和特别提款权

储备头寸的增加和特别提款权的分配,是 IMF 成员国国际储备的另一种来源。但是因数量极其有限,且分配结构不太合理,加之各国一般无法主动增加其持有额,所以这两部分的变化对一国国际储备供给的影响有限。

(五) 国际信贷

一国政府或中央银行向国际金融机构或他国政府取得贷款,以及中央银行间的互惠信贷等均可补充其外汇储备。随着各国资本市场的对外开放以及国际金融市场的迅速发展,各国

---

① 国际商报. 理性看待人民币加入 SDR [J/OL]. 和讯网:http://forex.hexun.com/2016 - 04 - 11/183226479.html,2016 - 4 -11.

中央银行互换货币安排增加，通过国际借贷融通国际收支逆差和官方储备不足的能力有了很大提高。

三、国际储备的作用

随着世界经济和国际贸易的发展，国际储备媒介国际商品流动和世界经济发展的作用愈加明显。具体到每个国家，持有国际储备的作用主要表现为：

（一）清算国际收支差额，维持对外支付能力

当一国发生国际收支困难时，政府需要采取措施加以纠正。如果国际收支困难是暂时性的，可以通过使用国际储备予以解决，而不必采取影响整个宏观经济的财政、货币政策来调节。如果国际收支困难是长期的、巨额的或根本性的，则国际储备可以起到一种缓冲作用，能够使政府有时间渐进地推进财政、货币调节政策，避免因猛烈的调节措施而带来的国内社会震荡。

（二）干预外汇市场，调节本国货币的汇率

当本国货币汇率在外汇市场上发生波动时，尤其是因非稳定性投机因素引起本国货币汇率波动时，政府可动用储备来缓和汇率的波动或改变其变动的方向。例如，通过出售储备购入本币，可使本国货币汇率上升；反之，通过购入储备抛出本币，可使本国货币汇率下浮。由于各国货币金融当局持有的国际储备总是有限的，因而外汇市场干预只能对汇率产生短期的影响。但是，汇率的波动在很多情况下是由短期因素引起的，故外汇市场干预能对稳定汇率乃至稳定整个宏观金融和经济秩序起到积极作用。

（三）可以作为国家对外借款的信用保证

在国际上，无论是国际金融机构、国际银团还是政府，在对外贷款时，首先考虑的是借款国的偿债能力。而国际储备是一国金融实力的标志，是国际银行贷款时评估国家风险的重要指标之一。国际储备充裕，可以提高一国的资信水平，吸引国外资金流入，促进本国经济发展。

（四）维持并增强国际上对本国货币的信心

对于实行货币自由兑换的国家、尤其是那些货币在国际储备体系中占有重要地位的发达国家来说，掌握雄厚的国际储备可以在心理上和客观上稳定本国货币在国际上的信誉。

四、国际储备的管理

国际储备管理，是一国根据一定时期内本国的国际收支状况和经济发展的要求，对国际储备的规模、结构和储备资产的使用进行调整、控制，从而实现储备资产的规模适度、结构优化和使用高效的整个过程。国际储备管理，主要包括两个方面：一是国际储备规模的管理，核心在于确定适度的储备数量；二是国际储备结构的管理，核心在于安排合理的储备资产结构。通过国际储备管理，一方面可以维持一国国际收支的正常进行，另一方面可以提高一国国际储备的使用效率，有利于经济的增长。

(一) 国际储备的规模管理

国际储备规模管理，是指确定并保持一个适度的国际储备水平。首先，作为一国国际支付、稳定外汇市场和应对投机攻击能力的标志，国际储备的规模不能过小。如果一国的储备规模过小，在国际贸易发生突然变化或受到其他冲击时会出现支付危机和汇率大幅度波动，不利于经济的稳定与发展。其次，一国持有的国际储备也并非越多越好。国际储备规模过大将会产生以下不利影响：①造成资源的浪费。因为持有国际储备具有一定的机会成本，也即该国放弃了将其转化为进口生产资料等实际资源所能获得的收益；②给一国带来通货膨胀的压力；③面临巨大的外汇风险。由于国际储备中的外汇储备占绝大部分，所以储备资产价值很容易受到汇率波动的影响。总体上，决定一国适度储备量的因素主要包括：

1. 进口规模以及进出口差额的波动幅度

国际储备一般应与一国的年进口额相联系，以它为分母，以储备为分子，采用比例法来推算一国的最佳储备量。比例法虽然简单，但正是由于其简单、易操作，至今仍然是国际储备需求研究中最常用的方法之一。采用比例法，需要结合考察进出口差额的波动幅度进行。因为比例法中的进口，仅仅表示资金的一种单向流动，也即支出；而进出口差额，则反映了资金双向流动对国际储备的实际需求。对一个国家来说，每年的进出口差额是不一样的，有时大，有时小；有时顺差，有时逆差，存在一个波动的幅度。波动幅度越大，对储备的需求就越大；波动幅度越小，对储备的需求就越少。

2. 汇率制度与外汇管制状况

储备需求同汇率制度有密切的关系。如前所述，国际储备的一大作用就是干预汇率。如果一国采取的是固定汇率制，并且政府不愿意经常性地改变汇率水平，那么就需要持有较多的储备，以应付国际收支可能产生的突发性逆差或外汇市场突然出现的大规模投机。反之，一个实行浮动汇率制的国家，其储备的保有量就可相对较低。此外，与此相关的还有外汇管制情况。实行严厉外汇管制的国家，储备的保有量可相对较低；反之，则应较高。

3. 国际收支自动调节机制和调节政策的效率

一国发生国际收支逆差时，该国的自动调节机制和政府调节政策的效率，也会影响储备的需求。如果调解机制和政策的效率高，需要动用的国际储备就少，反之则需要大量的国际储备。另外，如果采取政策调节国际收支会引发一系列不确定后果，政策的制定者和实行者就会根据承担能力来决定调节的力度，这也会影响国际储备的需求。

4. 持有储备的机会成本

一国政府的储备，往往以存款的形式存放在外国银行。将获取的储备存放在国外，会产生一定的成本。如，若动用储备进口物资所带来的国民经济增长和投资收益率高于国外存款的利息收益率，其差额就构成持有储备的机会成本。再如，若持有储备而导致国内货币供应量增加，物价上升，也构成持有储备的一种成本。显然，持有储备的相对成本越高，储备的保有量就应越低。反之，则越高。

5. 金融市场的发育程度

发达的金融市场能提供较多的诱导性储备，并且对利率、汇率等调节政策的反应比较灵敏。因此，金融市场越发达，政府持有的国际储备便可相应越少；反之，则越多。

6. 国际融资能力

如果一国政府同外国货币当局和国际货币金融机构有良好的合作关系，签订有较多的互惠信贷和备用信贷协议；或当国际收支发生逆差时，其他货币当局能协同干预外汇市场，则该国政府对自有储备的需求就少。反之，该国政府对自有储备的需求就大。

7. 国际资金的流动情况

传统的观点认为，国际储备主要是用来弥补进出口差额的。但是在国际资金流动非常突出的情况下，国际储备对国际收支平衡的维持作用，更主要地体现在抵消国际资金流动的冲击上。如果国际资金流动的规模非常大，一国又不能有效、及时地利用国际金融市场借入储备，其自有储备的数量就需要大大增加。

上述这些因素的交织作用，使国际储备的确定更加复杂化。一般来讲，确定最佳储备量，需要对这些因素进行综合考虑。

（二）国际储备的结构管理

国际储备的结构管理，主要体现在储备资产的币种管理上。储备资产币种管理的必要性和重要性，是由国际货币制度的演变而引起的。

20世纪70年代初期以前，世界各国的外汇储备基本上都是美元储备，各国货币同美元保持固定的比价。当时的储备资产品种管理，主要在于处理美元储备与黄金储备的关系上。自70年代初期，国际货币制度发生了重大的变化。单一的固定汇率制度转变为多种的管理浮动汇率制度。储备货币的汇率波动频繁，各国金融当局被迫开始注意货币汇率的变动，采取相应措施，以避免本国储备资产的损失。储备货币也从单一的美元转变为美元、马克、日元、英镑等多种储备货币同时并存。除汇率走势与波动不一样以外，不同的储备货币的利率水平也高低不等，时常变化。此外，各国的通货膨胀情况也不一样。汇率的下浮、利率的下降或通货膨胀率的上升，都会损耗储备资产的价值。因此，币种管理的任务，就是要在研究不同国家汇率、利率、通货膨胀率的基础上，恰当搭配储备资产的币种构成，以减少损失，增加收益。随着国际货币制度发生重大变化，国际金融市场也获得长足的发展。各种新的金融工具和投资工具层出不穷，银行国际经营的风险也随国际债务问题和信用膨胀而增加，也就更加加强了储备资产币种管理的必要性和重要性。

一般来说，国际储备币种管理应遵循的主要原则是：

1. 币值的稳定性。以什么储备货币来保有储备资产，首先要考虑币值的稳定性或称保值性，主要考虑不同储备货币之间的汇率以及相对通货膨胀率。要根据汇率和通货膨胀率的实际走势和预期走势，经常地转换货币，搭配币种，以达到收益最大或损失最小。

2. 盈利性。不同储备货币的资产收益率不同：用其名义利率减去通货膨胀率再减去汇率的变化，即为实际收益率。币种管理不仅仅要研究过去，更重要的是要预测将来，预测利率、通货膨胀率、汇率等的变化趋势，以决定币种选择。另外，同一币种的不同投资方式，也会导致不同的收益率。有的投资工具，看上去收益率较高，但风险较大；有的看上去收益较低，但风险较小。营利性要求适当地搭配币种和投资方式，以求得较高的收益率或较低的风险。

3. 国际经贸往来的便利性。在储备货币币种的搭配上，需要考虑对外经贸和债务往来的地区结构、经常使用清算货币的币种等。目前，由于外汇市场的发达和货币兑换的方便性大大提高，便利性在决定币种选择中的重要性已大为降低。

五、我国的国际储备

（一）我国国际储备构成的变化

1949—1978年改革开放之前，我国对内实施高度集中的计划经济体制，对外较少参与国际经济事务，国际储备规模有限，外汇资金实行统收统支。因此，国际储备问题一直未引起人们的足够重视。党的十一届三中全会后，我国实行改革开放政策，对外经济贸易往来和吸收利用国外资金规模不断扩大，国际储备在国民经济中的重要性日益突出。

1980年，我国正式恢复了在IMF和世界银行的合法席位。和世界上大多数国家一样，我国的国际储备由黄金储备、外汇储备、特别提款权和在国际货币基金组织的储备头寸四部分组成。1981年，我国正式对外公布了国家黄金、外汇储备的构成。其中，黄金储备由国家黄金库存中划出的400吨（约合1 280万盎司）黄金构成，外汇储备则由国家外汇库存和中国银行外汇结存两部分组成。1983年，我国对外公布了国家外汇储备的数额。但当时公布的外汇储备包括了两部分：国家外汇库存和中国银行外汇结存[①]。国家外汇库存是我国货币当局持有的对外债权，国家对其拥有所有权。而中国银行的外汇结存则是该行的外汇本金和对外负债，国家不能无条件地随时动用。显然，这两种资金不能混为一谈。1992年，我国改变了外汇储备的统计口径，也即仅包括国家外汇库存。

20世纪90年代以来，基于各种变化影响因素，我国的国际储备结构有了较大幅度的变化。我国1992—2018年国际储备的构成情况如表9-4所示。

表9-4　　　　　　　　1992—2018年我国国际储备的构成[②]

年份	黄金储备（万盎司）	外汇储备（亿美元）	在IMF储备头寸（亿美元）	特别提款权（亿美元）
1992年	1 267	194.43	5.51	3.05
1993年	1 267	211.99	5.13	3.52
1994年	1 267	516.20	5.19	3.69
1995年	1 267	735.97	8.19	3.92
1996年	1 267	1 050.29	9.71	4.27
1997年	1 267	1 398.90	16.82	4.47

---

① 国家外汇库存是指国家通过中国银行兑进和卖出外汇相抵之后的余额；中国银行外汇结存是指中国银行的自有外汇资金加上中国银行在国内外吸收的外币存款和对外借款，减去中国银行在国内外的外汇贷款与投资所得后的余额。

② 资料来源：中国人民银行网站，统计数据，货币统计概览，官方储备资产 http://www.pbc.gov.cn/diaochatongji-si/116219/116319/index.html。

续表

年份	黄金储备（万盎司）	外汇储备（亿美元）	在 IMF 储备头寸（亿美元）	特别提款权（亿美元）
1998 年	1 267	1 449.59	25.23	4.8
1999 年	1 267	1 546.75	16.84	5.4
2000 年	1 267	1 655.74	14.62	6.13
2001 年	1 608	2 121.65	20.61	6.77
2002 年	1 929	2 864.07	31.88	8.2
2003 年	1 929	4 032.51	22.56	7.41
2004 年	1 929	6 099.32	33.2	12.47
2005 年	1 929	8 188.72	13.91	12.51
2006 年	1 929	10 663.44	10.81	10.68
2007 年	1 929	15 282.49	8.4	11.92
2008 年	1 929	19 460.30	20.31	11.99
2009 年	3 389	23 991.52	44.28	125.21
2010 年	3 389	28 473.38	63.67	122.68
2011 年	3 389	31 811.48	98.17	118.84
2012 年	3 389	33 116.00	82.00	114.00
2013 年	3 389	38 213.15	70.60	111.73
2014 年	3 389	38 430.18	86.93	104.50
2015 年	5 666	33 303.62	45.47	102.84
2016 年	5 924	30 105.17	95.97	96.61
2017 年	5 924	31 399.49	79.47	109.81
2018 年	5 956	30 727.12	84.79	106.9

（二）我国国际储备的特点

从上表中可以看出，我国的国际储备具有以下几个主要特点：

1. 根据市场变化，调整黄金储备数量

多年来，我国一直实行相对稳定的黄金储备政策。1981—2000 年，我国黄金储备长期保持在 1 267 万盎司的水平；2001 年和 2002 年两次增持之后，黄金储备量达到 1 929 万盎司，之后一直没有变化。2008 年金融危机后，很多国家货币贬值，为保证国际储备的价值稳定，我国于 2009 年 4 月将黄金储备增加到 3 389 万盎司，2015 年再次增加到 5 666 万盎司。2018 年增加到 5 956 万盎司。截至 2019 年 4 月底，我国的黄金储备保持在 6 110 万盎司。

2. 外汇储备数量增长相对比较迅速，近年来增速放缓

1992 年，我国将外汇储备口径改为仅包含国家外汇库存时，外汇储备额仅有 194.43 亿美元。此后外汇储备迅速增长，到 2006 年时已超过日本成为世界上外汇储备最多的国家。

2011年年底，我国外汇储备达到 31 811.48 亿美元，在整个国际储备（32 558 亿美元）中所占的比例为 97.7%。近年来由于内外部各种因素影响，外汇储备出现下降趋势。截至 2019 年 4 月底，我国外汇储备为 30 949.53 亿美元。

3. 在 IMF 的储备头寸和特别提款权，在我国国际储备中不占重要地位

随着我国经济实力的不断提升，我国在 IMF 份额的规模和比例不断增加。2010 年，IMF 董事会于通过了份额改革方案，我国的份额从之前的 3.72% 升至 6.39%，超越德国、法国和英国，位列美国和日本之后，居全球第三位。但是与庞大的外汇储备规模相比，我国国际储备中的在 IMF 储备头寸和特别提款权的比例相对很小。截至 2019 年 4 月底，我国在 IMF 储备头寸和特别提款权分别为 83.46 亿美元和 107.08 亿美元。

本 章 小 结

衡量经济开放性的工具是国际收支。国际收支是指一国居民与外国居民在一定时期内各项交易的货币价值总和。国际收支是一个流量概念，反映的是经济交易，其范围限于居民与非居民之间的交易。

2008 年 12 月，国际货币基金组织正式发布的《国际收支手册（第六版）》，是目前指导各成员国开展国际收支统计工作的最新国际统计标准，也是各国进行国际收支管理遵循的努力方向。

国际收支平衡表是根据一定原则、用会计方法编制出来的反映国际收支状况报表。国际收支账户包括经常账户、资本与金融账户、错误与遗漏账户三大类型。经常账户记录的是实际资源在国际间的流动，包括货物、服务、收入和经常转移。资本与金融账户是记录资产所有权在国际间流动行为的账户。其中，资本账户包括资本转移及非生产、非金融资产的收买和放弃；金融账户包括直接投资、证券投资、其他投资、官方储备。

国际投资头寸表是反映特定时点上一个国家或地区对世界其他国家或地区金融资产和负债存量的统计报表。国际投资头寸表在计价、记账单位和折算等核算原则上均与国际收支平衡表保持一致，并与其共同构成一个国家或地区完整的国际账户体系。

国际收支账户是一种事后的会计性记录，复式记账法使其借贷双方在整体上总是平衡的，也即达到国际收支均衡。但在实际的经济生活中，收支经常出现不同程度的国际收支顺差或逆差，也即国际收支失衡。出现这种现象的主要原因在于：国际收支平衡表中的收支平衡，实际上是会计意义上的平衡。事实上，国际收支平衡并不仅仅是一个收与支数量相等的简单的数字概念，而是一个需要考虑多种因素、与宏观经济、资本流动、货币汇率、国际储备等有密切关系的综合经济概念。

国际收支失衡的分析项目主要包括：贸易收支差额、经常账户差额、资本与金融账户差额和综合账户差额等。每个账户差额都有其自己独特的宏观经济含义，都可在一定程度上用于衡量国际收支状况。

国际收支调节是通过相对价格机制、利率机制以及收入机制来实现的，这些影响在固定汇率制和浮动汇率制下又不尽相同。国际收支的调节分为自动调节和人为政策调节。国际收支的自动调节机制存在较多的局限性,且见效缓慢,当一国发生国际收支不平衡时,政府需要采取不同的经济政策对国际收支进行人为干预和调节,主要的调节政策分为需求调节政策、供给调节政策与资金融通政策三大类。另外,随着金融全球化的不断深入,加强国际经济与金融合作在调节国际收支方面的作用也越来越大。

国际储备资产主要有黄金储备、外汇储备,在国际货币基金组织的储备头寸、特别提款权。国际储备管理包括两个方面:一是国际储备规模的管理,以求得适度的储备水平;二是国际储备结构的管理,使储备资产的结构得以优化。通过国际储备管理,一方面可以维持一国国际收支的正常进行,另一方面可以提高一国国际储备的使用效率,有利于经济的增长。

我国的国际收支统计与国际储备构成,都经历了一定的发展历程,具有自身的特点。自2015年起,国家外汇管理局开始按照"手册第六版"的要求,编制和公布我国的国际收支平衡表和国际投资头寸表。

关 键 术 语

国际收支	国际收支手册(第六版)	国际收支平衡表
经常账户	资本与金融账户	资本账户
金融账户	储备资产	错误与遗漏账户
国际投资头寸表	国际收支平衡	国际收支失衡
偶然性失衡	周期性失衡	收入性失衡
货币性失衡	结构性失衡	国际收支调节
国际储备	黄金储备	外汇储备
普通提款权	特别提款权	国际储备管理

复习思考题

1. 简述国际收支手册(第六版)规定的国际收支平衡表的账户构成和编制原则。
2. 如何理解经常账户和经常账户余额的宏观经济含义?
3. 简述我国的国际收支平衡表、国际投资头寸表的基本项目。
4. 简述国际收支失衡的四种主要统计项目。
5. 简述国际收支失衡的主要类型及经济影响。
6. 常用的国际收支失衡调节政策有哪些?
7. 主要的国际储备有几种?
8. 决定一国最佳储备量的因素有哪些?
9. 你如何看待我国的国际储备问题?

主要参考文献

1. 杨长江,姜波克. 国际金融学 [M]. 北京:高等教育出版社,2008.

2. 孙刚，王月溪. 国际金融学［M］. 大连：东北财经大学出版社，2011.

3. 张礼卿. 国际金融［M］. 北京：高等教育出版社，2011.

4. 李朝民. 国际金融［M］. 上海：立信会计出版社，2012.

5. 刘园. 国际金融学［M］. 北京：机械工业出版社，2012.

6. 邓立立. 国际金融［M］. 北京：清华大学出版社，2011.

7. 陈燕. 国际金融［M］. 北京：北京大学出版社，2011.

8. IMF. Balance of Payments and International Investment Position Manual Sixth Edition. December 2008.

第十章　外汇市场与国际资本流动

> 【学习目标】
> 本章主要介绍外汇、汇率、外汇市场的相关概念，国际资本流动和金融危机的相关知识。通过学习：
> 1. 了解外汇、汇率的基本概念。
> 2. 理解影响汇率变动的主要因素及汇率变动对经济的影响。
> 3. 了解外汇市场的概念、分类及功能作用。
> 4. 理解和掌握外汇交易方式及外汇风险管理的原则和策略。
> 5. 了解国际资本流动的概念、特点和分类；掌握国际资本流动的原因和影响。
> 6. 了解国际资本流与金融危机之间的关系，理解金融危机的管理方法。

对国际收支及其理论的介绍让我们了解了国际间的经济交往。那么，如此频繁、巨额的跨境交易是怎样进行的呢？自然是要用到货币这种交易媒介了。货币在国际间交换的比率也即汇率，已经成为影响经济交往的重要因素。了解外汇、汇率和外汇市场的相关概念，显得尤为重要。另外，随着经济全球化、通讯技术进步、金融创新和管制放松，国际资本流动已成为非常引人注目的现象，并对全球经济的稳定和发展产生了重要影响。本章详细介绍了汇率及其决定的因素，阐述了外汇市场及其交易的基本情况，解释了国际资本流动的原因，分析了由此而引起的金融危机的影响。

第一节　外汇与汇率

一、外汇概述

（一）外汇的含义

对于任何一个国家的居民，相对于本国货币而言，一切外国的货币都可以被称为外汇。这是对于外汇的一种简单明了的解释。

与此同时，我们也可以从不同的角度来理解外汇的含义。

我们可以从动态和静态两个角度来理解外汇。所谓动态外汇，是指一国货币兑换成另一国货币的实践过程，通过这种活动来清偿国际间的债权债务关系。所谓静态外汇，是指国际间为清偿债权债务关系进行的汇兑活动所凭借的手段和工具，或者说以外国货币表示的可用于国际结算的支付手段。简言之,动态外汇是国际汇兑过程,静态外汇是国际汇兑过程中所使用的支付手段和工具。人们通常所说的外汇,一般指的是静态外汇。

另外,不同组织对于外汇的定义不尽相同。如,国际货币基金组织对其的解释是:外汇是货币当局以银行存款、财政部国库券、长短期政府债券等形式持有的、在国际收支逆差时可以使用的债权。而根据我国2008年8月1日发布的、修订后的《中华人民共和国外汇管理条例》,外汇是指下列以外币表示的可以用作国际清偿的支付手段和资产:①外国现钞,包括纸币、铸币;②外币支付凭证或者支付工具,包括票据、银行存款凭证、银行卡等;③外币有价证券,包括债券、股票等;④特别提款权;⑤其他外汇资产。因而,外汇的含义是比较宽泛的。其既包括外国的货币,也包括以外币履行支付义务的票据、银行的外币存款、以外币标示的有价证券等等,甚至还包括专用于国际结算的本币资产。如:我国曾经存在过专门用于办理涉外收支的"外汇人民币",也是当时的"外汇"。

【专栏 10-1】

目前世界上主要货币的货币代码

全球经济的一体化,国际贸易和国际金融的发展以及电子计算机的广泛应用,要求各国在货币的表示方法上具有通用性和一致性。世界上目前主要货币的货币代码,如表10-1所示。

表 10-1   主要货币的 ISO 国际标准三字符货币代码

货币名称	ISO 国际标准三字符货币代码	货币名称	ISO 国际标准三字符货币代码
人民币	CNY	美元	USD
日元	JPY	欧元	EUR
英镑	GBP	德国马克	DEM
瑞士法郎	CHF	法国法郎	FRF
加拿大元	CAD	澳大利亚元	AUD
港币	HKD	奥地利先令	ATS
芬兰马克	FIM	比利时法郎	BEF
爱尔兰镑	IEP	意大利里拉	ITL
卢森堡法郎	LUF	荷兰盾	NLG
葡萄牙埃斯库多	PTE	西班牙比塞塔	ESP
印尼盾	IDR	马来西亚林吉特	MYR
新西兰元	NZD	菲律宾比索	PHP
俄罗斯卢布	SUR	新加坡元	SGD
韩国元	KRW	泰铢	THB

外汇之所以能够作为实现国际间债权债务清偿的国际支付手段,是因为它具有以下3个基本属性:①可兑换性,即必须是可以自由兑换为其他支付手段的外币资产;②可偿性,即

外币必须是能够保证行使偿付或购买功能的货币债权;③国际性,即外币必须是以非本国货币计值、在国际市场上被普遍接的外汇资产。

(二) 外汇的基本功能

外汇对一国的经济生活有着重要的作用,主要表现在以下几个方面:

1. 促进国际贸易的发展

外汇是随着国际贸易的发展而产生的,它的存在可以使各国快速、安全、低成本、低风险地清偿国际间的债权债务关系,使得国际间的信用增加,资金融通的范围扩大,从而加速国际贸易的发展。

2. 促进国际交往,扩大国际经济合作

外汇业务的发展,可以使不同国家间的货币购买力得以实现,从而扩大了商品流通的范围和速度,促进了国际交往,扩大了国际经济合作。

3. 稳定币值

一国的国际收支和国际储备反映了其对外的经济实力。外汇与一国的国际收支紧密相连,是国际储备的重要组成部分。当国际收支发生逆差时,政府可动用外汇储备稳定币值;当国际收支发生顺差时,国际储备增加,会有利于本币价值的提高。

(三) 外汇管理

外汇管理又称外汇管制,一般是指一国政府为平衡国际收支和维持本国货币汇率而对外汇进出实行的限制性措施。其包括广义和狭义两个层面的含义:广义上的外汇管理,是指一国政府授权国家的货币金融当局或其他机构,对外汇的收支、买卖、借贷、转移以及国际间结算、外汇汇率和外汇市场等实行的控制和管制行为;狭义上的外汇管理,是指对本国货币与外国货币的兑换实行一定的限制。

按照管理内容和严格程度划分,世界各国的外汇管理制度主要有3种类型:第一种是严格型外汇管制,即对经常项目和资本项目都实行管制。实行这种外汇管制的国家通常经济比较落后,外汇资金短缺,市场机制不发达,因而试图通过集中分配和使用外汇来达到促进经济发展的目的。第二种是部分型外汇管制,即对经常项目的外汇交易不实行或基本不实行外汇管制,但对资本项目的外汇交易进行一定的限制。第三种是完全自由型外汇管制,即对经常项目和资本项目的外汇交易均不进行限制,外汇可自由兑换、自由流通。

我国曾经是严格实行外汇管理的国家。基于经济发展状况以及风险控制能力等因素,目前属于部分型外汇管制类型。1996年,经常项目已经实现可兑换。近年来资本项下直接投资逐步实现基本可兑换,证券项下资本可兑换的程度在逐步提高。

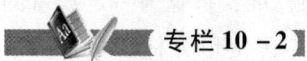
【专栏10-2】

我国现行的人民币汇率制度

2005年7月,中国人民银行发布《完善人民币汇率形成机制改革的公告》,宣布废除原先盯住单一美元的汇率制度,实行以市场供求为基础、参考一篮子货币进行调节、有管理的浮动汇率制度。主要特点包括:

1. 人民币汇率形成具有更鲜明的市场导向性，更大幅度地引入了市场力量，市场供求对汇价的形成作用更加显著。

2. "参考一篮子货币"：更多的灵活性和局部可变性。参考一篮子货币有利于较好地应对美元不稳定所带来的影响，降低人民币多边汇率的波动，从而保障我国汇率的安全。篮子内的货币构成，将综合考虑在我国对外贸易、外债、外商直接投资等外经贸活动占较大比重的主要国家、地区及其货币。参考一篮子表明外币之间的汇率变化会影响人民币汇率，它将市场供求关系作为另一重要依据，据此形成有管理的浮动汇率。这将有利于增加汇率弹性，抑制单边投机，维护多边汇。

3. "有管理的浮动"：与市场化导向的一致性。在有管理的浮动汇率制度中，中央银行主要起到滤波器的作用。随着经济适应程度的提高，滤波器的作用是可以减弱的、是自适应的。

2015年8月11日，中国人民银行宣布调整人民币兑美元汇率中间价的报价机制，做市商需参考上日银行间外汇市场收盘汇率，向中国外汇交易中心提供中间价报价。这一调整使得人民币兑美元汇率中间价机制进一步市场化，能够更加真实反映当期外汇市场的供求关系。这一改革举措也被称为"811汇改"。

为了应对外汇市场中存在的顺周期行为，避免市场出现恐慌，中国人民银行分别于2017年2月、2018年8月两次在人民币兑美元汇率中间价报价中引入逆周期因子，以对国际资本流动加强宏观审慎管理。

二、汇率

（一）汇率的概念

在国际交往中，一个国家通常需要和多个国家发生贸易或者非贸易往来，这就需要用汇率来表示各国货币之间的比价关系。汇率是一国货币折算成另一个国家货币的比率，是以一种货币表示的另一种货币的价格，也可被称为汇价。汇率有双向表示的特点，既可以用本币表示外币的价格，也可以用外币表示本币的价格。也就是说，本币和外币都有同样的表现对方货币价格的功能。

（二）汇率的标价方法

一般来说，汇率的标价方法有以下几种：

1. 直接标价法

直接标价法又称为应付标价法，是指以一定单位的外国货币为标准，折算为一定数量的本国货币的汇率标价法。直接标价法下，外国货币为基准货币，本国货币为标价货币。目前，包括我国在内的世界上绝大多数国家都采用直接标价法。例如，我国2017年8月22日公布的人民币汇率中间价的牌价是：每100美元兑人民币689.45元[①]。

---

① 国家外汇管理局．人民币汇率中间价列表［EB/OL］．http://www.safe.gov.cn/safe/rmbhlzjj/index.html．

直接标价法的基本特点是：外币数额固定不变，折合本币的数额会根据外国货币和本国货币币值对比的变化而变化。通俗地讲，就是外币不动、本币动的标价法。直接标价法下，若一定单位的外币折合的本币数额增加，说明外币升值、本币贬值；反之，若一定单位的外币折合的本币数额减少，则说明外币贬值，本币升值。

2. 间接标价法

间接标价法又称应收标价法，是以一定单位的本国货币为标准，折算为一定数量的外国货币的汇率标价法。间接标价法下，本国货币为基准货币，外国货币为标价货币。目前，英国、美国是采用间接标价法的国家，但是它们也有区别：美元除对英镑采用直接标价法外，对其他货币都采用间接标价法；而英国则是目前世界上唯一一个完全采用直接标价法的国家。如：某日伦敦外汇市场的英镑对美元的汇率是：GBP1 = USD1.2908。

间接标价法的基本特点是，本币数额固定不变，折合外币的数额会根据外国货币和本国货币币值对比的变化而变化。通俗地讲，就是本币不动、外币动的标价法。间接标价法下，若一定单位的本币折合的外币数额增加，说明本币升值、外币贬值；反之，若一定单位的本币折合的外币数额减少，则说明本币贬值，外币升值。

3. 美元标价法

直接标价法和间接标价法都是针对本国货币和外国货币之间的关系而言的。然而外汇市场上交易的币种非常多，不仅涉及本国货币和外国货币之间的交易，还涉及外国货币与外国货币之间的交易，此时就难以用直接或间接标价法来表示。美元标价法由美国在1978年9月1日制定并执行，目前是国际金融市场上通行的标价法，即以一定单位的美元为标准来表示各国货币的价格，非美元货币之间的汇率则通过各自对美元的汇率套算出来，目的是为了简化报价并比较各种货币的汇价。

（三）汇率的种类

在实际应用中，我们可以从不同的角度对汇率进行不同的分类。

1. 按汇率的计算方法，可以划分为基本汇率和套算汇率

基本汇率是指一国货币对关键货币的汇率。这里的关键货币一般是指：被广泛用于计价、结算、储备货币、可自由兑换、国际上可普遍接受的货币。目前，通常作为关键货币的是美元，因此可以把本国货币对美元的汇率作为基准汇率。如，人民币基准汇率是由中国人民银行根据前一日银行间外汇市场上形成的美元对人民币的加权平均价，公布的当日主要交易货币（美元、日元和港币）对人民币交易的基准汇率，也即市场交易中间价。

套算汇率也称交叉汇率，是指两种货币通过各自对第三种货币的汇率推算出的汇率。计算交叉汇率一般有两种情况：一种是两种汇率的标价方法相同时，应将相应数字相除；另一种是两种汇率的标价方法不同时，应将相应数字相除。例如：若已知 USD1 = HKD7.7569，USD1 = CHF0.9782。

则，套算汇率：

$$CHF = HKD7.7569/0.9782 = HKD7.92977$$

若已知 GBP1 = USD1.5758，USD1 = CHF0.9782。

则，套算汇率：

$$GBP1 = CHF1.5758 \times 0.9782 = CHF1.54145$$

2. 按汇率变动情况或汇率制度背景，可以划分为固定汇率和浮动汇率

固定汇率是指一国货币同另一国货币的汇率基本固定，汇率的波动幅度很小，一般被严格限制在官方汇率的上下1%的幅度内。历史上存在过两种典型的固定汇率：一是金本位下的固定汇率；二是布雷顿森林体系下的固定汇率。

浮动汇率是指一国货币当局不规定本国货币对其他货币的官方汇率，也无任何汇率波动幅度的上下限制，听任外汇市场的供求关系来决定汇率，自由涨落。按汇率的浮动方式，可以分为自由浮动和管理浮动。

3. 按银行买卖外汇的报价，可以划分为买入汇率、卖出汇率和中间汇率

买入汇率又叫做买入价，是外汇银行向客户买进外汇时使用的汇率。卖出汇率称卖出价，是指银行向客户卖出外汇时所使用的汇率。买入价和卖出价都是从银行买卖外汇的角度出发的，买卖差价一般为1‰~5‰，作为银行买卖外汇的收益。

（1）直接标价法下银行的报价方法。

在直接标价法下，银行报出的外汇交易价格是买价在前，卖价在后。例如，某日，日本东京银行报出的美元对日元的开市价为：USD1 = JPY 115.60 / 115.70。其中，115.60表示东京银行买入美元付出日元的价格，115.70表示东京银行卖出美元收回日元的价格。一般情况下，称0.0001也即万分之一为一个点。此时，银行赚取价差10个点。

（2）间接标价法下银行的报价方法。

在间接标价法下，银行报出的外汇交易价格是卖价在前，买价在后。例如，某日纽约外汇市场报出的美元对加拿大元的开市价为：USD1 = CAD1.6625 / 1.6635。其中，1.6625表示美国银行卖出加拿大元的价格，1.6635表示美国银行买入加拿大元的价格。银行赚取价差10个点。

（3）中间汇率。

中间汇率，也即中间价，是买入价与卖出价的平均数。计算公式为：

$$中间汇率 = (买入汇率 + 卖出汇率)/2$$

4. 按外汇交易的支付工具，划分为电汇汇率、信汇汇率、票汇汇率

电汇汇率是指经营外汇业务的银行在买卖外汇时，以电讯方式通知国外分行或代理行将款项付给付款人所使用的汇率。

信汇汇率是银行买卖外汇时，以信函方式通知国外分行或代理行支付所使用的汇率。一般来说，信汇汇率比电汇汇率要低。

票汇汇率是银行买卖外汇汇票或其他票据时所使用的汇率。它不仅比电汇汇率低，也低于信汇汇率。

5. 按外汇管制程度，可以划分为官方汇率和市场汇率

官方汇率又称法定汇率，是指在外汇管制较严的国家由货币金融管理当局以法律形式对本国货币规定并公布的汇率，因而官方的外汇交易都以官方汇率为标准。

市场汇率，是指在没有外汇管制或外汇管制较宽松的国家，由外汇市场上买卖双方达成交易的实际汇率；是在外汇市场上真正起作用的汇率；随着市场供求关系的变化而自由波动，受市场机制的调节。

6. 按外汇交割期限的长短，可以划分为即期汇率和远期汇率

即期汇率又称现汇汇率，是外汇买卖成交后当日或两个营业日之内办理交割时所使用的汇率。

远期汇率又称期汇汇率，是外汇买卖双方事先约定的、在未来某一特定日期进行交割的汇率。

上述两种汇率的关系是：如果远期汇率比即期汇率高，表示升水；远期汇率比即期汇率低，则表示贴水；两者相等，则表示平价。

7. 按货币价值，可以划分为名义汇率、实际汇率、有效汇率

名义汇率是指在社会经济生活中被直接公布、使用的表示两国货币之间比价关系的汇率。

实际汇率是用两国价格水平对名义汇率进行调整后的汇率。实际汇率反映了以同种货币表示的两国商品的相对价格水平，从而反映了本国商品的国际竞争力。

有效汇率是本国货币对一组外币的汇率的加权平均数。有效汇率是一个非常重要的经济指标，以贸易比重为权数计算的有效汇率，反映的是一国货币汇率在国际贸易中的总体竞争力和总体波动幅度。有效汇率的计算公式如下：

A 币的有效汇率

$= \sum$ A 国货币对 B 国货币的汇率 $\times$（A 国对 B 国贸易额／A 国全部贸易额）

其中，A 代表某国，B 代表某国的贸易对手国。

三、汇率的决定与变动

（一）汇率的决定基础

各种货币所具有的或所代表的价值，是决定相互间汇率的基础；价值发生变动，外汇汇率就会相应变动。不同的货币制度下，货币所具有或代表的价值不同，致使汇率的决定基础也有所不同。具体表现为：

1. 金本位制度下汇率的决定基础

金本位制的发展经历了金币本位、金块本位和金汇兑本位 3 个阶段。

在金币本位制下，各国使用黄金为币材，并规定了单位金铸币的含金量，同时规定金币可以自由铸造、自由融化、自由兑换银行券、黄金可以自由流出流入国界。此时，金币是各国主要使用流通的货币，并可以自由对外进行支付结算。由于币材相同，使不同货币之间存在比较的基础。金币含金量是固定的，各国的金币虽然形状、大小各不相同，但可以用含金量体现出它们所具有的价值，因此两种货币之间的比价就是它们的含金量之比。在金本位制度下，两种金铸币含金量之比叫铸币平价，铸币平价是金本位时期决定汇率的基础。

例如，英国规定1英镑的含金量为7.32238克，美国规定一英镑的含金量为1.50463克。那么，英镑与美元的铸币平价为：7.32238／1.50463＝4.8665，也即1英镑＝4.8665美元，这就是英镑与美元的基准汇率。

在金币本位制下，汇率的下跌或上涨是以铸币平价为中心，在一定幅度内上下波动，波动幅度的界限是黄金输送点，也叫黄金点。所谓黄金输送点是指金币本位制下，由于外汇汇率涨落而引起黄金输出入国境的界限，它等于铸币平价加（减）运送黄金的费用。计算公式是：

$$黄金输出（入）点 = 铸币平价 \pm 黄金运杂费$$

第一次世界大战时期，金币本位制遭到严重破坏，第二次世界大战后一些想恢复金本位制的国家建立了金块本位制和金汇兑本位制。在金块本位和金汇兑本位制度下，由于黄金已经不再充当流通手段和支付手段，黄金的自由输出入也受到一定的限制，此时的汇率由法定的黄金平价——纸币的含金量来决定。汇率以法定平价为中心上下波动，但是波动的幅度不再受黄金输入点和黄金输出点的限制，而是由政府来规定和维护这一波动幅度。政府通常会设立外汇平准基金来维持汇率的稳定。

2. 纸币本位制度下汇率的决定基础

在纸币流通初期，纸币具有法定含金量（纸币所代表的价值量是由各国政府根据过去流通中的金属货币的含金量确定，并以法律形式来规定的）。两种货币的法定含金量之比叫黄金平价。黄金平价成为固定汇率制、纸币流通条件下汇率的决定基础。如，根据1944年7月达成的布雷顿森林体系（Bretton Woods System）的要求，各成员国货币须与美元挂钩，对美元的汇率波动幅度为黄金平价的上下各1%，各国当局有义务对外汇市场进行干预以保持汇率的稳定。

1974年4月，布雷顿森林体系解体，取而代之的国际货币制度是1976年签订的"牙买加协定"。此时，各国政府不再规定货币的含金量，纸币所代表的价值表现在纸币的购买力上。按照等价交换的原则，两种货币兑换比例的客观基础就是两种货币购买力的对比，也被称为购买力平价。购买力平价成为浮动汇率制、纸币流通条件下汇率的决定基础。

目前，世界各国汇率制度呈现出复杂多样的特点。如，发达国家多采用浮动汇率制度，政府不规定汇率波动的上下限，允许汇率根据外汇市场供求关系的变化而自由波动；中央银行通过诸如直接参与外汇市场活动、进行外汇买卖或者调整国内利率水平等方式对汇率进行间接调控，从而形成管理浮动汇率。一些发展中国家则由于本国经济实力的限制难以保证汇率的稳定而采用盯住汇率制度，也即将本国货币与主要贸易伙伴的货币确定一个固定的比价，对其他经济体的货币随该货币比价的浮动而浮动。

（二）影响汇率变动的主要因素

作为一国货币对外价格的表现形式，汇率变动会受到国内外诸多因素的影响，且各种因素又相互联系、相互制约。随着世界经济形势的不断变化，对汇率起决定作用的因素也会不断发生变化。影响汇率变动的主要因素包括：

1. 国际收支

国际收支反映一国对外经济活动的全部外汇收支状态。国际收支顺差或者逆差，可以通过影响外汇市场来影响汇率形成。一般来说，国际收支顺差意味着外汇供给大于外汇需求，外汇汇率就应下跌（贬值），与其相对的本币汇率就应上升（升值）；而当发生国际收支逆差时，意味着外汇需求大于外汇供给，那么外汇汇率就应上升（升值），而与其相对的本币汇率就应下跌（贬值）。

需要指出的是，国际收支的变动并不一定会影响汇率的变动。只有长期、巨额的国际收支逆差才会导致本国货币汇率的下降；临时的、小规模的国际收支差额对汇率的影响，可能会通过相对通货膨胀率、相对利率、政府在外汇市场上的干预等其他因素抵消。这里的"相对"含义是指一个国家和另一个国家的比较。

2. 相对通货膨胀率

决定其汇率波动的根本原因是货币的内在价值，而其又体现在货币的国内购买力水平上。通常情况下，当一国的通货膨胀率升高，表明该国货币购买力下降、货币贬值，并导致汇价下跌。另外，通货膨胀率还表现在物价的变化上，当一国较另一国发生较高的通货膨胀时，其商品和劳务的价格就会上涨，从而使出口相对减少、进口相对增加，并使国际收支出现逆差的压力。

与此同时，通货膨胀率还会通过影响实际利率而影响外汇市场的供求和汇率。当一国的通货膨胀率较其他国家高时，该国的实际利率会下降，并导致投资者的投资回报率下降，于是资金会流出该国；反之，资金则可能会流入该国。而资金的流动又将改变外汇市场上的外汇供求状况，从而导致汇率的变动。

3. 相对利率水平

利率作为货币的价格，与各种金融资产的价格、成本和利润紧密相关。相对利率水平的高低，会影响一国金融资产的对外吸引力，直接引起国际上套利资本的流动，并使外汇市场出现资金供求的变化，导致汇率的波动。通常，当一国利率水平高于其他国家时，表明使用本国货币资金的成本将上升，由此会引起外汇市场上本国货币的供给相对减少；此时，会有更多的外币资金涌进高利率的国家以求获得更高的回报；资本流入会使对本国货币的需求增加，导致本币升值和本币汇率的上升。反之，当一国利率水平低于其他国家时，表明本国流动性较其他国家更为充足，这时使用本国货币资金的成本下降，从而导致在外汇市场上本国货币的供给相对增加；再加上寻求更高利率收益的游资流出本国，将会促使外汇市场上本币相对于外币供过于求，从而使得本币贬值，本币汇率下跌。

4. 政府的市场干预

尽管第二次世界大战后西方各国纷纷放松了对本国的外汇管制，但是政府的市场干预仍是影响市场供求关系和汇率水平的重要因素。无论在固定汇率制度下还是浮动汇率制度下，当外汇市场汇率的波动对一国经济、贸易产生不良影响时或政府需要通过汇率调节来达到一定目标政策时，中央银行都会进行主动或被动、程度或大或小的干预。中央银行影响外汇市场的主要手段包括：调整本国的货币政策，通过利率变动影响汇率；直接干预外汇市场；对资本流动实行外汇管制等等。当然，为了进行外汇市场干预，一国需要有充足的外汇储备。

5. 市场心理预期

外汇市场上，心理预期也会对汇率变化产生重大影响。如，国际金融市场上存在数额巨大的短期游资时，这些资金会根据各种信息和投机者对汇率变化的预期，在短期内迅速从一种货币向另一种货币流动，以期获得投机利润，从而引发汇率变动。当预期某国的经济状况将会恶化、或者可能遭受重大打击，经济发展速度减缓，该国货币就会在市场上被大量抛出，其汇率就会下跌；反之，就会上升。如，1997 年的东南亚金融危机，就是由于国际游资的冲击，导致该地区金融市场的剧烈动荡。

6. 经济发展情况

经济发展情况会对汇率产生影响。如，一国的经济增长率相对于别国来说上升较快，就会使该国增加对外国商品和劳务的需求，导致汇率下跌。当然，此时也需要注意两种特殊情形：一是对于出口导向型的国家来说，由于经济增长是由出口增加推动的，经济的较快增长将会伴随出口的高速增长，而且出口的增加往往超过进口的增加，导致汇率不跌反而上升；二是如果国内外投资者把该国经济增长率较高看成是经济前景看好、资本收益率提高的反映，那么就可能扩大对该国的投资，甚或抵消经常项目的赤字，此时该国汇率可能不是下跌而是上升。

7. 政治因素

当国际政治局势出现剧烈动荡时，处于不利地位的国家货币汇率将表现为下跌，处于有利地位国家的货币汇率将表现为上升。

综上所述，影响汇率波动的因素很多，它们之间相互联系、制约，关系相当复杂。因此，在分析汇率变动的因素时，不能只从单一角度、单一因素分析，而应该进行全面分析。

（三）汇率变动对经济的影响

1. 汇率变动对贸易收支的影响

在其他条件不变的前提下，本国货币汇率下跌也即本币贬值，会使本国产品的价格相对于外国产品的价格降低，从而会增加外国消费者对本国产品的需求，减少本国消费者对外国产品的需求，有利于扩大出口，减少进口，促进国际贸易收支的改善。

但是从实际情况来看，若要货币贬值起到刺激出口和限制进口的双重作用，需要满足以下条件：一是符合"马歇尔—勒纳"条件；也即在商品进出口供给弹性无穷大的前提下，当进出口商品的需求弹性之和的绝对值大于 1 时，货币贬值可以改善贸易收支。二是国内物价上涨程度小于货币贬值程度。三是其他国家不同时实行同等程度的货币贬值或采取其他的报复性措施。

需要注意的是，本币贬值对贸易收支的影响一般并不会立即显现出来，而是存在一定的时滞。原因在于：由于合同的制约及信息传递需要时间，本币贬值初期，出口商品的外币价格下跌而数量增加缓慢，进口商品的数量没有减少而外币价格不变，这反而会使贸易收支恶化。只有经过一段时间的调整，出口不断扩大，进口减少，贸易收支才能得到改善。由于这个过程的变化形态像英文字母 J，所以也被称为"J 曲线效应"。具体如图 10-1 所示。

在图 10-1 中，t 代表时间，B 代表贸易差额。在 t_0 处是贸易逆差，采取汇率贬值。从 t_0 到 t_1 阶段，贸易逆差进一步扩大，从 t_1 到 t_2 阶段，贸易逆差开始改善。

2. 汇率变动对资本流动的影响

国际资本流动遵循的是风险和收益的原则，也即在保证安全的前提下追求资本的增值。汇率变化不仅受资本流动的影响，而且也是影响资本流动的直接因素。但是，汇率变动对长期资本流动和短期资本流动的影响是不同的。

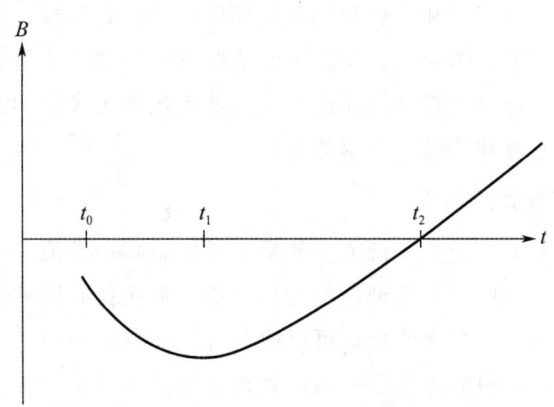

图 10-1 J 曲线效应

从长期资本流动的影响看：在其他条件不变的前提下，若预期一国货币贬值是短暂的，则意味着一定量的外汇能够兑换更多的本国货币，等量的外资可以支配更多的实际资源，从而在本国投资可以获取更高的投资收益，此时可吸引长期资本流入本国。如预期一国的货币贬值是长期趋势，则它对长期资本流动会起到相反的作用。

从短期资本流动的影响看：当一国货币贬值时，以该国货币表示的各种金融资产的相对价值下降，投资者为避免损失会将资金调往国外，从而引起大量资本外流；而在外汇市场上把该国货币换成其他货币，又会加大该国货币贬值的预期，同时也会加大通货膨胀的预期，从而影响该国金融资产的实际收益率，引起资本外流。因此，货币贬值往往容易造成短期资本净流出的局面。

3. 汇率变动对国内物价水平的影响

汇率变动对国内经济最为直接的影响就是国内的物价水平。一般来说，一国货币汇率下跌，会使该国物价水平上升；一国货币汇率上升，会使该国物价水平下降。

上述第一种情况出现的原因在于：一国汇率下跌、货币贬值后，出口商品的价格降低，出口需求增加，若供给短时间内增加不多，就会导致产品供不应求，从而引发出口商品国内价格上升。如果出口商品本就是国内短缺的初级商品，那将会对国内制成品和相关产品的物价上涨产生更大的压力。另外，一国货币汇率下跌后，以该国货币表示的进口商品的价格会立刻提高；由此带来的示范效应会引起国内同类商品和替代品的价格的上升。若进口的是设备或原材料，那么投入品价格的上升，会使国内使用这些进口品进行生产的企业成本提高，这势必又会导致相关制成品价格的上涨。同理，第二种现象也会出现。

4. 汇率变动对产业结构的影响

汇率变动对产业结构的调整有一定的影响。以货币贬值为例：一国货币的贬值，有助于提高本国产品的国际竞争力，具有明显的保护本国工业的作用。对于出口产品的企业而言，有利于企业扩大出口规模，抢占国际市场，增加利润；同时，货币贬值提高了进口商品的价格，削弱了进口商品的竞争力，会使一部分需求由进口商品转向国内商品，从而为本国进口替代品的生存和发展留下了空间。与此同时，货币贬值也会带来一些问题。如，货币贬值会使高成本、低效益生产出口产品和进口替代品的那些企业得到鼓励，在一定程度上保护了落后的产能，不利于企业竞争力的提高，扭曲了资源配置的功能；货币贬值使得国际市场上先进技术和高科技产品由于价格变得昂贵而进不来，或者虽然进来但加大了企业的成本，不利于本国产业结构的优化升级和劳动生产率的提高。

5. 汇率变动对外汇储备的影响

汇率变动会改变储备货币的实际价值。如果某种储备货币升值，那么持有这种储备货币的国家的收益就会增加；相反，若某种储备货币贬值，那么持有这种储备货币的国家就会遭受损失。从长期看，储备货币汇率的变动可以改善外汇储备资产的结构。如果某种储备货币升值，则该货币在外汇储备中的比重会提高；如果某种储备货币贬值，则该货币在外汇储备中的比重会下降。

6. 汇率变动对国际经济关系的影响

汇率的变动是双向的，本币汇率的下降意味着他国货币汇率的上升。如果一国实行以促进出口、改善贸易逆差为主要目的的货币贬值，就会使对方国家的货币相对升值，出口的竞争力下降，尤其是以倾销商品争夺市场份额为目的的本币贬值，必然会引起相关利益国家的反抗甚至是报复，引起贸易战或货币战，致使贸易保护主义抬头，破坏正常的国际经济秩序，加剧国际经济关系的复杂化。

因此，决定一国货币贬值或升值前以及在确定汇率变动幅度时，需要权衡汇率变动对各个方面的影响来做出选择。

第二节 外汇市场与外汇交易

一、外汇市场概述

（一）外汇市场的含义

外汇市场是指由经营外汇业务的银行等各类金融机构、企业以及个人参与的，通过中介机构或电讯系统连结的、以各种货币计价的票据等有价证券为买卖对象的交易市场，是金融市场的重要组成部分。

外汇市场的参与者主要包括：中央银行、外汇银行、外汇经纪人和外汇市场的客户四大类型，构成外汇市场全部交易的五大形式或关系：一是外汇银行与外汇经纪人或客户之间的外汇交易；二是同一外汇市场的各外汇银行之间的外汇交易；三是不同外汇市场的各外汇银行之间的外汇交易；四是中央银行与各外汇银行之间的外汇交易；五是各中央银行之间的外汇交易。外汇市场的参与者，可以经营包括现汇交易、期汇交易的各种外汇交易，从而实现调剂外汇资金余缺、规避外汇风险的目的。

（二）外汇市场的基本类型

根据外汇市场的构成因素和业务特点，我们可以从不同的角度对外汇市场进行分类：

1. 有形外汇市场和无形外汇市场

有形外汇市场，也被称为具体的外汇市场，是指有具体的固定场所，由一些指定的银行、外汇经纪人和客户共同参与组成的外汇市场。这种市场最初流行于欧洲大陆，故其组织形式被称为大陆方式。主要特点是：①固定场所起初一般是指外汇交易所，通常位于世界各国的金融中心，后来逐渐由银行替代。②从事外汇业务经营的双方，都在每个交易日的规定时间内进行外汇交易。随着信息技术的不断发展，有形市场形式愈来愈显得落后。

无形外汇市场，也被称为抽象的外汇市场，是指没有固定、具体场所的外汇市场。这种市场最初流行于英国和美国，故其组织形式亦被称为英美方式。主要特点是：①没有确定的开盘与收盘时间。②外汇买卖双方无需进行面对面的交易，外汇供给者和需求者凭借电传、电报和电话等现代通信设备完成与外汇机构的联系。③各交易主体之间有较好的信任关系。目前，无形外汇市场已成为外汇市场的主导形式。

2. 自由外汇市场、官方外汇市场和外汇黑市

自由外汇市场，是指政府、机构和个人可以买卖任何币种、任何数量外汇的市场。主要特点是：①买卖的外汇不受管制。②交易过程公开。很多发达国家，如美国、英国、法国、瑞士等国的外汇市场皆属于自由外汇市场。

官方市场，是指按照政府的外汇管制法令来买卖外汇的市场。这种外汇市场对参与主体、汇价和交易过程都有具体的规定。目前仍实行外汇管制国家的外汇市场大多是官方外汇市场。

外汇黑市，是指非法进行外汇买卖的市场。主要特点是：①是在政府限制或法律禁止外汇交易的条件下产生的。②交易过程具有非公开性。由于发展中国家大多执行外汇管制政策，不允许自由外汇市场存在，所以这些国家的外汇黑市比较普遍。

3. 外汇批发市场和外汇零售市场

外汇批发市场，是银行同业之间进行外汇买卖的场所，目的是为了弥补银行与客户交易出现的差额需要以及规避由这些差额而引起汇率波动所带来的风险。主要特点是：交易规模大。外汇批发市场主要采取整数批发交易，有最小交易金额的限制；交易量巨大；交易成本较低，买卖差价较小。

外汇零售市场，在我国也被称为"客户市场"，是银行与个人及公司客户之间进行外汇买卖的场所。主要业务包括货币兑换、进出口结算和外汇买卖。外汇零售市场以零星交易为主，没有最小交易金额限制；每笔交易较为零散，交易量比较小；交易成本比较高，买卖差

价大。

4. 国际性外汇市场和区域性外汇市场

国际性外汇市场，参与者来自世界各国和地区；交易货币的种类多，交易额大；一般位于世界金融中心。目前主要的国际性外汇市场有伦敦、纽约、巴黎、东京、新加坡、中国香港等。

区域性外汇市场的参与者主要为本地区的外汇供需者，在市场上交易的货币主要限于本国货币或几种少数的外国货币；一般规模比较小。我国目前的外汇市场就属于此类外汇市场。

5. 即期外汇市场和远期外汇市场

即期外汇市场又叫现汇交易市场，是指从事即期外汇买卖的外汇市场，是外汇市场上最经济、最普通的形式。即期外汇市场每天进行着数量巨大的交易，市场容量巨大、交易活跃且报价容易，易于捕捉市场行情，是最主要的外汇市场形式。即期外汇市场的交易，通常是在当日或者两个营业日内交割。该市场一般由银行和外汇经纪商组成，公司和个人只能作为银行的客户、通过银行进行即期外汇买卖，而不能成为市场的直接成员。

远期外汇市场也称"期汇外汇市场"，指交易双方以约定的外汇币种、金额、汇率，在约定的未来某一日期进行交割结算的外汇交易市场。远期外汇市场的主要功能是发现汇价、防范和化解汇率波动所带来的风险，此外还有外汇投机功能。

（三） 外汇市场的功能

1. 充当国际金融活动的枢纽

国际金融活动主要包括由国际贸易、国际借贷、国际投资、国际汇兑等引起货币收支的一系列金融活动。这些金融活动必然会涉及外汇交易，只有通过在外汇市场上买卖外汇才能使国际金融活动顺利进行。同时，货币市场、资本市场上的交易活动经常需要进行外汇买卖，两者相互配合才能顺利完成交易，而外汇市场上的外汇交易可以进一步带动和促进其他金融市场的交易活动。外汇市场也由此成为国际金融活动的枢纽和中心。

2. 实现购买力的国际转移

国际经济交易必然会产生国家间的债权债务关系，而国际贸易和国际资金融通至少涉及两种货币，这就要求将本国货币兑换成外币来清理债权债务关系，实现货币购买力从债务人所在国向债权人所在国的转移。这种兑换就是在外汇市场上进行的。因而结清国际债权债务关系，实现货币购买力的国际转移，成为外汇市场最基本的功能。

3. 调剂外汇余缺和供求

通过外汇市场上的外汇交易，可以调节外汇余缺和供求，并对促进国际贸易发展以及投资的国际化起着不可忽视的作用。

4. 防范汇率风险

浮动汇率制度下，汇率经常性的剧烈波动会影响国际贸易的发展和资本流动。外汇市场的存在，为外汇交易者提供了可以运用某些操作技术如买卖远期外汇期权、掉期、套期保值等来规避或减少外汇风险的便利,从而将外汇买卖受行市波动的不利影响降低到最小,从而达到避险保值的目的,促进国际贸易的发展。

5. 实现不同地区间的支付结算

通过外汇市场,可以在不同地区间实现快速、方便、安全、可靠地办理支付结算的需要。

【专栏 10-3】

我国目前的外汇市场交易情况

国家外汇管理局统计数据显示,2019 年 4 月,中国外汇市场(不含外币对市场,下同)总计成交 18.99 万亿元人民币(等值 2.83 万亿美元)。其中,银行对客户市场成交 2.22 万亿元人民币(等值 3307 亿美元),银行间市场成交 16.77 万亿元人民币(等值 2.50 万亿美元);即期市场累计成交 6.63 万亿元人民币(等值 9873 亿美元),衍生品市场累计成交 12.36 万亿元人民币(等值 1.84 万亿美元)。2019 年 1—4 月,中国外汇市场累计成交 70.79 万亿元人民币(等值 10.51 万亿美元)[①]。

二、外汇交易方式

外汇交易中的交易方式,主要包括以下几种:

(一) 即期外汇交易

1. 即期外汇交易的概念

即期外汇交易又称为现货交易或现期交易,是指外汇买卖成交后,交易双方于当天或两个工作日内办理交割手续的一种交易行为,是外汇市场上最基本、最常用的一种交易方式,占外汇交易总额的大部分。即期外汇买卖的汇率被称为即期汇率。

即期外汇买卖,一方面可以满足买方临时性的付款需要,另一方面可以帮助买卖双方调整外汇头寸的货币比例,以避免外汇汇率风险。即期外汇交易的结算方式主要有电汇、信汇和票汇 3 种。由于电汇方式效率高、调拨时间短,资金在一两天内就能到位,因而实际中大部分采用电汇方式,电汇汇率也就成为外汇市场的基本汇率,计算其他各种汇率都以它为基准。

2. 即期外汇交易的作用

即期外汇交易的主要作用包括:

①可以满足客户临时性的付款需要,实现货币购买力的转移。客户可以通过即期外汇业务,将货币即时兑换为所需要的另一种货币,可以用于进出口贸易、投资、贷款、投标等外汇结算。如,某进出口贸易公司持有日元,但是按照进口合同的要求需要支付美元,此公司就可通过即期外汇交易业务,买入美元,卖出日元,以满足对外支付美元的需要。

[①] 国家外汇管理局公布.2019 年 4 月中国外汇市场交易概况数据[EB/OL].国家外汇管理局网站:http://www.safe.gov.cn/safe/2019/0524/13305.html,2019-5-24.

②可以帮助客户调整各种货币的头寸，实现币种结构的调整，以防范汇率风险。例如，某公司的外汇资产中美元的比重比较大，此时为了防范美元下跌带来的损失，可以通过即期外汇买卖，卖出美元，买入日元、欧元等币种，以避免外汇风险。

③可以用于外汇投机。当然，外汇投机行为既可能会带来丰厚的回报，也可能造成巨额的损失。

（二）远期外汇交易

1. 远期外汇交易的概念

远期外汇交易又称期汇交易，是指外汇交易双方在买卖成交后并不立即办理交割，而是按照合同事先约定的币种、汇率、金额、交割时间等交易条件，到期才进行实际交割的外汇交易。通常，远期外汇交易的交割期限为1~12个月不等，也有超过1年的交易。

远期外汇交易与即期外汇交易的主要区别在于交割日不同，凡是交割日在两个营业日以后的外汇交易均属于远期外汇交易。

2. 远期外汇交易的作用

远期外汇交易是有效的外汇市场中必不可少的组成部分。20世纪70年代初期，国际范围内的汇率体制从固定汇率为主导向转以浮动汇率为主，汇率波动加剧，金融市场蓬勃发展，从而推动了远期外汇市场的发展。远期外汇交易的主要作用表现在以下几个方面：

（1）避险保值。

在国际经济交往中，交易双方为了清偿彼此间的债权债务关系，预计在未来的某一天需要支付或收入一定的外汇。为了避免在此期间因汇率的波动而带来的不确定性，交易双方可以通过远期外汇交易来实现避险保值。如，对进口商、债务方、筹资者等将来有外汇支出的需求者，利用远期外汇交易可以实现固定成本、防范未来外汇汇率上涨的风险；相反，对于进口商、债权方、投资者等将来有外汇收入的需求者，可以利用远期外汇交易预先确定未来的收益，以防范外汇汇率下跌的风险。

如，一日本进口商从美国进口价值1亿美元的产品，按合同签署时的汇价1美元=100日元，则产品价值折合100亿日元，该批产品的交货时间为3个月。若3个月后汇率为1美元=110日元，则日本商人需要支付110亿日元；若3个月后汇率为1美元=90日元，则日本商人需要支付90亿日元。该日本商人为了锁定自己的进口成本，可以在与美国出口商签订合同时，根据汇率的变动趋势，约定远期汇率，以避免汇率风险。

（2）投机获利。

通过远期外汇交易，投机者可以实现投机获利。投机者根据自己的专业知识和各方面的信息，若预计某种货币的汇率将要下降，可以预先卖出这种货币，等到将来价格下降，再买入获利；若预计某种货币的汇率将要上涨，则可以预先买入这种货币，等到将来价格上涨，再卖出获利。投机者可以在这种贱买贵卖的行为中赚取差价获利。

（三）外汇期货交易

1. 外汇期货交易的概念

外汇期货交易是指外汇买卖双方于将来某一时间，以在有组织的交易所内公开叫价确定的价格，买入或卖出某一标准数量的特定货币的交易活动。外汇期货是产生最早、最重要的一种金融期货。外汇期货合约是一种交易所指定的标准化的法律契约，此契约是买卖双方通过公开叫价达成的、具有法律约束力的文件，买卖双方以此文件获得清算所的保证。外汇期货交易的基本制度包括：公开叫价制度；保证金制度；逐日盯市制度等。

1972 年 5 月，芝加哥商品交易所的国际货币市场推出了第一张外汇期货合约。之后，随着国际贸易的发展和世纪经济一体化进程的加快，外汇期货交易一直保持着旺盛的发展势头。

2. 外汇期货交易的作用

（1）套期保值。

期货交易最原始的目的是为标的物的买卖双方提供转移价格变动风险的工具。现货市场与期货市场受共同经济和政策因素的影响，其价格变动基本呈现同一趋势，即：期货市场价格上涨，现货市场价格也相对较高。套期保值者可以在即期外汇市场上买入或卖出某种外汇的同时，在外汇期货市场上卖出或买进同等数额的该种货币的外汇期货合约。这样，当即期外汇市场上的汇率下跌或上升时，买入或卖出的外汇就会遭受损失。但与此同时，外汇期货市场上的汇率也会下跌或上升，卖出或买进的外汇期货会盈利，从而抵消或减少了即期外汇交易的损失，降低了风险。这种即期外汇与外汇期货的反方向交易活动，形成了单纯的现汇交易所不具备的吸收风险的能力。

（2）投机获利。

由于外汇期货市场上买卖的对象是标准化的外汇期货合约而不是现实的外汇，所以投机者可以以较小金额的保证金从事数倍或数十倍于保证金的交易，利用汇率的波动来赚取高额的利润。与此同时，投机者也承担了套期保值者转移的风险，并提供了风险资金，使得套期保值得以实现。适当的投机，促进了期货市场的高效与流动；但若是过度的投机，就会给社会带来很多不必要的风险。

（四）外汇期权交易

1. 外汇期权交易的概念

外汇期权，亦称货币期权。是指期权合约的买方在未来约定的日期或有效期内能按照约定的汇率买入或卖出一定数额外汇的权利，而没有必须买入或卖出的义务。期权的卖方则收取期权费，有义务在买方要求执行时卖出或买入合约规定的特定数量的外汇资产。

外汇期权交易就是指期权交易双方在规定的时间，按照约定的时间和汇率，就将来是否购买或出售某种外汇的选择权进行的交易。外汇期权交易中，期权买方的损失仅限于期权费，获得盈利的可能性无限大；期权卖方的盈利仅限于期权费，而损失则可能无限大。

1973 年 4 月，世界上第一个期权交易所——芝加哥期货交易所成立，此后期权交易得到快速发展。标准化的货币期权交易的发展使得外汇交易空前活跃。

2. 外汇期权交易的作用

外汇期权的主要作用在于：可以锁定未来汇率，提供外汇保值；客户有较好的灵活选择性，可以在汇率变动方向有利时从中获利。

专栏 10-4

人民币外汇期权交易

2011年4月1日，我国外汇市场正式开展人民币对外汇期权交易，企业可以在银行买入期权进行汇率避险保值。基于当时国内企业的风险管理能力仍处于成长阶段，为避免过度承担交易风险，规定客户只能从银行买入期权，不得卖出期权。在此基础上，为更好满足市场主体的避险保值需求，2011年11月，外管局发布《国家外汇管理局关于银行办理人民币对外汇期权组合业务有关问题的通知》，推出了外汇看跌和外汇看涨两类风险逆转期权组合业务，两种业务均属于零成本期权组合业务。通过对期权的买卖组合，赋予了客户在买入基础上卖出期权的权利，有利于降低客户单纯卖出期权的风险①。

2014年8月1日，外管局于同年6月发布的《国家外汇管理局关于印发〈银行对客户办理人民币与外汇衍生产品业务管理规定〉的通知》正式生效，该通知旨在简化市场准入、降低外汇期权交易门槛，以便在人民币双向波动的新常态下，更好地满足市场主体管理汇率风险需求②。

2014年12月，外管局发布《国家外汇管理局关于调整金融机构进入银行间外汇市场有关管理政策的通知》③规定，境内金融机构经国家外汇管理局批准取得即期结售汇业务资格和相关金融监管部门批准取得衍生产品交易业务资格后，在满足银行间外汇市场相关业务技术规范条件下，可以成为银行间外汇市场会员，相应开展人民币对外汇即期和衍生产品交易，国家外汇管理局不实施银行间外汇市场事前入市资格许可。金融机构应将本机构在银行间外汇市场进行人民币对外汇即期和衍生产品交易的内部操作规程和风险管理制度送中国外汇交易中心）备案。

三、外汇风险管理

（一）外汇风险的含义

从事进出口贸易、对外投资、国际信贷的公司、企业组织、银行、个人以及国家外汇储备的管理与运营，通常需要在国际范围内收付大量外汇，或持有外币债权债务，或以外币表示其资产、负债价值等。由于各国使用的货币不同，加上国际间汇率经常变化，因此在国际经济往来或在国际收付结算的时候，会给外汇持有者或使用外汇带来不确定性，从而产生外汇风险。

外汇风险，又被称为汇率风险或汇兑风险，是指涉外经济主体在涉外经济活动中因汇率的变动，使其以外币计价的资产（或债权）与负债（或债务）价值涨跌而蒙受损失的可

---

① 外汇局就人民币对外汇期权组合业务接受记者采访，国务院新闻办公室网站：http://www.scio.gov.cn/xwfbh/xwbfbh/wqfbh/2014/20140124/xgxwfbh30321/Document/1361240/1361240.htm，2011-11-14.

② 外管局新规下首批人民币期权交易完成［J/OL］凤凰财经网：http://finance.ifeng.com/a/20140802/12849090_0.shtml，2014-8-2.

③ 国家外汇管理局关于调整金融机构进入银行间外汇市场有关管理政策的通知［EB/OL］.国家外汇管理局网站：http://www.safe.gov.cn/safe/2014/1209/5726.html，2014-12-9.

能性。

外汇风险可能产生两个不确定性的结果：或是遭受损失，或是获得收益。构成外汇风险的两大因素是：不同的货币和时间。如果对外经济交往中不需要货币兑换，也就不存在因汇率波动而引起的外汇风险。如果货币兑换是即时的，外汇风险就很小。也就是说，时间越长，汇率波动的可能性越大，外汇风险相对就越大；时间越短，汇率波动的可能性越小，外汇风险相对就越小。

（二）外汇风险管理的原则和策略

1. 外汇风险管理的原则

外汇风险管理是指外汇资产持有者通过风险识别、风险衡量、风险控制等方法，预防、规避、转移或消除外汇经营中的风险，从而减少或避免可能的经济损失，实现风险一定条件下的收益的或者收益一定条件下的风险最小化。为实现这一目标，外汇风险管理应该遵循一些共同的指导原则。

（1）全面重视原则。

参与涉外交易的主体要树立风险管理意识，对面临的外汇风险高度重视，系统考察各种风险事件存在和发生的概率、损失的严重程度，风险因素和因风险出现而导致的其他问题，以便及时、准确地提供比较完备的决策信息。

（2）管理多样化原则。

参与涉外交易的经济主体都应寻找最适合自身风险状况和管理需要的外汇风险战术及具体的管理方法。在选择风险管理办法时，需要考虑企业发展战略、相关外汇管理政策、风险头寸的规模结构等多种因素，因地、因人而宜，进行灵活多样的外汇风险管理。

（3）收益最大化原则。

在确保实现风险管理目标的前提下，以最低成本追求最大化的收益，这是风险管理的出发点和立足点。因此，参与涉外交易的经济主体须根据实际情况和自身的财务承受能力，选择效果最佳、经费最省的方法，实现高效率、高效果的风险管理。

2. 外汇风险管理的策略

外汇风险管理策略涉及的是经济主体在外汇风险管理中的指导思想和基本态度，是指导汇率风险管理的总体方针。一般来说，外汇风险管理策略主要包括以下几种类型：

（1）完全避险策略。

完全避险策略是指经济主体在涉外业务中，对经营中出现的外汇风险全部采取套期保值的交易，千方百计阻止外汇风险的形成。对手中的外汇头寸，不管哪种货币，不管未来的汇率走势如何，全部进行抛补，避免任何来自汇率变动方面的不稳定因素可能带来的风险损失。这种策略在使涉外主体规避汇率风险的同时，也放弃了可能获利的机会，机会成本较高。

（2）消极保值策略。

消极保值策略是指涉外经济主体对其业务中的外汇风险采取听之任之的态度，既不否定、排斥风险，也不对风险进行管理和控制，勇于承担一切外汇风险的风险管理策略。如果汇率变动对企业有利，企业就获取风险报酬；如果汇率变动对企业不利，企业就承担风险损失。采取这种策略的企业一般都是风险爱好者，深信市场的力量，或者认为企业对外汇风险管理花费的成本费用比风险本身的影响要大。由于风险较大，因而在实际应用中，一般很少有企业采取这种消极保值的管理策略。

(3) 积极的外汇风险管理策略。

积极的外汇风险管理策略是指企业积极预测汇率走势，根据预测对不同风险的项目采取不同的措施，运用各种金融工具，有目的、有针对性地对外汇风险进行管理，以达到既避免外汇风险损失、又谋求风险收益的目的。如，当预测汇率变动对其不利时，采取完全和部分避险的管理手段；当预测汇率变动对其有利时，承担外汇风险以期获取风险报酬。采用这种管理战略的经济主体自身要具有完善的风险管理机制、较高的管理水平以及坚强的抵御汇率变动风险冲击的能力。因为一旦这种风险管理措施出现失误，由此带来的损失可能远远超过前两种管理策略。

【专栏 10 - 5】

中信泰富炒汇巨亏事件①

2008 年 10 月 20 日，香港恒指成分股中信泰富突然惊爆：因投资杠杆式外汇产品而巨亏 155 亿港元。其中包括：约 8.07 亿港元的已实现亏损和 147 亿港元的估计亏损，而且亏损有可能继续扩大。中信泰富两名高层：集团财务董事张立宪和集团财务总监周至贤即时辞职。

2008 年 10 月 21 日，中信泰富股价开盘即暴跌 38%，盘中更一度跌至 6.47 港元，跌幅超过 55.4%，当日收报于 6.52 港元，跌幅达 55.1%，远远超过业界预计的 20% 左右的跌幅。

2008 年 10 月 22 日，香港证监会确认，已经对中信泰富的业务展开调查，而由于中信泰富的股价在两天内已经跌了近 80%，联交所公布的公告显示，中信泰富主席荣智健及母公司中信集团，于场内分别增持 100 万股及 200 万股，来维持股价稳定。

2008 年 11 月，香港中信泰富在炒外汇衍生工具巨额亏损后，终于获母公司北京中信集团出手相助。中信集团向中信泰富授出 116 亿港元的备用信贷、认购中信泰富发行的可换股债券，以及承担中信泰富在外汇累计期权合约的损失。

2009 年 3 月 26 日，中信泰富公布 2008 年全年业绩，大亏 126.62 亿港元，董事会主席荣智健强调集团财政状况仍稳健，称暂时无供股需要。

2009 年 4 月 3 日，继早前被香港证监会调查后，中信泰富再度接受警方调查。警方商业罪案调查科前往中信泰富总部调查，在逗留一小时之后运走大批文件。

2009 年 4 月 8 日，中信泰富在港交所网站发布公告称，荣智健卸任中信泰富主席，由北京中信集团副董事长兼总经理常振明接任。

有分析认为，中信泰富炒汇巨亏的原因主要原因在于：

1. 加框效应，是指在投资决策时，对低概率事件作出过高的期望，从而使得投资者愿

---

① 张锐. 谁击倒了荣智健 [J/OL] 中国青年报，2009 - 5 - 14。搜狐证券：http：//stock. sohu. com/s2008/citicpacific/.

意承担更大的风险。加框效应的实质是没有看到真正的输赢概率，降低对损失可能性的估计，而提高了对赢利可能性的估计，因此选择了与市场方向完全相反的决策。

由于特种钢生产业务的需要，中信泰富2006年曾动用4.15亿美元收购了西澳大利亚两个分别拥有10亿吨磁铁矿资源开采权公司的全部股权。这个项目使得中信泰富对澳元有着巨大的需求。为了防范汇率变动带来的风险，中信泰富在市场上购买了数十份外汇合约，把宝完全押在了澳元多头上。在荣智健看来，澳元在最近几年的持续升值趋势还将保持，做多澳元肯定会赢利。然而，2008年的全球金融海啸最终让澳元飞流直下。对澳元价值前景的误判导致了荣智健决策的失误，并最终让中信泰富付出了惨痛的代价。

2. 投入升级，误判市场风险。投入升级是指投资决策者为了证明自己最初选择的正确性，进一步向已经存在较大风险或者证明可能失败的地方继续追加新的投资，希望能够弥补过去的损失，并最终获得赢利。投入升级，实际上是投资者对未来获取高额收益的期望和即使在低概率条件下运气也会改变的信念相结合的产物。

中信泰富共买入澳元期权合约90亿澳元，比实际矿业投资额高出4倍多；其买入行为并不是一次完成，而是分批买入。中信泰富在投资澳大利亚磁铁矿时正值世界经济处于上升时期，此时做多澳元完全可以理解。但问题的关键是：荣智健密集买入澳元的时段为2007年8月到2008年8月。此时，全球经济已显危险征兆。这种情况下，尽管中信泰富已经发生明显亏损，却仍在一味做多澳元。主要原因在于：荣智健认为澳元跌势已经见底，并试图通过追加投资挽回前面的损失，结果窟窿越填越大。显然，低估世界经济尤其是澳洲经济下行的风险，并在某种程度上对澳大利亚经济做出过于乐观的预期，使中信泰富最终尝到刀刃上舔血之伤。

第三节 国际资本流动与金融危机

一、国际资本流动概述

（一）国际资本流动的概念

随着经济全球化的不断深入和发展，国际资本流动已经成为非常引人注目的经济现象，并对全球经济的稳定和发展产生了重要的影响。

国际资本流动，是指基于经济或政治目的，资本在国家（地区）和国家（地区）之间的单向、双向或多向流动，也即资本在国际范围内的转移。

与以所有权转移、变更为特征的商品交易不同，国际资本流动是以资本使用权的有偿转让为特征的。国际资本流动一般通过国际金融市场进行，并且会受到有关国家外汇管理条例的制约。所以，国际资本流动的顺利进行，必须具备一定的条件，如：取消外汇管制，或外汇管制较轻松的环境；具有健全、完善、发达的国际金融市场等。

(二) 国际资本流动的分类

按照不同标准，国际资本流动可以划分为不同的类型。

1. 从资本的使用期限划分，可分为短期资本流动和长期资本流动

短期资本流动，是指使用期限在一年或一年以内或即期支付资本的流入与流出。这种国际资本流动，一般都借助于有关信用工具，并通过电话、电报、传真等通信方式来进行。其中，信用工具主要包括短期政府债券、商业票据、银行承兑汇票、银行活期存款凭单、大额可转让定期存单等。人们通常所说的国际游资也即"热钱"，从广义来讲应包括各种形式的短期资本；但从狭义来讲，应该主要是指短期资本中的投机性资本。热钱大规模流动，所造成的影响是巨大的。

长期资本流动，是指使用期限在一年以上或未规定使用期限的资本流动，是国际资本流动的重要方式。长期国际资本流动的基本形式包括：直接投资、证券投资和国际借贷。引起长期国际资本流动的根本原因在于：世界生产力的发展与国际分工的不断深化。

2. 从资本的流动方向划分，可分为资本流入和资本流出

资本流入，表现为本国对外国负债的增加和本国在外国资产的减少，或外国在本国资产的增加以及外国对本国负债的减少。资本流出，表现为本国对外国负债的减少和本国在外国资产的增加，或外国在本国资产的减少以及外国对本国负债的增加。

对一个国家或地区来讲，总是存在资本的流入或流出，只不过是各个国家和地区流入流出的比例不同而已。

3. 从资本流动的方式划分，可分为国际直接投资、间接投资和国际信贷

国际直接投资也称为外国直接投资，是指一国居民对另一国企业进行投资，并由此获得企业的管理控制权。其以控制企业的经营管理权为核心，以获得利润为目的。具体形式包括：在国外开办独资企业，收购或合并国外企业，与东道国企业合资开办企业，购买外国企业的股份并达到一定的比例，利润再投资等。

国家间接投资亦被称为国际证券投资，一般是指在国际证券市场上通过购买各种有价证券进行的国际投资。根据期限是否超过一年，国际证券投资可以分为长期证券投资和短期证券投资。前者的投资对象主要包括外国企业股票、中长期政府和企业债券，以及各种基金凭证等。后者的投资对象则包括外国政府国库券、银行活期存款凭证、可转让定期存单、银行存汇兑汇票和商业票据等。

国际信贷是指不同国家的借贷双方主要通过银行进行的传统融资活动，是单纯的借贷资本流动，不涉及对企业的控制，也不涉及对证券的买卖。根据贷款期限是否超过一年，分为中长期贷款和短期贷款。具体方式包括：政府援助贷款、国际金融机构贷款、国际银行贷款、中长期出口信贷和租赁贷款等。

二、国际资本流动的原因

(一) 国际资本流动的原因

国际资本流动的原因很多，归结起来主要有以下几个方面：

1. 利润的驱动

增值是资本运动的内在动力，利润驱动是各种资本输出的共有动机。当投资者预期一国的资本收益率高于他国，资本就会从他国流向该国；反之，资本会从该国流向他国。此外，当投资者在一国所获得的实际利润高于本国或他国时，该投资者就会增加对这一国的投资，以获取更多的国际超额利润或国际垄断利润，这些也会导致或加剧国际资本流动。所以，利润驱动是导致国际资本流动的重要原因。

2. 利用外资策略的实施

无论是发达国家，还是发展中国家，都会不同程度地通过不同的政策和方式来吸引外资，以达到一定的经济目的。因此，各国政府往往通过开放市场、提供优惠税收、改善投资软硬环境等措施吸引外资的进入，从而增加或扩大了国际资本的需求，引起或加剧了国际资本流动。

3. 经济、金融的一体化

随着劳动生产率和资本积累率的提高，资本积累迅速增长。在资本特性的支配下，大量过剩资本被输往国外追逐高额利润，早期的国际资本流动由此产生。随着资本在国外获得利润大量增加，反过来又加速了资本积累，加剧了资本过剩，进而导致资本对外输出规模的扩大，从而加剧了国际资本流动。近些年来，国际资本、金融、经济等一体化趋势有增无减，加之现代通信技术的发明与运用，资本流动方式日益创新与多样化，使得当今世界的国际资本流动频繁而快捷。

4. 汇率与利率的变化

汇率的变化也会引起国际资本流动。如果一个国家货币汇率持续上升，就会产生兑换需求，从而导致国际资本流入；如果一个国家货币汇率不稳定或下降，资本持有者预期所持的资本实际价值将会降低，则会把手中的资本或货币资产转换成他国资产，从而导致资本向汇率稳定或上升的国家或地区流动。

此外，利率与汇率在一般情况下呈正相关关系，表现为：利率提高，汇率会上浮；利率降低，汇率则会下浮。例如，1994年美元汇率下滑，美国为此连续进行了7次加息，以期稳定汇率。尽管加息能否完全见效，取决于各种因素，但加息确实已成为各国用来稳定汇率的一种常用方法。当然，利率、汇率的变化，伴随着的是国际资本的经常或大规模的流动。

5. 规避各种风险

政治、经济及战争等各种风险的存在，也是影响资本流动的重要因素，因为规避风险的方法之一是转移资本。其中，政治风险，是指由于一国政治、制度等变化导致投资气候恶化而可能使资本持有者遭受损失。经济风险，是指由于一国投资条件发生变化而可能给资本持有者带来的损失。战争风险，是指可能爆发或已经爆发的战争对资本流动造成的可能影响。如，1991年爆发的海湾战争，就使得国际资本流向发生重大变化。战争期间，大量资金流往以美国为主的几个发达国家（大多为军费）。战后安排又使得大量资本涌入中东，尤其是科威特等国。

6. 国际游资的投机行为

国际游资又可称为国际投机资本，是一种游离于本国经济实体之外、承担高风险、追求高利润，主要在他国金融市场作短期投机的资本组合。国际游资的投资目的相当明确——瞄准高于社会平均利润的数倍甚或几十倍的短期高额利润进行操作。这种高额利润主要是由短期操作形成震荡而造就的高幅度价差所构成，通常采用快速、隐蔽、突然发动的手段来操作投资行为。人们很难确定国际游资在某一领域投资的规模、时间和地点。特别是在高新科技和先进的通讯设备的介入下，国际游资的变化更加变幻莫测，其倾刻之间可以从一个国家转移至另一个国家，往往成为现代金融动荡的重要原因。

7. 其他因素

除上述以外的其他很多因素，诸如：政治及新闻舆论、谣言、政府对资本市场和外汇市场的干预以及人们的心理预期等，都会对短期资本流动产生极大的影响。

三、国际资本流动的影响

（一）长期资本流动的影响

长期资本流动所带来的影响，主要表现在以下几个方面。

1. 对世界经济的影响

（1）促进全球利润最大化，增加社会福利。

资本在国际间转移的主要原因之一是追逐利润。如果资本输出的盈利大于资本留守在国内投资的盈利，资本会被输出，并且输出国在输入国创造的产值也会大于输出国因资本流出而减少的总产值。由此，资本流动就增加了世界的总产值和总利润。与此同时，资本流动一般遵循向利润高的国家流动的原则，最终将会促使全球利润最大化。在各国国内资本收益率不一致的情况下，如果允许资本项目开放，收益率的差距会导致资本流动，并将使资本效率提高，社会福利增加。

（2）加速世界经济的国际化。

生产国际化、市场国际化和资本国际化，是世界经济国际化的主要标志。三者之间互相依存，互相促进，推动整体经济的发展。第二次世界大战后，资本流动国际化已经形成一个趋势。目前，资本流动国际化的外部环境与内部条件不断充实，如：全球金融市场的建立与完善、高科技的发明与运用、新金融主体的诞生与金融业务的创新以及知识的累积、思维的变化等等。这些都使资本流动规模大增，流速加快，影响更广，而其所创造的雄厚的物质基础，又反过来推动生产国际化与市场国际化，使世界经济在更广的空间、更高的水平上获得发展。

（3）加深了货币信用国际化。

其表现为：一是加深了金融业的国际化。资本在国际间的转移，促使金融业特别是银行业在世界范围内广泛建立，银行网络遍布全球，跨国银行日益发展，国际金融中心日益增多，这些都为国际金融市场增添了丰富的内容。不少国家的金融业已成为离岸金融业或境外金融业而完全国际化。二是促使以货币形式出现的资本遍布全球，如：国际资本流动使以借贷形式和证券形式体现的国际资本大为发展，并渗入到世界经济发展的各个角落。三是国际资本流动主体的多元化，多种货币共同构成国际支付手段。

2. 对资本输出国的影响

长期资本流动对于资本输出国的影响是双向的。

首先，从积极影响来看，主要表现为以下几个方面：

（1）可以提高资本的边际效益。

长期资本输出国一般是资本较充裕或某些生产技术具有优势的国家。这些国家由于总投资额或在某项生产技术领域的投资额增多，其资本的边际效益就会递减，新增加投资的预期利润率就会降低。如果将这些预期利润率较低的投资额，转投入到资本较少或某项技术较落后的国家，便可提高资本使用的边际效益，增加投资的总收益，进而为资本输出国带来更为可观的利润。

（2）可以带动商品出口，改善经常项目的收支。

一方面，对外直接投资和其他方式的资本输出可以带动本国商品的出口，占领国外市场，增加出口收入；另一方面，海外投资收益也直接增加了经常项目的收入。

（3）有利于提高国际地位。

一国能够进行资本输出，一般来说意味着该国物质基础较为雄厚，更有能力加强同其他国家的政治与经济联系，也有利于提高自己的国际声誉或地位。

其次，从消极影响来看，主要表现为以下几个方面：

（1）需要承担资本输出的经济和政治风险。当今世界经济和世界市场错综复杂，若资本输出投资方向错误，就会产生经济方面的风险。此外，还得承担投资的政治性风险。这体现在如果资本输入国发生政变成政治变革，就可能会实施不利于外国资本输出的法令，如没收投资资本，甚至拒绝偿还外债等。在国际债务历史上，曾经发生过有的国家因陷入债务危机而停止还债的现象。

（2）减少国内就业机会和政府税收，对输出国经济发展造成压力。在货币资本总额一定的条件下，资本输出会使本国的投资下降，从而减少国内的就业机会，降低国内的财政收入，加剧国内市场竞争，进而影响国内的政治稳定与经济发展。

3. 对资本输入国的影响

长期资本流动对于资本输入国的影响也是双向的。

首先，从积极影响来看，主要表现为以下几个方面：

（1）利于增加就业机会，增加国家财政收入。

资本输入的目的很大程度上是用来创建新企业或改造老企业，这对发达国家或发展中国家都是如此。所以，资本输入有利于增加就业机会，增加国民生产总值，进而也有利于增加国家财政收入，提高国民的生活水平。

（2）利于引进先进技术与设备，获得先进的管理经验。

长期资本流动的很大一部分是直接投资。该投资的特点就是能给输入国直接带来技术、设备，甚至是销售市场。因此，只要输入得当，政策科学，资本输入无疑会提高本国的劳动生产率，增加经济效益，加速经济发展进程。

（3）可以改善国际收支。

一方面，输入资本、建立外向型企业，实现进口替代与出口导向，有利于扩大出口，增加外汇收入，进而起到改善国际收支的作用；另一方面，资本以存款形式进入，也可能形成一国国际收支的来源。

其次，从消极影响来看，主要表现为以下几个方面：

（1）增大了国民经济的对外依赖性和风险。

输入资本过多、管理不善，非但不能使本国经济获得长足发展，而且还会对外产生很强的依赖性。这样，一旦外国资本停止输入或抽走资本时，本国经济发展就会陷入被动境地，甚至政治主权可能受到侵犯。

（2）加剧国内市场竞争。

大量外国企业如果把产品就地销售，必然会加剧国内市场的竞争，并使国内企业的发展受到影响。

（3）可能引发债务危机。

若输入国的输入资本过多，超过本国承受能力，则可能会出现无法偿还债务的情况，甚至会导致爆发债务危机。

（二）短期资本流动的影响

短期资本流动，会在以下几个方面产生影响：

1. 对国际贸易的影响

在国际贸易中，买卖双方（或银行）提供的短期资金融通，如预付贷款、延期付款及票据贴现等，都有利于国际贸易双方获得资金便利，从而有利于国际贸易的顺利进行。

2. 对各国国际收支的影响

当一国出现暂时性的国际收支失衡时，短期资本流动有利于调节失衡。这是因为：当一国国际收支出现暂时性逆差时，该国的货币汇率会下跌。如果投机者意识到这种汇率下跌仅是暂时的，不久将会上升，就会按较低汇率买进该国货币，并等待汇率上升后再以较高的汇率卖出，这样就形成短期资本流入。这种流入显然有利于调节该国的国际收支逆差。反之，当一国国际收支出现暂时性顺差时，该国汇率会上升。如果投机者意识到该汇率上升只是暂时的，不久会回落，于是就会按较高的汇率卖出该国货币，并等待汇率回落后再以较低的汇率买进该国货币。这就形成该国的短期资本流出，显然对于减少该国的暂时性顺差是有利的。

当一国出现持续性国际收支不平衡时，则投机性和保值性的短期资本流动会加剧该国的国际收支失衡状态。这是因为：当出现持续性逆差时，该国的货币汇率会持续下跌。如果投机者预期该国货币汇率还会进一步下跌，就会卖出该国货币、买进其他货币，以期该国货币贬值、其他货币升值后获利。这种投机行为会使该国的资本流出，从而会扩大逆差，加剧国际收支失衡。反之，当一个国家出现持续性顺差时，货币汇率会持续上升。如果投机者预期汇率还会上升，就会卖出其他货币、买进该国货币，以期该国货币升值后获利。这种投机行为会使该国顺差扩大，从而加剧了国际收支失衡。

3. 对国际金融市场的影响

短期资本流动之所以会加剧国际金融市场动荡，是因为它会造成汇率的大起大落，致使投机更加盛行。如上所述，一国发生持续性国际收支失衡时，投机者会在外汇供不应求时买进外汇，而在外汇供大于求时卖出外汇，这种行为显然既不利于国际收支平衡，也不利于汇率的稳定。并且这种投机行为还会促使国际金融市场动荡不安。不过也有例外情况：如果一国发生持续性国际收支失衡的原因是由于汇率偏高或偏低、且没有得到及时调整，短期资本流动会强迫该国适时进行调整，从而使汇率趋于合理水平。

4. 对跨国公司的影响

短期资本流动为跨国公司的资产负债管理、补充营运资本等创造了便利的条件。这是因为：除国际贸易融资外，短期投、融资活动也是跨国公司财务管理不可或缺的内容。因此，资本流动间接拓宽了跨国公司财务主管的视野，有利于提高短期资产负债管理效率。

【专栏 10-6】

我国跨境资本流动统计监测框架基本形成①

基于国际标准与国情，我国目前已经建立起了跨境资本流动统计监测体系，数据范围、统计制度和统计产品日趋完备，为外汇管理和监测分析奠定了坚实基础。具体如表 10-2 所示。

表 10-2　　　　　　我国跨境资本流动统计监测体系的基本框架

	具体项目
跨境资本流动统计数据范围	• 中国居民与非中国居民之间国际收支交易（流量） • 中国居民对外金融资产负债头寸（存量） • 非银行部门通过银行进行的跨境收付款（资金流）
跨境资本流动统计制度框架	• 间接申报：通过银行等中介机构申报涉外收付款 • 直接申报：企业调查（如对外金融资产负债及交易统计、贸易信贷调查） • 行政记录 • 统计估算方法
跨境资本流动统计产品体系	• 国际通行标准：国际收支统计 • 国际收支平衡表 • 国际投资头寸表 • 国际货物和服务贸易 • 外债统计 • 协调直接投资调查 • 协调证券投资调查 • 银行业对外资产负债统计金融部门直接投资 • 审慎管理需要：跨境收支

---

① 国家外管局. 国家外汇管理局年报 2016 [EB/OL]. 外管局网站：http://www.safe.gov.cn/safe/2017/0503/6722.html, 2017.5.3.

从数据范围上看，跨境资本流动包括权责发生制和收付实现制两套数据，前者体现为中国居民与非居民之间的交易和头寸，后者体现为非银行部门通过银行体系进行的资金跨境收付款项。

从统计制度上看，既从银行等中介机构间接采集数据，也通过企业全数调查、重点调查等方式直接采集数据，还充分利用政府部门的行政记录和统计估算技术方法，力求在获取高质量的数据和申报主体报送负担最小化之间实现双赢。

从统计产品上看，不断提高数据透明度。目前，跨境资本流动统计相关产品已涵盖国际收支统计、本地银行业统计、跨境收支等诸多类型，发布频率以月度、季度数据为主，辅以年度数据，更好地满足跨境资本流动监测分析需要。

四、国际资本流动与金融危机

（一）金融危机的表象

20世纪以来，伴随着工业化进程的加速，全球发生过多次重大的经济或金融危机。如：1929—1939年的经济大萧条；1982年开始的拉丁美洲债务危机；1997—1998年的亚洲金融危机；2007—2011年由美国次贷危机引发的全球性金融危机以及2009年开始至今并未结束的欧洲主权债务危机等等。金融危机对经济的冲击涉及方方面面，社会也为之付出了高昂的代价。无论是发展中国家、还是发达国家，都屡受其害。

一位西方的经济学者曾经说过，金融危机如同西方文化中的美女一样，难以给出明确的定义，但是只要遇到却很容易被人发现。通常认为，一个国家或几个国家与地区的全部或大部分金融指标（如：短期利率、货币资产、证券、房地产、土地价格、商业破产数或金融机构倒闭数）的急剧、短暂和超周期的恶化，便意味着金融危机的发生。金融危机的基本表现是：基于未来经济更加悲观的预期，整个区域内货币币值出现幅度较大的贬值，经济总量与经济规模出现较大的损失，经济增长受到打击。金融危机往往伴随着企业的大量倒闭，失业率提高以及普遍的经济萧条等，甚至有些时候会伴随着社会动荡或国家政治层面的动荡。

（二）金融危机的分类

"金融"一词涵盖极广，金融危机也就有着不同的类型。国际货币基金组织在1998年5月出版的《世界经济展望》中，将金融危机分为以下4种类型：一是货币危机，是指一国货币投机导致该种货币贬值或迫使货币当局通过急剧提高利率或耗费大量储备以保卫货币汇率的情况。二是银行危机，是指现在或潜在的银行汇兑或银行失败引发了银行停止偿还负债或迫使政府通过提供大量援助或进行干预，以防止银行失败出现的情形。三是外债危机，指一国不能按时偿还其对外债务，不管债务人是政府还是私人。四是系统性金融危机，指对金融市场的严重破坏损害了市场有效发挥功能的能力，对实际经济造成巨大的负面影响。系统性金融危机中必然包含着货币危机、银行危机等，但货币危机、银行危机并不一定必然会引发系统性金融危机。

(三) 金融危机与国际资本流动

金融危机的发生与国际资本的流动是分不开的。

中长期国际资本的流动是产生债务危机的根源。这是由于资本的使用和偿还之间存在着明显的时间差异，因此中长期国际资本的流动，内在蕴含了发生资金偿还困难的可能性。一旦债务国因经济困难或其他原因不能按期足额的偿还债务本息，致使债权国和债务国之间的债权债务关系不能如期解决，并影响了债权国和债务国各自正常的经济活动及世界经济的发展，国际债务危机就发生了。

短期国际资本流动则是产生货币危机的根源。随着世界经济一体化进程的加快，大量不受各国货币监管当局和国际金融组织监控的私人短期资本，熟练运用各种金融创新工具和交易方式，在国际金融市场上游荡，千方百计地寻求获利的机会。金融动荡频繁发生，严重时就引发了货币危机。目前学术界已经达成这样一个共识：如果一国的宏观经济已经出现了某种程度的内外不平衡，那么短期国际资本流动所形成的巨大冲击，很容易成为最终引发银行危机、货币危机、金融危机全面爆发的导火索。而这也是金融全球化背景下新兴市场国家发生金融危机的一个共性特征。

【专栏10-7】

2010年的欧洲主权债务危机

2009年10月20日，希腊政府宣布当年财政赤字占国内生产总值的比例将超过12%，该比例远高于欧盟设定的3%上限。2009年11月，希腊财政部长宣布，其2009年财政赤字对GDP的比例为13.7%，市场开始出现恐慌，希腊国债CDS价格急剧上升。2009年12月，全球三大评级公司标普、穆迪和惠誉相继下调希腊的主权信用评级。统计数字表明，2010年一季度，希腊国债对GDP之比达到115%。2010年4月，希腊政府宣布如果在5月前得不到救援贷款，将无法为即将到期的200亿欧元国债进行再融资。由于担心希腊政府对其总额为3 000亿~4 000亿美元的国债违约，投资者开始大规模抛售希腊国债。此时，希腊政府难以通过发新债还旧债，希腊主权债务危机爆发。而主要依赖希腊政府债券为抵押进行融资的希腊银行无法从其他地方得到资金，只能依靠廉价的欧洲央行贷款，货币市场流动性短缺骤然加剧。

很快，希腊主权债务危机的传染效应开始出现：西班牙、爱尔兰、葡萄牙和意大利等国同时遭受信用危机，受影响国家的GDP占欧元区GDP的37%左右。欧洲区出现诸如资金外逃、货币市场流动性短缺、利息率上升、欧元贬值等现象。为此，欧盟采取了包括7 500亿欧元救助机制、紧缩政府财政等在内的一系列措施加以应对，力阻债务危机"多米诺骨牌"式蔓延，但效果并不理想。受其影响，全球主要金融市场动荡不已，并对世界经济复苏带来极为不利的影响。

五、金融危机的管理

金融危机对一国金融、经济和社会发展造成的破坏程度非常严重。其可以从货币危机开始，逐步演化为金融危机，再逐渐扩展到经济领域，从而导致一国经济运行的混乱和经济发展的倒退。金融危机的主要危害包括：使金融机构陷入经营的困境；财政由于不得不出面救助而负担加重；降低了货币政策的效率；出现债务紧缩效应等等。为此，人们也在积极寻求金融危机的防范和管理措施。

（一）金融危机管理的含义

危机管理是管理中一个相对较新的领域。目前人们一般认为，最广泛的危机管理包括对危机事前、事中、事后所有方面的管理。因而有效的危机管理需要做到如下4个方面：①转移或缩减危机的来源、范围和影响。②提高危机初始管理的地位。所谓危机初始管理，是指从第一个危机征兆出现到开始造成损失这段时间内，采取必要的措施以降低不利影响的活动。③加强对危机冲击的管理。危机冲击，是指危机事件对周围环境及当事人所造成的冲击或影响的反应管理。④完善修复管理，以能迅速有效地减轻危机造成的损害。

据此，金融危机管理可以被理解为是：对金融危机产生、发展以及应对进行系统研究，建立相应的预警与处置体系，以便尽可能地减少金融危机带来损失。

防范与管理金融危机需要遵循3个基本原则：维护金融安全，促进经济增长，维护投资者利益原则。

（二）金融危机的管理

1. 金融危机的事前防范

（1）适度的资金流动管制。

短期资金的流动性强，对利率、汇率等经济变量的变动十分敏感，因而对一国经济会带来冲击。所以有必要对资金流动进行一定程度的管制。具体措施可以包括：①限制远期外汇交易和非贸易性的外汇交易；②禁止本国居民以本币进行投机或有可能转化为投机活动的融资活动；③对短期资金流入征税；④调高同业拆借利率、增加投机成本，同时提高外汇储蓄利率，吸引资本流入。

（2）加强金融监管。

主要包括：①加强对银行体系的监管。从已有经验看，大部分国家的金融危机是源于银行的问题。在道德风险的驱使下，银行容易过度承担风险，导致过度借贷等问题。因此，必须加大银行会计部门的透明度，最大限度地缓解信息不对称的问题，减少坏账、呆账，提高银行资金流动的安全性、盈利性和安全性。②完善资本市场体系。完善的资本市场有利于资本集聚、拓宽企业融资渠道，改善企业资产负债结构，提高金融体系效率。监管部门应该加强对机构投资者、上市公司、券商的监管力度，严格禁止内幕交易和操纵市场等不正当行为。

（3）建立完善有效的金融危机指标体系。

由于金融危机发生异常的不良反应，大都有一年到两年的前置期，如果能够及时发现异常反应并进行适度的调控，是可以防范金融危机的发生的。相反，如果缺乏风险防范意识，一旦问题出现，就会显得无所适从。

2. 金融危机的事中控制

金融危机的事中控制，是指在金融危机爆发初期、破坏性不大时，或者是在金融系统预警指标还没有超过警戒线时，对金融风险加以化解和控制，可以尽量避免危机的发生。如，对宏观经济风险，可以通过建立、完善有关监管体系，实施有效的货币政策、财政政策等宏观手段加以处理。对于金融机构风险，一方面可以通过金融机构的内部控制，及时采取科学的管理方法进行化解；另一方面，政府可以通过及时筹集资金向发生支付危机的金融机构注入资金的方式，使其安全度过支付危机。

3. 金融危机的事后处理

（1）及时进行财政资金援助。

事实证明，危机发生后，恢复公众的信心是降低危机影响的关键因素。

（2）重组和整顿金融部门。

危机发生后，金融部门会受到了一定程度的打击，因此有必要采取措施及时对金融机构进行整顿和重组，注入新的活力。如，采用银行合并以及与非银行金融机构重组等方式，扩大其金融规模，增强竞争力。

（3）国际援助。

金融危机有很强的传染性，一旦一国遭受了金融危机，很快就会蔓延到其他国家，最终可能会引发全球金融危机。因此，需要加强国际间的支持和合作，以便及时、有效控制金融危机的蔓延。

本章小结

对于任何一个国家的居民，相对于本国货币而言，一切外国的货币都可以被称为外汇。我们可以按照不同的标准对外汇做不同的划分。外汇对一国的经济生活有着重要的作用，可促进国际贸易的发展，促进国际交往，扩大国际经济合作，稳定币值等。

汇率是一国货币折算成另一个国家货币的比率，是以一种货币表示的另一种货币的价格。汇率的标价法有直接标价法、间接标价法和美元标价法。按照不同的角度划分，汇率可分为基本汇率、套算汇率和固定汇率、浮动汇率等。

各种货币所具有的或所代表的价值，是决定相互间汇率的基础，价值发生变动，外汇汇率就会相应变动。不同的货币制度下，汇率的决定基础也有所不同。在金本位制度下，铸币平价是金本位时期决定汇率的基础；在信用货币制度下，购买力平价一般被认为是决定汇率的基础。目前世界各国的汇率制度呈现出复杂多样的特点。影响汇率变动的主要因素有：国际收支、相对通货膨胀率、相对利率水平、政府的市场干预、市场心理预期、经济状况、政治与突发因素等。汇率的变动也会对经济的各方面产生影响，包括贸易收支、资本流动、国内物价水平、产业结构、外汇储备、国际经济关系等各个方面。

外汇市场是金融市场的重要组成部分，主要分为有形市场、外形市场和外汇批发市场、外汇零售市场等。外汇市场的功能强大，可以充当国际金融活动的枢纽、实现购买力的国际转移、调剂外汇余缺,调节外汇供求、防范汇率风险、充当不同地区的支付结算等。

外汇交易主要包括:期外汇交易;远期外汇交易;外汇期货交易;外汇期权交易等几种形式。每种形式各具特点。

外汇风险,是指经济主体在涉外经济活动中因汇率的变动,使其以外币计价的资产(或债权)与负债(或债务)价值涨跌而蒙受损失的可能性。外汇风险的管理原则包括:全面重视原则;管理多样化原则;收益最大化原则等。外汇风险管理策略主要有:完全避险策略;消极保值策略;积极的外汇风险管理策略。

国际资本流动是指资本基于经济的或政治的目的在国家(地区)和国家(地区)之间的单向、双向或多向流动,也即资本在国际范围内的转移。国际资本流动的原因主要在于:利润的驱动、利用外资策略的实施、金融一体化、汇率与利率的变化、规避风险、国际游资的投机行为等。对于国际资本流动的影响的分析,可以从长期国际资本流动的影响和短期资本流动的影响两个方面进行。

国际资本流动可能会引发金融危机,金融危机对于社会、经济的影响是重大的和多方面的,需要对金融危机进行管理。金融危机管理可以从事前、事中和事后3个阶段进行控制和管理。

关键术语

外汇	汇率	直接标价法	间接标价法
固定汇率	浮动汇率	买入汇率	卖出汇率
即期汇率	远期汇率	名义汇率	实际汇率
有效汇率	铸币平价	外汇市场	即期外汇交易
远期外汇交易	外汇期货交易	外汇期权交易	外汇风险
国际资本流动	长期资本流动	短期资本流动	资本输入
资本输出	金融危机		

复习思考题

1. 试述外汇、汇率的基本含义。
2. 直接标价法与间接标价发的区别是什么?
3. 金本位下汇率是如何决定的?
4. 影响汇率变动的主要因素有哪些?
5. 试述汇率变动对经济的影响。
6. 试述外汇市场的分类。
7. 简述外汇市场的功能。
8. 即期外汇交易和远期外汇交易的作用是什么?
9. 外汇风险管理的主要原则和策略是什么?

10. 请说明国际资本流动的动因。
11. 试分析国际资本流动的影响。
12. 试述金融危机与国际资本流动的关系。
13. 试分析金融危机的管理与防范措施。

主要参考文献

1. 刘园. 国际金融学 [M]. 北京：机械工业出版社，2012.
2. 杨忠海. 国际金融学 [M]. 哈尔滨：黑龙江大学出版社，2011.
3. 孙刚，王月溪. 国际金融学 [M]. 大连：东北财经大学出版社，2011.
4. 冷柏军，张玮编. 国际贸易理论与实务 [M]. 北京：中国人民大学出版社，2012.
5. 陶双玉. 人民币升值对中国进出口贸易的影响 [J]. 集团经济研究，2007.
6. 赵晓峰. 试论人民币升值的原因、影响和对策 [J]. 山西煤炭管理干部学院学报，2009.
7. 陈文芳. 试论人民币升值背景下我国的对外贸易发展 [J]. 福州党校学报，2007.
8. 陈芳. 人民币汇率变动对我国出口贸易的影响 [J]. 广西农村金融研究，2007.
9. 陈霜华，黄菁，陶凌云等. 贸易金融理论与案例研究 [M]. 上海：复旦大学出版社，2012.